重塑
经济增长

张立洲 著

增长转折期的动力重塑
与模式转型

中信出版集团｜北京

图书在版编目（CIP）数据

重塑经济增长 / 张立洲著 . -- 北京：中信出版社，2024.6（2024.7 重印）

ISBN 978-7-5217-6309-6

Ⅰ.①重… Ⅱ.①张… Ⅲ.①中国经济－经济增长－研究 Ⅳ.① F124.1

中国国家版本馆 CIP 数据核字（2024）第 009268 号

重塑经济增长
著者： 张立洲
出版发行：中信出版集团股份有限公司
（北京市朝阳区东三环北路 27 号嘉铭中心　邮编　100020）
承印者： 北京盛通印刷股份有限公司

开本：787mm×1092mm 1/16　　印张：30　　字数：389 千字
版次：2024 年 6 月第 1 版　　印次：2024 年 7 月第 2 次印刷
书号：ISBN 978-7-5217-6309-6
定价：79.00 元

版权所有·侵权必究
如有印刷、装订问题，本公司负责调换。
服务热线：400-600-8099
投稿邮箱：author@citicpub.com

目 录

推荐序　007

前　言　繁荣与梦想　017

第一章　经济增长的转折时代

一、衰退"灰犀牛"紧随疫情"黑天鹅"　004

二、发达经济体正经历"双螺旋"周期　005

三、中速增长期面临增速"下台阶"风险　007

四、增长失速：区域发展的分化与失衡　010

五、债务悬崖：负债驱动型增长的隐忧　013

六、转型逆境：产业升级阻滞制约高质量增长　018

七、地产余晖：繁荣终结的影响深远　021

八、投资过冲：消费不振强化对投资的过度依赖　026

九、经济增长潜力与对韧性的审视　028

十、有效需求不足：经济增长转折期的关键难题　031

第二章　投资扩张的尽头：投资主导型增长模式的挑战

一、经济增长与财富创造的源泉　035

二、投资主导型增长：从要素驱动到负债驱动　037

三、经济增长的双重引擎：有为政府与有效市场　040

四、"看得见的手"：有为政府及其体系性力量　047

五、"看不见的手"：市场机制与内生增长动力　053

六、投资驱动工业化：从乡镇工业崛起到制造业大国　060

七、工业化牵引城镇化：从农村改革到城镇化扩张　066

八、投资主导型经济增长的尾声：多重结构失衡的挑战　071

第三章　增长模式转型阻滞：资产负债表扭曲与增长动力衰退

一、宏观杠杆率攀升中的资产负债表扭曲　086

二、保增长、稳增长与国有部门债务膨胀　097

三、融资难融资贵与民营企业债务紧缩　100

四、慎消费、多储蓄与家庭资产负债表修复　106

五、资产负债表扭曲影响货币政策传导效率和效应　112

六、金融监管行政化并非治疗资产负债表扭曲的药方　116

七、增长动力衰退阻滞增长模式转型　121

第四章　债务螺旋：国有部门债务膨胀与资产负债表衰退风险

一、国有部门以负债投资驱动增长模式的形成　132

二、政府债务规模与杠杆率的双攀升　133

三、国有企业的债务膨胀与结构性分化　139

四、债务增长不可持续与资产负债表衰退风险　149

五、地方投融资平台债务化解与市场化转型　153

　　六、国有部门资产负债表修复对增长的影响　155

　　七、以央企价值重估型扩表对冲地方国企缩表　159

第五章　隐性代价：民营部门"债务—通货紧缩"螺旋与挤出效应

　　一、民营企业融资特征与资产负债表的脆弱性　166

　　二、民营企业遭遇"债务—通货紧缩"螺旋　175

　　三、民企债务紧缩是一场特殊的资产负债表衰退　184

　　四、增长转折期的债务紧缩与转型困境　188

　　五、宏观挤出效应与民间投资隐性衰退　193

　　六、构建基于资产负债表修复逻辑的纾困机制　202

第六章　传统增长模式的极限：产出率衰退与债务螺旋顶点

　　一、宏观杠杆率结构与杠杆中性　210

　　二、资本产出率变动与保增长型投资扩张　213

　　三、ICOR 与促增长政策的效率　218

　　四、资产负债结构变动与资本产出率　227

　　五、产出率衰退的顶点：传统增长模式的极限　230

　　六、明斯基时刻：债务膨胀螺旋的顶点　234

第七章　需求缺口：消费抑制与家庭资产负债表衰退

　　一、总需求不足是制约经济增长的关键　252

　　二、投资驱动型经济增长抑制消费需求　255

　　三、严重产能过剩加剧供需失衡矛盾　270

四、家庭资产负债表衰退与需求释放难题　274

　　五、政府消费改革促进居民消费能力释放　285

　　六、居民可支配收入主导消费需求　288

　　七、储蓄－投资差额变化与总需求结构变动　294

　　八、修复家庭资产负债表与释放消费需求　297

　　九、促进内需增长与"双循环"战略　301

第八章　增长模式转型：引擎再造与动能系统再平衡

　　一、超越极限：传统增长模式的一场革命　308

　　二、新经济增长模式的主要特征　309

　　三、动力重塑：双重增长引擎的再造　313

　　四、结构转换：宏观增长动力的再平衡　320

　　五、机制协同：中观增长动力的再优化　327

　　六、科技创新：微观增长动力的再激活　335

　　七、增长模式转型中的宏观再平衡　339

第九章　增长重塑与金融业改革创新

　　一、金融业改革创新的双重目标　347

　　二、金融重点支持国有资产负债表修复　351

　　三、以改革创新纾解民营经济的债务紧缩　362

　　四、鼓励金融创新以增加长期资本供给　366

　　五、金融助力居民增收和内需扩张　371

　　六、持续深化金融监管体制改革与创新　376

第十章　增长模式转型期的宏观经济政策

　　一、经济增长模式转型的重点着力方向　386

　　二、实施积极财政政策：中央加力与地方提效　388

　　三、宏观负债扭曲下的货币政策区间　394

　　四、财政政策与货币政策的协调　399

　　五、经济增长转折期的税收政策改革　406

　　六、增长模式转型期的资本流动与汇率政策　419

　　七、改革财税体制与政府经济功能重塑　423

　　八、产业政策转型促进高质量可持续增长　426

第十一章　超越极限的增长：共同繁荣的韧性社会

　　一、超越极限的持续增长　436

　　二、经济增长与国民富裕的正反馈　438

　　三、经济增长与"富裕中的贫穷"　440

　　四、韧性社会与持久繁荣　443

后　记　447

参考文献　449

推荐序

立洲博士的新书《重塑经济增长》即将付梓之际，请我作序。这本书所探讨的中国经济增长问题，是改革开放以来体制变革和国家发展的中心议题之一。在经历40多年快速增长之后，虽然中国经济发展仍处于战略机遇期，但也正遭遇前所未有的挑战。在未来一个较长时期内保持高质量的持续经济增长，是成功实现中国经济社会发展战略目标的基石。

当前中国发展所面临的国内外形势复杂而严峻。在国内，传统经济增长动力在不断减弱，而新增长动力成长不足，导致宏观经济下行压力日趋上升；系统性金融风险也不容忽视，地方政府债务负担过重、房地产市场持续低迷、民间投资欲振乏力，这些问题都须找到行之有效的解决方案；总需求结构、产业结构与收入结构等多重结构性矛盾依然突出，成为制约经济稳定性和可持续性的重大挑战。在国际，后疫情时代的全球通胀和增长停滞并存，逆全球化趋势愈演愈烈，大国博弈和地缘冲突日益紧张，加深了世界经济发展的不确定性。中国经济发展所面临的这些内部矛盾和外在压力，都不可避免地给中国式现代化进程带来挑战。因此，探索经济增长模式转型和增长动力重塑的有效方式，创造国民共同富裕和共同繁荣的韧性社会，是实现中华民族伟大复兴愿景的必然要求。

一、未来经济增长面临的主要挑战

改革开放以来，中国经济发展取得了举世瞩目的伟大成就，创造了经济奇迹。但与此同时不容忽视的是，随着国内外政治经济环境日趋复杂，中国发展面临的风险挑战也显著增多，经济增长只有在多重交织的困境中找到新路径，才能开创发展的新局面。立洲博士在《重塑经济增长》中从多方面分析了中国经济面临的严峻挑战。

（一）经济增长动力减弱趋势将制约经济社会发展目标的实现

按照中国人均 GDP（国内生产总值）在 2035 年达到中等发达国家水平，到 2050 年达到发达国家人均收入水平的战略目标，未来 30 年中国年均实际 GDP 增速要达 4.6%。然而，由于曾经支撑经济高增长的传统动力正明显减弱，若继续遵循当前的经济增长路径和增速趋势，上述战略目标将面临显著挑战。从经济增长核算框架来看，推动经济增长的要素主要分为资本、劳动、人力资本与 TFP（全要素生产率），近年来最主要的经济增长贡献来源于资本和劳动，而随着人口老龄化加深，对资本投入的依赖将更加突出。测算表明，2010—2019 年，资本对中国经济增长的贡献率已上升至 90% 以上，相比传统"老动力"，"新动力"对经济增长的贡献率尚未得到显著提升，尤其是 TFP 的贡献率反而由正转负。究其原因，主要是近年来中国经济过度依赖于投资扩张与资本积累的增长，导致大量金融资源被配置在低效率领域，加剧了资源错配而抑制 TFP 的提高，并阻滞了经济增长动力的有效转换。

值得警惕的是，近年来资本对经济增长的支撑力度也在加速减弱。一方面，全球金融危机爆发后，世界主要经济体均陷入持续低增长状态，外部对中国的需求减弱，"出口—投资"联动机制对投资的带动作用弱化，导致资本积累增速放缓，效率下降；另一方面，受产能过剩、地方政府与企业债务问题，以及民间投资积极性下降等因素影响，国内投资需求较为疲软，拖累了资本积累增速。在支撑经济增长的"老动力"减弱、"新动力"未能完全形成的情况下，如果其他条件不变，预计2020—2050年中国年均GDP增速可能将降至3.5%以下，这将难以完成人均实际GDP翻两番的任务目标。

经济增长理论也表明，随着一个经济体的经济体量与发展水平不断提升，其资本存量会逐步接近稳态水平，这会导致资本积累速度不断放缓。再加上人口老龄化不断加深，也会在长期内对经济增长产生显著的抑制作用。同时，随着中国逐步接近世界科技发展前沿，技术追赶效应对TFP增速的提升作用也将显著减弱，产业、总需求与收入分配等方面的结构性问题尚未得到妥善解决，将从资源使用效率层面影响TFP增长，未来TFP增长将更多依靠自主创新形成新质生产力对经济增长起带动作用。基于以上分析，作者特别强调在经济新旧动力转换期，中国经济潜在增速将呈现趋势性下降，我们必须直面这一挑战。

（二）深层次多重结构性矛盾将加深经济增速与增长质量选择的两难困境

结构性矛盾是这本书重点阐释的问题之一。经济由高速增长转向高质量发展阶段后，经济发展的重心是要实现经济增长总量与结构的协调，从而推动经济发展质量的提升。当前中国经济存在的一系列深层次结构性问题，导致增长速度与质量之间的矛盾难以化解，进一步增加了经济发展的风险与不确定性，从而常常陷入"稳增长"和"防风险"政策选择的两难困境。

房地产曾经是带动与支撑中国经济增长的重要产业，也是推动

GDP增长的主要产业力量。但是，对房地产业的持续过度依赖也造成了不良后果。一方面，房价不断攀升催生房价泡沫化风险，一旦房价泡沫破裂，很容易引发系统性金融风险，冲击经济增长；另一方面，房地产非理性繁荣与投机对生产性资本产生挤出效应，抑制创新和实体经济的资本供给，不利于长期经济增长以及增长质量的提升。因此，从提升经济增长质量角度出发，需要合理抑制房地产市场的过度发展。但是，这必然会影响短期经济增速，甚至导致经济增速下滑，并带来一系列社会问题。

对债务扩张的依赖反映了中国经济高债务杠杆与增长压力之间互为因果的关系。2008年全球金融危机后，中国成为债务杠杆率上升幅度最大的主要经济体之一。此后地方和中央的杠杆率呈现交替上升态势，地方政府和国企部门承担了2008年以后"扩内需"和"稳增长"的主要任务，导致地方债务膨胀。在居民部门，杠杆率则随着房价上涨和购房热潮被不断推升。债务扩张在短期内对经济增速起到了显著支撑作用，但与房地产相似，债务膨胀导致负债主体持续面临偿债压力，而不利于长期经济增长，甚至还潜藏因债务违约而引发金融危机的风险。因此，对房地产与债务扩张的过度依赖性，导致中国经济增长陷入速度与质量选择的两难困境，制约了经济向高质量发展阶段迈进。

（三）贫富差距问题是实现共同繁荣愿景的挑战

在脱贫攻坚战消除中国的绝对贫困之后，共同富裕和共同繁荣是要接续实现的国家治理愿景。然而，受初次分配失衡和再分配逆向调节作用不足等因素制约，中国贫富差距问题一直难以得到有效解决，居民可支配收入的基尼系数长期位于0.4以上，财产基尼系数更是在0.7以上。对比发达经济体，中国贫富差距的直接表现是中等收入群体占比偏小。根据国家统计局的数据测算，中国中等收入群体规模占总人口的比重约为1/3，因此，中国社会结构更趋向于金字塔型而非橄榄型，面临失衡结构局面。

与此同时，更应该引起高度重视的是，近年来居民收入发展趋势较改革伊始到21世纪初发生了明显变化。虽然大多数居民收入增速出现了不同程度下滑，但中等收入群体收入增长下滑的速度更快。2015年以来，排在前20%的高收入群体，其收入增速基本保持稳中有升的态势，低收入群体的收入增速虽有波动但也保持了较快增长态势，但排在中间20%的中等收入群体，其人均可支配收入增速明显下滑，2018年甚至下降至3.1%的低位，并显著低于当年全国居民人均可支配收入8.9%的增速水平。

当前要扩大中等收入群体规模，作者特别指出了构建橄榄型社会面临的主要障碍。一是经济增速下滑将继续对中等收入群体产生更为显著的影响，因为中低收入群体以工资性收入为主，而工资增速与经济增速密切相关。但对于主要依赖财产性收入的高收入群体而言，在经济增速下行阶段资金"脱实向虚"倾向加剧，反而可能助推金融资产升值，产生财富效应。这会继续拉开中低收入群体与高收入群体的差距。二是中低收入群体背负的债务压力持续攀升。近年来中国居民部门杠杆率攀升速度较快，近10年间杠杆率攀升了约1倍，债务规模增长了约4倍，其中，债务负担最重的是中低收入群体，偿债支出占中低收入群体可支配收入的比重较大。三是老龄化趋势使养老与医疗等方面的支出负担持续加重，也会相对降低中低收入群体的实际获得感与幸福感。这些因素都不利于扩大中等收入群体规模，影响构建共同富裕的和谐社会。

（四）国际政经格局演变趋于复杂，经济发展的外部环境恶化

作者对国际环境变化特点做了分析，指出中国改革开放恰逢经济

全球化潮流的红利释放，吸引国际资本，引进国外先进技术，积极参与国际分工大循环，都对中国经济增长起到了巨大推动作用。然而，自2008年全球金融危机以后，中国面临的外部环境发生了显著变化。持续低迷的全球经济导致外部需求萎缩，出口增速不断下滑，全球化红利逐渐消退。尤其是以英国脱欧与中美贸易争端为标志性事件，贸易保护主义思潮泛起，逆全球化趋势加剧，全球贸易与投资环境恶化，贸易体系日趋碎片化，地区经济集团化趋势也在阻碍外部合作，并制约新公平贸易规则的重构。

与此同时，大国竞争使国际科技交流合作面临严峻挑战，"小院高墙"的技术封锁，对尖端技术及装备的公然垄断，导致主要经济体之间的科技摩擦加剧，中国经济转型升级的外部环境更趋复杂严峻。因此，中国正面临改革开放以来从未遇到过的艰难外部环境，如何在百年未有之大变局中增强经济韧性，提升发展潜力，避免因陷入大国间的"修昔底德陷阱"而受到伤害，既关乎中国式现代化道路的曲折程度，也关乎民族复兴愿景实现的时间周期。

二、以增长动力转换与增长模式转型实现经济高质量和可持续增长

增长动力转换问题的探讨是作者在这本书中论述的核心问题。在经济发展进程中，顺利实现经济增长动力转换与增长模式转型，是跨越"中等收入陷阱"，迈入高收入国家行列的关键。从国际经验来看，当一个经济体从低收入阶段迈向中等收入或中高收入阶段时，经济增长动力主要来源于资本与劳动等要素投入。由于资本与劳动遵循边际报酬递减规律，在经济发展到一定阶段时，不可避免地会出现经济增速放缓。此时，要继续保持可持续的合意经济增速，从而跻身高收入国家之列，就必须大幅提高技术进步、人力资本与资源配置效率对

经济增长的贡献度。如果无法实现经济增长模式转型，那么即使人均国民总收入暂时达到高收入国家标准，未来仍可能会重新跌至高收入国家标准以下，或者在标准线上下徘徊，难以真正跨越"中等收入陷阱"，拉美的巴西、阿根廷，以及俄罗斯都是典型例证。

过去40多年，中国经济增长主要依靠资本和劳动驱动，两者对经济增长的贡献率高达80%以上。而在人口老龄化趋势影响下，劳动对经济增长的贡献率也在显著下降，经济增长对资本投入的依赖度进一步提高，这也是宏观杠杆率持续抬升的直接原因。因此，中国需要正视未来几年跨越"中等收入陷阱"任务的艰巨性，通过发展和壮大新质生产力，构建高效统一大市场，大力优化社会资源配置结构和提升配置效率，加快经济增长动力转换，以增长模式成功转型为基础，推动经济持续增长。从经济发展能力和潜在条件看，只要能做好增长动力的有序转换，既延续利用好"老动力"，又加快"新动力"释放，中国经济就有希望继续保持平稳健康发展。

展望未来，经济增长动力转换和增长模式转型将为中国追赶发达经济体铺平道路。根据测算，2019年中等发达国家的人均GDP水平约为2.5万美元。按照这一标准，如果中国到2035年人均实际GDP水平翻一番，在通胀率为2%、汇率不变的基本假设下，中国人均GDP水平将达2.7万美元。如果考虑到人民币汇率随着中国发展水平的提高而有所升值，届时中国人均GDP水平或将达3万美元。因此，中国完全有可能在未来几年达到现行的高收入国家标准，实现到2035年经济总量或人均收入翻一番的战略目标。

基于同样的假设条件，在通胀率为2%、汇率不变的基本假设下，如果到2050年实现人均实际GDP翻两番，那么中国人均GDP水平将达7.5万美元。若发达国家按照名义GDP增速2%测算，届时其人均GDP平均水平将在8万美元左右。如果考虑到未来30年中国高质量发展会推动汇率升值等因素，人均实际GDP翻两番将能够实现达到发达国家平均水平的目标，届时中国经济总量也将大幅超过美国等发达经济体。

三、在共同富裕的旗帜下追求全社会的共同繁荣

作者从更深层次上，即从共同富裕实现的历史进程上探讨了经济增长的动能，强调在经济增长的基础上，持续扩大中等收入群体规模，追求全体人民共同富裕，是实现社会共同繁荣的基本途径。当前中国社会的主要矛盾已经转化为人民日益增长的美好生活需要和不平衡不充分发展之间的矛盾，这一矛盾突出体现在中国经济的结构性问题上，如收入分配结构失衡、总需求结构失衡、城乡与区域结构失衡等，其中收入分配结构失衡是最关键的问题，也是造成其他结构性失衡的主要原因。因此，在迈向社会主义现代化国家的新征程中，必须有效解决收入分配结构失衡问题。如果说提高低收入群体收入是实现第一个百年奋斗目标过程中在收入分配方面要处理的中心任务，那么扩大中等收入群体规模则是实现第二个百年奋斗目标过程中的中心任务。

从国际经验来看，扩大中等收入群体规模对实现中国式现代化尤为重要。根据瑞士信贷银行统计数据，成功跨越"中等收入陷阱"而迈向现代化的韩国与日本，其中产群体占比分别高达45%和60%。相比之下，巴西、俄罗斯等落入"中等收入陷阱"而没有实现现代化的国家，其中产群体占比不超过10%。目前中国中等收入群体已达4亿人，虽然绝对人口规模相当大，但人口占比仍有待提高。在经济发展的新阶段，只有持续扩大中等收入群体规模，才能够实现到2035年"全体人民共同富裕取得更为明显的实质性进展"，以及到21世纪中叶"全体人民共同富裕基本实现"的宏伟目标。

立洲博士的这本书围绕当前中国转型期的经济增长问题，进行了

全面深入的客观考察与分析论述。作者首先系统分析了当前中国经济增长所面临的诸多挑战，认为由负债驱动的投资主导型增长模式推动了宏观债务杠杆率持续攀升，而社会资源配置错位则导致国有部门的债务膨胀和民营部门的债务紧缩，使社会资本产出率衰退加速。与此同时，长期投资主导型增长也抑制了国内消费需求的成长，随着出口导向型经济遭遇逆全球化等外部因素挑战，社会总需求不足演变为制约中国经济增长的关键难题。

由此，作者指出，债务膨胀和产出率衰退趋势削弱传统增长模式的可持续性，也导致现有经济增长路径正临近顶点。一方面，国有部门因债务沉重面临陷入资产负债表衰退风险；另一方面，民营部门持续经历债务紧缩，居民部门也在进行资产负债表修复，因此这决定了总需求不足将持续一个较长时期，这也是中国面临经济增长困境的主要原因。所以，必须加快推动增长模式转型，重塑经济增长动力，实现增长动能体系再平衡，这将有利于中国经济超越传统增长模式的极限，开辟高质量可持续增长的新格局。为此，作者提出通过金融业的全面改革创新，以及宏观经济政策的统筹协调，为经济增长模式转型提供系统支撑和政策保证。

此外，作者还提出在经济增长基础上，要坚持收入分配中的公平与正义，防止"富裕中的贫穷"，构建充满韧性的共同繁荣社会，这也是中国经济发展和国家治理的目标。总之，立洲博士的这本书体系完整、观点鲜明、逻辑严谨、数据翔实，体现了作者深入思考问题和踏实严谨做研究的作风。我非常愿意推荐给读者朋友！

是为序。

刘伟

中国人民大学原校长

2024年3月13日

前　言

繁荣与梦想

　　回望世界历史，500多年来，世界大国的崛起都惊人地相似。无论是大航海时代的殖民帝国，还是工业革命时期的经济强国，抑或是主宰20世纪的世界霸主，无论其崛起的原因和道路有何不同，持续的经济增长与社会繁荣都是支撑大国兴起的基石。而在宏大的经济与政治叙事背后，是强国之路与富民之策交相辉映的永恒主题。及至当代，经济持续增长和社会共同繁荣仍然是通向大国崛起梦想的必由之路。

　　经济持续增长是塑造当代世界政治和经济格局的决定性力量。在过去的200多年里，西方经济增长的蛙跳，促使多国陆续崛起继而超越东方，由此改写并重塑了世界格局。过去几十年中，在全球范围内，经济增长始终是大国竞争的力量之源，是社会制度竞赛的关键支撑。无论是二战时的力量对比，[①]还是"冷战"时的体制竞争，抑或是当前的大国博弈，无不如此。美国经济史学家西蒙·库兹涅茨将西方200多年来（从近1800年至今）的经济史称为"现代经济增长时

---

① 历史学家拉塞尔·韦格利在《美国军事战略与政策史》一书中称，第二次世界大战是一次"GDP之战"。由经济增长形成的GDP不仅代表着经济上的成功，更是军事与政治上的成功。

期"，[1] 正是以这段经济持续增长为基础，塑造了近代至当代的世界基本格局。

共同繁荣是经济学创始人亚当·斯密在《国富论》中所期盼的社会图景。亚当·斯密认为，共同繁荣以生产力不断提高以及生产不断扩大为基础。以经济增长为基础追求共同繁荣，正是实现社会和谐与进步的有效途径。新制度学派代表人物约翰·肯尼思·加尔布雷思在《丰裕社会》中指出，站在历史的角度看，扩大生产是社会团结的黏合剂，能够缓解分配不均所导致的社会紧张，是裨益贫富双方的办法。新古典学派创始人阿尔弗雷德·马歇尔和现代福利经济学之父阿瑟·庇古也都崇尚通过物质富裕及扩大生产来解决社会贫困问题。经济增长始终是人类实现物质富裕和社会繁荣的源泉。

经济持续增长带来了社会繁荣，也让社会成员在精神层面得到了提升，创造了丰裕和谐的社会。德国前总理、经济学家路德维希·艾哈德在其著作《大众福利》中坦言，物质富裕不是最终目标，但却是通往目标的方式，人们最终会超越物质，"重新评估他们的生活方式"，也会"让社会底层成员在精神文化层面有所发展"。他强调，"随着社会保障水平的提高，人们必然会更多地认识到，须能够更好地区分善恶以及有无价值"[2]。他还认为，提高人民富裕水平应当通过发展经济来实现，背离提高国民生产总值这唯一有效的道路是弊大于利的。国民生产总值的提高能带来社会变革的力量，实现历史上从未有过的目标——大众福利，这是通往幸福生活的康庄大道。

直面当下，世界正经历百年未有之大变局，世界经济发展的竞争与国别分化日益加剧。40多年来，改革开放使中国经济实现持续快

---

[1] KUZNETS S. Modern Economic Growth：Finding and Reflections［J］. The American Economic Review，1973，63（3）：247–258.

[2] 艾哈德. 大众福利［M］. 北京：商务印书馆，2017.

速增长，踏上民族复兴与社会繁荣之路。美国经济学家杰弗里·萨克斯认为，中国经济衰落始于明朝的闭关锁国，标志性的1453年以后，中央帝国挥霍了自己的优势地位。[①] 亚当·斯密在《国富论》中提及中国时也称，其观察到的是一个富庶但停滞的国家。[②] 西方学者认为，彼时的中国因转向内向型经济且创新停滞，从而失去了延续千年的世界领先地位，沦为了积贫积弱的落后国家。但是，肇始于1978年的改革开放，重启创新，开放国门，释放了生产力和创新精神，在40多年间创造了世界瞩目的经济奇迹。

瞻望前路，在大国复兴之路的后半程，如何在40多年的高速增长之后，顺利实现增长动力重塑和增长模式转型，开启高质量的中速增长之路，续写经济增长故事？在经济发展的基础上，如何解决好收入不平等问题，缩小贫富差距，实现全社会的共同繁荣，并为持续增长奠定基础？这是中国复兴路上的必答题，也是100多年来国人追求的光荣与梦想。在经济后高速增长时代，直面经济发展中的挑战与机遇，寻找问题的根源与逻辑，探讨解决之道与政策选择，继续推动经济稳定增长，对实现宏伟的国家治理目标和民族复兴夙愿，都具有深远意义。

2023年初，国家统计局发布的2022年国民经济运行数据显示，中国GDP规模达121万亿元，是在世纪疫情冲击下，继2020年、2021年连续突破100万亿元、110万亿元后，再次跃上新台阶。作为一个拥有14亿人口的大国，中国人均GDP约8.6万元，按人民币与美元的平均汇率换算约为1.27万美元，超过世界人均GDP水平。经济总量和人均水平持续提升，意味着综合国力与国民生活水平的提高，40多年的经济增长带动了国家资本与财富积累，改变了中国的

[①] 萨克斯.贫穷的终结：我们时代的经济可能[M].上海：上海人民出版社，2007.
[②] 斯密.国民财富的性质和原因的研究：上卷[M].北京：商务印书馆，1972.

国际地位和国民的生活境遇及富裕程度。这是大国崛起与繁荣道路上的新里程碑。

美联储前主席艾伦·格林斯潘在《繁荣与衰退：一部美国经济发展史》一书中论及1865—1914年美国资本主义的胜利时称，"从美国内战结束到一战全面爆发的几十年里，美国很明显地转变为一个现代化社会"[①]。在此期间，美国以科技创新时代的电力和内燃机等重大通用技术发明为基础，汽车、航空、铁路、电话、电梯等现代工业的产业体系迅速发展，一跃成为新工业大国；以铁路网等基础设施建设为支撑，农业科技创新和应用使西部地区农业实现快速发展，并与美国国内和世界市场紧密联结。科技创新和西部崛起使美国由此成为民富国强的新型资本主义大国，奠定了在二战后全面登顶世界霸主地位的雄厚经济实力。

中国40多年改革开放所取得的成就，特别是自2001年加入WTO（世界贸易组织）以来，宏观经济快速增长，奠定了作为世界第二大经济体、第一贸易大国的地位。20年间，中国国家净资产从2000年的7万亿美元增长至2020年的120万亿美元，占全球增长额的近1/3。中国财富增长速度和规模远超美国里根经济革命开启的25年（1982—2007年）经济大繁荣时期。美国经济大繁荣的25年被美国经济学家阿瑟·拉弗称为"人类历史上最庞大的财富创造时期"，"1980年，根据美国联邦储备局的数据，美国所有家庭和企业的净财富（资产减去负债）为25万亿美元。到了2007年，联邦储备局计算出净财富为57万亿美元。调整通货膨胀后，美国在25年里创造了比过去200年还要多的财富"[②]。因此，美国前总统罗纳德·里根对其经

---

① 格林斯潘，伍尔德里奇.繁荣与衰退：一部美国经济发展史[M].北京：中信出版社，2019.
② 拉弗，摩尔，塔诺斯.繁荣的终结[M].南京：凤凰出版社，2010.

济成就感到自豪，并把"悲惨指数"①变成了"不悲惨指数"。

然而，任何大国的崛起从来都不是轻松就能实现的。新冠疫情冲击带来的疤痕效应尚未完全消退，人类发展的历史进程正处于关键的十字路口，中国也面临着一个复杂、动荡的世界。

在国际上，世界主要经济体处于增长下行、通胀上行的"双螺旋"时代，持续的高通货膨胀彻底逆转了自2008年全球金融危机以来的宏观宽松政策，普遍采取的激进加息政策正将主要发达国家推向经济衰退的悬崖。高通货膨胀与俄乌冲突影响了欧洲的经济复苏。在发达国家民粹主义和逆全球化思潮涌动的背景下，大国竞争的地缘政治压力和经济安全威胁，叠加经济增长困境与世纪疫情冲击，使全球联合科技创新、产业分工和供应链协同都遭遇严重逆风。"全球南方"与发达国家间的裂痕扩大，正在加速塑造新的世界秩序，中国作为处于复兴之路上的追赶型大国，所面临的外部挑战是几十年来所未有的。

在国内，40多年来持续成功的传统投资主导型增长模式，正遭遇资本产出率加速衰退的压力，成为制约宏观经济长期可持续增长的重大瓶颈；非均衡经济增长路径累积的多重结构性矛盾日益凸显，总需求不足成为当前经济增速下滑的重要根源。要素资源配置扭曲导致国有部门债务膨胀与民营经济债务紧缩并存，地方债务风险上升与民间投资意愿下降相伴。投资与消费长期失衡抑制了居民消费潜力增长，而经济转型进程叠加新冠疫情疤痕效应，使就业和居民收入增长压力加大，家庭资产负债表陷入衰退；城市与地区间经济增长分化，以及挥之不去的房地产风险阴影，使作为两大传统增长引擎之一的有为政府收支失衡，正遭遇财政困境。传统产业的转型升级之路依然颠

---

① "悲惨指数"最初是指由美国芝加哥经济学派创始人米尔顿·弗里德曼提出的"失业率＋通胀率＝痛苦"，后被美国另一位经济学家阿瑟·奥肯修正为"失业率＋通胀率－人均GDP增长率＝悲惨指数"。这一指数被用于衡量物价上涨和失业率上升使民众感受到的生活压力。

簧，战略性新兴产业发展正遭受外部"卡脖子"和"脱钩断链"的压力。因此，中国继续以传统模式续写增长故事面临诸多挑战。

然而，这并不意味着《经济学人》杂志所鼓吹的"中国经济见顶论"[1]是正确的。事实上，中国经济增长的潜力和空间仍然巨大，继续保持较快增长的客观条件依然存在。经济增速放缓与增长见顶之间存在本质差别。40多年来，中国已成长为世界第二大经济体，无论是按照罗斯托经济发展阶段论，还是基于最简单的数学逻辑，增速放缓都是经济发展进程自然演进的结果。而且，即使是按照当前的经济增速，中国在世界大型经济体中也是首屈一指的。

当前，面对错综复杂的宏观经济格局，实现高质量的长期可持续增长，需要深入推进增长动力重塑，重构经济增长动力机制，形成平衡性增长结构。重塑增长动力的核心是通过深化改革，重塑经济增长的两大动力体系——有效市场和有为政府。

从经济体制转轨与改革期的增长实践来看，有效发挥市场机制的作用是释放经济活力的基础。因此，深化改革的重点是继续深入推进经济市场化进程，真正发挥市场在资源配置中的决定性作用。目前，要以全国统一大市场建设为契机，改革要素资源配置方式与结构，修正资源配置中的结构扭曲，有效提升市场化经济成分的活力，既要支持国有企业的良性发展，更要努力纾解民营企业的债务困境，扭转民营经济的债务紧缩局面，为其提供更多的发展空间与更充分的资源配置，由此有效释放推动经济增长的市场化内生动力。

在深化市场化机制作用的同时，要高度重视发挥政府的重要作用，尤其是调整有为政府体系的经济功能定位，重塑新型有为政府的经济增长角色。构建新型有为政府，需要重塑政府体系的经济发展思维模式和行动方式，改变其原有的以负债扩张为主导的经济增长模

---

[1] 参见《经济学人》杂志，2023年5月13日刊文。

式，在确保地方财政收支基本平衡且可持续的基础上，将政府定位为经济增长的规划者和引领者，而非经济增长的主要投资者。为此，需要在宏观上改变资源在国有部门与非国有部门之间的配置错位，提高要素资源的总体使用效率，从而提高全社会的资本生产率，为可持续经济增长奠定基础。

以传统增长动力重塑为基础，实现增长模式转型是塑造长期可持续经济增长的关键。中国增长模式转型的重点是经济增长动力结构转换，由投资主导型增长向消费主导型增长转型，同时努力保持净出口对增长的贡献度，由此实现增长动力体系的再平衡。长期非均衡增长造成消费与投资的严重失衡，制约了社会消费需求的增长和释放，随着出口增长贡献度下降，社会总需求不足问题逐渐凸显。同时，投资主导型增长造成的产能过剩，与总需求不足之间形成的需求缺口难以弥合，导致严重的宏观结构性问题。

中国非均衡经济增长时代的内外部条件已经发生深刻变化，增长动力重塑和增长模式转型都将以总供求的平衡为基础。因此，在生产端，须以资源配置和投资体制转型为基础，实现产业结构的转型升级，为需求端提供高质量的有效供给；在消费端，须以居民收入增长和共同富裕为基础，在以"双循环"战略重塑经济繁荣的基础上，多途径提高居民收入水平，缩小社会贫富差距，构建可持续的橄榄型社会，从而厚植经济增长的长期动力基础。这是实现经济高质量可持续增长的根本要求，也是国家追求经济增长的本质目标。

在经济增长转折期，要超越传统增长模式的极限，平稳转入新增长阶段，宏观政策须紧紧围绕增长动力重塑和增长模式转型，积极构建能够促进长期增长的动力体系和发展模式。在经济由高速增长转向中速高质量发展的过程中，努力以较小代价和较短时间实现经济增长模式转型，跨越"中等收入陷阱"而迈入高收入国家行列，实现共同繁荣的国家治理梦想和民族复兴的历史发展夙愿。

人类文明是历史进程的回响，经济奇迹是改革时代的回声。在中国经济增长转折期，经济转型与产业升级在曲折中前行，依稀能够听见经济列车在增长道口变轨的吱嘎之音；结构修复与韧性增长在逆风中推进，隐约能够听闻增长车轮前行的铿锵之声。放眼未来，在外部大国竞争和内部发展转型的战略全景图上，尽管经济增长与发展转型之路仍面临强劲逆风与诸多挑战，但只要坚定地"吃改革饭，走开放路"，就一定能够实现可持续经济增长，续写经济繁荣的中国故事。

增长，我所欲也；繁荣，亦我所欲也。经济增长是共同繁荣的有效保证，共同繁荣则是稳定增长的坚实基础。路德维希·艾哈德在《大众福利》中说，"提高人民富裕水平不应当通过进行国民生产总值再分配这种没有结果的争吵实现，而是通过发展经济来实现"。一个明显的道理是：每个人从一个日渐增大的"蛋糕"中分得更大的一块，要比在一个小"蛋糕"的争夺中分得一块容易得多，因为用后一种方法所获得的任何"利"都是以"弊"为代价的。因此，要在做大"蛋糕"的基础上，公平地分享"蛋糕"，走共同繁荣之路。

要做大"蛋糕"，就要继续走对内改革、对外开放的道路，持之以恒地推进市场化改革，坚定不移地实施对外开放，既有效应对当下的挑战，又切实抓住未来的机遇，确保中国经济持续稳定增长；要分享"蛋糕"，就要在效率优先、注重公平的收入分配原则下，探寻国民财富增长的路径与方式，既避免简单追求平均主义的负向激励，又防止出现贫富差距悬殊的社会鸿沟，在财富增长和分配公平之间达成有效平衡，实现从小康社会走向丰裕社会的梦想。

在大国崛起进程的新阶段，实现经济繁荣与共同富裕的梦想，是赶考的中国必须回答的基本命题，也是中国式现代化征程中的灯塔。

张立洲

2023年8月26日于波士顿

第一章

经济增长的转折时代

21世纪20年代的开端,注定要被浓墨载入史册。2020年初,突然降临的新冠疫情"黑天鹅",彻底打乱了世界运转的节奏,人类社会被迫切换至新冠疫情防控模式。毫无疑问,持续3年的疫情阴霾是自第二次世界大战以来,全球遭遇的至暗时刻。如今,疫情正在远去,经济社会生活基本恢复正常。然而,疫情"黑天鹅"行之不远,经济衰退的"灰犀牛"已接踵而至。高企难下的通货膨胀,迅速逆转了主要发达经济体央行的宽松货币政策,激进加息正将经济拖至衰退边缘,一些国家甚至面临陷入滞胀的威胁。

可以断言,始于全球金融危机的低利率时代已经终结,但经济增长持续疲软的格局并未改变,并且正迎来新的颠簸下行期。作为外向型经济发达的贸易大国,中国不可避免地受到外部经济环境影响,难以独善其身。与此同时,中国经济也进入增长转折期,传统经济增长动力日渐衰退,宏观经济的结构性矛盾日益突出,投资主导型增长模式转型日趋迫切,因此中国经济增长和社会发展面临着深刻挑战。

一、衰退"灰犀牛"紧随疫情"黑天鹅"

自2008年全球金融危机后，欧美主要发达经济体一直未能真正实现经济的平稳增长，各国政府和央行为经济复苏进行了多种努力与尝试，货币放水闸门越开越大，实行长周期、低利率，甚至零利率政策，推行通货膨胀目标制和价格水平目标制等。但是，几乎所有努力都收效甚微，经济复原进展缓慢，复苏之路不断遭遇各种波折，甚至是危机。而与此同时，超级宽松的宏观政策带来反噬效应，大规模量化宽松和超低利率货币政策后遗症开始显现，成为阻碍经济摆脱泥潭的新负累。

持续的经济逆境使西方国家民粹主义盛行，国际意识形态对立和阵营矛盾加剧；"冷战"思维的幽灵及其搅动的地缘政治角力，使地缘纷争和大国竞争空前紧张。因此，近年来全球经济与科技合作举步维艰，技术封锁和产业"脱钩"形势加剧。经济逆全球化潮流泛起使国家间贸易壁垒盛行、贸易战频仍，"小院高墙"等以邻为壑政策交织，经贸矛盾错综复杂；2022年2月爆发的俄乌冲突持续延宕，美欧对俄实施了多轮经济制裁，而"全球南方"与发达国家对战事的态度则分歧严重，这都导致国际政治经济格局进入加速重组期。

2020年，疫情"黑天鹅"的突然降临与新冠病毒大流行，给日趋分化与对抗的世界以新的沉重一击，损害了过去几十年全球化进程所奠定的经济持续增长基础，使疲弱的世界经济雪上加霜。居高不下的通货膨胀阴霾，叠加疫情"黑天鹅"的持续肆虐，深刻影响了亿万普通人的生计；紧随而至的经济衰退"灰犀牛"已隐约可见，而宏观经济政策的效果却乏善可陈。因此，当今世界不仅存在广泛的政治分歧，还面临衰退引发经济动荡的风险。

对比世界刚迈入新千年时全球对未来的美好憧憬，[①]以及联合国确立的新千年宏伟发展目标，今日世界远未如世人曾预期的那般美好。不确定性已成为这个时代的常态，世界正迎来百年未有之大变局。

二、发达经济体正经历"双螺旋"周期

在如今动荡不安的世界，主要发达经济体正处于困难重重的经济逆境。迅速攀升且居高不下的通货膨胀，与低谷徘徊并持续走弱的经济增长如影随形。通货膨胀上升螺旋和经济增长下降螺旋交织，使宏观经济呈现鲜明的"双螺旋"特征。而与此同时，经济逆境叠加疫情冲击，造成了西方国家内部的社会撕裂和思想对立，在政治极化的同时，宏观经济政策选择常常难以达成有效共识，这进一步加深了经济增长困境。

货币放水的尽头是通胀率的上升，天下并没有免费的午餐。反金融危机和促增长的量化宽松政策，以及为应对新冠疫情进行的直升机撒钱，导致通胀率上升是预料之中的结果。过去几年，新冠疫情叠加供应链"脱钩"和运输受阻，将发达经济体本就处于上涨中的物价推向新高。俄乌冲突导致能源短缺和粮食危机，从而进一步加剧物价上涨，这使欧美市场本轮通货膨胀的严重程度和持续时间都超出预期。2022 年 11 月，欧盟通胀率高达 10%；美国通胀率于同年 6 月达 9.1% 的高位，在美联储激进加息后，2023 年 6 月的核心通胀率仍高达 4.8%。

为给 40 年来最热的通货膨胀降温，美联储实施了激进的加息政

[①] 2000 年 9 月，189 个国家签署了《联合国千年宣言》，提出联合国千年发展目标，表达了一种决心，即结束 20 世纪所遗留的一些最具挑战性、最痛苦的问题；也传达了一种希望，即极端贫困、疾病以及环境恶化问题能够得到缓解，世界将带着财富、新技术以及全球合作意识走进 21 世纪。

策，短期内连续多次将联邦基金利率提高50~75个基点，2023年7月再次加息25个基点后，这一利率达到5.5%，使美国基准借贷利率升至22年来的最高水平。美联储持续快速加息带来的货币贬值和资本外流冲击，叠加自身的通胀压力，迫使其他经济体央行也跟进加息和紧缩政策。

在欧洲，欧洲央行于2022年7月和9月大幅加息以抑制通货膨胀，但政策效果不佳。2023年7月，欧元区通货膨胀率仍高达5.3%。欧盟因俄乌冲突而对俄罗斯实施了八轮经济制裁，且正在计划推出第九轮制裁，而这些制裁措施形成了对欧盟的反噬。特别是在与俄罗斯能源"脱钩"后，欧盟转而大量进口美国液化天然气，2022年自美国进口量增长了154%，由于进口能源价格高，欧盟成员国能源成本飙升，进一步加剧了通货膨胀，欧洲的通货膨胀率刷新了欧元区成立以来的历史纪录。

发达经济体激进的加息和缩减资产负债表政策抑制了总需求增长，虽然有利于控制通货膨胀，但也使其濒临经济衰退，甚至面临陷入滞胀的风险。2023年第一季度和第二季度，美国GDP环比折年率分别为2%和2.4%，但消费支出和出口下降，连续增长的基础并不稳固。华尔街大多数经济学家预期，紧缩政策的滞后效应仍会使美国经济面临硬着陆风险。美国财政部前部长劳伦斯·萨默斯的研究表明，1955年后，美国每次通胀率高于4%、失业率低于5%后的两年里，经济都会陷入衰退。美国2022—2023年的经济数据表明，经济衰退风险依然很高。

在欧洲，欧元区的经济持续低迷。根据欧盟统计局的数据，2022年第四季度，欧元区GDP环比零增长，欧盟GDP环比则萎缩0.1%。2023年以来，欧洲经济增长徘徊在停滞边缘，欧元区经济增长动能持续减弱。2023年第一季度和第二季度，欧元区GDP环比增长率分别为0.1%和0.3%，同比增长率为1.1%和0.6%。作为欧洲经济火车头的德国情况更加糟糕，其第二季度 GDP 增长率为 –0.2%。IMF（国际货币基金组织）预测，德国 2023 年全年的 GDP 增速为 –0.3%。由于消费者信心和企业投资信心受挫，商业活动的低迷程度远超预期，欧洲央行于 2023 年 8 月初紧随美联储再次加息 25 个基点，偏高的利率也抑制了消费和投资增长。大多数经济学家预测，2023 年欧洲经济将继续面临下行风险。

高企的通货膨胀和疲弱的消费与投资信心，损害了经济增长动能的基础，歧视性贸易保护政策正导致新的贸易紧张，推高了新的贸易战风险。拜登政府 2022 年 8 月推出的《通胀削减法案》已于 2023 年 1 月 1 日生效，美国以高额补贴等措施推动电动汽车和其他绿色技术在本土生产和应用，由此引起的市场封锁和不公平竞争，以及各国对"去工业化"的担忧，正加剧全球供应链的分割和"脱钩"，这些都将进一步损害世界经济增长。

发达经济体的"双螺旋"困境也深刻影响了发展中国家。一方面，世纪疫情冲击对发展中国家伤害的疤痕效应难以消除；另一方面，美联储鹰派政策导致发展中国家货币对美元持续贬值，严重损害发展中国家的国际收支平衡和本币币值稳定，加剧资本外流，削弱其经济增长的潜力，并带来国家外债违约风险。以斯里兰卡为代表的一大批发展中国家，因经济困境而带来政治动荡，并损害了经济发展。因此，发达经济体的"双螺旋"周期及其宏观政策，必然伴随着对发展中经济体的附带伤害。

三、中速增长期面临增速"下台阶"风险

回首内顾，时光荏苒。始于 1978 年的改革开放，使中国实现了 40 多年的经济增长。中国经济崛起是 20 世纪下半叶到 21 世纪初全球最引人注目的经济现象，也是形成当前全球经济发展格局的重要塑

造力量。但是，当前的经济发展形势表明，中国经济的高速增长期已经结束，并实质性地步入了潜在的中速增长期。同时，逐级而下的经济增长趋势表明，实现中速增长也绝非易事。

经济中速增长的本质意义在于，投资驱动型经济增长将转向主要由消费拉动，特别是由内需作为基本动力。不同于投资增长与出口导向联动的增长动力体系，以消费为主导的内需驱动型增长模式，难以支撑经济增长继续保持在高速轨道，同时，这也是经济发展从重视量的增长转向更注重质的提升的契机。当然，保持合理的经济增速始终是推动发展的主线，也是尚未实现共同富裕的发展中人口大国所必须坚持的目标。

世界政治经济环境的变化，正深刻地影响着中国经济发展。自2001年"9·11"恐怖袭击事件及2008年全球金融危机后，世界发展进程就逐渐偏离了原有航向。意识形态冲突、大国竞争和地缘政治矛盾深刻改变了中国经济的外部环境，正处于转型升级期的中国经济，除了承受着中美贸易战的压力，还面临技术封锁持续加码，以及鼓吹"脱钩断链"和所谓"去风险化"的挑战。当前，全球经济深陷衰退压力，以及俄乌冲突所引发的经济撕裂之中，我们正经历百年未有之大变局，受内外部因素影响，中国经济增长也正处于大转折时代。

早在2013年，中国政府就做出了经济发展已进入"三期叠加"阶段的判断，敏锐地意识到经过30多年快速经济增长，国民经济积累了诸多矛盾和问题，并已成为制约经济继续快速增长的重大瓶颈，确认经济已步入潜在中速增长的新常态。依据此判断，国家推出了一系列重大改革举措，涉及从供给侧结构性改革、金融体制改革到国有企业改革等众多领域，政府着力稳增长、调结构、促转型和防风险，努力保持经济运行处于合意区间。

为继续推动经济可持续增长，2020年4月，国家提出要深化供给侧结构性改革，发挥超大规模市场优势和内需潜力，构建以国内大循环为主体、国内国际双循环相互促进的新发展格局。加快构建"双循环"新发展格局，是适应国内外环境发生显著变化大背景下，推动中国开放型经济向更高层次发展的重大战略。2022年4月，国家发布了《中共中央 国务院关于加快建设全国统一大市场的意见》，提出建设全国统一大市场，这是中国经济外贸依存度从2006年的67%下降到2021年的32%后，国家推动经济实现"双循环"，尤其是着力实施内循环发展战略的重大决策，标志着内部需求、内部市场将成为推动中国经济增长最重要的力量。

但不可否认的是，中国的发展转型正面临前所未有的压力，经济增长的脚步日渐沉重。2022年受疫情冲击，经济增速回落，同年第四季度调整疫情防控政策后，尽管给经济增长带来较大的正向作用，但仍没有能够完成5.5%的年度经济增长目标，全年GDP增速只有3%，这是中国经济多年来从未遇到的困难局面。

随着疫情基本退去，社会生活转入常态，经济增长也得以恢复，2023年上半年GDP增速达5.5%。然而，经济复苏的势头并不稳固，在拉动经济增长的"三驾马车"中，尽管消费已成为增长的最大动力，但消费复苏势头正在走弱，除了服务消费保持较好增长态势，商品消费尤其是大宗耐用商品、房产等需求增速不佳。与此同时，投资增长呈现疲态。2023年上半年，全国固定资产投资增长3.8%，明显低于2022年5.1%的增速，特别是民间投资增长疲弱，增速只有1%。出口受到外部经济环境影响出现回落，第二季度出口增长–1.6%。因此，消费增长不及预期，民间投资信心不足，出口增长缓慢甚至收缩，就业压力进一步增大，16~24岁劳动力调查失业率达21.3%，这些都显示经济增长失速风险正在增加。

因此，中国经济发展的内外部环境、资源禀赋和配置条件已然发生重大变化，即使要实现潜在的中速增长目标，也并非易事。经济增长呈现"下台阶"式的下行趋势,这确切表明经济增长已步入转折时代。这个时代的增长有几个突出的特征:一是传统经济增长动力出现实质性衰减,并有加速趋势;二是资源要素约束强化和资本产出效率衰退加快;三是制约增长的各类结构性问题日渐突出,并成为抑制增长的主要矛盾。要实现经济中速平稳增长,须防止增速下滑出现"过冲",并演变为常态化,避免经济跌入自我紧缩的下降通道,形成螺旋式惯性下降。

四、增长失速:区域发展的分化与失衡

在中国经济高速发展进程中,各地区先后经历了普遍的经济增长。但随着经济转入中速增长期,地区经济发展中的特殊矛盾和潜在隐忧逐步凸显。不断见诸报端具有重大社会影响力的经济事件提醒我们,经济发展正面临着深层次的结构性矛盾,区域和城市经济发展分化变得日益严峻,这表明曾经广泛有效的传统经济增长路径与模式正遭遇重大挑战。

虽然在经济快速增长期,不同地区促进经济发展的具体模式各不相同,但其总体发展策略和路径是相似的,即融入国家工业化和城镇化进程,依靠增加工业项目投资、进行基础设施建设,以及推动农村人口城镇化等来推动区域经济增长。然而,在新的经济增长时期,内外部环境与条件发生重大变化,原有经济发展模式与策略不再适应新形势,传统增长模式失去了支撑基础和效率,资源约束和发展空间限制也日渐增多,经济增长失速成为很多地区的现实困境。

我们把视线投向东部淮河流域的腹地,曾经的"淮上明珠"——安徽省蚌埠市,2021年其迎来了经济发展的历史性至暗时刻——地区生产总值"零增长",这与该市年初制定的8.5%增速目标相去甚远。作为享有"珍珠城"美誉的皖北经济重镇,蚌埠市经济失速具有很强

的代表性，凸显了部分城市在经济发展新阶段所面临的困难境遇。

在宏观经济结构调整和新旧增长动能转换期，经济转型进展滞后、产业升级缓慢正在拖累城市经济发展的脚步。蚌埠市曾经是安徽省经济增速的前三名城市，曾有"合（肥）老大、蚌（埠）老二"的工业荣光。但进入21世纪以来，其经济增速持续下滑，在地区经济竞争中逐渐掉队。尽管地处长三角地区，但蚌埠市经济位列"沪苏浙皖40城"的最后一名。

蚌埠市在对2021年经济发展失速的总结中提出，该市"退市进园"政策导致企业产能未能释放，环保督察导致项目进展缓慢或停工；过去一段时间过分重视城市建设，放松工业发展，致使工业项目落地很少；国家加大统计执法力度，导致蚌埠市受到较大影响。尽管导致增长停滞的原因众多，"过分重视城市发展，放松工业发展"可能才是主因，只有抓紧进行产业升级，培育内生经济增长动力，形成城市发展的新造血动能和循环机制，才能让这颗已然暗淡的"淮上明珠"重新闪亮。

经济增长失速，蚌埠市并非孤例。我们将视线西移，地处中原西部腹地的历史古都与工业名城洛阳市，同样面临经济增速滑落的窘境。尽管其经济总量居河南省第二位，但2021年的经济增速仅为4.5%，远低于全省6.3%的平均增速。作为河南省着力支持建设的副中心城市和重要增长极，洛阳市经济增速低于全省平均水平的真正隐忧，是这座老工业基地发展转型的步伐正在放慢，在西部地区的经济先发优势已经显著褪色。

2021年，洛阳市规模以上工业增速仅为1.8%，特别是近10年来，其第二产业占比从61.3%下降至43.7%。第三产业占比提升是第二产业衰退的相对结果，而非因高端生产性服务业快速扩张形成。与此同时，工业在技术创新和结构调整上步伐缓慢，增速仅为0.4%。2022年，洛阳市的GDP规模被同样位于中西部的榆林市和襄阳市超越，

第一章　经济增长的转折时代

失去了长期占据中西部非省会城市第一的位置。

除了蚌埠市和洛阳市等增长放缓或者呈现停滞趋势的城市，收缩型城市①是经济发展中面临挑战的另一类型，也是地区发展与经济增长分化的典型。总体而言，收缩型城市的突出特征是人口持续减少，第三产业在三次产业结构中占比低，而制造业占比明显偏高，但制造业增长又出现停滞或衰退，导致经济增长呈现收缩趋势。在收缩型城市中，普遍存在老龄化和工资水平下降现象，职工平均工资水平显著低于扩张型城市，叠加人口外流抑制了消费总量的增长，导致经济良性循环遇到阻滞。

目前，中国处于收缩型发展趋势的城市数量在不断上升。上海财经大学张学良团队在对 2 865 个县（市、区）中涉及行政区划变动的样本进行分析后发现，中国 26.71% 的地级及以上行政单元、37.16% 的县（市、区）发生了不同程度的收缩。其中，东北地区的收缩较为严重。首都经济贸易大学吴康的研究表明，在中国 660 个样本城市中，80 个城市都出现了不同程度的收缩，其中 9 个城市的收缩幅度超 5%。②

虽然城市收缩的原因有所不同，但由此造成的地区发展分化表明，传统城市发展模式在很多地区已不可持续，"为增长而规划"的城市发展逻辑会造成盲目投资、无效投资，导致资源空间错配，甚至出现"空城"。对于财政困难的收缩型城市，转移支付是暂时解决其

---

① "收缩型城市"这一概念由德国学者在 1998 年首先提出，用以刻画伴随德国城市去工业化进程所出现的人口减少与经济衰退现象。2004 年成立的全球城市收缩研究联盟"收缩城市国际研究网络"，将收缩型城市定义为人口规模在一万人以上的人口密集城市区域，面临人口流失超过两年，并经历经济结构危机的现象。国家发展改革委 2019 年 3 月末发布《2019 年新型城镇化建设重点任务》，第一次提出"收缩型城市"。

② 新华网. 收缩型城市，该往何处去［EB/OL］. http://www.xinhuanet.com/politics/2019-04/24/c_1124407205.htm，2019-04-24.

财政困境的主要支撑力量。但随着上一级财政救助能力下降，这些城市将越来越难以获得维持财政收支平衡的足够支撑，经济增长将陷入停滞。因此，必须改变这类城市的发展战略，谨慎制定适应性、约束性、精明型发展规划，探索符合城市实际的有效发展路径，从根本上找到经济发展的新出路，最终破解增长不可持续的困局。

城市发展和经济增速分化，折射的是在经济进入中速增长期后，区域经济发展不平衡的加剧，也是处于经济结构调整和转型升级进程城市的"中等发展陷阱"。城市主导产业转型升级出现青黄不接现象，对区域经济辐射力和聚集力下降，将直接阻滞整个区域发展动力释放，造成区域经济增长呈现不进则退的局面，面临增速可能跌入螺旋式下降通道的风险。

五、债务悬崖：负债驱动型增长的隐忧

由短缺经济起步的中国经济，进行投资扩张是实现供给增长的基本方式，这也是后发经济体实现快速增长的一般路径。在由计划体制转轨建立的市场经济体制中，政府和国有部门在投资扩张中的作用举足轻重，而大规模负债投资是常见模式。在工业化和城镇化进程中，国有部门持续投资扩张极大地透支了财力，导致其负债规模不断扩大。无论是国有企业特别是地方国有企业债务率高企，还是地方政府的庞大债务负担，高杠杆都导致国有部门债务可持续性日渐脆弱，并已成为影响经济增长和危及金融体系安全的深刻隐忧。

2020年11月10日，永城煤电控股集团有限公司（以下简称永煤公司）因未能按期兑付超短期融资券"20永煤SCP003"的到期应付本息，构成实质性违约，涉及本息金额共10.32亿元，这成为震动金融市场的典型风险违约事件。AAA评级（信用评级中的典范级）的国有企业债券出现违约，严重打击了债市投资者信心，影响债券市

场正常运行，导致信用债一级市场部分取消发行，一些相关行业和部分相关省份的信用债出现暴跌，市场恐慌情绪波及利率债市场，引起国债收益率上行。

作为河南省"三煤一钢"的重要骨干工业企业，永煤公司的控股股东是河南能源集团有限公司（以下简称河南能源），河南能源持有永煤公司96.01%的股份，处于绝对控股地位，且河南能源是河南省人民政府国有资产监督管理委员会下属的独资公司。因此，永煤公司债券违约震动了债市投资者的"国企信仰"，对债券市场的估值和利率体系影响重大。违约事件引起国务院金融稳定发展委员会（2023年划入中央金融委员会办公室）的重视，责成金融监管部门和地方政府要从大局出发，建立良好的地方金融生态和信用环境，对债市违法违规行为秉持"零容忍"态度，强调发债企业及其股东、中介机构必须严守法律法规和市场规则，切实防范道德风险，保护投资人合法权益，维护市场公平和秩序。

当永煤公司债务违约时，该公司账面财务数据显示其有足够的兑付资金，因此，市场普遍认为永煤公司具备偿还能力，债券违约被市场和投资者解读为恶意"逃废债"。因此，国务院金融稳定发展委员会强调，要依法严肃查处欺诈发行、虚假信息披露、恶意转移资产、挪用发行资金等各类违法违规行为，严厉处罚各种"逃废债"行为。而根据永煤公司相关人员对违约的解释，尽管公司资金余额能够覆盖本期债券本息，但账面的现金余额大部分是受限资金，且已借至河南能源及其他关联企业。这不仅反映了国有企业财务管理不规范，更重要的是隐现了地方国企系统整体债务负担沉重、资金紧张的现实。

在影响巨大的永煤公司债务违约事件发生的前一个月，另一家AAA评级的国有企业华晨汽车集团控股有限公司债券违约，未能按期兑付"17华汽05"本息。短期内出现两起国有企业AAA评级债券违约的风险事件，削弱了市场对国企信用债的刚兑信仰。考察其背后的深刻原因,不考虑人为因素影响,仍然反映了在宏观经济持续下行背景下,地方国有企业所面临的困难局面;而从财政角度来看,地方财政收入下降,能够用于支持地方国企的财政资金腾挪空间有限,导致地方债务可持续性相对脆弱。

国有企业债券违约并非地方债务的唯一隐忧,地方政府的财政困境同样需要高度重视。在经济增长转折期,由于地区间经济发展出现分化,不少地方政府的财政收支也面临巨大压力,少数地方已临近"财政悬崖"。"财政悬崖"是描述财政危机的形象化经济学词语,曾是美国联邦政府及其铁锈地带的常见现象。但如今,"财政悬崖"已悄然降临至中国部分经济增长严重下滑的城市。

2021年12月5日,黑龙江省鹤岗市宣布进行财政重整。所谓财政重整,即根据2016年国务院发布的《地方政府性债务风险应急处置预案》,市(县)政府年度一般债务付息支出超过当年一般公共预算支出10%的,或者专项债务付息支出超过当年政府性基金预算支出10%的,债务管理领导小组或债务应急领导小组必须启动财政重整计划。政府须在保障必要的基本民生支出和政府有效运转支出基础上,依法履行相关程序,通过实施一系列增收、节支、资产处置等短期和中长期措施,使债务规模和偿债能力相一致,恢复财政收支平衡状态。

债务重整的本质是,地方政府财政收支已经严重失衡,面临运转困难和债务违约风险,需要通过债务重整化解危机。作为经济发展严重依赖煤炭资源、产业发展非常单一的城市,鹤岗市是典型的收缩型城市。鹤岗市的财政重整可以被看作中国首次正式公开承认地方政府面临"财政悬崖"——债务不可持续问题,其本质与公司破产重整近乎等同。

作为东北地区煤炭资源城市和老工业基地,鹤岗市2020年的GDP规模为340.2亿元,同比经济增速为1%;全口径财政收入为38.8亿元,同比下降10.3%,其中税收收入仅为13.3亿元,下降11.5%。与此形成对照的是,鹤岗市2020年的财政支出为157.7亿元,主要依靠获得的104.6亿元转移支付勉强维持财政平衡。过去10年，鹤岗人口外流导致人口总数下降了15.8%。显然，依靠转移支付输血维持运转的鹤岗，已成为传统增长模式下无法持续发展的城市，变革发展理念和创新经济增长方式是必然要求。

就政府层级和债务规模而言，西南地区贵州省的债务困境是影响更加深远的地方财政危机。2023年4月12日，贵州省人民政府发展研究中心发布了一篇名为"化债工作推进异常艰难，靠自身能力已无化债方法"的文章，首次坦承本省债务问题："因财力水平有限，化债工作推进异常艰难，仅依靠自身能力已无法得到有效解决。下一步，调研组将根据了解到的实际情况和各市县反映的突出问题，积极向国研中心争取智力支持。"

根据《贵州省2022年预算执行情况和2023年预算草案的报告》，截至2022年末，贵州省政府债务余额为12 470.11亿元，是全省财政总收入的3.9倍。财政部数据显示，2023年1—3月，贵州省地方政府债券发行规模为456亿元，但贵州省仅偿还了88亿元利息，并未支付已发行政府债券的本金。

实际上，贵州省债务问题并非孤例。截至2022年底，全国负债率超过30%的省（自治区、直辖市）有18个，其中青海省为84.33%，而贵州省以61.84%紧随其后（见表1-1）。2022年青海省GDP为3 610.1亿元，债务总量为3 044.3亿元，但由于GDP总量较小，从全国范围内比较来看，其绝对债务规模并不算大，但债务占GDP的比重过高。相比而言，贵州省GDP超2万亿元，债务占GDP的比重虽然低于青海，但债务总量高达1.2万亿元。

表1-1　2022年中国负债率在30%以上的省（自治区、直辖市）

排名	地区	负债（亿元）	GDP（亿元）	负债率（%）
1	青海省	3 044.3	3 610.1	84.33

续表

排名	地区	负债（亿元）	GDP（亿元）	负债率（%）
2	贵州省	12 470.1	20 164.6	61.84
3	吉林省	7 167.6	13 070.2	54.84
4	甘肃省	6 087.5	11 201.6	54.34
5	天津市	8 645.5	16 311.3	53.00
6	海南省	3 486.6	6 818.2	51.14
7	黑龙江省	7 290.9	15 901	45.85
8	新疆维吾尔自治区	7 852.7	17 741.3	44.26
9	云南省	12 098.3	28 954.2	41.78
10	内蒙古自治区	9 339.8	23 159	40.33
11	宁夏回族自治区	1 996.3	5 069.6	39.38
12	辽宁省	10 979.8	28 975.1	37.89
13	河北省	15 749.1	42 370.4	37.17
14	广西壮族自治区	9 714.2	26 300.9	36.93
15	重庆市	10 071	29 129	34.57
16	江西省	10 859.5	32 074.7	33.86
17	湖南省	15 405.1	48 670.4	31.65
18	四川省	17 705.4	56 749.8	31.20

资料来源：国家统计局。

但值得深思的是，贵州省近年来经济发展势头较好，GDP 增速连续 10 年位居全国前列，新兴数字经济增速更是连续 7 年位居全国第 1。即使是在这样的经济发展背景下，其仍然出现严重的全省性债务困境，凸显地方债务积累之快，以及依靠高负债支撑增长的不可持续性。在贵州省债务结构中，多数为基建和地产等领域的债务，也表明了传统增长模式的弊端。

相比之下，青海省的情况则更加不乐观，受地理区位、交通不便、人才不足和产业基础薄弱等因素的影响，改变债务现状则更加困难。青海省投资集团有限公司曾在 2020 年初出现海外债券违约，成为自粤海事件后 20 年来第一家海外债务违约的大型地方国有企业，并被迫进行债务重整，这给青海省的信用和融资环境带来严重负面影响。也正因如此，青海省高度重视省属地方国有企业的债务可持续性问题，但地方债务压力仍然不小。

正如贵州省在省预算报告中所表示的，计划通过争取中央支持、金融机构展期降息、盘活资源资产等方式，推动各地将债务利息足额纳入预算。中国信达资产管理股份有限公司已与贵州省政府签约，组织专家团队介入债务化解工作。全省的债务重组、债权置换、新增融资已有序展开，政府加快推动优化营商环境，以吸引外部增量投资进入，支持贵州省经济发展。

六、转型逆境：产业升级阻滞制约高质量增长

在改革开放以来的快速工业化进程中，借助经济全球化和国际分工深化契机，中国迅速发展成为"世界工厂"，基础工业实力增强与制造业强势崛起，成为支撑中国经济增长的硬实力。由于工业门类配套齐全，基础设施发展快，凭借劳动力资源丰富和要素成本低廉优势，中国制造业从代工、贴牌和为国外优势企业提供配套等方式起步，不断引进、消化和吸收国外先进技术与装备，使制造业实力不断增强。

目前，中国是世界上最重要的基础材料和工业中间体供应国，而以钢铁、石化、水泥、电解铝和玻璃等为代表的一大批企业，也在中国快速工业化和城镇化的进程中，依靠巨大的国内市场和部分出口需求成长起来。在消费品制造领域，以民营企业为主导，积极参与经济全球化进程中的国际分工合作体系，使中国成为世界上最大的消费品制造国与出口国。

然而，随着中国经济转入中速增长期，高速增长期形成的传统产业结构迎来显著挑战，建立在投资扩张基础上的经济增长动能不断衰退，并且带来严重的产能过剩。与此同时，科技进步推动技术更新和产业迭代加速，对传统产业构成挑战，需求端升级和结构变化，导致对传统产业的需求呈现收缩趋势。此外，传统产业长期存在的痼疾，使不少行业转型升级迟滞，很多企业的研发投入不足，装备水平提升和产品结构升级速度慢，也制约了需求的增长。2015年开始的供给侧结构性改革，其目标是去除落后与过剩产能，以供给侧质量提升牵引需求增长，正是为解决产业结构制约经济增长问题。

适应科技发展趋势，遵循产业结构演化规律，通过技术进步推进产业结构优化，使产业结构的整体素质和效率向更高水平跨越，是新时期促进经济增长的关键。所谓中等发达国家陷阱，是指经济体的产业结构无法实现升级迭代，长期处于较低技术含量和附加值的传统产业区间，新经济增长动能成长缓慢。随着传统增长动能持续衰退乃至枯竭，经济发展遭遇瓶颈而无法实现迈入高收入国家行列的目标。中等发达国家陷阱会使国民跌入"中等收入陷阱"，这正是阿根廷、巴西等不少发展中国家曾经历的发展教训。要避免中等发达国家陷阱的发生，有赖于国家以产业政策引导和支持产业转型升级，通过影响产业结构变化的供给结构与需求结构，促进经济资源的优化配置，加强科技创新和人才培养，不断引导产业、行业和企业向高技术、高附加值产业转型，推进产业结构持续向高级化发展。

然而，在国家历次保增长、稳增长的宏观调控中，对大型基础设施工程建设和大规模房地产业投资的依赖，阶段性地提振了对传统产业的总需求，改善了企业生存状态，导致很多企业转型压力不足，主动转型的危机感也不强，这使政府推进产业转型升级的努力被严重削弱，产业转型升级进程缓慢。尽管资产重、体量大的传统产业在经济发展中的作用举足轻重，曾是工业化和城镇化进程中支撑经济增长的主要力量，但当前这些行业正面临技术升级、产品迭代和去产能、去杠杆的紧迫任务，落后企业面临被淘汰的巨大压力。在产业升级和新增长动能成长壮大前，难以形成产业结构升级效应，将对未来的经济增长形成严重拖累。

当前中国大多数传统企业，尤其是民营企业，依然处于产业价值链的末端，即"微笑曲线"的底端。很多行业的核心技术、关键装备、重点资源仍受制于人，企业核心竞争力不足，难以依靠资源禀赋优势从劳动和资源密集型的产业攀升到产业价值链的高端。传统产业转型升级的核心就是要在嵌入全球价值链的基础上，实现产业和技术迭代升级，企业经营从低价值状态向高价值状态转变，从低技术领域向高技术和核心科技领域攀升，形成自主可控的关键技术、重点装备与产业核心竞争力。

同时，由于全球贸易战和各种非关税壁垒盛行，出口导向型战略遭遇的现实阻力，叠加传统制造业产能过剩和转型升级困难，已成为抑制中国经济动能的突出矛盾。中国传统低附加值制造业体量巨大，造成很多行业"船大难掉头"，而行业内部集中度不高，产品同质化问题严重，内卷性竞争导致行业创新能力弱化，转型升级愈加困难。直面现实，传统制造业拥有巨大的经济存量，承载着庞大的就业群体，因此其能否走好转型升级之路，既关乎经济持续稳定增长，又涉及千百万人的就业与生计，也关乎社会的稳定与和谐，影响举足轻重。

在世界科技进步和产业迭代加速的大背景下，制造业的数字化、智能化发展趋势凸显，中国庞大的制造业产能要继续保持国际竞争力，就必须加快转型升级步伐，实现从"中国制造"向"中国智造"和"中国创造"转型。在新型工业化的升级版时代，中国制造业领域确实出现了如太阳能光伏、动力锂电池、新能源汽车等表现优异的产业，形成了一批具有明显国际竞争优势的企业群体。但是，中国大部分产业和企业仍在转型升级道路上艰难摸索。

除了产业发展现状制约，地缘政治博弈和大国竞争所带来的技术封锁、"脱钩断链"和"去风险化"逆风猛烈，也在冲击中国很多行业的转型升级，甚至暂时遏制了一些行业、企业正在形成的科技竞争力，不少新兴企业的对外技术合作被阻断，关键装备、材料受到严格限制与封锁，产品出口受到各种贸易壁垒封锁和恶意调查打击。过去一个时期，在半导体和信息技术领域，部分发达国家泛化国家安全概念，滥用国家力量对中国科技创新型企业肆意围堵打压，华为、中兴、海康等一大批新兴科技公司的遭遇为世人所熟知。同时，由部分发达国家组成的非正式联盟还限制投资和技术流入中国，在先进半导体、人工智能和量子计算等领域施加严格管制。

此外，在国内资源配置领域，传统产业转型还面临较严重的资金、资本不足问题，产业快速迭代升级使很多传统企业发展面临融资困境。在强调绿色、可持续发展的大背景下，政府对工艺相对落后、能耗较高、污染治理难度较大的领域采取了融资限制政策，金融机构不断收紧对这类企业的融资，严格限制对这些领域的融资需求，即使是在技术改造方面的融资需求也受到制约，难以获得金融支持，基本运营资金逐渐抽紧，形成经营恶性循环。

同时，这些行业大多属于重资产领域，转型所需投资体量巨大，在缺乏针对性资本支持、银行信贷约束收紧的情况下，企业转型常是心有余而力不足，投资能力和意愿均出现衰减，导致投资增长乏力。因此，传统产业和企业遭遇的转型升级困境，也制约了经济向高质量增长转型的进程。

七、地产余晖：繁荣终结的影响深远

安得广厦千万间，大庇天下寒士俱欢颜。居者有其屋一直是中国人的理想，有地有房也是民族文化传统，拥有房产被人们视为安身立命之所依，是工作与生活稳定的基本保证。自1998年国家推出住房分配货币化改革以来，住房商品化推动了中国房地产业20多年的快速发展。在14亿人口大国的城镇化进程中，房地产业逐步成为国民经济的支柱产业，由于房地产关联着庞大的配套产业体系，并在居民消费中具有举足轻重的地位，其冷暖变化直接影响着经济增长。

房地产业发展在加快城镇化进程的同时，也带来了住房价格的持续快速上涨，市场的非理性繁荣形成了广泛而深刻的负面效应。一是从事房地产开发的高回报，导致很多实体企业忽视甚至放弃主业，抽调实业经营资金进行房地产开发与投机性投资，直接影响了实体经济发展，一些企业因房地产调控带来的周期波动而陷入财务困境，甚至破产；二是居民在基本居住需求外，进行大规模房产投资，融资炒房行为盛行，这一方面导致房价过快、过高地上涨，使购房成为刚需居民家庭的沉重负担，一些年轻家庭因背上巨额房贷而被称作"房奴"，这都严重削弱了居民正常的消费能力；三是房地产投资中的投机行为，使房子偏离了其作为居所的属性，而成为准金融商品，高杠杆房地产投资集聚起的金融泡沫，形成了系统性金融风险。

在还原房子的居住属性、坚持"房住不炒"的总方针下，国家针对房地产业打出了一系列持续性治理组合拳，对房价实行严格调控，有效遏制了房价上涨势头。但是，长时期的严厉调控也使地产行业跌入冰点。当前，房地产企业无论大小，无论上市与否，都出现了严重的债务困境，一大批大型房企陷入债务危机，成为影响经济增长和金融稳定的重大问题。房地产业作为过去20多年里成长最快的支柱产业，在短暂的几年间，已由喧闹的非理性繁荣变为金融与投资机构唯恐避之不及的行业，超常规衰退和债务违约正持续冲击着曾经辉煌的地产龙头企业，最大的民营地产开发商中国恒大集团（以下简称恒大集团）则轰然倒下。

2021年8月10日，恒大集团突然发布公告，宣布出售旗下资产，公司公告称："本公司正在接触几家潜在独立第三方投资者探讨有关出售本公司旗下部分资产，包括但不限于公司上市附属公司中国恒大新能源汽车集团有限公司及恒大物业集团有限公司的部分权益。"实际上，在公告发布的数月前，恒大系的股票就开启了持续下跌之路。从事地产及相关业务的中国恒大（地产开发业务）、恒大物业（物业服务业务）股票均大幅下跌，甚至连累恒大汽车股价在3个多月里跌落了90%。恒大集团在中国香港发行的境外美元债，也一路跌到地板价。

恒大危机并非孤例，其揭开了中国大型地产开发企业债务危机的序幕。在严厉的房地产调控中，恒大事件只是房地产业急剧冷却的一个缩影。实际上，过去几年中，地产企业违约事件已经成了信贷市场和债券市场的常态，债务违约导致不少银行不良信贷资产规模大幅上升，地产债券价格跌至无人交易，持券机构损失惨重。与此同时，资金链断裂的地产企业出现了大面积的交楼延期，甚至根本无法交楼，交楼危机导致部分期房购买者拒绝继续偿还购房按揭款，将贷款按揭银行拖入危机，这使政府不得不行动起来，以行政力量主导"保交楼"，防止发生群体性事件，也避免出现大面积按揭违约，乃至演化为系统性金融风险。

地产企业债务违约和大面积交楼危机，使金融市场对恒大集团等一众地产企业失去信心，也让房产购买者对如约交付房屋失去耐心，表明地产行业发展拐点已至，行业深刻剧变已经来临。恒大集团危机爆发时，其总负债高达1.95万亿元，其中流动性负债多达1.5万亿元，债台高筑使人瞠目。尽管恒大集团在全国280多个城市拥有1300多个项目，土地储备2亿多平方米，但巨大的短期债务注定了其救赎之路无望，走出债务泥潭的希望渺茫。

以快进快出特点著称的恒大地产，其快速崩溃与落幕的根本原因，不仅在于政府对地产行业的严厉调控，也不仅是"短借长用"的复杂融资结构悲剧，而主要在于城镇化率达65%的高位后，地产行业快速扩张时代结束的必然结果，房地产黄金时代已经走到尽头。头部地产商此起彼伏的债务违约和危机传闻，甚至引起社会舆论对主要贷款融资机构自身财务稳健性和资产质量的质疑。这一切都表明，曾经有几万家地产商百舸争流的地产繁荣时代，注定一去不复返了。

地产繁荣拐点的到来影响深远，一方面，几家头部地产企业的债务风险暴露，揭示了地产金融领域的巨大潜藏风险；另一方面，这个国民经济支柱产业过快、过度冷却，也将对宏观经济形成严重负面冲击。实际上，地产震荡已波及整个宏观经济大盘，也损害了居民对持有房产价值的信心。随着居民对房价预期的逆转，房地产业曲虽未终，但人心已散。准确地讲，房地产市场威力更大的"核弹"是庞大的房地产"隐性库存"——居民所持的巨大投资性房产存量，预期逆转和房价下跌可能引发投资者抛售所持房产，这将导致严重的经济金融后果。

过去20多年来，房子逐渐成为具有"强金融属性"的实物资产，它既是人们的安身立命之所，也是财富贮藏的普遍选择。人们对房价预期的转变，将根本性逆转对房产价值的认知，并最终决定地产行业的命运，进而直接影响经济金融稳定，其负向作用的大小取决于居民预期与行为逆转的速度。居民预期改变后，在宏观经济出现重大波动时，那些作为投资品的实物资产将转化为汹涌的房产供给洪流，导致房价的更深度下滑，甚至引发系统性金融危机，这在逻辑上与美国次贷危机并无二致。

因此，庞大的房地产"隐性库存"始终是悬于宏观经济头顶之上的达摩克利斯之剑，也是保持金融稳定的长期隐忧。确保房地产业平稳、有序软着陆，树立居民对房地产价值的客观评价和理性预期意义重大。

作为中国经济增长的支柱产业，房地产业出现过快退潮，将给经济增长带来显著冲击。从产业生命周期来看，一个行业从成长、繁荣到衰退的周期变化，既反映产业发展的内在规律，也受到产业政策和外部环境变迁影响，政府对房地产业的宏观调控应该立足于实现平稳、有序软着陆，保障行业持续健康发展，尤其是对支撑经济发展的支柱产业。在经济增长转折期，大量传统产业同时面临转型升级的压力，由于承载着巨大的经济总量，既要推进其快速转型，又要尽可能地延续其承载的就业责任。因此，尽力确保房地产业健康可持续，保持房价基本稳定，给予行业必要且适度的金融支持，助力其循序渐进地化解债务危机，对经济社会发展至关重要。

正因如此，2022年底政府在坚持"房住不炒"的总原则下，同时在信贷市场、债券市场和资本市场"三箭齐发"，为地产企业开闸放水，以保持房地产市场的基本平稳。但截至目前，效果仍然不佳，楼市在2023年初短暂反弹后再度走弱，或许我们已经错过了最佳的输血时机，要将冰封的地产行业重新"焐热"尚需时日。同年7月底召开的最高决策层会议明确要求，要"适时调整优化房地产政策"，保持房地产业的平稳健康发展。

实际上，2023年上半年，金融支持房地产业政策所取得的效果并不理想，因为仅在供给端为地产商增加融资，并不能解决产业链循环不畅的问题。当前，房地产市场的主要矛盾是居民对房产的有效需求不足，导致住房销售乏力，房企销售回款不足，从而使房地产的产业链循环受阻，资金流无法实现有效循环，这是制约房地产业发展的最大瓶颈。

近期，住房和城乡建设部提出了进一步落实降低首套房首付比率和贷款利率、改善性住房换购税费减免、个人住房贷款"认房不用认贷"等政策措施，以提振地产需求，并得到北京、上海、广州和深圳等一线城市及时表态支持，郑州等二线城市也积极跟进落实。2023年8月初，央行召开了由8家主要民营地产企业和部分金融机构、银行间市场交易商协会主要负责人参加的座谈会。央行明确要求金融机构深入了解民营企业金融需求，回应民营企业的关切和诉求，为民营企业提供可靠、高效、便捷的金融服务；要精准实施差别化住房信贷政策，满足民营房地产企业的合理融资需求，促进房地产行业平稳健康发展。

房地产业具有巨大的行业辐射效应和拉动力，涉及国民经济的众多行业领域。随着房地产业跌入冰点而无力复苏，相关行业被深度波及，钢铁、水泥、玻璃、装修建材、工程机械，以及家居消费等一系列行业都深感寒意，冲击力巨大，对经济增长的附带影响也十分深远。因此，要在增长转折期保持经济中速增长，就必须找到在规模体量以及对整体经济的带动性上，能够替代房地产业的新支柱产业。从目前来看，能够与房地产业的规模体量和影响力比肩的行业尚未形成。虽然新能源行业被广泛看好，且在碳达峰、碳中和的大背景下有巨大的成长空间，但其规模体量发展壮大到能够替代房地产业的作用，仍需时日。

八、投资过冲：消费不振强化对投资的过度依赖

投资、消费和净出口是拉动产出增长的"三驾马车"，是经济增长的基本动力。在经济发展的不同阶段，三大因素的增长贡献度存在结构性变化。一般而言，在一个经济体的发展初期，扩大投资既是促进增长的主要途径，也是宏观经济政策的主要着力点。例如，以城镇化和工业化为主要路径的投资增长，往往是推动经济发展的主要方式。本书中的所谓投资过冲，是指在投资驱动型增长模式中，消费增长缓慢，经济增长对投资形成过度依赖，导致出现持续进行没有效率的增量投资，并最终不可持续的现象。

发展中经济体随着经济起飞而逐渐步入较高收入国家行列，消费

在经济发展中的作用日益增强。在经济起飞期，消费往往居于主导地位，并成为拉动经济增长的主要力量。消费对经济增长具有两方面的基础性作用。一是在增长数量上的拉动作用。消费作为经济运行中的最终需求，其总量扩张会直接拉动经济增长，体现为消费支出总量对经济增长的贡献度。二是在增长质量上的牵引作用。社会整体消费结构的不断升级，有利于牵引生产环节不断向产业高端攀升，从而引导经济增长动能向高质量转换。消费增长动能不足，消费结构升级缓慢，既会影响经济增长的数量，又会制约经济增长的质量。

在经济体由中等收入国家迈入高收入国家行列的过程中，消费支出总量在GDP分配中所占比重逐步提升，对经济增长的贡献度逐渐增大。但在中国传统经济增长模式下，投资是推动经济持续增长的主要动力，且在GDP中所占比重持续处于高位；而消费占GDP的比重提高缓慢，甚至因消费增速慢于GDP增速，而出现比重相对下滑。实际上，在中国经济增长的大多数时期，消费所占比重都处于下滑状态。

在20世纪80年代，作为对长期短缺经济影响的回补，消费占GDP的比重持续超60%，扣除平均占比近14%的政府消费，居民家庭消费大体维持在略高于50%的水平。进入90年代，居民家庭消费占比逐渐下滑，占GDP的比重跌至平均只有46%的水平。随着2001年加入WTO后经济增速加快，消费占GDP的比重快速滑落，投资与消费的剪刀差也逐步扩大，消费占GDP比重的很大一部分潜在份额通过储蓄的形式被转化为投资。同时，净出口所占比重不断提高，也进一步降低了消费所占的比重。

在经济增长转折期，制约经济增速的关键是消费增长较慢，尤其是居民家庭消费在GDP中所占比重过低，且增速乏力。在发达经济体中，家庭消费占GDP的比重一般为60%~70%，即使在印度这样的发展中经济体，消费占GDP的比重也达56%。作为发达国家，美国在全球金融危机前的家庭消费占比达 70%。中国在 20 世纪 80 年代前半期，消费增长对经济增长贡献度为近 80%，而在 2003—2010 年，这一比重下降了近一半，平均只有 40%。在近 10 年的中国经济增长中，与投资和净出口相比，消费作为经济增长动力的作用有所加强，但要构建"双循环"新发展格局，消费在经济增长中的作用与贡献度仍远远不够。

长期的高储蓄、低消费局面形成了对家庭福利水平的压制，特别是以购房、教育和养老为主的"目标储蓄"，更是使居民经常性消费呈现压抑状态。过低的最终消费支出导致经济增长良性循环的内生动力不足，经济增长过度依赖投资扩张，尤其是在出口也出现下滑局面时，缺少能够维持增长的抵补性力量。因此，消费在 GDP 中的比重下降，以及偏高的储蓄率，不仅直接压制了消费，也最终抑制了经济增长。只有积极发挥消费的基础性作用，不断提高居民家庭收入和消费水平，才能够促进经济可持续增长。

九、经济增长潜力与对韧性的审视

在经济增长的新旧动能转换期，人们常用"潜力大、韧性足"作为对中国经济的基本判断，也是宏观经济能在较长时期内实现中速增长的依据。根据 IMF 的统计，2022 年中国人均 GDP 为 1.27 万美元，刚刚超过 1.21 万美元的世界人均 GDP 水平，[①] 远低于其他大型经济体的人均水平，如日本（3.93 万美元）、德国（5.08 万美元）和美国（6.93 万美元），在全球经济体人均 GDP 排名中居第 68 位，属于较低水平。因此，根据经济发展的一般规律，中国经济增长仍有巨大的成

---

① 受人民币对美元汇率贬值的影响，如果按照 2023 年的人民币对美元汇率，中国人均 GDP 还低于世界人均 GDP 水平。

长潜力和提升空间。

中国社会科学院宏观经济研究中心课题组的研究表明,[①] 基于人口结构和其他要素变化趋势,对 2021—2035 年经济增长潜力前景的预测认为,尽管中国经济增长率呈现逐步下降趋势,但整体仍有较大的增长空间。对 2021—2035 年经济规模的预测显示,按不变价格计算,在基准情形下,2035 年的 GDP 规模是 2020 年的 2.0 倍,是 2025 年的 1.6 倍,并且三次产业结构将出现明显变化,第三产业占 GDP 的比重将超 60%,制造业占 GDP 的比重将下降至 23.1%。

但是,制约中国经济增长潜力的因素也不容忽视。历史经验表明,在经济发展的特定阶段,人口红利具有突出意义。国外学者的研究表明,东亚国家的经济奇迹中有 1/3 来自人口红利。人口结构是动态变化的,随着新增人口总量和劳动人口比例下降,人口红利期结束,随之而来的可能是"人口负债"。2015 年后,中国人口出生率下跌超出预期,无论是净出生人口数量,还是新生儿数量,都急剧下降。2016 年开始实施的全面两孩政策效果也逐年递减。新冠疫情带来的社会生活冲击,加速了人口出生率的下降。2022 年,中国人口负增长 85 万,正式步入负增长时代,同时中国老龄人口逼近 3 亿大关,老龄化社会已经来临。

未来,出生率不断下降和老龄化程度持续加深,人口总量和结构变化将是影响经济增长的重大制约因素。人口增长是经济增长的重要引擎,人口结构变化会导致长期要素供给潜力的变化,老龄化对储蓄的直接影响是负面的,同时还会间接影响投资和资本存量的积累。目前人口结构发展趋势将导致劳动力减少,老龄化问题加重,并拖累经济增长潜力的提升,出现"未富先老"的趋势。要跨越"中等收入陷

---

① 中国社会科学院宏观经济研究中心课题组,李雪松,陆旸,等.未来 15 年中国经济增长潜力与"十四五"时期经济社会发展主要目标及指标研究[J].工业经济,2020(4).

阱"，步入高收入国家的行列，就离不开对其他经济增长潜力的有效释放。

经济韧性是一个经济体在经历冲击时，能够通过变革调整，有效应对干扰和抵御冲击，并实现经济修复与可持续发展的能力。韧性强的经济体在遭受冲击后，能够快速复苏并重新实现稳定增长；而韧性不足或脆弱的经济体，则缺乏修复能力，增长会跌入长期下降通道。能否承受重大宏观经济冲击，长期保持稳健增长，是考验经济韧性的重要依据。

尽管中国经济在40多年的发展中曾遭遇各种风浪和冲击，但始终能够跨越波折，保持持续稳定增长，这本身就是经济韧性强的体现。无论是遭遇1997年的亚洲金融危机，还是面对2008年的全球金融危机冲击，中国经济最终都能平稳度过，继续保持较快增长，韧性十足。但与此同时，我们也应该清醒地认识到，经济韧性与经济发展阶段高度相关。在经济增速的上升期，增长动力充沛，韧性自然也更加强劲；而在经济增速的下行期，或者经济增长的回落阶段，经济韧性自然也会下降。这就如一个人的肌腱，在青年期和成熟稳定的壮年期，韧性十足，而一旦进入中老年时期，韧性就会开始下降，脆弱性明显上升，非常容易拉伤。对一个经济体而言，亦是如此。

经济韧性更多地体现为宏观表征，但其根基则在于微观层面。微观经济主体的财务健康状况、经营活力水平、自我修复能力，以及创新发展潜力，都是决定宏观经济韧性的基础。从这个角度来看，中国经济步入中速增长期以来，转型升级压力和持续疫情冲击，使微观经济主体承受了持续的巨大压力，脆弱性也明显上升。

从国家统计数据到媒体报道都能观察到，由于在增长转折期遭遇疫情冲击，很多中小微市场主体大批倒闭并消失于市场，更多的市场主体则深陷资产负债表受损之困，包括很多大型企业也是如此。这导致微观市场主体抗冲击和抵御风险能力显著下降，自我修复机制和能力严重受损，经营活力明显衰退。这些微观变化必然反映为宏观经济脆弱性的上升，并存在危及长期经济增长潜力的风险。微观市场主体承载着就业机会，无论是其在市场上的消失，还是脆弱性上升，都必然使原本就压力巨大的就业形势更加困难，这也是政府把"保市场主体"作为宏观政策重要着力方向的原因。

十、有效需求不足：经济增长转折期的关键难题

2015年以来，政府将供给侧结构性改革作为宏观经济管理的重心，在产能严重过剩、产业升级速度较慢的格局下，通过去除落后旧供给，增加有效新供给，依靠结构性改革调整优化供给结构，以期提升总供给与总需求的匹配度，提高潜在经济增长率，提振经济增速，取得了一定的改革效果。然而，供给侧与需求侧的衔接是一个复杂系统，要实现经济总供求在更高水平上的新均衡，需求侧具有同等重要的作用与影响。政府之所以推行供给侧结构性改革，是由于在此前近十年的宏观调控中，一方面，供给侧总量与结构都积累了诸多问题和矛盾，需要进行深入调整；另一方面，基于需求管理出台的财政政策与货币政策效果不佳，需求管理政策工具的效率下降，难以扭转经济下行趋势。

然而，供给侧结构性改革经过几年的推行，虽然取得了部分成效，并对促进经济增长有所助益，但经济增长动力不足问题并未得到真正有效解决，前文所述的经济现象和矛盾正是明证。事实上，在经济增长由高速向中速过渡的转折期，除了供需结构性矛盾，面临的更大问题是社会总需求不足，特别是新需求不足。虽然"新供给创造新需求"在逻辑上有其合理之处，但是新需求的涌现需要微观基础的支撑，总需求的有效增长才能促进经济增长。而有效的总需求是微观经济主体理性选择的结果，促进总需求释放的宏观政策重点不同于供给

侧结构性改革政策。

当前,在供给侧通过结构性改革得到优化提升之后,经济实践表明制约经济增长的主要矛盾是总需求不足。因此,随着供给侧结构性改革进行到目前阶段,需要把扩大总需求增长作为解决经济失衡和增长失速的主要矛盾,围绕总需求管理制定有针对性的宏观经济政策,这符合"十四五"规划提出的"要把扩大内需同供给侧结构性改革有机结合"的思想,尤其是要积极创造有利于经济高质量增长的新需求,并据此转变经济增长方式,重塑经济增长的微观动力,构建新发展格局,实现新的经济繁荣。

然而,在总需求不足的原因和解决对策上,存在不同的理论和观点。余永定[1]基于凯恩斯主义的边际效用递减规律,认为社会总需求不足就是市场需求端不足,可以通过扩张性宏观政策创造出增量需求来解决;也有些学者[2]认为总需求不足的原因是"老供给创造需求的能力递减",所以要进行供给侧结构性改革,用高质量新供给创造新需求,从而实现总需求的提升。这些宏观层面的分析虽各有其道理,但缺少对微观基础的深刻思考。作为经济学理论的基本假定前提,市场参与主体都是理性经济人,其需求决策是基于自身实际情况做出的理性选择。但是,微观个体的理性决策常常因合成谬误,而在宏观效果上走向其反面。因此,对微观市场主体所面临问题进行深入分析,更易于找到宏观问题的答案,社会总需求不足问题正是如此。

---

[1] 参见在IMF《世界经济展望报告》发布会上,余永定教授就中国宏观经济政策扩张力度和债务问题所做的演讲。

[2] 滕泰,张海冰,朱长征.高利率对消费倾向的影响不容忽视［EB/OL］. https://finance.sina.com.cn/zl/china/2021-03-09/zl-ikkntiak6497419.shtml,2021-03-09.

第二章

投资扩张的尽头：投资主导型增长模式的挑战

17世纪，英国古典政治经济学家威廉·配第有句名言："劳动是财富之父，土地是财富之母。"① 古典经济学派的劳动价值理论，体现了在工业革命前价值形成的两大基本要素：劳动力和自然资源。虽然在工业革命后，人们对现代经济增长的思考逻辑早已超出了古典经济学家的分析框架，但作为国民收入核算思想的奠基人，配第的思想穿越400年，其真知灼见仍可以让我们清晰透视经济增长与社会财富创造的源头。

一、经济增长与财富创造的源泉

经济增长理论是现代经济学概念，但沿着古典经济学家的逻辑，审视经济增长的动力与路径，依然能够发现土地②价值重估和劳动价值释放，正是实现经济增长和财富创造的基本源泉。虽然存在国别和时代差异，但推动经济增长的方法、路径和政策大体是相似的。

---

① 配第.赋税论[M].武汉：武汉大学出版社，2011.
② 这里的"土地"是可以用于生产的自然资源的统称，或者说是自然性生产要素。

（一）土地价值重估与劳动力价值释放

追求持续的经济增长，是现代政府最重要的宏观目标之一。自约翰·梅纳德·凯恩斯创立现代宏观经济学以来，在近百年的宏观经济政策实践中，政府早已不是亚当·斯密等古典经济学家所描绘的"守夜人"角色，而是演变为宏观经济管理者，以及经济活动直接参与者。无论是在西方成熟市场经济体制下，还是在转轨经济体制下，乃至社会主义市场经济体制下，关于政府与市场边界的争论从未停止。尽管在不同历史时期，政府的经济角色是不断演化的，但现代政府在经济发展中的重大影响及其调控作用是毋庸置疑的，促进经济增长既是政府目标，也是其基本责任。

政府参与和管理宏观经济运行的基本方式，主要体现为设定经济发展目标，并为此制定和实施相应的宏观经济政策，从而对短期经济增长产生重要影响；或者通过不断变革和优化生产关系，促进社会生产力的释放和提升，从而为中长期经济增长发挥作用。随着知识积累和现代科技进步，经济增长的影响因素日趋复杂与多样化，但无论是从古典经济学理论角度，还是从现代经济增长理论视角，政府以各类政策推动土地价值重估和劳动力价值释放，仍然是价值创造与经济增长的重要途径。

（二）投资是驱动价值增长的基本手段

除了变革生产关系和实施宏观政策，政府积极参与和促进经济增长与价值创造，最直接的方式和手段就是扩大投资，以投资促进社会资本积累和人力资本积累为目标，并由此激发资源价值重估和劳动力价值释放。因此，投资扩张是驱动价值增长的基本手段。

就社会资本积累而言，两个半世纪以来，工业化和城镇化都是投资的主要方向。对基础设施和工业项目的投资，提升了国家经济和产业实力，也是经济增长和财富创造的源泉。社会依靠持续的资本累积，通过工业化和城镇化方式，有效提升包括土地在内的自然资源价值，实现增值性重估。同时，资本累积还通过改善生产条件和生产装备，使与资本相结合的劳动力能够释放更大的新价值。这既与古典经济理论相吻合，也符合现代经济增长的基本规律。

就人力资本积累而言，在不同经济发展阶段，对人力资本需求也是变化的，为实现经济增长，人力资本投资需要与发展进程相适应。研究表明，人力资本的持续提升，能够提高一般人处理不确定性问题的能力，并释放其劳动力价值。对发展中国家而言，与经济增长进程相匹配的人力资本投资，甚至是决定国家发展的核心因素。事实上，那些在国家经济增长中最先获益，以及收益最大的群体，也正是因踏准经济增长逻辑的节奏，才获得了个人财富增长的机遇。

中国在过去40多年的增长实践中，创造经济奇迹的内在逻辑也是如此。改革开放变革了僵化的生产关系，持续投资形成的资本累积，促进了经济快速增长和社会财富创造。同时，人力资本积累在推动经济增长的同时，也让一部分人先行富裕，无论是地产蓬勃兴起中的"领头羊"，还是资源开发行业中价值发现的圈内人，抑或是劳动密集型制造企业中眼光敏锐的聪明人，乃至今日科技创新行业中引领潮流的新富贵，其个人财富的成长都与经济增长的基本规律相吻合。

二、投资主导型增长：从要素驱动到负债驱动

（一）要素驱动的投资主导型增长

在中国经济体制转轨的历史进程中，在改革前期隐含着一个基本共识，即政府为促进经济增长，采取了不对称市场化政策。一方面，

在商品市场实行市场化政策，供求和价格基本完全开放。1988年的价格"闯关"就是要在商品领域实现市场化，以破除"双轨制"价格体系造成的扭曲，实现新旧体制的完全交替与转轨。另一方面，在要素市场采取不完全市场化政策，对劳动力、资本、土地、能源和水等基本生产资料，实行部分价格和供给管控。

在要素市场的不完全市场化体制下，政府以户籍制度限制劳动力在农村和城市间的自由流动，对银行存款利率进行直接控制，对能源价格实行有管理的调节，并向投资者提供土地使用费优惠等，这为改革前期的经济发展提供了便利，但也导致了严重的要素市场扭曲。政府通过普遍压低非技术劳动力和自然资源价格，降低了企业生产成本，相当于变相给予企业部门补贴，而向居民部门等征税。这与改革以前，通过工农业剪刀差，由农业、农民补贴工业、工人的逻辑如出一辙。

在不对称市场化政策的支撑下，人为提高了企业部门利润，增强了对外资企业的吸引力，并提升了中国出口产品的国际竞争力，成为对外开放的重要吸引力。要素价格的人为压低和利润提升，为社会投资增长提供了有效激励。由此，以廉价要素驱动的大规模投资增长，带动了改革前期快速的经济增长。同时，商品市场和要素市场的不对称市场化，也造成了宏观经济的严重结构失衡。

要素优势驱动的增长空间是有限度的，随着经济发展和改革深入，要素市场改革也不断推进，特别是劳动力市场化程度不断提高，劳动力无限供给时代趋于结束，不对称市场化带来的要素优势也逐渐消退，已经难以继续维持高速增长，经济增速出现回落是必然趋势，因此，必须寻找能持续推动增长的新动力源。

（二）负债驱动的投资主导型增长

在改革前期，市场化取向改革所释放的发展动力，是推动经济增长的主要力量，尽管采取的是不对称市场化。从2006年前后开始，中国经济增长的动力开始转型，特别是随着2008年全球金融危机的爆发，政府以强化负债扩张模式推动的投资扩张，逐渐成为确保实现经济增速目标的主导力量。

为应对全球金融危机的冲击，政府出台了4万亿元投资计划，实现了2008年经济增速不低于8%的目标。但是，大规模刺激也带来了一系列问题。例如，集中的快速投资扩张，导致了严重的产能过剩；货币宽松造成房价快速上涨，放大了地产资产泡沫，银行面临不良资产风险；负债激增还带来了地方财政风险等。笔者认为，可能更深远的影响是，自此形成了经济增长对政府负债投资的严重依赖。由此，市场化增长力量逐渐让位于政府投资力量，政府主导的投资成为经济增长的主要驱动力。

（三）投资主导型增长的非均衡特征

中国由投资主导的经济增长呈现显著的非均衡特征，并据此可以分为两个阶段。第一阶段（2006年之前），是以商品市场和要素市场的不对称市场化形成要素驱动的增长；第二阶段（2006年及以后），是以政府负债不断扩张的方式，形成负债驱动的增长。因此，推动经济增长背后的表观逻辑并不相同。

但站在宏观分析的逻辑框架角度，支撑负债增长的资金与资本资源也是生产要素，负债增长也仅是既有资源配置模式的延伸。可以进行两个阶段划分的关键，是在第二阶段，金融资源作为生产要素，其非对称配置的主要对象是政府及其所属企业体系，即非市场化主体的政府，以及具有部分市场化特征的国有企业和平台公司，而不是完全市场化主体。这类主体的最突出特征是预算软约束，以及投资回报的非敏感性。

2007年后，在以投资扩张推进的经济增长中，地方政府及其所属国有企业和投融资平台公司大举负债，成为金融资源的主要需求者，并占据了关键生产性资源。对这类要素资源的配置，并不像改革第一阶段那样采取市场化激励方式，而是市场与政府体系的混合激励，因而具有显著的非市场化特征，必然造成新的要素投入扭曲。

在现实经济实践中，政府体系及其附属公司以政府信誉乃至国家信誉，从金融市场获得大量廉价资金，投向效益不明确的工程项目，由此带来一系列新问题。一方面，政府体系融资形成了对金融资源的广泛挤占，加剧了对民间经济的挤出效应，导致民营企业融资难融资贵问题长期存在，抑制了预算硬约束的市场化增长力量；另一方面，软约束下的快速负债膨胀，也使地方政府背负了巨大的还本付息压力，导致财政收支捉襟见肘，形成对土地财政和土地金融的过度依赖。随着政府及其所属企业和平台负债的持续增长，国家宏观杠杆率的不断攀升，地方债务可持续性面临严峻挑战。

三、经济增长的双重引擎：有为政府与有效市场

（一）中国式经济增长道路

对一个经济体而言，保持经济持续、快速增长是实现经济起飞的前提，牵引经济起飞的引擎就是驱动增长的主要动力。在世界不同地区和不同时代，实现持续增长与经济起飞的外部环境、动力机制和具体路径各不相同。改革开放以前，计划经济体制导致国民经济失调，经济增长几乎停滞，造成了以"短缺"为突出特征的广泛贫穷。

1978年开启的经济改革进程，通过改革生产关系释放生产力，以"满足人民日益增长的物质与文化生活需要"。无论是实施乡村改革，还是推进城市改革，都是以解放社会生产力、释放微观经济主体

活力为主线，尽可能创造条件增加生产要素投入，并提高产出率，促进总供给增长，将短缺经济转变为制造和供给大国，由此创造了经济增长奇迹。

中国经济从持续增长到成功起飞，成为世界第二大经济体，推动增长的主要引擎是什么，是通过怎样的路径实现经济发展的？回顾历史，无论是对内改革，还是对外开放，目标都是促进经济发展，这是国家政治决策和经济政策选择的出发点，从确立国家大政方针到实施具体宏观调控政策，都始终紧紧围绕经济发展主题。

对外开放，就是要引进国外资金、资本、技术和装备，为启动国内投资和推动经济增长创造条件；对内改革，则是通过变革生产关系，释放潜在社会生产力，调动一切社会资源，推动经济更快增长。从计划经济体制向市场经济体制转轨，既不是对计划经济体制的简单修补，也不是照搬西方国家市场经济体制，而是要不断探索、尝试和创新中国式经济增长与发展道路的历史进程。

经济体制转轨是20世纪下半叶世界制度变迁的显著现象。中国从计划经济体制转向市场经济体制，从公有制一统天下到多种所有制并存，正是市场经济体制发展和形成，并推动经济持续增长的进程。在逐步转向市场化的过程中，作为一个资本短缺型国家，各级政府以经济发展为中心，多途径筹集资本、资金，并统筹经济资源配置，不断推动社会投资规模扩张，以促进经济增长。这种政府推动的投资主导型增长模式，始终有赖于两种动力机制：一是政府对公有制经济的持续改革，以及市场化取向的探索；二是鼓励和支持以民营经济、外资经济为代表的其他所有制经济成分，以市场化方式持续创新成长。

由此，中国逐步形成了促进经济增长的两大体系性力量：一是以公有制经济主体为基础和支撑的有为政府体系，二是以多种所有制经济主体为基础和动力的有效市场[①]体系。这两大体系具有中国式经济增长道路的突出特征，是实现经济成功转轨，以及创造经济奇迹的两大系统性引擎。40多年改革对经济增长道路的探索，就是不断创新和完善两大动力体系，努力实现两种力量的有效兼容与协同。

（二）有为政府及其重要作用

有为政府体系及其动员和行动能力，是中国经济增长模式的独特特征。经济体制转轨与市场化取向改革，使国民经济中的市场化部分所占比重逐渐增加，有为政府的作用范围和方式也不断演进和变化。林毅夫[②]将有为政府的"为"界定为在经济发展结构转型过程中，软硬基础设施的完善出现市场失灵时，为了使无效的市场变成有效，而采取的因势利导的行动。尽管这一观点为坚持新古典经济学的有限政府论者所质疑，但它还是基本概括了在市场化经济体制基本成型后，有为政府体系主体性行动的大部分内涵。

就中国的实践来看，前述对有为政府的界定，确实未能涵盖有为政府的全部职能范围、行为边界和作为模式。由于有为政府体系在空间和时间上并不是同质的，因而在不同地区和不同时期，政府行动范围和方式存在很大差异。尽管有为政府在行动效率和反应速度上可能优于市场，但因地方政府之间存在能力差异，其行动的实际效益很可能并不及市场，甚至超越理性行动的边界，容易导致投资效率受损和

[①] 有效市场是在逐步探索中形成的，从发展有计划的商品经济到建立社会主义市场经济，政府对市场的认知是逐步深化的，在此过程中不断提升非公有制经济比重，并对公有制经济进行市场化取向的改革，使之不断适应市场规律，由此提高整个市场体系的有效性。

[②] 林毅夫. 新结构经济学：反思经济发展与政策的理论框架［M］. 北京：北京大学出版社，2012.

资源浪费，最终影响整个社会投资的效率和效益。

需要强调的是，有为政府体系及其行动机制，是在改革开放和经济发展进程中逐渐演变的，其职能范围、行为边界和作为模式并非一成不变，而是不断动态调整的非稳态结构。在经济发展与转型的不同阶段，有为政府的行动范围和方式并不相同，但其核心都是围绕推动经济增长目标进行调整的。

有为政府体系的这些行为特征，与中央政府对经济增长的重视及考核指引相一致。本区域内的 GDP 总量及其增速，始终是检验地方政府施政成绩的重要指标，也是进行官员选拔的重要参考，尽管近些年来略有淡化。对于政府官员而言，在"官场+商场"的双重牵引下，有为政府的作为方向与经济目标紧紧捆绑，甚至形成了某种意义上的"GDP 崇拜"。

从有为政府的行动上看，首先，政府通过五年规划、年度经济增长目标、主导产业成长谋划等，框定经济发展的中期和短期目标；其次，政府使用地方财税政策、产业政策、投资政策，以及土地、能源等要素配置政策等，筑巢引凤式地招商引资，吸引和汇聚地方经济增长资源；再次，政府通过地方国有企业和城投平台公司等，直接投资或举债进行重大基础设施建设，后期也通过成立产业引导基金等方式，在重要产业项目上进行直接投资和投资引领；最后，政府通过改善地方营商环境，为企业和企业家投资创造各类基础条件，包括为企业招工、提供办公和住房补助、解决户口和子女入学等生活问题，为市场化经济主体搭台。

有为政府的全方位实践反映了中国式经济增长道路的鲜明特征，有为政府更多时候表现为全能政府。有为政府宽泛的行为边界，在经济增长的关键时期，为促进经济增长和培育市场发挥了重要作用。当然，其副作用也是明显存在的，我们将在后文中探讨。

（三）有效市场及其决定性作用

经济改革的主线是不断推进经济市场化，并以市场化方式推动经济增长，而改革进程也正是建设有效市场的过程。市场化就是要发挥市场在资源配置中的决定性作用，同时发挥政府的积极作用。无论是改革初期积极引进外资，还是鼓励和支持发展本土民营经济，都是政府借助市场化机制，在公有制经济之外培育新的市场化经济增量。

从计划经济向市场化转轨的道路上充满曲折，但市场取向始终未改变。市场化经济成分的培育和发展，以及有效市场体系与机制的构建，都是要逐步实现两大目标。一方面，要实现市场化经济成分的持续成长壮大，成为内生经济增长的主导力量；另一方面，是探索改革公有制经济，将其逐步纳入市场化发展轨道，进而融入和转变为市场化的一部分。由此，最终形成以多种所有制成分共同发展为基础，以市场化机制为主导的社会主义市场经济体制。

作为20世纪下半叶的显著现象，经济体制转轨具有不同的模式与实践路径，其代价和结果也不尽相同。中国渐进式市场化改革，创造了举世瞩目的经济增长奇迹。在世界范围内，从学界、商界到政策咨询机构，对经济体制由计划经济向市场化转轨的进程中，推动中国经济增长的力量也有不同侧重的观察与解读。

回顾改革历程，中国经济顺利转轨可以归结为两大紧密交织的体系性动力。一是传统行政体系改革转型后形成的有为政府体系，这是对传统力量重塑而形成的体制性新动力；二是市场化转型中形成的创造性新力量体系，这是体制转轨后诞生的内生动力。有为政府的体系性力量和有效市场的市场化力量，都是在市场化取向的改革进程中得以重塑或创造的，这两大动力正是实现增长奇迹的主导力量，也是经济增长的双重引擎。

中国投资主导型经济增长有两大路径——城镇化与工业化，它们正是在两大系统性动力引擎——有为政府和有效市场的牵引下实现的。无论是宏观变革还是微观改革，都是为了释放引擎动力，实现两种力量的相互协同，彼此促进，创造推动经济增长的磅礴动力。对两大力量体系进行持续改革与创新，既是有为政府的转型尝试和有效市场的探索成长，也是中国经济体制改革历程的缩影。

（四）政府与市场的边界及协同

一些学者对政府与市场的边界不清晰存在疑问，特别是对有为政府影响市场有效性表示担忧，出现了关于有限政府与有为政府的争论。例如，田国强[①]就主张用有限政府代替有为政府，认为有限政府的功能边界是确定的，主张只要市场能做的，就应让市场发挥作用，只有市场不能做或市场失灵时，政府才应发挥作用，从而形成好的市场经济和有效市场。他还主张，"一个有效市场的必要条件是有限政府而不是有为政府"，所认定或承认的市场机制缺陷或市场失灵的范围相对比较狭窄，主要是新古典经济学所认定的部分。

关于有为政府与有限政府的争论，源于对有为政府内涵及其行为边界审视角度的差异，以及对政府"乱为"的担忧。从理论的角度来看，学者基本上都是从市场失灵出发，对"为何需要有为政府"和有为政府的行为边界展开理论论证。新结构经济学强调其不同于无结构的既有经济学理论，也不同于西方主流经济学理论。基于结构稳态强调的政府"守夜人"角色，是应该被肯定的。基于市场失灵的政府角色定位固然有其道理，但仍然是不全面的。对于从计划经济体制向市场经济体制转轨的国家而言，不仅存在市场失灵问题，而且往往是市场都还不存在。

---

① 田国强.争议产业政策：有限政府，有为政府[J].财经，2021（11）.

相对于作为"守夜人"角色的无为政府，转轨经济中的政府往往都是有为政府。转轨经济的市场是在改革过程中，从公有制环境的夹缝中生长出来，并不断发展壮大的。在改革的起始阶段，市场根本不存在或者非常弱小，市场失灵理论的解释自然并不恰当。

事实上，在改革初期，有为政府的责任主要包括两个方面。一是通过推出市场化取向的改革措施，探索创新公有制经济，使其释放新的动能，以推动经济发展；二是通过持续的体制改革，在公有制经济之外，创造和发展新的市场化经济成分，形成国民经济的市场化部分，培育新经济增长动力。这也是改革初期中国有为政府的两大作用主线，此时，有为政府的作为边界是最为宽泛的，也会远超市场失灵理论中所界定的政府作为范围。

但是，笔者并不赞成林毅夫关于"有为政府行为是好的、符合社会预期"[1]的观点。在某种意义上，这种观点若非认为政府具有"完全理性"，就是对"乱为"问题的忽视。实际上，在中国经济发展实践中，地方政府"不当作为"的现象较为常见，造成经济发展失误的经济问题和资源浪费的情况也并不鲜见，由此滋生的腐败问题是影响经济发展的重要损耗。但这可能是经济转轨并实现发展所不得不付出的部分代价，努力方向是尽最大努力减少此类代价。

总体而言，有为政府体系在经济体制转轨进程中，以及促进经济增长中的作用是非常重要的。但有为政府体系的理性也是有限的，无论是进行宏观调控决策，还是在基础设施建设、营商环境构建，以及法律与制度完善方面都是如此。正是由于作为一个整体的政府或者其组成部分，其决策理性和执行能力都是有限度的，体制转轨的最终目标就是让市场在经济运行中起决定性作用。

---

[1] 林毅夫在《论有为政府和有限政府——答田国强教授》一文中提出，"有为"是与"无为"及"乱为"相对的，只有一个行为主体所做的结果是好的且符合社会预期时，这样的行为才可以被称为"有为"。

基于此，尤其需要做好政府与市场的动态协同，不断改进和优化二者在推动经济增长中的配合，以实现政府有为和市场有效。在转轨经济体制中，政府与市场的边界是动态变化的，政府致力于培育和壮大市场力量，为发挥市场机制创造条件，而在市场基本成熟和市场机制形成后，政府行为边界确定的原则是，能够依靠市场机制实现的，就应坚决地交给市场，即"让市场的归市场，政府的归政府"。

四、"看得见的手"：有为政府及其体系性力量

（一）中国改革实践中的有为政府

在古典经济学理论中，政府与市场的边界历来清晰，古典经济学家从自由市场理念出发，主张实行小政府，且政府应少作为，亚当·斯密就把政府角色描述为"守夜人"。但即使是在最自由和开放的经济体中，纯粹的"守夜人"式政府也并不存在。凯恩斯的宏观理论和政策主张，确认了政府在经济活动中的直接参与角色，开创了政府以宏观政策干预经济运行的先河。

自1929—1933年经济危机后的罗斯福新政起，基于凯恩斯主义的政策主张，政府直接参与经济活动，以及对经济运行的干预就始终存在。尽管20世纪70年代西方经济出现的"大滞胀"使凯恩斯主义面临理论与实践的挑战，当代宏观经济理论有很多新发展，但时至今日，凯恩斯主义理论依然是政府行动的重要参考依据。

围绕经济转轨进行的市场化改革，以及与此紧密相关的政府改革（包括隶属于政府的国有企业改革），是中国生产关系变革的主线，也是生产力释放的起点。作为"看得见的手"，有为政府及其体系性力量是驱动经济增长的核心动力之一，并始终贯穿于经济改革与社会发展进程之中，政府作为方式的选择和行动效率的高低，都会对经济增

长产生举足轻重的影响。因此，政府在经济活动中的角色，并不像古典经济学理论所描述的那样简单而被动，而是超越了凯恩斯新古典经济学理论对政府宏观调控角色的机械界定。

在中国经济改革实践中，中央政府以货币、财政、金融和产业等宏观政策进行调控，地方政府及其所属经济主体（包括地方国有企业和政府投融资平台）则广泛地参与到微观经济活动中，地方有为政府体系对微观经济活动的深度介入及其主要行为模式，是解读中国长期经济增长奇迹的关键密码。因此，从有为政府的行动实践来看，其作用和影响都深刻而重大。

改革伊始，农村改革的本质就是调整劳动者与土地关系，并辅以农村绿色革命，实现了农村土地和劳动力的第一轮价值释放，大幅提高了农业产出水平。这既推动了农村经济增长，又通过释放并转移剩余劳动力，奠定了乡镇工业化的基础，并为进行城市经济改革创造了条件。

工业化牵引城镇化，随着农村劳动力向城市转移，农民工在城市就业、置业乃至市民化，加速了城镇化发展进程。同时，城镇化反过来又促进了工业化加速向前，并与之相互融合发展，实现了城市土地和劳动力的第二轮价值释放，由此推动了经济持续增长。在创造经济增长奇迹进程中，政府始终是一只积极有为的"看得见的手"，持续进行经济发展规划，并行之有效地加以引领和推动。

（二）有为政府体系的力量之源

中国特色有为政府体系在行政行动之外，还依靠具有市场化特征的公有制市场主体——包括中央企业、地方国有企业及地方投融资平台公司，参与到微观经济实践中，展现出既遵循行政化规则，又遵循市场化规则的行为特征。将两种在理论上看似无法兼容的规则，协调运用于经济发展实践，尽管常有不少的体系性摩擦和内部损耗，但这正是中国特色有为政府体系的力量之源。

有为政府在依靠其行政职能服务于经济发展的同时，通过国有经济主体参与市场化经济促进经济增长。政府既有行政作为，又有经济作为，既对宏观增长目标负责，又直接参与部分微观经济活动。尽管这似乎是既当裁判员，又当运动员的矛盾行为。事实上，这是中国特色市场经济体制的突出特征，努力解决好相互冲突角色间的兼容问题，尽可能地扩展体制的积极面，有效抑制其消极面，是决定经济增长效率的关键。当然也存在副作用，那些华而不实的形象工程、政绩工程，环保问题和重复上马的项目等，都是这一体制特征下没有处理好行政职能与经济职能的体现。具备行政化和市场化双重特征的中国特色有为政府体系，是西方经济学经典分析框架中所没有的。

从宏观意义上看，政府对于经济发展的前瞻性规划和强力推动作用，甚至较之参与微观企业活动更加直接而有力。一方面，政府通过提供各种优惠条件、支持措施和服务保障，吸引企业、产业和资本集聚，推动地方经济增长。例如，地方政府的招商局是地方经济发展资源的聚集者。另一方面，政府通过公共机构、国有企业和各种功能型平台公司，直接向经济活动注入土地、资金、资本等生产要素，推动地方经济增长，特别是在基础设施领域的政府主导性投资，既直接推动地方 GDP 增长，又为吸引和支持企业进行投资创造了条件。

在改革之初，从有计划的商品经济到确立市场经济体制过程中，处于改革探索期的公有制经济是启动经济增长的主要推动力，国有企业改革和乡镇集体经济发展释放了市场取向经济体制的活力，实现了最初的经济快速增长，也是解决短缺经济状态、接纳农村转移劳动力的主要力量。在市场经济体制确立之后，政府主导的投资则主要转向关系国计民生的基础性和支柱产业，以及有利于促进经济增长的基础设施和公共服务等领域，继续引领和驱动经济增长。当推动经济增长的市场化力量遭遇阻力时，政府作为主要的宏观调节者，应努力熨平经济波动，以保持更加平稳的增长。有为政府较好地解决了行政化和市场化两重规则兼容的问题，是实现长期经济增长的密码。

（三）做"蛋糕"的投资型政府

以经济增长为中心的有为政府体系，是在改革实践中逐渐探索形成的。改革开放将计划体制下的"管理型政府"，以渐进方式增加了"投资型政府"职能——既是社会公共物品和服务的提供者，也是经济发展的投资参与者和直接驱动者。政府不仅负责行政性分"蛋糕"，也参与市场化做"蛋糕"。在短缺经济时代，分"蛋糕"是一项颇具挑战的管理性职责，要遵循行政规则；在经济增长时代，做"蛋糕"则是一项探索创新的经营性使命，要遵循市场规律。

正是基于这种双重任务和双重规则，国家对各级政府及其官员的考核，也形成了两大核心指标：促进经济增长（做"蛋糕"）和推进社会治理（分"蛋糕"）。对地方政府而言，在长时期的体制改革与经济增长中，提升辖区内经济总量的做"蛋糕"能力尤其受到重视，并因此成为每一位主政者的首要任务，也是对其政绩考核的重心。所以，各级政府和官员的工作都聚焦于搞建设、促增长，扩大政府投资，并对外招商引资，以推动地方经济发展。

在这样的考核导向和激励体系下，地方政府行为表现出企业化特征，行政首长更像企业管理者。政府官员专注于地方建设与经济发展，而不像西方国家官员那样，将主要精力消耗在讨好选民上，也避免了一些为争取选票而临时做出的短期决策。政府可以做较长期的经济发展规划，从更长远发展的角度谋划和决策，且更有耐心和定力地落地实施。尽管在一些地方，因主政官员的主观决策，也会出现政绩工程、形象工程等短视行为，但不会成为影响政府长期理性行为的主流，并会受上级政府和监督机构的制约。

（四）土地金融支撑的投资扩张

在改革开放的旗帜下，"土地立市，经营城市"高度浓缩了地方政府的思维逻辑，以及推动经济增长的行动模式。改革从农村起步，经由投资驱动工业化，并由工业化牵引城镇化，以工业化和城镇化的相互融合促进，形成对经济增长的持续推动。这也是地方政府"有所作为"的行动逻辑与作为路径。在投资扩张的驱动下，工业化推进产业成长，并创造城市需求；在"经营城市"的理念下，城镇化为工业化提供舞台，并拓展成长空间。因此，工业化与城镇化之间形成正反馈，构建起中国经济发展的良性循环机制。

作为这个循环机制的主导者，也是全部土地资源的所有者，政府努力通过投资扩张，为工业化和产业发展提供包括土地、基础设施和产业园区配套服务在内的支持保障；同时，政府在获取税收之外，以城市土地为核心资产，通过土地财政和土地金融模式，不断获取投资所需资金，扩展基础设施，满足产业用地、人居用地和配套市政服务等需求，实现"经营城市"的目标。

在实践中形成的土地财政和土地金融，是地方政府投资增长的最大支撑。在由投资扩张主导的经济增长模式下，依靠出让土地使用权支撑的土地财政模式，很快就无法满足政府的投资需求，不仅在总量上难以满足，在时间上也不匹配。因此，土地金融模式应运而生，其本质是将与土地相关的未来收益，通过各种创新金融工具进行折现，集中到当下使用，以弥补当期财政支出的缺口。此外，在经济增长遭遇周期性波动时，也被作为对冲增速下滑的经济调节手段。土地金融是土地财政的衍生版，或者说是升级版，是继土地财政之后，撑起有为政府投资能力的主要资金渠道，其规模也远超土地财政。

（五）有为政府的路径依赖风险

在改革中渐进式形成的有为政府体系，在展示其强大的促增长能力的同时，也面临诸多问题与挑战。其中，最突出的问题是有为政府体系及其行动中的路径依赖。在制度经济学中，路径依赖是指一个具有正反馈机制的体系，会沿着一定的路径发展演进，在受到外部性影响而偏离既有轨道后，如果这条路径是有效的，就很难为其他潜在的甚至更好的体系所替代，从而产生锁定效应。道格拉斯·诺斯认为[1]，制度变迁中的路径依赖有利于探究长期经济为什么以及如何变化，这也是理解长期经济变化的关键。

诺斯用报酬递增思想解释锁定效应。他认为事物存在累积效应，即由于外部存在的不确定性，制度变迁偏离了原来的轨道或者路径，这种偏离会产生一种反馈，反馈完成后，进而产生一种自我强化现象，自我强化进一步演变成一种锁定状态，只要这样发展或者变迁下去，最终就会出现路径依赖。但锁定状态不一定是有效率的，一旦进入无效率的锁定状态，要从偏离中脱离就会十分困难，往往需要依靠外生变量改变所产生的外部效应来推动。

实际上，制度所带来的规模收益决定着制度变迁的方向，并使制度变迁呈现两种截然相反的轨迹：当收益递增普遍发生时，制度变迁不仅得到巩固和支持，而且能在此基础上环环相扣，沿着良性循环轨迹发展；当收益递增不能普遍发生时，制度变迁将朝着非绩效的方向发展，而且越陷越深，最终"闭锁"在某种无效率状态中。

中国有为政府体系促进了长期经济增长，而投资主导型增长模式塑造了有为政府行为——高度依赖投资扩张。这一循环具有显著的路径依赖和锁定效应特征。一方面，在改革前期，政府投资本身具有较

---

[1] 诺斯.经济史中的结构与变迁[M].上海：生活·读书·新知三联书店，1981.

高效率，并能广泛地带动社会投资增长，因此，政府投资具有显著的规模收益递增特征；另一方面，随着改革推进和经济持续增长，政府投资逐渐丧失了规模收益特征，持续投资扩张透支政府的投资能力，在寻找投资来源时形成了土地财政模式，并导致了对土地金融的依赖。

这种土地依赖型的负债增长模式，虽然在一定时期内支撑了投资扩张需求，但最终因效率衰退而陷入负债困境与负向循环。一方面，政府投资因自身投资效率衰退，叠加债务大规模增长压力，难以长期持续；另一方面，政府投资对社会投资的带动作用不断下降，不得不更加依赖自身投资的进一步扩张，以及对冲经济增长压力。二者导致政府投资行为的负向循环，形成政府行为和经济增长路径的锁定效应，这是当前中国经济增长模式所面临的最大挑战。

五、"看不见的手"：市场机制与内生增长动力

（一）转轨经济中的内生增长

有为政府作为一只"看得见的手"，通过对经济运行进行外部调节，并以直接投资驱动经济增长；有效市场则是一只"看不见的手"，以机制力量驱动经济增长。亚当·斯密的这一隐喻更强调市场机制，以及经济规律的自我调节功能。在中国经济发展实践中，"政府搭台，企业唱戏"的模式，是有为政府与有效市场协调配合、共同推动经济增长的生动比喻。在经济市场化转轨的舞台上，唱戏的主角是市场化的企业、企业家和个人，遵循的是市场规则和经济规律，这正是转型经济的内生增长动力。

改革开放使中国大地忽如一夜春风来，借由解放的国民思想，释放了社会的创造力，形成了推动经济的内生机制。按照新增长理论的

观点，内生增长不是依赖外力推动，而是依靠社会技术进步、资本持续积累、知识外溢和人力资本积累等形式[①]，实现经济持续增长。从经济转轨到成熟市场化，从微观主体角度看，个人适应社会变革和经济体制变迁，其追求福祉或效用最大化的目标，促使其专注于人力资本投资、接受教育和进行储蓄活动；所有企业基于市场化原则，追求经营收益最大化的目标，促使其注重技术创新、装备投资和资本积累。

因此，站在宏观角度上，市场化经济改革的结果是个体独立与自利决策，在宏观上契合追求经济增长的目标，这是内生增长理论的内涵。尽管内生增长模型采用的是现代动态一般均衡分析框架，但其源头正是亚当·斯密"看不见的手"的古典经济学思想。这对理解中国经济增长的市场化动力，以及如何以市场化机制促进经济增长，具有重要的启示。

（二）多元市场化主体的源头

在经济体制转轨进程中，内生增长动力的形成和成长，是推动经济持续增长的重要源泉。从计划经济转轨市场经济，是市场化主体持续成长和内生增长动力不断增强的历程。微观市场化主体是经济活动

[①] 在新增长理论领域，基于完全竞争假设的内生增长思想主要有两类。一是在收益递增和经济外部性假设的基础上解释经济增长的决定机制，认为技术进步源于知识积累或人力资本积累和溢出，因而技术进步是内生的，代表性模型包括罗默的知识溢出模型（1986年）、卢卡斯的人力资本溢出模型（1988年）等。二是强调资本持续积累是经济增长的决定机制，资本边际产出趋于一个整数导致资本积累过程不会中止，经济可实现持续内生增长，代表性模型包括琼斯－曼纽利模型（1990年）、雷贝洛模型（1991年）等。此外，还有基于垄断竞争假设考察经济增长的内生增长模型，如罗默的知识驱动模型（1990年）、格罗斯曼－赫尔普曼模型（1991年）和阿格因－豪伊特模型（1992年）等。

的载体，也是经济活力所在。在多种所有制经济成分并存发展格局形成后，市场化内生力量成为经济增长的主要动力，政府的一项重要职责就是制定地方经济发展规划，引进、培育和壮大本区域企业群体，同时持续进行区域内国有企业市场化改革，依靠市场力量促进区域经济发展。

在经济发展实践中，政府往往通过招商引资、产业引导、科研支持、营商环境优化等，全方位推进项目、技术、资金和人才等引进，特别是吸引和支持民营企业、外资企业和混合所有制企业等市场化主体投资。民营经济和民间资本是市场化创新的主要力量，民营企业在改革开放中起步于不同源头，民间资本不断成长壮大，并成为推动经济发展的主导性动力，也是市场化经济成分的主体力量。

改革初期，民营经济的源头来自四个方面。一是以浙南模式为代表的个体经济；二是以苏南模式为代表的乡镇集体经济及其后期演化发展；三是以珠三角地区为代表的外向型个体经济；四是内地围绕中心城市，在其周边地区逐渐积累并发展起来的个体或集体经济。这四大源头是在城市企业改革外，依靠自身强大的韧性和生命力，不断汇聚形成的市场化经济力量，并在日后成为推动中国经济增长的中流砥柱。

市场化民营经济的另一大源头是城市企业改革中转型成长起来的企业。在国家启动城市国有企业改革后，特别是在"抓大放小"的国企改革政策下，诞生了一大批根植于城市的民营企业。这些在城市企业改革中转型成长起来的民营经济，或是创始于双轨制夹缝之中，在体制转换的空间里获取生存之地；或是城市小型公有企业通过承包、租赁和买断等多种方式，逐步转型为民营企业或混合所有制企业，并在市场化改革中获得发展机会而发展起来。

这两大类源头的民营企业汇聚成了民营经济的主体力量，它们或诞生于草根之末，或成长于公有制夹缝之中，依靠顽强的生命力和极强的市场适应性，抓住经济体制改革中出现的每一个成长机遇，在市场边缘和经济网络的末梢不断壮大，并最终成长为中国经济内生增长动力的主要源泉。

因此，民营经济具有强大的市场韧性与旺盛的生命张力，尽管历经改革过程中政策变迁所带来的各种曲折与挑战，仍能经受住市场磨砺，不断迭代创新，始终蓬勃向上，推动了中国经济增长，也奠定了其在国民经济中"56789"[①]的地位。截至2017年底，中国民营企业数量超过2 700万家，个体工商户超过6 500万户，注册资本超过165万亿元。这是续写中国经济增长奇迹的源头活水。

（三）市场化经济成分的成长

体制转轨和改革开放释放了社会创新创造的潜在动力，由民间资本的涓涓细流汇聚而成的市场化力量洪流，成为推进国家发展的支柱力量。根据改革开放以来经济发展的脉络，民营经济的发展历程可以分为以下三个主要阶段。

第一阶段（1978—1991年），是民营经济的初步发展期，公有制经济在总量上占绝对主导地位，民营经济处于补充地位。1981年6月，党的十一届六中全会通过了《关于建国以来党的若干历史问题的决议》，提出"一定范围的劳动者个体经济是公有制经济的必要补充"[②]。1982年，党的十二大报告进一步提出，个体经济是公有制经

[①] 民营经济的重要性常用"56789"来高度概括，是指民营经济贡献了50%以上的税收、60%以上的GDP、70%以上的技术创新成果、80%以上的城镇劳动就业、90%以上的企业数量。

[②] 徐乐江.党领导民营经济发展和工商联工作的重大成就和历史经验[N].学习时报，2021-12-06.

济的"必要的、有益的补充"①。1987年，党的十三大报告明确提出，"私营经济一定程度的发展，有利于促进生产，活跃市场，扩大就业，更好地满足人民多方面的生活需求，是公有制经济必要的和有益的补充"②。

在这一阶段，个体经济是民营经济的主体构成形式，无论是市场主体的数量、运营的资金体量、保有的资产规模，还是就业总人数，民营经济都尚处于力量积累的初期，实力尚弱。但随着改革深化将计划经济坚冰不断快速融化，在以"有计划的商品经济"为旗帜的市场取向改革中，民营经济呈现出蓬勃发展之势。

在改革初期，尽管政府宏观调控经验不足，经济发展的油门与刹车配合不顺畅，各地对民营企业的政策尺度存在差异，甚至出现局部回潮，这些都给民营经济发展带来压力，甚至有时造成伤害，但作为正在孕育和持续积累中的市场化力量，民营企业表现出强大的发展耐力和成长韧性。1988年4月，《中华人民共和国宪法修正案》规定，"国家允许私营经济在法律规定的范围内存在和发展"。

在第二阶段（1992—2012年），民营经济成为社会主义市场经济的"重要组成部分"。1992年春天的邓小平南方谈话，极大地激发了民间投资经商的热情。党的十四大报告明确提出，"我国经济体制改革目标是建立社会主义市场经济体制""在所有制结构上，以公有制包括全民所有制和集体所有制经济为主体，个体经济、私营经济和外资经济为补充，多种经济成分长期共同发展"③。1997年，党的十五大报告将"公有制为主体、多种所有制经济共同发展"作为社会主义初

---

① 政武经．基本经济制度探索与共同富裕道路（庆祝中国共产党成立100周年专论）[N]．人民日报，2021-11-04.
② 新华社．赵紫阳在中国共产党第十三次全国代表大会上的报告[EB/OL]．https://www.gov.cn/test/2008-07/01/content_1032279_2.htm，2008-07-01.
③ 蔡丽华．正确理解我国社会主义基本经济制度[N]．经济日报，2019-12-16.

级阶段的一项基本经济制度确立起来。① 2002 年，党的十六大报告强调，"必须毫不动摇地鼓励、支持和引导非公有制经济发展"②。

为支持和鼓励非公有制经济发展，国家在政策上也给予了大力支持。2005 年，《国务院关于鼓励支持和引导个体私营等非公有制经济发展的若干意见》提出：放宽非公有制经济市场准入，贯彻平等准入、公平待遇原则；加大对非公有制经济的财税金融支持力度；完善对非公有制经济的社会服务；等等。这使民营经济发展获得了良好的外部环境。一系列市场准入大门的打开，使民营经济利用前期蓄积的力量，迅速进入更多经济领域，形成高速成长的局面。

市场准入的大幅放开，使民营经济的市场化力量被引入经济活动的诸多行业领域，这既提高了行业的整体效率，也给民营经济自身发展带来了巨大机遇，不少大型民营企业崛起。民营企业在数量、资产规模和就业人数上都远超个体经济。在民营企业家群体中，有一个"92 派"的称谓，这是 1992 年受邓小平南方谈话和党的十四大提出建立社会主义市场经济体制目标鼓舞，选择下海经商者的标志性符号。在这一批从商的人中，有很多来自政府机关、事业单位和公有制企业，他们是自改革以后，民营企业家中素质最高的创业群体。这一群体借助市场化力量，成为日后很多领军型企业的当家人，同时，他们也是最具创新意识和创新能力的群体，是中国很多新兴行业的拓荒者和初创者，其创建的企业成长为这些领域对标国际标准的标杆性企业。

从 2013 年至今，可以看作民营经济发展的第三阶段。这一时期，民营经济与国有经济同台竞技，融合生长。党的十八大报告提出，要"毫不动摇鼓励、支持、引导非公有制经济发展"。③ 2013 年 11 月，

---

① 蔡丽华.正确理解我国社会主义基本经济制度［N］.经济日报，2019-12-16.
② 同上.
③ 人民网.中共十八届三中全会在京举行 习近平作重要讲话［EB/OL］. http://jhsjk.people.cn/article/23521588，2013-11-13.

党的十八届三中全会通过《中共中央关于全面深化改革若干重大问题的决定》(以下简称《决定》)，该《决定》明确指出，"国家保护各种所有制经济产权和合法利益，保证各种所有制经济依法平等使用生产要素、公开公平公正参与市场竞争、同等受到法律保护"，"坚持权利平等、机会平等、规则平等，废除对非公有制经济各种形式的不合理规定"。[1]

2022年，中央经济工作会议提出，要从制度和法律上把对国企民企平等对待的要求落实下来，从政策和舆论上鼓励支持民营经济和民营企业发展壮大。要依法保护民营企业产权和企业家权益。各级领导干部要为民营企业解难题、办实事，构建亲清政商关系。[2] 因此，"吃改革饭，走开放路"，需要政府持续优化营商环境，增强企业家投资扩张的信心，提升民营企业创新发展的动力。

（四）释放内生经济增长动力

为有效释放宏观经济的内生增长潜力，促进转折期的经济增长，需要持续的体制变革和政策创新，深化市场改革和创建统一大市场，优化要素资源配置的市场化机制，为市场主体的科技创新、资本积累和产业扩张奠定良好基础。无论是国有经济、民营经济，还是外资经济，只要以市场化方式参与市场竞争，能够促进经济发展，都应该得到鼓励和支持。

当前，激发民营经济活力面临不小的挑战，尤其需要采取有效对策，增强企业发展信心。改革开放40多年来，以民营企业为代表的市场化力量持续蓬勃发展，民营经济从小到大，由弱变强，在稳定增

---

[1] 新华网.中共中央关于全面深化改革若干重大问题的决定［EB/OL］.https://www.gov.cn/jrzg/2013-11/15/content_2528179.htm，2013-11-15.
[2] 习近平.当前经济工作的几个重大问题［J］.求是，2023-02-15.

长、增加就业、改善民生和科技创新等方面,都发挥了极其重要的作用,成为推动经济社会发展的关键力量,对经济增长的贡献不可磨灭,在国民经济中的重要地位无可争议。可以说,民营经济发展得好,中国宏观经济就好;民营经济若出现衰退或萎缩,经济繁荣则难以实现,经济增长也将黯然失色。

当前各种经济矛盾交织,发展局面错综复杂,经济复苏乏力,增长基础并不牢固。有效激活民营经济,释放民间投资动力,是推动经济复苏、缓解增长压力的关键。在地方政府投资能力面临债务约束、消费者信心疲弱导致总需求严重不足的特殊时期,有为政府体系在积极推进国有经济行动的同时,应坚持以完善市场体系、强化机制为基础,坚定市场化主体对未来经济发展的信心,增强企业家创新发展积极性,释放投资展业的内在动力和潜力,这是中国经济尽快走出低谷期的关键,也是推进增长模式转型,重塑经济增长动力体系的基础。

六、投资驱动工业化:从乡镇工业崛起到制造业大国

改革开放以来,投资驱动工业化居于国家经济增长政策的中心地位,所有涉及经济发展的政策和措施都是围绕这一中心展开的。推动经济增长的工业化进程,存在两条相对独立成长又最终融合发展的主线:一是乡村工业化主线,二是城市工业化主线。这种局面是由实行居民户籍制度与城乡二元结构决定的,并受到新中国成立后"以农补工"和"重工业优先"工业化战略的深刻影响,这与一般发展中国家的城乡二元结构存在差异。

根据美国经济学家钱纳里等人[1]提出的工业化阶段理论,工业化

---

[1] 钱纳里,鲁宾逊,赛尔奎因.工业化和经济增长的比较研究[M].上海:格致出版社,2015.

是一个国家或地区的工业在国民经济中的比重不断上升,带动传统农业社会向现代工业社会转变,使社会生产力得到极大提高的过程。其特征有三个方面:一是工业占 GDP 的比重持续提高,二是农业劳动力向非农领域转移,三是初级资源品比重下降。国际上通常用五大指标衡量一个经济体的工业化水平,分别为人均 GDP、工业化率、就业结构、产业结构和城镇化率。中国从农业大国到制造业第一大国,实施工业化战略是支撑国家经济腾飞的坚强脊梁。

(一)农村改革奠定乡村工业化基础

改革之初,中国工业占国民经济的比重偏低,最早启动的农村改革奠定了乡村工业化的基础。发展经济学泰斗张培刚在其哈佛大学博士学位论文,也是发展经济学奠基性著作《农业与工业化》中提出,工业化是"一系列基要的生产函数,或者生产要素组合方式,连续发生由低级到高级的突破性变化的过程"[①]。所谓乡村工业化,既是指农村经济中一系列基要的生产函数连续发生由低级到高级的突破性变化(或变革)的过程,也是以工业为核心的"非农化"发展,农村地域产业结构、社会结构不断演进的过程。

张培刚早在 20 世纪 30 年代就指出,"我们要进行工业化,不但要建设工业化的城市,而且要建设工业化的农村"。乡村工业化不仅突破了乡村和城市二元结构束缚,在乡村内部培养起新的增长源,还为城市工业化储备了人力基础,促进农村人口向城市转移。

钱纳里等人根据人均 GDP,将不发达经济到成熟工业经济的变化过程划分为三个阶段、六个时期。他们认为,从任何一个发展阶段向一个更高阶段的跃进,都是通过产业结构转化推动的,经济

---

① 张培刚.农业与工业化[M].北京:中信出版社,2012.

增长和结构转换相互依存。按照此逻辑，经济增长与产业结构演变相互联系，而产业结构变迁是在工业化进程中演变的。同时，人口向城市转移与产业结构演进密切相关，城镇化过程与经济增长关系一致。

回顾中国40多年的工业化历程，这一结论也是快速工业化进程的现实写照。农村改革开启了中国工业化的新历史进程，乡村工业化引致乡村产业结构升级变迁。同时，农村释放的劳动力向城市转移，一方面推动了城镇化的发展，另一方面促进了城市工业化和产业结构变迁。这种相互交织的力量，共同推动了经济的快速增长。快速工业化进程奠定了中国的"世界工厂"地位，是将"中国制造"推向全球的战略力量，也是外向型经济迅猛发展，并成为第一贸易大国的基石。因此，工业化既是中国40多年高速经济增长的强大实体支撑，也是进一步实现"中国智造"和"中国创造"的坚实基础。

（二）推进工业化的动力与路径

从推动经济增长动力的视角看，中国工业化动力主要来自三个维度。一是随着农村改革而发展崛起的乡镇工业化；二是以城市企业改革为主线的城市工业化；三是对外开放后，以不同形式进入中国的三资企业带动的工业化。当然，这三种力量并非泾渭分明，而是存在着既竞争又合作的关系。正是三种工业化力量的持续壮大，才推动了经济成长。在40多年里，中国从一个工业落后于西方二三十年的国家，一跃成为世界第一制造业大国和第二大经济体。

从工业化路径和策略选择来看，改革之前的近30年里，从国家工业化的装备需要以及国防建设需求角度出发，中国工业化路径选择了"重工业优先"战略。从第一个五年计划（1953—1957年）的156个重点项目开始，这一战略始终未变。同时，中国工业化的一个重要特征是原始资金积累的主要来源是农业，即国家通过实行不平等价格——工农业产品价格剪刀差，进行初始工业资本积累[①]。

这种工业化路径和策略选择，带来了深远的经济和社会结果。通过汲取农业资金，叠加工业自身积累，以追赶型工业化战略，在新中国成立后20多年里建成了门类较齐全的工业体系，这为改革时期启动经济增长奠定了物质技术基础。同时，这种路径和模式也造成了轻重工业比例的严重失调，威胁国民经济可持续增长，并深刻影响国民生活水平和生活质量的提高。

此外，"以农补工"战略以及为落实这一战略而实行的户籍制度，尽管有效保持了社会总体稳定，但也造成了城乡之间严重分割的二元结构，城乡差距在改革之前逐渐被拉大。这在客观上决定了改革之后工业化发展的二元路径——乡村工业化和城市工业化，虽然这两条路径最终实现了融合发展，但代价也是巨大的。

美国经济学家西蒙·库兹涅茨的研究表明[②]，在工业化进程中，在GDP和人均GDP水平不断提高的情况下，农业部门的产值份额与劳动力份额趋于下降，工业部门和服务业部门的产值份额和劳动力份额趋于上升。中国乡村工业化历程表明，农村正是通过发展工业部门，逐步改造农村传统经济结构，进而促进乡村经济发展的，工业化也是农村经济社会发展的持续动力。改革后的乡村工业化进程，推动了农村工业经济崛起，成功实现了曾经封闭落后农村的经济增长，并由此带来了深刻的社会变革。

---

① 一是在较低的城镇化水平基础上，国家以统购统销方式，保证城市农产品市场和价格的基本稳定，保障城市和城镇的经济和社会秩序；二是在农业生产恢复基础上，通过吸收农业剩余，汲取国家工业化发展所需的资本积累。
② 库兹涅茨.现代经济增长[M].北京：北京经济学院出版社，1989.

（三）实施工业化战略的进程

改革伊始，国家调整了"重工业优先"战略，工业化重点转向"轻型化"，重工业不再是政府绝对优先的发展目标，而是更注重轻重工业的协调发展，轻工业得到大力支持。从制造业增加值占GDP的比重来看（见图2-1），1978—2022年，中国工业化在农村改革释放的巨大社会需求的拉动下，受益于农村改革先行战略，对装备要求相对较低的轻工业成为乡村工业化的发展契机，轻工业主导的乡镇工业经济快速成长起来。

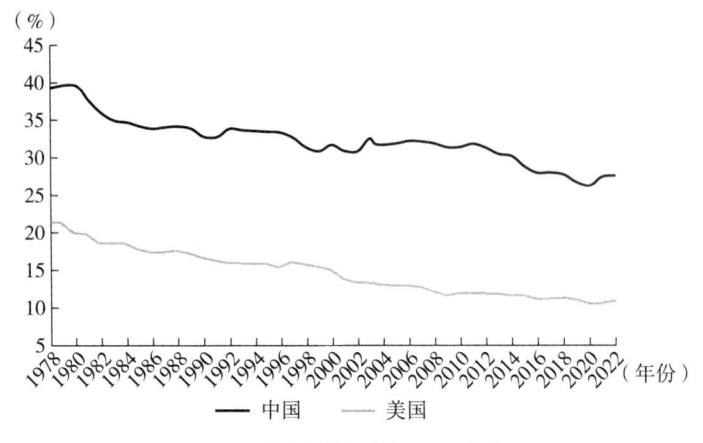

图2-1 制造业增加值占GDP的比重

资料来源：国家统计局。

1978—1983年是乡村工业化的酝酿阶段，中国东部和南部沿海地区及部分内地农村地区开始尝试工业化探索。1984年，国家充分肯定了农村非农企业作用，把社队企业改称为"乡镇企业"，使之步入异军突起的发展阶段，农村中非农产业比重快速提升。1988年，农村第二、三产业产值超过第一产业，加速了乡村向现代社会转型。1991年，农村非农业产值第一次超过农业总产值，具有里程碑意义。

1992年，随着邓小平发表南方谈话，以及党的十二大确立建设市场经济体制目标，乡镇工业发展迎来良好机遇，乡村工业化再次步入高速发展时期。1997年发生的东南亚金融危机，对中国乡镇企业的发展产生了一定负面影响。同时，随着乡村工业化的深入发展，企业经营管理问题、公司治理问题、经济效益滑坡问题逐步凸显。由此，乡镇企业发展转入探索改制和创新阶段，在此过程中形成的苏南模式、温州模式（浙南模式）和珠江模式是中国沿海地区乡村工业化的三类典型模式。

　　改革前30年的乡村工业化，是国家快速工业化进程的重要组成部分，也是推动县域经济发展，以及农村经济增长的主要动力，还是农业现代化和农村地区城镇化发展的重要支撑。乡村工业化促进了农民收入提高和农村教育发展，是打破城乡二元结构瓶颈的突破性力量，吸纳了农村改革后的剩余劳动力，弥补了城市工业化的薄弱环节，促进了城乡一体化融合发展。

　　中国在加入WTO后，经济更深入地融入国际大循环，借着经济全球化浪潮，乡村工业化与城市工业化加速融合，乡村民营经济继续崛起，并与城市工业化融合，在装备提升、资本积累、技术升级和产业创新上都取得长足进展，中国工业化整体迈上新台阶。乡村工业开始从草根工业迈向现代化大工业，很多乡村企业逐步成长为细分行业的世界级龙头，形成了具有全球影响力的品牌。

　　进入21世纪，工业发展沿着"从劳动密集、资本密集、技术密集到知识密集"的新工业化路径与战略持续攀升。党的十六大报告指出，"坚持以信息化带动工业化，以工业化促进信息化，走出一条科技含量高、经济效益好、资源消耗低、环境污染少、人力资源优势得到充分发挥的新型工业化路子"。[1]这比较全面地阐明了新型工业化的

---

[1] 范希春. 中国共产党人对社会主义现代化的探索与追求［EB/OL］. http://www.people.com.cn/n1/2022/0122/c32306-32337393.html，2022-01-22.

主要理念和目标，党的十七大报告又对新型工业化道路做了发展和提升，强调要"坚持走中国特色新型工业化道路"。①

党的十八大报告再次指出，要"坚持走中国特色新型工业化、信息化、城镇化、农业现代化道路，推动信息化和工业化深度融合、工业化和城镇化良性互动、城镇化和农业现代化相互协调，促进工业化、信息化、城镇化、农业现代化同步发展"。②新型工业化是对国内外传统工业化实践经验的总结，是加快经济发展和实现现代化的重要战略选择。因此，新型工业化是实现可持续发展，以及跨越发展的工业化模式，并释放出推动经济增长的巨大力量。

七、工业化牵引城镇化：从农村改革到城镇化扩张

（一）工业化牵引城镇化发展

在经济体的工业化进程中，通常伴随着人口向城市的迁移，以及城市扩张和成长，也就是城镇化进程。配第－克拉克定理③表明，随着经济发展和人均国民收入水平的提高，第一产业的国民收入和劳动力相对比重逐渐下降；第二产业的国民收入和劳动力相对比重上升；随着经济进一步发展，第三产业的国民收入和劳动力比重也开始上升。钱纳里等人的研究发现，劳动力配置随着收入水平变动而变化，其中初级产业所占份额下降，工业所占份额上升。因此，城市人口比重与就业部门密切相关。④人口向城市转移与产业结构演进密切相关，

---

① 新华社.胡锦涛在中共第十七次全国代表大会上的报告全文［EB/OL］. https://www.gov.cn/ldhd/2007-10/24/content_785431_5.htm，2007-10-24.
② 黄群慧.推进"新四化"同步实现 建成现代化经济体系［N］.光明日报，2020-11-24.
③ 克拉克.经济进步的条件［M］.北京：中国人民大学出版社，2020.
④ 钱纳里，塞尔昆.发展的型式：1950—1970［M］.北京：经济科学出版社，1988.

人口向城市聚集，这是经济发展的一种内在机制。

美国著名经济学家约瑟夫·斯蒂格利茨曾说，"在21世纪初期，影响世界最大的两件事情：一是新技术革命，二是中国的城镇化发展"。其观点非常有预见性，城镇化进程深刻改变了中国，也由此影响了世界。就城镇化的发展策略和路径而言，中国曾有基于西方经验的"大城市派"和基于中国经验的"小城镇派"之争，在实践的基础上进行总结，并最终明确了以城市群为主体，大中小城镇协同发展的网络化发展模式。城镇化作为推动中国经济增长的重要路径，城市发展模式也将对转折期的经济增长产生深刻影响。

（二）中国城镇化的历史进程

从城镇化与工业化互动角度来看，中国城镇化的历史进程可以大致分为两个时期。第一个时期是从20世纪80年代初到90年代末，主要是以发展小城镇为主导的城镇化时期。这是由城镇化发展主要由乡村工业化牵引和驱动，以及劳动人口就近转移的客观实践决定的，因此，城镇化实际是由乡村工业化驱动的。第二个时期是2000年以后，随着中国加入WTO，中国经济发展进入新发展阶段，城镇化进程加速，并不断创造出经济增长新机遇。因此，2013年国家提出"城镇化是中国经济增长的巨大引擎"[①]，并强调"工业化与城镇化良性互动"，城镇化最终被提升至与工业化同等重要的地位，成为与工业化协同促进经济增长的主要动力。

中国城镇化呈现出鲜明的"两步走"，并最终融合协同的特点。第一步是从农村到工厂，由乡村工业化主导和牵引；第二步是从工厂到城市，重视产业与城市、人口与土地的协调，城镇化发展模式转向

---

① 参见2013年全国人大常委会做出的《国务院关于城镇化建设工作情况的报告》。

都市群化。在很多国家的城镇化过程中,从农村到工厂和从工厂到城市这两步,大多是同时进行或交替提升的。但中国是工业化进程领先于城镇化,并牵引城镇化发展进程,最后实现同步协同。

中国城镇化进程滞后于工业化,主要是因为受到两个方面的制约。一是在城乡二元结构下,户籍制度对农民进城落户的政策限制;二是城市自身的发展受到住房政策的限制,只有住房商品化发展和购房限制放开,才使城市拥有了人口扩张的政策基础和空间载体。这就在客观上形成了"工业化超前,城镇化滞后"[①]的局面。

因此,从人口迁移的角度来看,从农村到工厂是农民进城的第一步,也是城镇化进程的前半程。其根本原因在于农村确立了家庭联产承包责任制,使乡镇企业异军突起。家庭联产承包责任制解决了10亿人的吃饭问题,解放了被附着在土地上的8亿农民,为工业化提供了劳动力来源。农村工业的崛起是农民从农村到工厂的第一次浪潮。随着国家政策的放开,农民工进城的各种限制被取消,来自农村工业的工人从工厂涌向城市工业和建设领域,其中很多农民工在城市安定下来,转化为新市民,这推动了城市工业和制造业共同迅速崛起,也带来了中国城镇化进程的第二次浪潮,城市代替工厂成为经济和社会发展的主战场。

从世界范围来看,城镇化进程可以分为三个阶段。初期阶段城市人口占总人口的比重为30%,中期阶段城市人口占总人口的比重为30%~70%,后期阶段这一比重则在70%以上。基于此划分逻辑,或者根据时间线,改革开放以来的城镇化进程可以分为三个阶段。

第一阶段(1978—1984年):以农村改革为主要推动力的城镇化,重启了近乎停滞的城镇化进程,具有恢复性特征。在改革春雷响

---

① 徐远. 从工业化到城市化:未来30年经济增长的可行路径 [M]. 北京:中信出版社,2019.

起、万物复苏的新时期,千万名返城就业的下放知青和干部、因高考恢复而鱼跃龙门的学子、激情创业的乡镇企业家、被城乡喧嚣集市贸易吸引的经商人群成为这一阶段城镇化的主力军,也是那个时代的最强音。胸怀梦想的农村人离开长期耕作的土地,或是进入小城镇的乡镇企业,或是进入大城市寻求机会。在改革开启经济增长的蓄势期,城镇化进程汇聚了推动经济增长的时代动力,城镇化率实现了逐年增长,由 1978 年的 17.92% 提高到 1984 年的 23.01%。

第二阶段(1985—2000 年):以乡镇企业崛起和城市改革为双重动力,推动城镇化进入快速发展期。在此阶段,沿海地区如雨后春笋般涌出新城镇,城市周边争相设立新的经济技术开发区,是城镇化加速的显著标志。对外开放促进了沿海地区的经济发展,不管是集中发展一个细分行业,还是聚焦于一类出口小商品制造,新兴小城镇纷纷崛起;城市改革中为吸引外资和社会资本,新设的经济开发区也迅速增多。这些小城镇和城市新区在促进产业发展的同时,也吸纳了大量农村转移的剩余劳动力。由此,中国城镇化率在 1996 年首次超过 30%,跨过了城镇化初期阶段的门槛,并在 2000 年达到了 36.2%,尽管依然低于 47% 的世界平均城镇化率。

第三阶段(2001 年至今):以中国加入 WTO 为契机,经济进入加速增长期,城镇化进程提档加速。2000 年 10 月,国家"十五"计划建议提出,"随着农业生产力水平的提高和工业化进程的加快,我国推进城镇化条件已渐成熟,要不失时机地实施城镇化战略"。[1] 国家随后推出了小城镇户籍制度改革,限制人口流动的政策逐渐放松,鼓励农民进城就业,支持农村人口迁入小城镇定居。在发展小城镇、就地城镇化政策的主导下,城镇人口占总人口的比重在 2015 年达到

---

[1] 中国共产党新闻网. 中共中央关于制定国民经济和社会发展第十个五年计划的建议 [EB/OL]. http://www.chinatoday.com.cn/ctchinese/zhuanti/2012-10/16/content_489830.htm,2012-10-16.

54.77%。目前，国家已经放开大中城市的落户限制，只要符合条件的人口，都可以选择在相应的城市落户。2022年，国家城镇化率达到65.22%的高水平（见图2-2）。

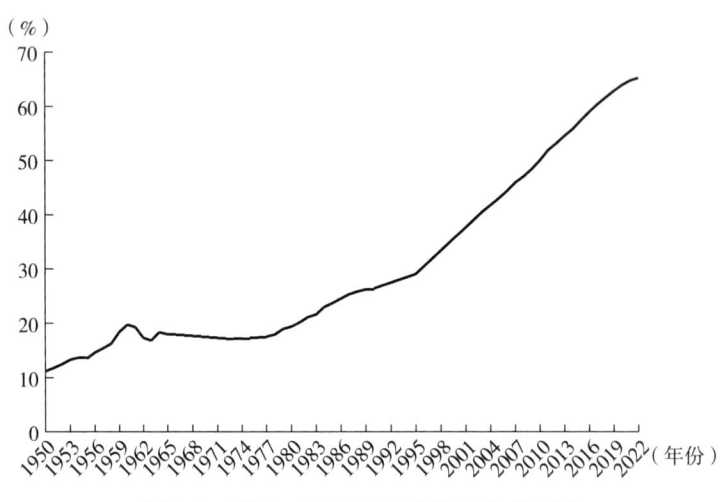

图2-2　1950—2022年中国城镇化率成长趋势

资料来源：国家统计局。

回顾改革以来的经济发展历程，由投资主导型增长模式驱动，城镇化与工业化进程相伴随，城镇化进程非常快。西方发达国家城镇化进程从18世纪中叶的工业革命开始加速，到目前为止，大部分国家城镇化率均超过80%，经历了近200年。相比而言，中国实现同等城镇化率所花费的时间要更短，特别是在20世纪90年代中期以后，城镇化进程显著加速，这与中国经济增长加速的进程相一致。

投资主导型经济增长推进了快速工业化进程，工业化又牵引城镇化进程加速。无论是农村人口向城市迁移，还是城市自身的扩张，都与大规模投资扩张和经济增长高度相关。同时，城镇化也与政府积极规划、布局和有效推动作用密不可分。在城镇化进程中，由政府主导的城镇化相关投资，是城镇化快速推进的基础和前提，无论是城市交通基础设施建设,还是民生公共服务保障,都需要巨额投资。政府基于"经营城市"的思维,是主要投入者和主导者,由此既促进了城市扩张,完善了城市功能,又促进了城市和区域经济发展。

八、投资主导型经济增长的尾声:多重结构失衡的挑战

中国经济增长奇迹表明,投资主导型增长模式无疑取得了巨大成功,国民生产总值快速增长,国家工业实力与能力迅速提高,城镇化率快速提升至近70%,居民富裕程度和生活水平大幅跃升。这都是在投资主导型增长模式下,通过快速工业化和城镇化进程实现的,并由此创造了经济发展的奇迹,奠定了中国作为世界第二大经济体的地位。

但是,以出口导向为引领,以投资驱动经济增长方式,也带来诸多矛盾与挑战。特别是经过40多年快速增长后,经济发展中的问题日益增多,导致各种矛盾相互交织,给新时期的经济增长带来巨大挑战,一些重大的宏观结构性问题已经达到十分严重的地步,进行经济增长模式转型已成为当务之急。

(一)投资与居民消费比例失衡

投资主导型增长更多重视投资积累,而忽视促进消费增长,导致投资与居民消费比例出现严重失衡(见图2-3),投资占GDP的比重长期显著高于消费,造成宏观结构的重大失衡。站在国民经济核算支出法的角度,GDP是社会最终需求——投资、消费和净出口的总和,这三类需求也被称为拉动经济增长的"三驾马车"。投资和消费的长期显著失衡,造成经济中总需求不足与需求结构扭曲并存,并导致整个宏观经济结构扭曲,消费增长乏力制约了增长动能由投资主导向消费驱动的转换,成为抑制经济更长期可持续增长的障碍。

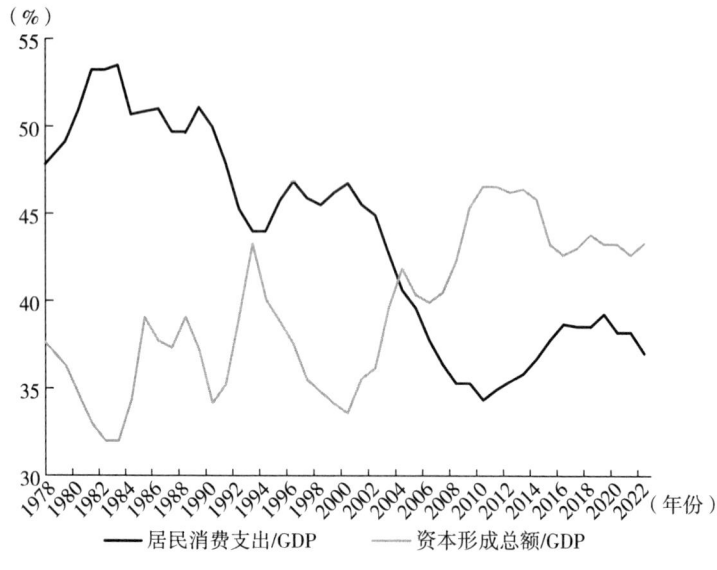

图 2-3　投资与居民消费占 GDP 的比重

资料来源：国家统计局。

尽管经历了较长时期的经济持续增长，中国人勤奋节俭、积累储蓄的民族传统使中国居民储蓄率在世界范围内都明显偏高，脱贫攻坚和精准扶贫使小康社会如期建成，但消费增长却始终未能快速释放。此外，在国家长期宏观决策层面，很多政策存在抑制消费、鼓励投资增长的倾向，无论是计划经济时期的"以农补工"工业化积累模式，还是改革时期政府所采取的土地财政模式，推动城市基建投资和产业积累，都是基本相同的政策逻辑。

从居民部门汲取推动经济增长的资金与资本，使转型经济体制与中国文化传统相契合，效果显著。从农民和市民两大居民群体中汲取和积累资金，这是中国经济发展所需资本的源泉。工农业剪刀差和城市住宅商品化是完成这种积累的主要机制与模式，但这也消耗了农民和市民消费能力的积累和增长。

如图 2-4 所示，根据 2021 年世界银行统计数据，中国消费占 GDP

的比重约为55%，不仅显著低于英国、美国等发达国家的消费占比（超80%），还显著低于南非、巴西和墨西哥等发展中国家的消费占比（近80%）。居民消费增长乏力，社会总需求不足，已经成为制约中国经济增长的重大阻力。

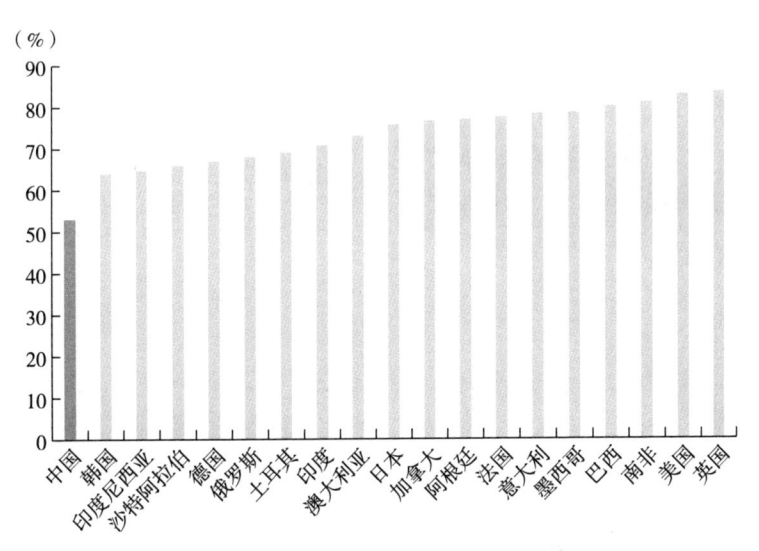

图 2-4　中国与其他国家消费占 GDP 的比重

资料来源：世界银行。

（二）储蓄与消费比例失衡

投资驱动型经济增长的基础是储蓄增长，在理论上，投资增长规模等于企业和居民储蓄净额与净出口额之和。长期以来，中国贸易顺差带来的净出口换汇，使外汇占款成为货币投放的主渠道，也是支撑投资增长的主要增量资金来源。近年来，随着外贸顺差的减少，储蓄成为投资扩张的主要资金来源。但高储蓄在支撑投资扩张的同时，也造成了储蓄与消费比例的失衡，净出口减少和国内最终消费增长缓慢，使原有增长模式受到制约，推动经济增长之路越发困难。

与此同时，随着经济发展转入中速甚至较低速增长期，经济增速出现"下台阶"式滑落，居民实际可支配收入增长趋缓，居民投资的财富效应不断弱化，经营性收入增长较慢，居民家庭资产负债表脆弱性上升，进一步抑制了居民消费意愿提升，全社会消费总量及其增速都较缓慢，甚至在2022年出现负增长。

此外，就业压力增大使居民对未来就业前景预期偏向悲观，收入预期转弱使居民对未来收入增长信心下降，家庭消费决策变得愈加谨慎。中国人民银行的调查问卷显示（见图2-5），自2019年以来，在新冠疫情的冲击下，中国居民就业情绪指数与收入情绪指数均呈明显下降趋势。

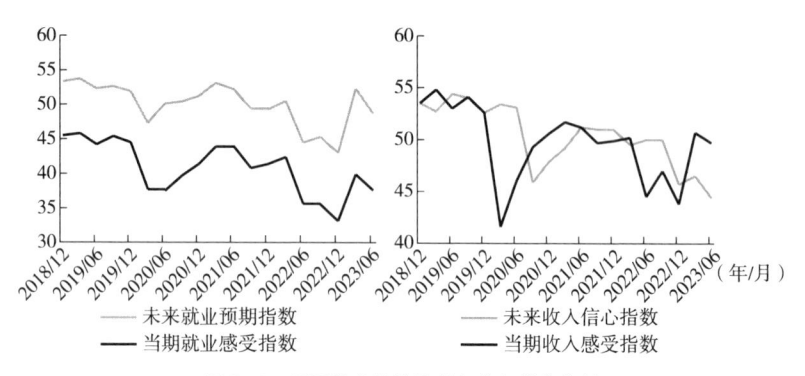

图2-5 居民就业情绪指数与收入情绪指数

资料来源：中国人民银行。

与此同时，在社会保障安全网尚未健全的背景下，基于预防性动机的居民储蓄意愿进一步增强（见图2-6）。居民家庭为应对失业、养老、医疗、教育等支出的不确定性，更倾向于多储蓄、少消费。2010—2022年中国人民银行的储户问卷调查显示，近年来居民储蓄意愿大幅抬升，特别是2022年第四季度，希望增加储蓄的储户占比达到了创纪录的62%。

图 2-6　希望增加储蓄的储户占比变化趋势

资料来源：Wind。

2022 年，居民存款增幅明显提高，全年住户存款增加 17.84 万亿元，远高于 2021 年的 9.9 万亿元，且居民存款中有 79% 是定期存款，这部分储蓄更不容易被转化为消费。2023 年，这一趋势仍未改变，1 月住户存款增加 6.2 万亿元，同比增长 3.05 万亿元，创单月新高。这些都反映了在收入不确定性增强、消费需求受到抑制的背景下，居民多储蓄、少消费的意愿增强，储蓄与消费比例失衡将更加严重。

在国民经济的三大部门中，尽管居民部门的资产负债表相对较好，但在房地产高涨时期，居民部门的债务杠杆率显著提升，透支了居民部分消费能力。经济增速下行使居民收入预期变得谨慎，叠加新冠疫情冲击，进一步弱化了收入增长预期，削弱了消费动力。

因此，很多家庭开始转向家庭资产负债表优化——缩减负债，增加储蓄。很多年轻家庭选择提前偿还住房按揭贷款和大额消费品负债，尤其是在储蓄利率下行、金融资产投资收益持续下滑、房价看跌的背景下，这种选择倾向更加明显。目前，利率对居民部门消费的引导作用比较有限，居民家庭的普遍缩表行动将导致多储蓄、少消费。图 2-7 表明，2020 年，全国社会消费品零售总额增速已滑落至改革以来的最低水平，这将对经济增长由投资驱动转向消费拉动形成巨大挑战。

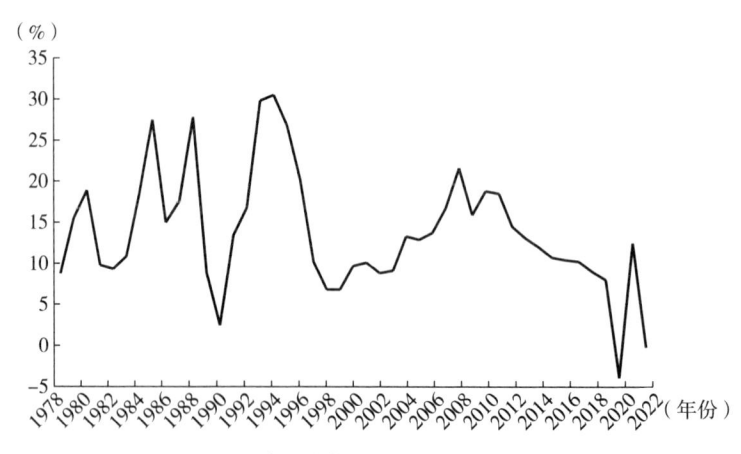

图 2-7　全国社会消费品零售总额增长趋势

资料来源：国家统计局。

（三）产能过剩与需求缺口矛盾

在持续的投资驱动型增长模式下，高投资与高储蓄、高积累相互动态适应，推动了 GDP 的快速增长，同时积累了巨大的经济产能。在过去 40 多年里，中国顺应全球化浪潮和国际分工大趋势，以持续、高速的出口规模增长，吸纳了总产能的急剧增长，从而在较长时期内保持了产能增长与需求之间的动态平衡。然而，外部需求增长受多种因素制约，在面临国际经济金融危机、地缘政治纷争，特别是全球化逆风的背景下，外部需求出现重大变化，使国内产能增长与需求不足矛盾日渐突出，导致宏观供求结构失衡。

从宏观总需求的三个构成部分来看，在消费端，发达经济体的衰退压力导致其消费需求下降，进口需求随之转弱，这必然影响中国出口领域，而在中国出口规模的国际占比已经非常高的情况下，要保持净出口继续较快增长将十分困难。与此同时，国内总需求不足问题日渐突出。2022 年，社会消费品零售总额下降 0.2%，全年国内最终消费支出对经济增长的贡献率仅为32.8%，同比下降50%，显著低于新冠疫情发生前水平，内需存在显著的消费需求缺口。

在投资端，投资需求增长受到经济资源配置扭曲的影响，国有部门的债务膨胀制约了其投资扩张规模，难以再实现快速增长。民营经济部门受到债务困扰，以及融资需求不畅的制约，投资能力和意愿都在下降。因此，与大规模投资主导增长时期相比，国民经济循环中出现了显著的投资需求缺口。同时，前期投资扩张形成的产能过剩和结构性矛盾突出，供给与需求结构不匹配。尽管国家近年来实施的供给侧结构性改革化解和淘汰了部分落后产能，优化了总供给结构，提升了供给质量，解决了一部分供求匹配的问题，但总体而言，由于国内消费需求释放缓慢，投资需求难以继续大规模增长，叠加出口遭遇外部需求下降，中国产能过剩和需求缺口矛盾凸显。

（四）出口导向与内外结构失衡

改革以来，以出口导向为牵引的投资驱动型增长，使产能增长严重依赖外部需求消纳，但当前逆全球化潮流和地缘政治纷争正削弱其可靠性。一些国家"脱钩断链"的贸易保护主义行为和经济孤立主义倾向，将会在较长时期内抑制外需增长空间，使出口导向型增长难以持续。随着净出口对经济增长贡献率逐步下降（见图2-8），出口已无法继续担纲经济增长主要动力的角色，这也正是国家提出"双循环"战略，并以发展内需为主导的主要原因。

中国借助过去几十年世界经济全球化浪潮，抓住了国际分工深化和全球贸易规模增长的机遇，以出口为导向驱动投资扩张，促进了宏观经济增长。2022年，中国GDP总量占全球比重约为18%，商品出口总额占全球比重达14.4%，货物贸易总额占全球比重达12.6%，出口继续快速增长已不现实。自2008年全球金融危机爆发以来，发达国家经济始终未能真正重回增长正轨。近年来，逆全球化潮流泛起，叠加新冠疫情的冲击，发达经济体衰退的趋势增强，外部需求对中国经济增长的拉动作用将继续下降。

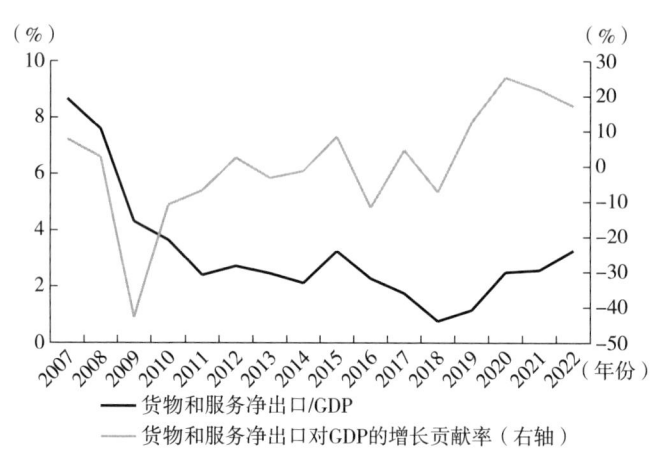

图 2-8　货物和服务净出口占比及经济增长贡献率

资料来源：国家统计局。

　　无论是外部地缘政治环境恶化的压力，还是主要出口对象国经济衰退的现实约束，都使中国出口导向的模式面临挑战。尽管在新冠疫情防控期间，国外产能难以释放，使中国依靠抗疫成功而抓住了出口增长的机遇之窗，但随着国外疫情常态化和生产逐步恢复正常，中国出口份额回落是大势所趋。2020 年起，净出口对经济增长贡献率开始下滑，尽管 2022 年的进出口总额达 2.72 万亿美元，货物和服务净出口拉动 GDP 增长 0.5 个百分点，对 GDP 的增长贡献率达 17.1%，但相比 2021 年下降了 4.8 个百分点，特别是 2022 年第四季度进出口分别同比下降 6.7% 和 6.8%。净出口对经济增长拉动能力的长期下降趋势，将给正处于增长转折期的中国经济带来重大而深刻的影响。

（五）债务膨胀与债务结构错配

在投资主导型增长模式下，有为政府体系为防止经济增速下滑，以国有企业和平台企业的债务扩张来推动投资增长。以2008年全球金融危机为例，为对冲国际金融危机对国内增长的冲击，实现经济增长率保8%的目标，政府推出了4万亿元投资计划。国有部门的债务膨胀导致负债率高企，地方政府已经出现债务难以持续的局面，潜藏着巨大的系统性风险。

因此，为控制国有企业负债率持续上升的势头，2018年9月，中共中央办公厅、国务院办公厅发布了《关于加强国有企业资产负债约束的指导意见》，要求国有企业资产负债约束以资产负债率为基础约束指标，对不同行业、类型国有企业实行分类管理并动态调整，还将国有企业资产负债率的预警线确定为65%，重点监管线确定为70%。

快速债务膨胀严重透支了国有部门进一步依赖增加负债进行投资的潜力，尤其是国有部门投资产出率的衰退和负债膨胀，叠加可投资项目的缺乏，使国有部门失去推动增长的支撑能力。随着地产收益滑落而来的土地财政衰退和土地金融失灵，地方政府及其所属国有企业及平台债务埋下巨大的风险隐患，债务不可持续，极容易诱发系统性金融风险。因此，未来有为政府投资的主要方向将不得不转向以民生领域为主，而将促增长的投资交给市场，这既是有为政府的现实压力和职责所在，也是实现经济增长动力转型的必然要求。

与投资驱动国有部门债务膨胀相对应的是，民营企业则经历了持续的债务紧缩。在经济增长转折期，债务膨胀和金融创新带来的风险积聚，使一系列强监管措施陆续出台，以防范和化解风险。这使依赖创新融资工具的民营企业遭遇融资困难，尤其是在经济增长转折期（即民营经济转型期），民营企业债务紧缩使其转型遭遇重大挑战，大量金融资源主要配置到国有部门，使经济中投资效率更高的部门受资金不足的限制，挤出效应的结果是整体金融资源配置结构错位，导致产出效率不断下降，从而抑制了经济增长。

（六）地方政府财力、负债与事权矛盾

投资驱动的工业化及其牵引的城镇化进程，使地方政府的财力和负债能力接近极限，处于技术性债务重整的边缘，这削弱了地方推动经济可持续发展能力。快速工业化和城镇化所需要的大规模投资，无法依赖一般性财政收入完成，导致政府以土地增值为基础，以土地出让及其相关收益为源泉，土地财政和土地金融应运而生，这加速了城市基建大规模扩张，推动了快速城镇化进程。

然而，这一模式随着经济增速进入转折期而面临困境，地产繁荣的冷却和土地收益的滑落，给以土地财政和土地金融为支撑的地方政府带来空前的财政收支平衡压力，很多地方政府收支严重失衡，入不敷出，不得不依赖上级财政的转移支付勉强维持，前文所述的黑龙江省鹤岗市和贵州省就是典型缩影。尤其是在新冠疫情防控期间地方财力透支后，无论是一般性财政收入下降，还是财政赖以为补充的土地出让收益下滑，都导致一些地方财政处于随时可能出现债务违约的悬崖边缘。

在政府以负债投资推动经济增长的潜力趋于释放殆尽的同时，地方政府的事权仍在不断增加，保民生、稳就业、促增长的压力还在增大。根据国家统计局和国家卫生健康委员会发布的《2021年我国卫生健康事业发展统计公报》，2020—2021年，全国卫生总费用约为14.8万亿元，是2016—2018年三年的总额。2021年，全国医疗费用总支出占GDP的比重达7.12%，达8万亿元，加重了各级政府的财政负担。政府财力与事权的矛盾愈加突出，投资主导型增长模式已接近尾声，加快转换经济增长的动力与模式刻不容缓。

在经济增长转折期，多重严重的结构失衡阻碍了增长动能的提升和转换，抑制了经济增长的潜力及其释放。政府出台经济政策的重心应该由总量调控主导型转向结构性主导型，通过实施以结构优化为导向的宏观和微观经济政策，修复经济中的深层结构扭曲，消除抑制增长的结构阻碍，提升和释放增长潜能，以促进经济增长。

在新增长阶段，经济增长的主导模式要由投资主导型转向消费主导型，努力扩大和增加社会总需求，不断提高消费对经济增长的贡献度。这是实现中国经济可持续增长的基本前提，也是新时期常态化增长的源泉，更是中国跨越"中等收入陷阱"进入高收入国家，实现全体人民共同繁荣、共同富裕的必由之路。

但应该着重强调的是，中国经济中的这些结构性问题只是结果，而并非原因。因此，后文将深入研究导致结构失衡和增长减速的内在原因。

第三章

增长模式转型阻滞：资产负债表扭曲与增长动力衰退

中国的发展起步于短缺经济,以投资驱动的经济增长模式,始终将促进供给增长置于主导地位。这是有为政府体系推进经济改革,确定宏观增长目标,以及制定经济政策时所遵循的基本逻辑。在改革开放以来的经济增长历程中,政府不断探索和优化宏观调控,在保持货币流动性有效增长的基础上,通过持续扩大投资规模、加速资本形成的方式推动增长。同时,为减少和弱化经济增长的周期性波动,或者对冲外部冲击造成的重大增长扰动,投资扩张也常被用作稳增长和保增长的主要手段。

改革开放40多年来,中国经济发展的实绩表明,立足于投资主导型增长模式所采取的经济政策取得了显著成功。在实现宏观经济持续增长中,中国成功克服了多次重大经济波动,特别是有效应对了如1997年亚洲金融危机、2008年全球金融危机等剧烈的外部冲击。然而,对投资主导型增长模式的持续依赖,也累积了一系列严重的结构性矛盾。宏观杠杆率持续攀升,国家资产负债表结构扭曲等,已成为抑制经济持续增长的突出问题,而系统性增长动能的衰退趋势,正成为阻滞增长模式转型的重大障碍。

一、宏观杠杆率攀升中的资产负债表扭曲

（一）供给侧驱动增长模式已难以为继

随着经济增长进入下半程，宏观经济已由高速增长转向中速增长，以供给侧扩张为主导驱动的增长，其效率正逐渐降低。在出现国内需求收缩，或者面临外部冲击时，由投资推动的供给侧过度扩张，则带来了严重的产能过剩，这成为经济增长的重大障碍。宏观供求的失衡，既制约经济增长的速度，也拖累增长的质量，这与中速增长期的目标背道而驰，且难以持续。

如图 3-1 所示，自 2009 年以来，名义 GDP 增速持续处于波动性下降之中，而实体经济债务水平的平均增速明显高于 GDP 增速。由于政府债务扩张是驱动经济增长的主要投资力量，M2 增速保持在相对稳定的区间，这与政府债务扩张的节奏相匹配。2015 年以来，中国经济增速下滑趋势一直未得到根本性扭转。尽管推出了各种稳增长的扩张性政策，并保持债务扩张和 M2 较高速增长，但也只是延缓了经济下滑速度，并没有真正改变增长放缓的趋势与方向。

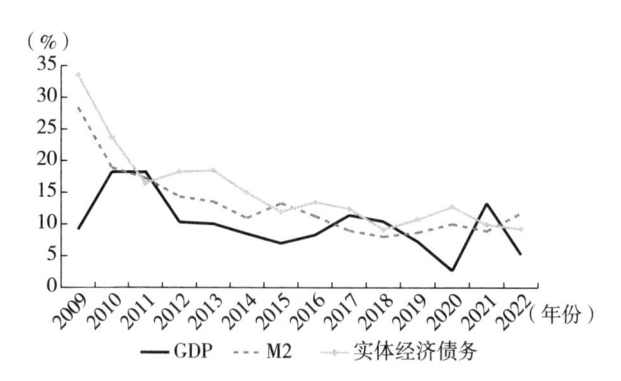

图 3-1 债务、M2 与名义 GDP 增速变化趋势

资料来源：中国人民银行，国家统计局，国家资产负债表研究中心。

因此，无论是实施积极财政政策，还是相对宽松的货币政策，宏观政策效果并不显著[①]。由于增量投资边际效益呈现衰减趋势，即使政府直接推动国有部门进行投资扩张，供给侧主导的政策与行动也始终难以达到预期目标。2023年第一季度，M2同比增长12.7%，全社会总债务增长10.1%，而名义GDP同比增速只有5.0%，远低于同期的货币和债务增速。这表明，依赖债务扩张驱动的经济增长效率不高，若高举债、低增长的循环模式继续延续，必然导致宏观杠杆率持续大幅增长。

同时，大量以短期刺激为特征的扩张性政策不断累积，其副作用和后遗症开始显现。例如，社会总供给能力大于总需求造成严重产能过剩，持续扩大投资导致债务杠杆越来越高，高能耗和环境不友好型项目导致资源环境承载的压力越来越大，投资扩张性政策导致资产价格泡沫，房地产价格持续上涨侵蚀居民消费能力，经济增长下滑时因资产跌价而带来宏观紧缩效应……诸如此类的各层级结构性矛盾交织，且日渐突出。正如前文所述，尽管改革以来投资主导型增长曾经成效显著，但随着步入经济增长转折期，很难再沿着这条路径继续前进。因此，遵循经济增长一般规律，合理调整优化增速目标，探索缓解结构性矛盾的途径，是重塑经济增长的内在要求。

正是在此背景下，供给侧结构性改革于2015年底被提出，并成为此后几年里政府进行宏观调控的主导思想。供给侧结构性改革旨在进行经济结构调整，实现要素最优化配置，提升经济增长质量。为此，政府实施了包括管理制度改革、国有企业改革、财税制度改革和金融制度改革等在内的一系列改革，以纠正非均衡增长时期的要素配置扭曲，提高全要素生产率，促进经济可持续增长。本质上，供给侧结构性改革就是从生产端着手，主动化解过剩产能，推进产业优化重

[①] 当然，从另一个角度看，如果没有积极财政政策的作用，经济增长表现也许会更差。

组，去除僵尸企业，降低企业成本，扩大社会有效供给，提高供给结构对需求结构变化的适应性和灵活性，以实现社会总供求的结构性匹配，形成更高水平的总量平衡。

基于宏观总量和结构再平衡的供给侧结构性改革，试图通过"三去一降一补"①等方式，推动更高质量的可持续增长，继续推进新型工业化和城镇化，重塑增长动力机制，实现增长动能的结构转换。近年来，供给侧结构性改革取得了一定成效，但与实现经济持续稳定增长目标之间仍存在显著差距，宏观上持续累积的供需失衡与结构错位矛盾，使维持稳定增长的代价越来越大。在供需明显失衡和结构矛盾尖锐化的宏观表象下，存在着更深层次的规律性原因。厘清这些原因及其背后的逻辑，有助于找到解决结构性矛盾、突破增长瓶颈的途径。

（二）投资主导型经济增长推动宏观杠杆率抬升

在投资主导的转轨经济中，有为政府体系驱动的投资潮涌，是国家宏观杠杆率不断攀升的重要原因。国际上通常使用全部债务/GDP作为衡量国家宏观杠杆率水平的指标，可称之为收入杠杆率；如果用全部债务/社会总资产指标，则可称之为资产杠杆率。收入杠杆率是流量指标，资产杠杆率是存量指标。从偿债能力的角度来看，使用流量指标考察更具有参考性。除此以外，还有两个指标常被用于衡量宏观杠杆率：一是M2/GDP，二是非金融部门债务/GDP②。在这两个衡

---

① 2015年的中央经济工作会议提出"三去一降一补"，指去产能、去库存、去杠杆、降成本和补短板。
② 也有学者和研究机构认为，非金融部门债务/GDP并非代表宏观杠杆率的适当指标，因为GDP是流量指标，使用债务存量与GDP流量指标计算杠杆率并不科学。但大多数研究者认为，债务存量与GDP流量比值，和债务存量与资产存量比值相比，更能体现该指标的理论内涵和政策启示，有利于揭示宏观潜在风险和经济体的偿付能力。

量指标中，M2/GDP 指标虽然能反映一个经济体的总体负债水平及趋势，但因受 M2 统计口径的影响，国际可比性较差。相比而言，非金融部门债务/GDP 指标具有更强的可比性。

从国际比较来看，与主要发展中国家相比，中国宏观杠杆率水平已相当高，属于偏高型国家；即使与主要发达经济体相比，也处于较高水平，尤其是近年来，杠杆率继续呈现出较快上升趋势。如图 3-2 所示，2008—2015 年，中国宏观杠杆率持续提升，尽管 2015—2018 年在国家降杠杆政策推动下，杠杆率保持了总体基本稳定，但进入 2020 年后，受新冠疫情冲击和保增长政策影响，宏观杠杆率又呈现加速趋势。与发达经济体相比，中国 2009—2021 年的杠杆率抬升了 16.5 个百分点，尽管这一上升速度低于同期实行宽松政策的日本（39.5 个百分点）、美国（25.7 个百分点）和欧元区（21.4 个百分点）的抬升速度，但依然偏高，尤其是 2022 年又在此基础上抬升了 10.4 个百分点。

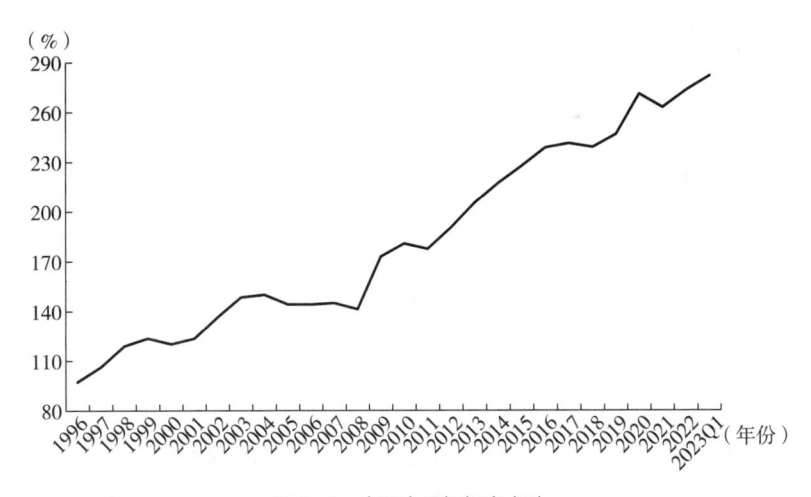

图 3-2 中国宏观杠杆率变动

资料来源：《中国货币政策执行报告》，国家金融与发展实验室，Wind 经济数据库，《中国金融年鉴》。

注：Q1 为第一季度。

在整体债务规模持续攀升的情况下,宏观杠杆率水平与经济增速密切相关。较慢的经济增速与较快的债务增长组合,导致杠杆率较快爬升。如图3-3所示,2023年第一季度,中国宏观杠杆率上升8.6个百分点,达281.8%;从M2/GDP指标看,较2022年末上升9.8个百分点,达230.0%;从非金融部门债务/GDP指标的结构看,非金融企业部门杠杆率较2022年上升6.1个百分点,达167.0%;政府部门杠杆率上升1.1个百分点,增长至51.5%;居民部门杠杆率打破了2021—2022年保持不变的纪录,上升1.4个百分点,达63.3%。另外,从社融存量规模角度看,2023年第一季度,社融存量/GDP上升了9.0个百分点,达293.4%。

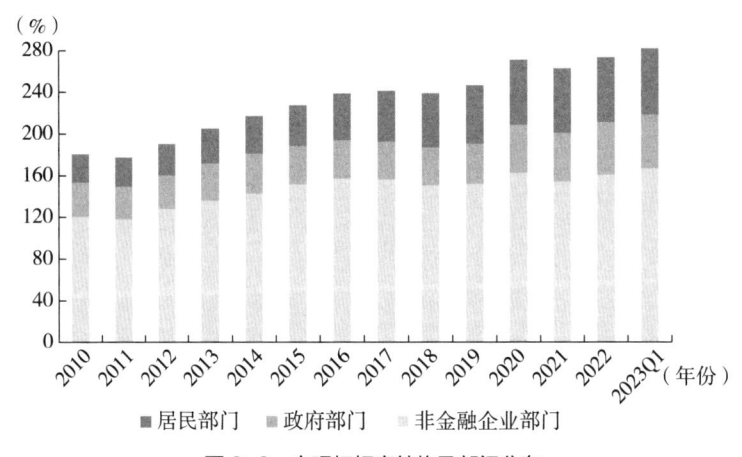

图3-3 宏观杠杆率结构及部门分布

资料来源:中国人民银行,国家统计局,财政部,国家资产负债表研究中心。

从近些年债务增长趋势与结构来看,在国家整体债务规模持续膨胀导致宏观杠杆率不断攀升的过程中,各部门杠杆变化趋势和速度存在较大差异,呈现明显不均衡性。一些部门显著加杠杆,而另一些部门则保持杠杆稳定,甚至存在降杠杆趋势,债务膨胀与债务紧缩并存的结果是,在同一时期内,国民经济不同部门间负债配置存在显著差异，甚至出现资源配置失序，由此累积而导致不同形态的资产负债表失衡。

以 2022 年为例，居民部门债务增速仅为 5.4%，创 1992 年以来新低，特别是住房贷款仅增长 1.8%，而居民存款却大幅增长，居民部门呈现资产负债表收缩特征；企业部门债务增长不到 10%[①]，而政府债务则因逆周期调节保持了 13.6% 的增速，特别是地方政府债务同比增速达 15.1%。这表明，参与国民经济循环的三大主要部门——政府、企业和居民杠杆率变动趋势存在明显差异。深入分析各部门债务规模及杠杆率变化特征，有助于客观评价不同经济部门对宏观杠杆率变动的影响程度和趋势，从而为制定更加精准的宏观政策提供实证根据和方向指引。

（三）债务增长趋势与资产负债表扭曲

宏观杠杆率变化是国民经济各部门杠杆率变化的总和，是各部门资产负债表变化的综合结果。在以有为政府和有效市场为引擎的增长逻辑中，经济发展实践表明，在中国特色市场经济体制下，政府、企业和居民三大部门对国民经济宏观杠杆率变化产生了不同影响。有为政府体系及其所属国有企业的保增长、促增长、稳增长行动，以及基层保民生等公共支出，使政府及国有企业部门负债水平不断攀升，并对宏观杠杆率抬升产生深刻影响。

图 3-4 显示了 2009—2022 年，中国居民部门、政府部门和非金融企业部门的债务增速变动趋势。从居民部门看，自 2009 年以来的债务增速总体保持下降趋势，特别是 2016 年后的债务增速持续走低，并在 2022 年跌至个位数；政府部门债务则自 2015 年起保持快速上升

---

① 2000—2017 年企业债务增速均保持在 10% 以上，高点超 30%。

趋势，仅在 2021—2022 年有所回落，但增速依然保持较高水平；过去 5 年，非金融企业部门债务增速保持在 10% 左右，缓慢下降通道中略有波动。这反映了三大部门在宏观负债增长中的不同作用，特别是考虑到负债绝对规模的情况下，政府债务增长的影响则更加突出。

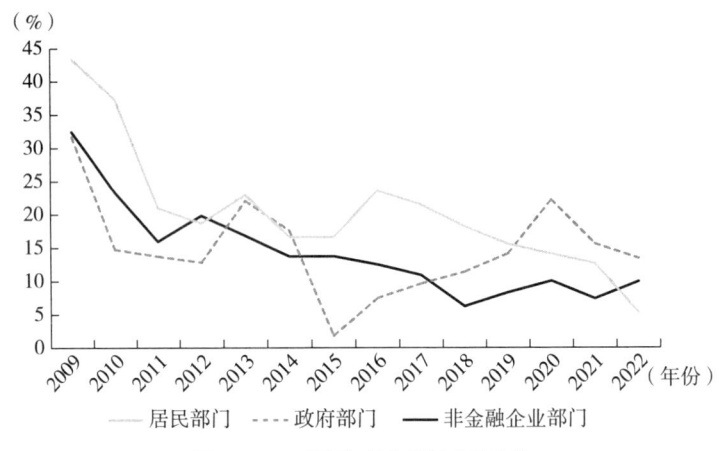

图 3-4　不同部门债务增速变动趋势

资料来源：中国人民银行，国家统计局，国家资产负债表研究中心。

在居民、非金融企业和政府三个部门分析框架下，债务基数和增速差异导致三个部门的杠杆率变化也不同。自 2009 年以来，居民部门杠杆率保持稳步提升，并在 2020 年进入相对平稳状态，自同年第三季度起，居民杠杆率保持在 62% 左右波动；非金融企业部门的杠杆率大幅下降，2016—2019 年呈现显著下降趋势，2020—2022 年呈现波动特征；政府杠杆率则继续上升，在财政收入增长乏力，甚至负增长的条件下，政府负债增长是支撑开支扩张的基础，包括提高预算赤字水平。

居民、非金融企业和政府三大部门的资产负债表共同构成了国民经济的总体资产负债表，三个部门杠杆率数量和结构的变化趋势，最终会反映在宏观杠杆率的总量与结构变化上，而由于各部门杠杆率变化的趋势和幅度并不相同，对宏观杠杆率的具体影响也存在差异。基于各部门对经济增长贡献率的差异，不同部门杠杆率变化的趋势和速度将直接影响宏观经济增长的效率。

考虑到国民经济不同部门资产负债表失衡特征的差异，本书将其统称为资产负债表扭曲，这一概念特指在不同经济部门出现的资产与负债失衡，导致其资产负债表不可持续问题。因此，与资产负债表扭曲相对应的是良性资产负债表，也就是健康资产负债表，是资产与负债相互动态匹配，且可持续的资产负债表。

从生产角度出发考察，可以将资本产出率作为衡量资产负债表健康与否的标志，资本产出率保持稳定或能够提升是良性资产负债表的标志，反之则是扭曲的。从消费角度出发考察，可以将消费效率作为衡量资产负债表可持续与否的标志，能够支撑消费合理增长且具有可持续性是良性资产负债表的标志，反之则是扭曲的。资产负债表扭曲导致其不可持续，客观上存在着进行修复的内在要求，无论是采取主动方式，还是以被动方式进行修复。

造成资产负债表扭曲的情形有两种，分别为债务膨胀与债务收缩。在每一种情形下的扭曲度，都会深刻影响微观经济主体的决策与行为。同时，在资产负债表扭曲的条件下，个体的理性决策很容易在宏观上造成合成谬误，即微观主体的理性行为，在宏观上却呈现出负面效应。一个经济部门资产负债表的过度膨胀或急剧收缩，都会从宏观上制约并损害经济增长。

经济发展中的过冲[1]现象正是短期合成谬误的重要表现，过冲是指社会经济活动中因意外而超越限度的现象，这里所谓"意外"，是指每个微观主体的理性选择却造成了宏观上的非理性现象。例如，渔业的过度捕捞现象，其本质就是每个渔民出于自身收益最大化而过多

---

[1] 梅多斯 DH，兰德斯，梅多斯 DL.增长的极限［M］.北京：机械工业出版社，2013.

捕捞的结果。单一地方政府为推动地方经济增长而试图多负债是其理性选择，但大量地方政府高负债的结果，是地方债务总规模的过度膨胀，并最终抑制增长，体现为地方负债规模的过冲。

短期过冲现象可以通过有意识的对冲行动加以修复，但长期过冲则会造成严重的结构扭曲，并受其他因素制约而呈现较强的刚性特征。修正扭曲并不容易，且代价甚大，其深层原因在于，在宏观上似乎正确的修正行动，却与个体理性行为之间存在冲突，这制约了修正行动的落实。地方债务问题正是如此，中央政府从2015年开始对地方债务膨胀保持警惕，并由财政部陆续出台了各种制度，规范和遏制地方债务增长，但结果是债务规模雪球越滚越大。这恰恰是经济增长中产生诸多类似问题的共同逻辑根源。

对债务膨胀导致的资产负债表扭曲的修正，即经济学家辜朝明所称的资产负债表衰退。所谓资产负债表衰退[1]，是指在经济系统中，家庭或企业等微观主体资产负债表中的负债规模过度扩大，导致其减少用于投资或消费的资金支出，缩减新增融资需求，并将资金用于偿还债务，从追求投资利润最大化或消费效用最大化，转向追求债务最小化的现象，其本质是对资产负债表的修复。

本书中所称的资产负债表扭曲，包含债务膨胀型和债务紧缩型两种。当债务膨胀或资产显著缩水、债务远大于资产而导致债务无法持续时，就会出现辜朝明所说的资产负债表衰退，这种修复通常是微观主体从自身利益出发，进行理性主动选择的结果。在债务紧缩情形中，除了微观主体自主选择，通常还与融资环境、金融监管政策和社会资源配置机制等外部变量密切相关，微观主体常常被动进入债务收缩进程。无论是出现债务膨胀，还是债务水平处于正常情形下，都有可能出现债务紧缩问题。通常而论，债务紧缩多是被动出现的，而非

---

[1] 辜朝明.大衰退：宏观经济学的圣杯[M].北京：东方出版社，2016.

微观主体的理性主动选择。经济周期性波动和金融周期变动，都很容易出现广泛的被动式债务削减，并逐渐演变为普遍的"债务—通货紧缩"螺旋，最后落入债务紧缩陷阱。

在经济发展进程中，若一个部门内大量经济主体的债务过度膨胀，通常会导致其杠杆率过快和过度上升，债务增长过多将占用有限的社会融资资源，但其经济增长贡献度往往呈下降趋势，或者增长极为缓慢，与其占用的资源量不匹配；与此相反，若一个部门内大量经济主体的债务规模被动地过快缩减，则会导致债务过度紧缩而形成"债务—通货紧缩"螺旋，使其负债规模、债务杠杆率衰减，与其对经济增长的潜在贡献度不匹配，因而无法释放应有的经济增长动能。

无论是在债务膨胀还是在债务紧缩情形下，微观主体的资产负债表都处于扭曲状态，其理性抉择的合成结果是对宏观经济增长造成抑制，并带来严重的负面经济效应。因此，尽管资产负债表衰退并不受欢迎，却是恢复常态的必然路径。在资产负债表修复期内经济增长会受影响，但随着修复期的逐步结束，资产负债表恢复正常，其韧性和弹性得到增强，则将为重启经济增长奠定健康的微观基础。

（四）债务与杠杆率分化引致增速衰退

在投资主导型增长模式下，地方政府和国有企业的投资扩张冲动，与保增长、促增长、稳增长的宏观目标是逻辑一致的，但其结果却导致国有部门债务的过快和过度膨胀。无论是被动负债，还是主动承债，投资扩张推动的国有部门杠杆率飙升都是近年来的常态现象。为此，财政部出台了多轮规范地方政府及平台公司融资的文件，但债务膨胀问题依然难以得到有效遏制，甚至要摸清全国地方债务规模都是一件不容易的事，隐性债务总规模始终是一个谜题。

在一定时期内，社会融资规模总量是确定的，国有部门债务过度膨胀，对民营经济部门形成挤出效应，民营企业的融资环境日渐收窄，融资渠道受到挤压。同时，经济增速下滑和产业转型困难，导致部分资产价格回落，资产价值相对于负债变小。由于融资渠道受到挤压，民营经济部门在新增债务融资中的比重显著下降（见图3-5）。

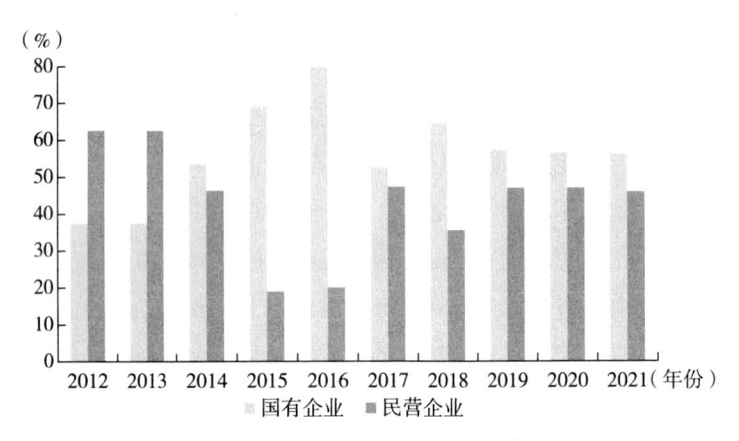

图3-5　新增信贷资源流向不同所有制企业比例变化

资料来源：中国人民银行，中国银保监会。

注：2012—2018年数据来源于中国人民银行，2019—2021年数据来源于中国银保监会。

因此，民营经济部门的资产负债表出现了两种背离：一是资产缩水与负债刚性相背离；二是增量融资或续作融资的收缩与债务刚性的背离。这种双重背离的挤压使企业陷入债务困境，导致被动性的急剧资产负债表衰退。在经济增长转折期，经济增速回落和金融强监管环境下，民营经济的外部融资环境收紧，很多企业遭遇债务紧缩，这也是当前经济发展中面临的突出问题。有效扭转民营企业的债务紧缩趋势，助力其摆脱债务陷阱，保住有效的民营市场主体，恢复民营经济的正常经营能力，对保持经济增长具有重要意义。

在居民部门，无论是出于居住需求还是投资目的，在房地产高涨时大量配置房产都将造成居民部门债务杠杆率出现快速攀升。然而，随着经济增速下滑，居民收入增长预期下降，特别是叠加新冠疫情冲击和资产价格下行影响，居民债务负担相对加重，这使家庭部门转向优先修复家庭资产负债表，多储蓄、少消费的倾向愈加明显。2022年后，居民储蓄的快速显著增长，以及居民在银行排队提前偿还房贷盛行，都表明居民部门正在通过减少消费支出、多储蓄和提前多偿债等方式，提升家庭资产负债表的安全性，增强抗风险的韧性。

在政府与国有部门债务膨胀和民营企业债务紧缩并存的格局下，居民部门转向储蓄和偿债优先的结果是，宏观经济将不可避免地面临增速衰退风险，社会总需求不足，甚至出现收缩趋势，最终将严重抑制可持续经济增长，这是未来一个时期内宏观政策需要高度关注的问题，也是重塑经济增长的出发点。

在中国特色所有制结构下，在政府、非金融企业和居民三个部门分析框架中，可以把非金融企业部门划分为国有企业和民营企业两大部门，形成政府、国有企业、民营企业和居民四大部门。本书将政府和国有企业统称为国有部门，由此形成新的三个部门分析框架——国有部门、民营经济部门和居民部门。后文将从这三个部门分析框架出发展开讨论。

二、保增长、稳增长与国有部门债务膨胀

自改革开放以来，推动经济增长一直被当作第一要务，保持可持续的合意经济增速，是政府制定宏观政策的主要目标。在投资驱动型增长模式下，有为政府体系作为推动增长的引擎之一，决定了国有部门必然会成为政府保增长、促增长和稳增长的抓手和载体。无论是常态化增长时期的促增长努力，还是经济增速下滑时期为稳增长的举措，抑或是地方政府的保民生与促就业行动，国有部门都是重要的直接推动力量，或是由国有部门发挥积极引领作用。因此，各类国有企

业、地方投融资平台等国有经济主体的经营行为，必然会受市场化之外的行政因素影响。

事实上，国有部门不仅是常态化经济增长期的主要引擎，还是应对重大外部冲击和周期性显著波动的快速反应平台。无论是采取扩张性财政政策，还是执行重大产业政策导向，抑或是实施大型重点工程，都需要依靠国有经济主体的落地执行能力。因此，无论是直接向国有微观主体注入资产、资本，还是给予发债、信贷等宽松融资支持，国有经济都是执行政府意图最便捷且有效的抓手。政府主导基础设施和项目投资形成"重经济"，即具有重资产的经济部分占比较大，使融资需求规模大，同时债权融资居于主导地位的融资模式，作为执行载体的国有企业资产杠杆率处于较高水平。从1997年亚洲金融危机到2008年全球金融危机，再到2020—2022年新冠疫情，国有经济都是保增长、稳增长的关键力量。因此，国有部门债务膨胀，特别是国有经济主体杠杆率不断攀升，成为近年来的显著现象。地方国有经济的债务问题，成为影响经济增长和金融安全的重大问题。

然而，国有部门作为维护经济平稳增长的承担者，当前面临诸多难题与挑战。其中，有三点最为突出：一是国有部门负债在持续增长的同时，其资本产出率衰退加速，导致通过国有部门实施扩张性政策的效率快速下滑；二是随着保增长、稳增长政策的长期化，国有部门的债务规模持续膨胀，无法及时进行调整和有效优化，已成为影响增长稳定与金融安全的重大隐患；三是随着大量要素资源，特别是资金资源被重点投入国有部门，对民营经济形成挤出效应，减少了对宏观经济中更具活力、更有效率部分的投入，抑制了国民经济中市场化部分增长潜力的释放，并最终在整体上降低了经济产出效率和增长质量。

前述三方面因素相互影响和叠加，形成一定意义上的负反馈机制，对经济发展造成重大不利影响，成为制约经济高质量增长的瓶颈。近年来，国有部门债务增长很快，特别是随着经济增长困难加大，在积极财政政策和融资支持倾斜的推动下，呈现加速膨胀之势。这反映出在经济增长转折期，为保持相对合意的经济增速，通过积极财政政策加大了对重大项目、重大工程等基础设施投资的支持力度，提升了政府保运转、保民生、保稳定的强度，这是国有部门债务膨胀加速的内在原因。

从加杠杆的进程看，政府部门杠杆率从20世纪90年代初的个位数水平提高到2021年的45%以上，其中地方政府的杠杆率超25%，中央政府也超20%。此外，国有企业的杠杆率也一路飙升，并在2020年达170%。政府与国有部门加杠杆是支撑经济增长的主要途径，对政府保增长、稳增长政策进行过程评估，是确保政策实效的基本要求，要防止出现仅从单项政策看是正确的，但组合在一起却效果欠佳，对经济增长造成负面压力，甚至作用相互冲突从而效果抵消的现象。因此，在政策执行过程中，政府需要及时加强与市场的沟通，以适应市场真实需求，不断优化政策措施，进而提高政策效率。

近年来，为支持增长模式转型和实现稳增长目标，央行重视向市场提供合理充裕的流动性，为积极财政政策创造货币环境，因此，货币政策导向本身并没有问题。问题的关键在于，如何评估流动性合理充裕及货币政策的实际效果。面对宏观经济中的大量结构性矛盾，即使货币供应总量保持合理充裕，也无法解决结构性问题造成的金融资源配置错位，使货币政策效果受限，制约经济增长潜力释放。

国有部门的债务膨胀，恰好反映了资金、资本在国民经济不同领域配置失衡。由于国有经济与民营经济之间的资金配置失衡，民营企业融资环境日趋紧缩，融资变得困难且昂贵，而国有部门则出现债务持续膨胀，资金价格相对低廉。金融资源配置的不均衡性造成整体经济活力下降，社会总体资本产出率衰退，这与保持经济合理增长及实现高质量发展的目标背道而驰。尽管央行努力在总量上保证流动性合理充裕，但资源在不同经济部门之间配置失衡的结果是，民营经济融资难融资贵与国有经济债务膨胀并存。这表明央行货币政策存在局部失灵问题。

中国地方债务和国企债务的真实规模一直是一个谜题。尽管中央政府多次进行地方债务清查和摸底，但出于统计口径、范围等原因，调查结果并不一致，尚未形成可信的权威结论，这一问题将在后面章节再做仔细分析。国有部门债务膨胀所带来的债务可持续性风险，以及相伴随的资本产出率衰退问题，对政府宏观经济决策影响重大，也是制约未来经济增长的主要变量。政府出台促增长政策需要高度重视这些因素，这不仅影响诸多宏观政策选择和资源配置决策，还会对政策效果产生直接影响。

三、融资难融资贵与民营企业债务紧缩

（一）利率市场化中的民企融资贵

在古典经济学理论中，储蓄－投资平衡、可贷资金供求平衡所决定的利率被称为自然利息率，或者真实利息率。自然利息率也被定义为与经济潜在增速相一致、不会导致通货膨胀和资产泡沫的利息率，是排除了经济周期因素和外部扰动的利息率。因此，自然利息率无法被直接观测到，但现实中的利率是围绕这一利息率波动或趋向于该利息率的。

在美国等成熟市场经济体中，自然利率被设定为能够维持产品市场供求均衡，以及充分就业的联邦基金利息率。尽管可观察到的联邦基金利息率也不等于自然利息率，但经济学家假设，自然利息率可以通过可观察到的联邦基金利息率估算得出。因此，市场主体所承担的实际利率与自然利息率的偏离度，也可以用来衡量市场主体所处融资环境的好坏，以及这种利率偏离对潜在经济增速的影响。

中国是高储蓄率国家，自改革以来，为配合经济快速增长，货币供应量始终保持较高增速。作为发展中国家，在经济增长较快的时期，由于投资需求旺盛，利率偏高是正常现象。尤其是在投资驱动型增长模式下，由于资源配置存在扭曲，社会整体融资成本相对偏高已成为常态化现象。

在利率市场化改革进程中，非正式的利率双轨制普遍存在。无论是体制因素的影响，还是市场竞争选择的结果，民营企业的融资成本普遍高于国有企业，由银行主导的间接体制使间接融资规模远大于直接融资，与直接融资发达的经济体相比，这使企业的融资成本更难得到控制，民营企业尤其如此。在一对一的信贷谈判中，大多数企业往往处于弱势地位，难以像公开市场融资那样进行广泛的公开询价，这使信用水平普遍偏弱的民营企业更难争取有利的融资条件，以有效降低融资成本。

中国债券市场是世界上成长最快的债务发行市场，目前是规模仅次于美国的全球第二大债券市场。但是，由于市场准入门槛偏高，对债券发行主体信用等级要求高，而为信用等级相对较低发行人服务的子市场仍未充分发展，绝大多数民营企业难以进入融资成本相对更低的债券市场，不得不主要借助于间接融资方式。因此，利率市场化进程虽然整体上降低了社会利率水平，但民营企业的融资成本依然明显偏高。

（二）融资难融资贵的体制根源

融资难融资贵问题，是经济改革进程中民营企业在融资方面的痼疾。一方面，这与转轨经济体制密切相关，民营经济是在公有制经济的边缘地带萌芽与成长起来的，尽管已成长为国民经济中占比最大的力量，但融资地位始终难以得到有效改善；另一方面，这也与不同所有制企业的信用地位有关，在国有金融机构处于绝对主导地位的金融市场上，具有政府和国资背景的企业，更容易获得金融机构的信赖，常常会基于"政府信仰""央企信仰""城投信仰"等进行信贷决策。因此，国有背景企业在融资中处于优势地位，易于获得更多、更便宜的融资。与此相对应，绝大多数民营企业因规模较小、信用度相对偏低，在获得融资的规模和成本上都处于劣势地位，常面临融资难融资贵的困境。

在金融市场化进程中，利率市场化是金融体制改革的关键领域，也是市场机制建设的重点。在货币供应量持续较快增长的条件下，长期存在的非正式利率双轨制，是民营企业融资成本偏高的重要原因。如图 3-6 所示，2012—2023 年，贷款加权平均利率的总体趋势是不断下降的，但不同企业在融资利率和融资可得性上存在显著差异，特别是融资成本较低的债券发行融资主要集中在国有企业，而民营企业占比显著偏低。由于高收益债券市场发展缓慢，信用水平整体相对偏低的民营经济较难利用公开市场债务融资工具获得融资。

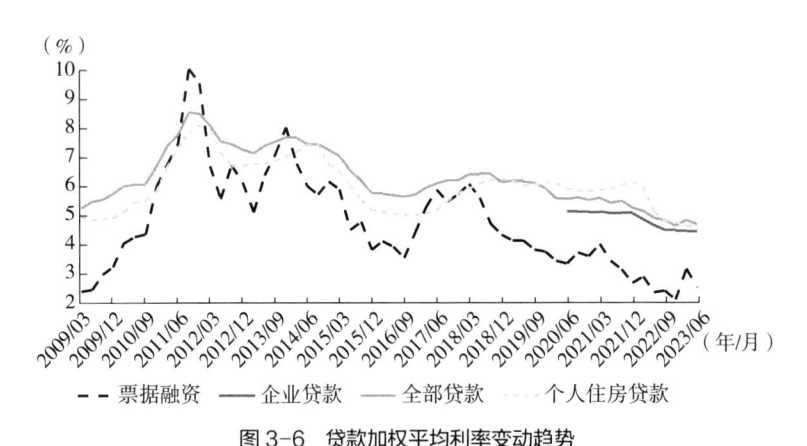

图 3-6 贷款加权平均利率变动趋势

资料来源：中国人民银行，国家资产负债表研究中心。

中国人民银行发布的《2023 年第二季度中国货币政策执行报告》显示，截至 2023 年 6 月末，M2 和人民币信贷余额均同比增长 11.3%，都显著超过名义GDP的增长速度。尽管央行持续引导LPR（贷款市场报价利率）下行，以促进社会综合融资成本稳中有降，但6月末贷款加权平均利率仍达4.93%。对比央企的融资利率能够发现，平均利率主要是由民企融资推高的。近年来，普惠金融的发展改善了小微企业融资环境，但民营企业进行民间借贷的现象仍然比较普遍，且利率明显偏高。民营企业融资难融资贵问题得到中央政府的高度重视，并在金融机构的贷款考核中提出了明确的指标要求，以期增加对民营企业尤其是小微企业融资支持，但这一问题始终难以从根本上得到解决。

民营企业是最具有市场属性、对政策环境最敏感的经济力量，具有很强的市场适应性。同时，民营经济也是中国市场经济体制中受金融政策影响大，且相对脆弱的部分，宏观经济环境变化和金融政策调整，往往对民营企业融资影响深刻，外部融资环境的重大变化决定了很多企业的命运。2008年全球金融危机后，金融宽松政策以及此后的金融创新，为民营企业提供了相对宽松的金融环境，民营企业因融资放松而出现一轮快速债务融资增长。

此外，受融资需求旺盛与融资可得性差的双重影响，民营企业是使用创新金融工具与服务的主要力量，很多金融创新都是首先从民营企业开始尝试的。但是，这些创新金融工具与服务，往往也更容易受监管政策变化影响，特别是一些金融创新经常处于监管灰色地带，一旦政策导向或者监管取向发生变化，最先收缩的领域就是这些创新金融服务。此外，在金融体制没有重大改革的背景下，创新金融工具也是相对更贵的金融服务，尤其是那些民营企业使用相对较多的金融工具。

（三）民企融资紧缩机制与债务悬崖

近年来，以房地产为代表的行业在经历债务膨胀后，民营企业融资环境趋紧特征显著，特别是在重资产经营领域，依赖高负债模式扩张的企业，其债务可持续性日渐脆弱，债务风险问题凸显，导致依靠大量举债扩张的企业遭遇重大经营挫折，甚至因资金链断裂而破产倒闭。同时，伴随经济增长模式转型，经济增速下滑也带来了各类资产价格的贬值性重估，特别是以房地产等重资产行业为代表，价格长期下跌压力导致前期的高负债压力与资产价格下跌趋势相互交织，频繁触发民营企业的债务紧缩乃至危机。

根据欧文·费雪的理论，债务紧缩是在债务膨胀后进行债务清偿的背景下，一般价格水平或者货币购买力升值，使货币升值速度超过名义债务偿还速度的情形，这导致债务人不仅无法彻底清偿债务，而且加重名义债务的真实负担，从而使经济萧条进一步恶化。这一机制描述的是债务紧缩的一般机理，现实中的债务紧缩通常与经济体的具体特征紧密相关。

在中国民营企业的债务紧缩中，除了费雪理论所描述的一般情形与机制，民营企业债务问题还包含两大特殊性。首先，民营企业的债务紧缩触发机制并不依赖于一般价格下降，引起被迫抛售资产，而是金融调控导致创新金融工具的融资锐减或被取缔，抑或是对地产等某一行业融资大幅收紧，使主要依赖创新融资的企业面临存量债务不可持续的风险，因接续融资不畅而迅速坠入债务断崖。

其次，由于国有企业和民营企业融资环境的巨大差异，在经济周期波动中，国有经济融资环境并未发生根本性改变时，民营企业的融资环境就已经出现重大变化，常常被迫采取资产抛售行动。那些使用创新融资工具越多、融资规模越大的企业，债务链就越脆弱，也会最先开始资产抛售行动。因此，在中国宏观经济波动中，无须一般价格水平的变化，就能使民营企业陷入被动式债务紧缩陷阱。

（四）"国进民退"表象背后的金融体制原因

近年来，每逢出现融资环境显著收紧或者资本市场重大下跌时，常会有"国进民退"的声音，这表明舆论只知其表，不明其理。从本质上讲，这仅是不同所有制企业融资环境与条件差异，叠加金融机构融资决策机制的自然结果，既非政策导向，也非系统性选择，是在金融紧缩或监管治理强化时，不同所有制企业的市场化反应。当资金周转出现困难时，企业无论是出售资产，还是出让控制权，都是受融资环境驱动的结果。当然，这也从侧面反映出在经济金融环境的变迁中，不同所有制企业在金融体系中所处融资地位的显著差异。

正因如此，过去几年里政府针对民营经济困境采取了积极的纾困行动，重点解决本可正常经营的民营企业所遭遇的再融资断崖，帮助企业摆脱融资不畅导致的债务陷阱。由政府主导或政府推动组建的各类纾困基金，往往采取股本注资和债务重组、资产重整相结合的方式，帮助民营企业度过债务危机，重获发展机会。在经济困难期政府保市场主体行动的重点也是基于此目标。当然，也确有部分民营企业因与国有企业在产业链供应链和技术研发创新上相匹配，而被市场化纳入国有经济体系，由此形成的一批混合所有制企业是典型代表。

（五）金融政策与市场变化的动态协调

当金融监管环境出现重大变化时，民营企业常遭遇债务紧缩，这大多是被动式的；但当经济增长发生显著不利变化时，民营企业出现资产负债表衰退，这是一种主动性选择。通常情况下，在一轮经济高涨时期内，反应敏捷的民营企业会迅速行动，积极扩大融资规模，提高企业资产负债率，保持较高的债务杠杆运营；而当经济增速下降、经济金融环境出现明显收紧时，企业会根据宏观政策调控的方向和节奏做出经营调整，适时优化企业资产负债表。

政府宏观调控在中国经济运行中扮演着关键角色，经济环境变化的应对能力往往决定着企业命运，因此，宏观环境和调控政策变化是企业经营的常态化参数，保持良性而稳健的资产负债表，是确保企业跨越经济与政策周期的根本保证。在外部环境出现重大变化时，反应敏捷的民营企业会优先选择削减债务，包括主动出售资产偿债，以降低企业负债率，这是大多数经历过多轮经济波动周期企业的战略性选择。被动式债务紧缩与资产负债表衰退常常相互交织叠加，导致企业债务问题复杂化，并最终对宏观经济增长造成冲击。

从以往实践经验来看，债务紧缩通常始于宏观政策环境变化，而后引致资产负债表衰退，大量的企业经营收缩最终拖累经济增长。这也是近年来中国经济微观基础不够稳固、企业经营转型常遭遇困难的重要原因。金融监管和调控政策的出台，需要与市场进行及时互动，为企业预留合理的调整适应时间，并对政策的实际效果进行过程评估，根据执行实践对政策及时进行合理的动态优化，保持适度的弹性。

四、慎消费、多储蓄与家庭资产负债表修复

增长模式转型的重点是以消费增长逐渐替代投资扩张，成为推动增长的主要动力，使最终消费对经济增长的贡献度不断提升。因此，持续扩大居民消费规模、提升社会总需求，是保持合意经济增速的"稳定器"和"压舱石"，消费增长的快慢对经济增长具有举足轻重的影响。然而，在经济增长转折期，增速放慢、居民收入增长放缓是大趋势，在中国这样一个尚未跨越"中等收入陷阱"、居民储蓄倾向很高的国家，要大幅扩大消费并非易事。

当前，国内消费增长正面临重大挑战，在新冠疫情冲击后，经济

复苏基础尚不稳固，就业压力增强，特别是青年群体就业问题突出，居民家庭收入增长预期转弱，不少重要行业出现就业者整体性收入放缓，甚至下滑趋势，这都加剧了居民消费倾向的下降。居民部门呈现明显的慎消费、多储蓄特征，少借贷、多还贷的家庭偏好增强，成为扩大国内消费总需求、维持经济较快增长的制约。

图 3-7 显示了居民部门新增存贷款规模变化趋势。自新冠疫情暴发以来，居民新增人民币贷款增速缓慢，新增人民币存款增速显著加快。2021—2022 年，中国居民存款总额从 103.34 万亿元上升到 121.18 万亿元，新增长 17.84 万亿元，增幅高达 16.5%，显著高于经济增长，以及正常经济增长时期的水平。同时，2022 年全年社会消费品总额为 43.97 万亿元，较 2021 年下降 0.2%，负增长是多年未见的现象。尽管疫情防控是重要制约因素，但这也充分显示，消费不振将是影响未来经济增长的重大不利因素。因此，政府将 2023 年确定为"消费提振年"，把恢复和扩大消费摆在优先和突出位置，努力扩内需、促消费，增强消费对经济增长的基础性拉动作用。

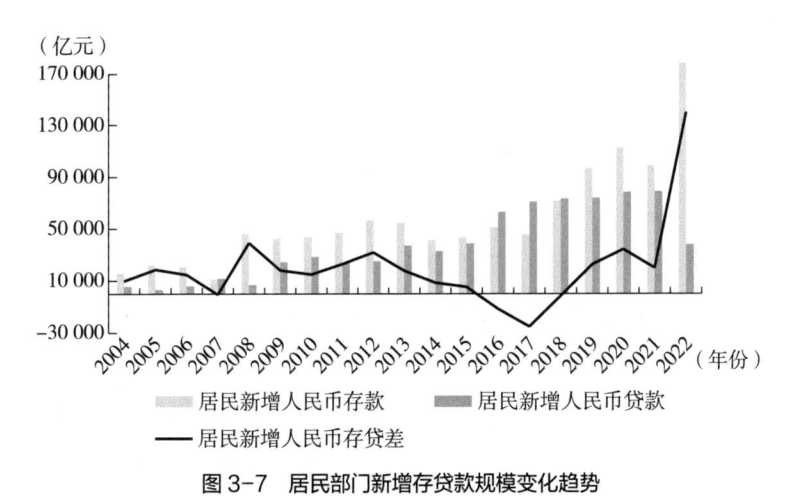

图 3-7 居民部门新增存贷款规模变化趋势

资料来源：中国人民银行，国家资产负债表研究中心。

增长转折期的经济增速回落，一方面导致居民收入增长放缓，收入增长预期下降；另一方面造成资产价格回落，使居民收入的财富效应减弱。同时，人口增长步入拐点，老龄化社会程度加深，家庭社会保障支出预期上升，而年轻人受高房价和育儿成本上升等因素影响，成为高负债人群。所有这些因素都使社会消费能力释放面临严重压制，慎消费、多储蓄趋势增强。

居民消费决策是复杂的个性化行为，无法像投资扩张一样，由政府大规模推动而迅速见效，或者由国有部门直接采取行动。居民消费增长需要多种因素共同推动，包括收入增长、收入预期上升、社会保障提高、支出预期可控和经济安全感提升等，由此才能有效释放社会需求，促进经济增长。

消费增长受两大因素制约：一是可支配收入增长速度；二是边际消费倾向变化。两者的提升是增加居民消费动能、扩大内需的主要着力方向。居民消费决策是基于家庭资产负债表的权衡，在居民实际收入增长较快、未来收入增长预期上升的情况下，相当于家庭现金和资产增加，收入预期转向乐观，消费需求会相应得到释放，增加社会消费总量。收入增长使家庭现金流量表中的现金流入转好，其支出意愿和能力都会得到提升。同时，反映在家庭支出结构中，用于消费的比重也会逐步提高，表现为边际消费倾向上升，边际储蓄倾向逐步下降。由此，则可以形成良性经济循环，即"居民收入增长—消费支出意愿和能力提升—消费总需求增长—促进经济增长—居民收入进一步增长"，这种良性的正反馈有利于实现长期可持续的经济增长。

与此相反，需求收缩也可能形成消费与经济增长的收缩式负反馈。在居民收入增长放缓，或者家庭预防性支出预期上升时，居民家庭支出趋于保守，家庭资产负债表的安全性成为居民支出决策关注的重点，保持稳健可持续的家庭资产负债表，成为绝大多数居民家庭的最优决策。在经历长时期经济增长之后，随着经济增速回落和收入预期下降，居民对未来收入增长趋于谨慎，消费支出意愿和能力均出现回落，更倾向于优先修复家庭资产负债表，通过减少消费、增加储蓄来积蓄现金，并且会以少借款、多还贷的方式削减家庭负债，以期将负债降到心理安全边界线以内。

图 3-8 显示了 2015—2023 年居民部门杠杆率的变化趋势。可以看出，居民部门杠杆率在 2020 年前不断抬升，自 2020 年起转入停滞状态，2021—2022 年基本保持不变，维持在 61.9% 的水平。2023 年 6 月居民部门杠杆率增长 1.6%，主要来自经营性贷款增长，存量基数大的住房贷款增长疲弱，尽管新冠疫情阻碍因素消退，但消费贷款增速只有个位数。

居民部门杠杆率的停滞显然受到了疫情冲击的影响，但即使排除这一因素，也很难想象居民部门杠杆率能够快速增长。目前，中国居民部门杠杆率已经超越很多发达国家的水平，在居民部门杠杆率处于历史高位的情况下，如果没有实际收入增长和收入预期的改善，将很难通过家庭加杠杆的方式推动消费增长。

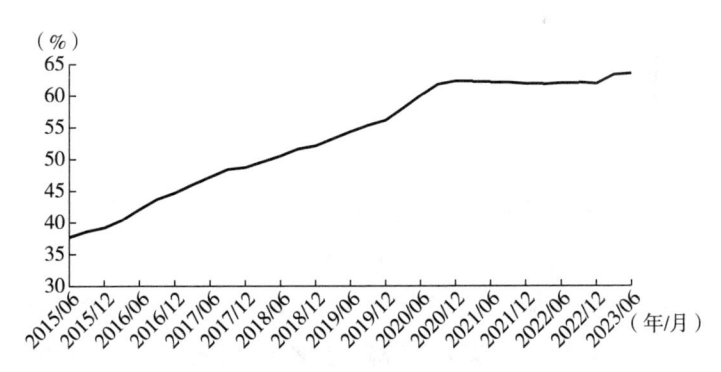

图 3-8 居民部门杠杆率的变化趋势

资料来源：中国人民银行，国家统计局，国家资产负债表研究中心。

对于单个居民家庭而言，基于收入增速放缓和收入预期下降，慎消费、多储蓄、多还贷，以修复家庭资产负债表的决策是理性的。但对于宏观经济增长而言，单个居民家庭的理性选择则会导致合成谬误，造成宏观经济的负向循环，即"收入预期下降—居民支出减少—社会消费下降—经济增速下降—收入预期进一步下降"。经济运行中这种负反馈机制一旦形成，则需要下大力气和花费较长时间去扭转，特别是中国以崇尚节俭为传统美德，居民家庭预期与决策的改变，绝非一朝一夕就能实现的。

政府在过去几年里持续推进供给侧结构性改革，希望通过高质量供给牵引需求升级，逐渐释放消费潜力，促进经济增长。然而，实际政策效果并不及预期，超大国内市场潜力尚未得到充分释放。房价高企、高教育成本上升和医疗支出增加预期，叠加预防性养老储蓄等因素，削弱了中国居民家庭的消费意愿和消费能力。因此，家庭转向尽可能多储蓄，不愿意和不敢消费，社会消费总额增长难以得到有效提振，2022年出现历史性的全年负增长，这是经济增长动力转型遭遇逆风的明确信号。

居民财产性收入增长下降和预期转弱，是影响消费增长动力的另一个重要因素。2009年后，房价快速上涨使房产成为居民家庭资产配置的重点，房地产资产在居民总资产（非金融资产与金融资产之和）中占比近70%。而近年来，随着房价达到高位，国家以"房住不炒"原则对地产进行严厉调控，房地产价格上涨带来的财富效应基本消失，居民对房价滞涨或回落的一致预期已经形成。此外，资本市场大幅回调后提振乏力，股票价格回落使股市也失去了赚钱效应，证券投资、基金投资业绩随之显著回落，居民理财市场因银行理财转向净值化，收益率和稳定性也双双下降。在多重因素影响下，居民家庭财产性收入显著减少，收入增长预期趋于悲观。

在居民家庭资产负债表上，资产端增值效应快速下降；同时，在家庭现金流量表上，资产和劳动带来的各类现金性收入增长乏力，家庭支出变得相对谨慎。此外，相对偏高的杠杆率也是家庭支出谨慎的重要原因。统计数据显示，过去20多年中国居民部门杠杆率攀升速度较快，从2000年的不到5%，增长至2022年末的61.9%，已经超过德国的居民杠杆率水平，与日本接近。尽管居民部门的总体杠杆率风险仍然可控，但是考虑到居民家庭收入分化比较严重，居民部门负债风险不应被低估，在经济增长出现较大波动时，其带来的负面效应也不容忽视。

正是在此背景下，居民部门正转向家庭资产负债表的优化。一方面减少消费支出，增加储蓄；另一方面努力偿还房贷、车贷、消费贷等各种家庭贷款。由于居民所持货币性资产的增值、生息能力及获益确定性下降，其持有成本和风险已超过其所带来的收入补偿，偿债成为优先选择，而非投资或消费，由此消费增长失去了有效支撑，这是消费疲软的根本原因。图3-9显示了自2014年以来，中国居民人均可支配收入、消费支出和储蓄率的增速变化趋势。

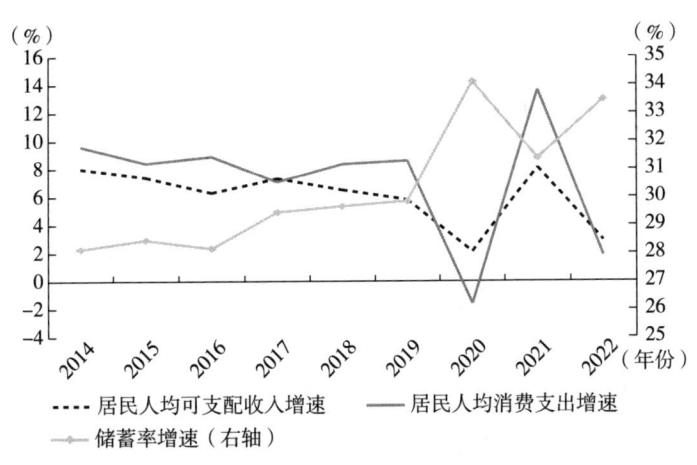

图3-9 居民人均可支配收入、消费支出和储蓄率的增速变化趋势
资料来源：中国人民银行，国家资产负债表研究中心。

在国际上，贸易环境恶化，地缘政治竞争加剧，发达经济体通胀率居高不下，激进加息正将经济引向衰退，导致中国出口增长面临巨大阻力，对经济增长的拉动能力也会继续下降。在国内，民间投资信心和意愿的恢复尚需时日，且面临投资扩张能力的制约。因此，推动国内居民消费恢复和社会总需求的释放显得尤其重要。

当然，居民家庭资产负债表修复和消费能力释放，同样需要一定的时间周期，政府在宏观政策上应致力于改善家庭收入水平及预期，包括切实改善和增加就业，特别是增加年轻人的就业机会，稳定居民就业收入，以多种方式增加财产性收入，为居民经营性收入增长提供便利的金融支持，努力提升中低收入家庭的实际收入水平，促进家庭资产负债表的加速修复。随着经济增长动力恢复，收入预期转好，居民信心增强，消费意愿会随之提升，消费潜力将可以逐步得到释放，由此为经济进一步增长奠定坚实基础，形成居民收入增长、消费扩张与经济增长的良性循环。

五、资产负债表扭曲影响货币政策传导效率和效应

资产负债表扭曲及其内在的修复要求，最终会以资产负债表衰退形式进行修复。从国民经济三大部门来看，在国有部门中地方债务增长正临近上限，资产负债表强制修复压力不断增强，虽然经济保增长的行政责任，以及采取的缓释措施[①]可能会延缓这一进程，但基于资产负债表可持续逻辑，修复行动最终必然发生，只是方式和节奏可能不同而已。

民营企业在过去一段时期内持续遭遇债务紧缩，特别是因严厉的地产调控，房产及相关资产价值大幅贬值[②]，民营企业陷入资产负债

---

① 比如中央政府通过发行特别国债等方式筹集资金，支持地方政府或者加大转移支付力度等。
② 房产价格既体现在市场价格下跌，也体现在有价无市的实际价值下跌，导致实际变现价值显著下跌，以及在企业以房产做抵押融资时，所获得的融资额度会大幅缩水。

表衰退。居民部门在遭遇新冠疫情冲击后,也明显转入资产负债表修复。在疫情逐渐消退、经济活动恢复正常后,政府在努力改善民营企业融资环境,积极扩大居民收入,但社会总需求的修复仍需要较长时间。这会造成经济增长动力转换的接续不继问题,经济增速回落压力加大。

宏观经济现象背后都有其微观原因和逻辑,前述分析表明,微观经济主体普遍面临的资产负债表问题及其采取的理性修复行为,必然对货币政策的传导效率及效果产生明显影响,进而影响宏观调控目标的实现。2008年全球金融危机后,国内外不少学者将资产负债表衰退理论纳入货币政策分析框架与模型构建,对货币政策传导效率进行实证分析,以探索如何防范因货币政策传导扭曲,无法有效支持经济增长,并引发系统性金融风险,使经济陷入衰退。

当一个经济体的整体债务相对其资产规模处于较高水平时,中央银行的紧缩性货币政策将导致资产价格加速回落,由于债务约束被强化,居民部门和企业部门将调整其所掌握资金的使用方向,企业减少投资,居民则减少消费,且都更倾向于将资金用来偿还所欠债务。微观经济主体从追求利润最大化或效用最大化转向追求债务最小化,这会导致社会总需求下降,延长经济处于下行期或底部区域的周期,使经济增长陷入艰难境地。

不同维度的实证分析验证了前述逻辑在宏观经济与金融运行中的作用机制。丹尼尔·库柏使用2011年的面板数据,对金融危机和经济衰退后,居民部门资产负债表的变化趋势进行了检验。[1] 他认为,在考虑资产负债表衰退的情况下,居民部门会通过优先偿还债务来调整家庭资产负债表,同时改变风险承受偏好,降低风险头寸。美国

---

[1] COOPER D H. Changes in U.S. Household Balance Sheet Behavior After the Housing Bust and Great Recession: Evidence from Panel Data[R]. Social Science Electronic Publishing Report,2013-10-21.

学者米安等[1]的研究显示，当出现资产负债表衰退时，经济参与者认为，市场发展前景有较高的不确定性，并产生悲观情绪，导致市场行为偏好从风险承担转向风险规避，使市场需求受到抑制，从而降低货币政策的有效性，延长经济衰退时间，加剧经济下行压力。

吉鲁和穆勒[2]则通过对微观主体的数据进行实证分析发现，当宏观经济受到紧缩性货币政策调控作用而进入下行区间后，资产负债表渠道对紧缩政策具有放大效应，且负债比例较高企业的经营状况恶化更加显著，进一步拖延经济复苏的启动时点。博里奥和霍夫曼[3]的研究也表明，当出现资产负债表衰退现象后，中央银行为了刺激经济复苏而实施扩张性货币政策，其传导效率会出现一定程度的下降。

大量实证研究的结论表明，在资产负债表衰退的环境下，中央银行货币政策传导会受不同因素制约，对政策目标实现产生影响。在紧缩性货币政策下，政策影响被放大，周期被延长，对经济增长的负面冲击被扩大；在扩张性货币政策下，政策作用被削弱，传导效率下降，扩张性货币政策的效应受到抑制。因此，宏观经济政策的制定和执行，需要充分考虑资产负债表衰退因素对政策效果的放大性或抑制性影响，从而更好地把握货币政策的节奏和力度，以利于宏观政策目标的实现，并客观评价政策的实际效果。

国内学者关于在资产负债表衰退条件下，货币政策传导及其影响研究的主要结论与国外研究结论类似，资产负债表衰退因素对中国央行货币政策传导效率、效应都存在直接影响，且紧缩性货币政策与扩

---

[1] MIAN A R, SUFI A, TREBBI F. Foreclosures, House Price, and the Real Economy[J]. Journal of Finance, 2014, 70（6）: 2587-2634.

[2] GIROUD X, MUELLER H M. Firm Leverage, Consumer Demand, and Employment Losses During the Great Recession[J]. Quarterly Journal of Economics, 2017, 132（1）: 271-316.

[3] BORIO C, HOFMANN B. Is Monetary Policy Less Effective When Interest Rates are Persistently Low？[R]. Social Science Electronic Publishing Report, 2017-09-10.

张性货币政策的影响并不相同。在资产负债表衰退环境下，紧缩性货币政策对宏观经济变量的影响效果得到强化，紧缩环境延长了相关变量对经济系统回归稳态的时间周期，增加了中央银行货币政策调控的不确定性。[1]

汪勇等人[2]引入资产负债表衰退因素，研究了该因素对紧缩性货币政策调控路径的影响，认为当中央银行引导利率进入上行区间后，企业债务比率波动会因股东性质不同而变化，资产负债表衰退对国有企业和民营企业产生的影响存在差异。在资产负债表衰退环境中，扩张性货币政策对宏观经济变量的影响效果会被削弱。中国人民银行南京分行课题组研究了扩张性货币政策的调控效果变化情况，认为资产负债表因素会降低数量型政策对经济总量的刺激作用。[3] 这些实证与理论研究结果与国外学者的研究结论基本一致。在中国宏观杠杆率处于历史性高位、经济增长减速的背景下，资产负债表衰退因素应成为央行货币政策决策与执行中需要重视的内容。

在资产泡沫大幅膨胀的条件下，如果货币政策调控不当，引发资产负债表衰退，很可能导致经济金融危机。在以美国为代表的发达经济体中，20世纪90年代兴起大范围金融工具创新，促进了资产市场迅速扩张与繁荣，经济体系中各部门资金借贷规模持续攀升，为减缓由金融市场膨胀所引致的非理性扩张，美联储在21世纪初实施了一系列紧缩性货币政策引导利率上行，结果利率的大幅上升造成新增贷款成本飙升，叠加此前经济整体负债已经处于高位，致使经济系统

---

[1] 张男，孙巍. 资产负债表衰退背景下货币政策传导效率研究［J］. 财经问题研究，2020（9）：60-69.
[2] 汪勇，李雪松. 紧缩性货币政策的宏观经济效应——基于"资产负债表衰退"与"金融摩擦"双重机制［J］. 上海经济研究，2019（7）.
[3] 中国人民银行南京分行课题组. 资产负债表衰退、去杠杆与货币政策传导［J］. 上海金融，2017（10）：3-13.

中各部门的新增贷款需求萎缩，继续购买资产的意愿锐减，资产市场价格随之崩溃，并触发一系列连锁反应，最终导致金融危机的爆发。

资产负债表衰退引发金融冲击，以及随之而来的经济波动，值得处于经济增长转折期的中国高度重视和积极借鉴。2023年第一季度，中国宏观杠杆率达281.8%，居民部门杠杆率达63.3%，稳杠杆应成为宏观政策调控的重要目标。此外，以地产为代表的资产价格泡沫处于收缩进程中，资产价格波动造成的市场风险在不断积累，这都考验着金融体系的韧性。

由于中国金融市场利率已接近完全市场化，货币政策操作从数量型调控转向价格型调控，央行价格型调控将导致资产价格发生相应波动。无论是货币当局主动调控，还是受其他经济政策影响被动行动，资产负债表衰退现象的出现都将加剧市场信贷的紧缩效应，并放大政策影响，延长政策影响的时滞，从而给央行通过货币政策调控促增长、稳增长目标带来实质性影响。

六、金融监管行政化并非治疗资产负债表扭曲的药方

在资产负债表扭曲的环境下，中央银行货币政策传导效率和效果都受到显著影响，在金融促进经济稳增长和调整结构目标下，金融监管行政化趋势日渐增强。中国人民银行和国家金融监督管理总局作为信贷机构的两大监管主体，正越来越多地使用行政性特征突出的详细考核指标体系，并进行更多的直接窗口指导，对冲资产负债表扭曲下的市场选择趋势，以实现国家宏观调控的意图与目标。对存贷款机构的监管考核从关注信用创造延伸至微观投向，逐步形成了一整套监管与指导性体系。但从客观而言，在发生资产负债表扭曲时，微观经济主体的个体理性与合成谬误并存，金融监管采取行政化指导方式，其效果并不会理想。

（一）非对称性资产负债表衰退

从宏观层面来看，资产负债表扭曲体现为国有部门债务膨胀、民间部门债务紧缩和居民部门的负债抵触并存，这是一种宏观债务错配综合征。债务膨胀是中国式经济增长模式的结果，且与有为政府体系的预算软约束密切相关，货币政策工具对此的修正作用相对有限。民间部门资产负债表衰退是在经济增长转折期的转型压力下，宏观调控叠加金融监管政策变化影响，企业被动做出的适应性反应。

民间部门是具有预算硬约束特征的经济部分。一方面，经济高涨时期在乐观预期下过度负债，在经济增速持续回落时转变为沉重的财务负担，削减债务是必然选择；另一方面，为修正经济结构失衡而实施的宏观政策，叠加金融强监管政策，加剧了资产价格泡沫回落的幅度和速度，深度恶化了企业资产负债表，将企业拖入债务困境，或者逼近再融资悬崖。因此，企业收缩资产负债表，加速处置资产以偿还债务，将加剧资产负债表失衡，并陷入债务紧缩循环。

无论是主动还是被动进行资产负债表修复，都是微观主体的自主决策。中央银行和金融监管当局作为宏观调控者与市场监管者，对金融机构采取行政化指导方式，并不能从根本上改变微观主体的理性选择和行动，在某种意义上可以认为，其产生的实际效果甚至还不如采取市场化方式引导所产生的效果。因此，试图通过行政化措施和直接窗口指导扭转企业行为并非最有效途径，从过去实践结果的验证来看也是如此。资产负债表衰退的本质，既是微观主体追求经营可持续的理性行动，也是一种"救表图存"的本能自救。无论是出于理性还是本能，企业债务优化过程必然导致货币政策传导效率及效应的扭曲。

中国资产负债表衰退环境是在转折期经济增长压力加大，政府保增长、稳增长政策加速负债规模膨胀，以及资产价格泡沫后形成的。因此就本质而言，与日本和美国经历的资产负债表衰退相比，中国经济中的资产负债表衰退在原因与逻辑上并无二致,都是市场高涨期的债务膨胀在资产价格下跌之后的修正。自2008年全球金融危机时期政府出台4万亿元投资计划起,货币当局开始实施货币宽松和信用扩张政策。在强烈的信贷宽松导向下,银行业总资产迅速膨胀,从2008年的不到20万亿元发展到2017年的近250万亿元,信贷泡沫由此快速形成。与此相对应,企业债务和社会融资规模加速膨胀,信贷宽松导致地产价格飙升,房地产迎来沸腾的黄金时代。以房地产价格高涨为特征的大规模融资扩张,也使企业部门和居民部门的债务水平迅速提高。

在企业部门和居民部门债务膨胀的同时,地方政府及其所属国有企业和投融资平台的债务也急剧膨胀。1997年亚洲金融危机后,为对冲外部冲击和经济增速下行的压力,政府实施了一轮显著的扩张性政策,其中债务加杠杆主要发生在中央政府。2008年全球金融危机后,为保增长实施的扩张性政策及加杠杆主要发生在地方政府,导致地方债务规模迅速膨胀,特别是地方政府以土地财政和土地金融方式,将其债务增长与地产膨胀联结,二者相互助推,形成了地方政府、房地产商、贷款机构和房产投资者的行为共振。同时,政府的积极财政政策在基础设施领域发力,也获得金融机构的巨大信贷支撑。由此,国民经济形成了全社会加杠杆的局面,政府、企业和居民部门无一例外,中国宏观杠杆率迅速飙升。

为满足保增长、稳增长的金融服务需求,监管当局对金融创新采取鼓励和宽容政策,使金融领域的各类创新层出不穷。金融分业经营体制下的混业经营趋势使影子银行创新盛行,在大量资金被注入政府平台等国有经济体系的同时,金融市场上资金空转套利问题突出,资金脱实向虚转向投机套利,热钱集中于炒房、炒地、炒资源,虚拟经济加速脱离实体经济而独立空转运行趋势,严重抑制了金融支持实体经济增长能力。

因此，尽管货币发行增速不低，基础货币从2009年底的14.38万亿元增加到2019年的30.89万亿元，但金融同业持续加杠杆与资金空转行为，仍然导致不时出现"钱荒"，其中2013年6月底发生的"钱荒"最为严重。2011—2013年，民营企业在信贷资金流向中的占比超50%，尤其在流向房地产开发及消费链条上，地产价格膨胀和其他资产价格一路高歌猛进，以恒大集团等为代表的各类企业以及居民家庭的债务膨胀也十分迅速，负债规模快速增长。

（二）金融监管行政化的效果有限

与债务增长和资产价格泡沫膨胀相对应的是，中国经济增速逐季下滑，稳增长难度越来越大，而系统性金融风险不断上升。以影子银行盛行、互联网金融狂飙等为代表，在信用无序扩张下，各类金融机构出现了资产负债表加速扩张现象，一些风险理念激进的中小型金融机构开始出现流动性风险，经营审慎性、稳健性和可持续性存疑。

为此，2017年7月，第五次全国金融工作会议决定，成立国务院金融稳定发展委员会，以深化金融领域的体制改革，统筹和加强宏观金融监管，维护金融稳定。2018年3月，中国银监会和中国保监会合并，成立中国银保监会，大力整治市场乱象，改革以来的第二次"强监管"时代来临，并给银行业市场发展和银行业监管带来重大改变。

金融监管体系的改革和政策转向，确立了资产负债表衰退的金融背景。自2017年起的金融强监管政策，不同监管部门出台了一系列严格的管制政策。多部门联合行动与多重政策组合，力推金融业回归业务本源，金融监管对影子银行、互联网金融等的治理，有效抑制了部分机构的盲目扩张冲动，压缩和化解了金融系统中的一些重大风险。但短时间内大量政策累积、叠加，在迅速将金融创新打回原形的同时，也不可避免地造成了融资市场的超常规收缩，以民营企业为代表的依赖市场化创新融资企业，资产负债表状况迅速恶化，很多企业陷入"债务—通货紧缩"螺旋。

应该特别指出的是，在铁拳治理金融和严格防控风险的过程中，为迅速见到实效，较多地使用了具有浓厚行政色彩的治理手段和监管方式，使全社会融资收缩在国民经济各部门间是非对称的。国有部门保持了负债稳定，在转换金融工具后继续扩张债务，而主要利用影子银行、互联网金融等创新工具融资的民营经济，则承受了债务迅速收缩的压力，债务融资市场的不对称收缩，引致了民营经济领域的资产负债表衰退。

金融乱象治理迅速传导至金融市场，又通过金融资产和房地产价格波动传导至实体经济领域，导致非金融企业的资产负债表衰退，直接拖累了经济增长。而新冠疫情冲击则使乏力的经济增长雪上加霜。在增长动力持续走弱，金融治理强化时期，希望中央银行通过货币政策调控，扭转微观部门资产负债表衰退趋势，必然困难重重。为了解决经济运行中面临的突出困难和关键堵点，采取更加直接的金融行政化指导逐渐回归视野，金融监管行政化渐成趋势。由此，信贷机构要遵循一系列细化考核指标，面临常态化的窗口指导。不断见诸报端的高额罚单和展业限制惩罚，使金融市场、机构和从业者对金融创新噤若寒蝉。

金融监管中更多采取行政化金融政策，在快速抑制金融泡沫，以及防范系统性金融风险中的效果立竿见影。然而，希望行政化指导扭转微观主体资产负债表衰退趋势以促进经济增长，则更像在推绳子，特别是货币政策效果十分有限，无论是解决民企融资难融资贵问题，还是抑制国有企业债务规模膨胀，都难有明显成效。事实上，要提高货币政策执行效果，央行货币政策需要与财政政策协调配合，才能更有效地发挥作用。在经济下行压力不断增大的情况下，货币政策只有更加灵活和精准,并与积极财政政策配合,为财政政策加力提效,提供更适合的货币环境,才能共同促进经济增长。

七、增长动力衰退阻滞增长模式转型

当前,从资产负债表角度观察,国民经济三大部门的境况并不乐观,而微观经济主体基于其资产负债表状况进行的决策与行动,使经济增长动力转换与增长模式转型面临困境。从推动经济增长动力因素角度而言,投资、消费和净出口是推动增长的"三驾马车",各自对经济增长贡献度是动态变化的。2001年,在中国加入WTO后,投资在经济增长中处于主导地位,在多数年份,投资的资本形成对GDP增长贡献度都超过最终消费支出。

从图3-10可以看出,自2013年起,最终消费支出对GDP增长贡献度超过投资,但在2020年新冠疫情防控期间,消费出现历史性负增长,对增长贡献度为-6.84%。然而,如果别除政府消费在最终消费支出中的占比,单纯居民消费对经济增长贡献度将大大下降。2008年后,净出口对经济增长贡献度一直处于低位,新冠疫情防控期间受到特殊影响因素驱动,净出口对经济增长贡献度不断提升,并在2020年达25.33%。

随着疫情冲击造成的干扰逐渐消退,消费出现恢复性上涨。但从目前的情况看,在疫后的经济恢复期,总需求不足仍将是制约经济完全复苏和实现较高经济增长的主要障碍。尽管消费对经济增长的贡献度得以恢复(达60%),但消费支出增速缓慢成为制约经济增速提升的瓶颈。促进投资增长不得不继续成为推动经济增速回升的主要依托。在投资需求增长结构中,国有经济和民营经济存在明显的冷热不均,民间投资冷却严重制约了社会总投资增长,限制了经济增速的尽快恢复。

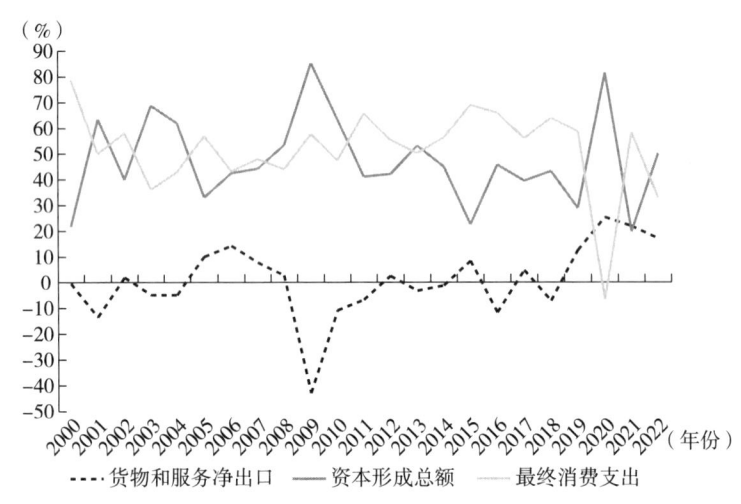

图 3-10　投资、消费和净出口对经济增长贡献度变化趋势

资料来源：国家统计局。

（一）国有债务膨胀削弱稳增长潜力

就投资需求增长结构来看，国有部门债务膨胀使其负债继续大幅增长的空间严重受限，一些地方平台和国有企业债务规模明显超过可持续安全边际，在付息主要依赖新增融资的情况下，继续大幅增加负债不具备可持续性，且风险持续增大。同时，既具有投资效率和效益，又在财务上可持续的潜在投资项目也越来越少，尽管基础设施建设可以适度超前，但不少投资项目在未来十年内几乎没有资金回流。过于超前地进行基础设施投资既不可行也不合理，这只会导致债台越筑越高，系统性风险越积越大。

在此宏观背景下，期望继续增加地方政府债务和国有企业负债，以扩大投资和推动经济增长的模式是有风险的。在过去几十年里，尽管持续扩大投资是有为政府体系推动经济增长的主要方式，但从经济增长格局和金融形势来看，较为可行的政策选择是，在保持现有债务杠杆率较稳定的基础上,基于全社会债务可持续原则不断调整和优化增量债务配置方向,同时将地方隐性债务显性化,遏制隐性债务增长,制订明确的债务化解策略和计划,由此调整存量债务结构,在推动经济较快增长中实现国有部门债务平稳软着陆,降低债务风险对长期增长和金融体系的冲击。例如,在一些地方,城投平台正在转型为市场化企业,从地方政府债务序列中退出,尝试走市场化发展之路,资产负债表可持续性是企业正常发展的基础,债务过度膨胀终将导致企业破产。

国有部门资产负债表膨胀造成资产负债表扭曲,债务不可持续使资产负债表修复既是主动选择,也是被动要求。当前,在经济基础相对薄弱的中西部省份和地区,对其未来偿债能力的担忧,使金融机构对这些地区的政府债务及其所属融资平台、国有企业的融资政策收紧,即使有中央政府支持和兄弟省市的援助,修复资产负债表也将是必然选择。

同时,有为政府体系发展地方经济的作为模式也应该加快转型,如果没有中央财政兜底,地方政府预算内债务也存在不可持续风险,"财政悬崖"将不期而至,"鹤岗式"的债务重整也不可避免。因此,财政部对地方政府的负债实行严格管理与控制,除了维持债务可持续滚动,还应对新增负债进行严格管理,严禁隐性负债增长,并积极加以化解和实现隐债显性化。由此,地方政府及其所属国有企业与融资平台公司的投资需求将明显受限,国有部门投资增长对经济增长的拉动能力也将被显著削弱,这对当前稳增长目标是显著障碍,也对经济增长转折期的增长动能转换形成阻碍。

(二)民企债务紧缩削弱投资意愿与能力

在资金、资本等金融资源主要流向国有部门造成其债务不断膨胀的同时，民营企业在金融监管治理和经济转型升级的双重压力下，则经历了严重的普遍性债务紧缩，目前融资困境也尚未真正得到有效缓解。金融风险防控与监管治理的深入，对创新金融工具和产品的取缔或削减，民营企业的债务断崖并未消除，为偿债而进行的资产处置仍然十分普遍，导致实体资产价格继续显著缩水，并将进一步压低市场对资产未来估值的预期。

由此，随着资产价格缩水和未来估值预期走低，民营企业资产负债表严重失衡难以缓解，企业负债规模相对于其资产市场价值呈现不断扩大趋势，进而导致债务偿还困难和续贷无法进行，难以摆脱债务危机，企业被迫继续卖出资产以偿还债务。普遍的资产出售进一步压低了产值的市场价值，迫使民营企业进入债务紧缩通道，陷入恶性循环。

由于民营企业普遍处于债务紧缩困境，在偿还债务和续贷压力下，市场上具有资金实力或者融资来源来购买资产者主要是国有企业。尽管资产价格逐步走低且折扣惊人，但能达成资产买卖交易仍然十分难得。在房地产调控初期，部分民营企业为偿还债务出售资产时，尚有不少购买者是民营企业，虽然折价较多，但仍可接受。例如，在万达集团的资产出售中，主要的接盘方是融创中国和富力地产，但随着时间的推移，曾经的资产接盘者如今却不得不以更低价格出售资产，以筹集资金应对债务压力，而新接盘者主要是国有企业和少量外资机构，鲜有国内民营企业的踪影。这在现象上形成了"国进民退"的趋势，受到社会舆论的关注，并出现对国家是否继续支持民营经济发展的担忧。

从 2022 年末到 2023 年初，中央政府对继续鼓励和支持民营企业发展释放出清晰信号，要求各级政府努力为民营经济发展创造更好的条件[①]。民间投资占全社会投资的一半以上，民营经济投资扩张是需求释放的重要一极，通过改革激发民间投资活力，调动投资积极性，稳定市场预期，对新冠疫情后的经济恢复至关重要。但仍有部分企业存在顾虑，由于对经济增长预期偏悲观，对经营扩张和扩大投资缺少信心。由企业家自担风险的民营经济如果专注于债务偿还和资产负债表优化，将会削弱社会总需求的释放和增长，这对促进经济增长是极为不利的。

因此，要排除后疫情时代制约经济增长重塑的负面因素，政府就需要在制度和法律上确立对民营经济和民营企业家的依法有效保护，不断改善营商环境，给予民营企业与其经济增长贡献度相匹配的金融支持，恢复和增强企业家信心，从而推动民间投资增长，这是促进经济增长、提升发展质量及可持续性的必然要求。

（三）消费不振成为抑制增长的瓶颈

除了政府消费，居民消费是最终消费增长的主要动力。在经济快速增长时期，由于居民实际收入增加，对未来收入增长的预期较高，居民的乐观情绪提升消费意愿，表现出高边际消费倾向，这有利于国内消费需求的较快增长，从而为经济增长提供动力。因此，在经济增长转折期，面对外需的不确定性挑战，国家提出"双循环"战略，希望以内需增长促进中速增长期的经济发展。

回顾 40 多年经济发展历程，在改革前半期主要是收入增长推动消费增长，包括改革初期对短缺经济的补偿，以及前中期收入增长带来的需求释放；在改革后半期则是房地产市场蓬勃发展形成的住房需

---

① 参见 2022 年 10 月，国家发展改革委印发的《关于进一步完善政策环境加大力度支持民间投资发展的意见》。

求和财富效应，引导居民消费需求增长，以住房为主导的消费和投资需求带动目标性储蓄①和消费借贷，使国内消费总量保持稳定增长，消费与投资共同推动了经济增长。尽管与发达国家相比，中国消费在 GDP 中所占比重长期处于较低水平，但消费的绝对总量是巨大的，这是经济稳定的"压舱石"。投资率与居民及政府消费率变化趋势见图 3-11。

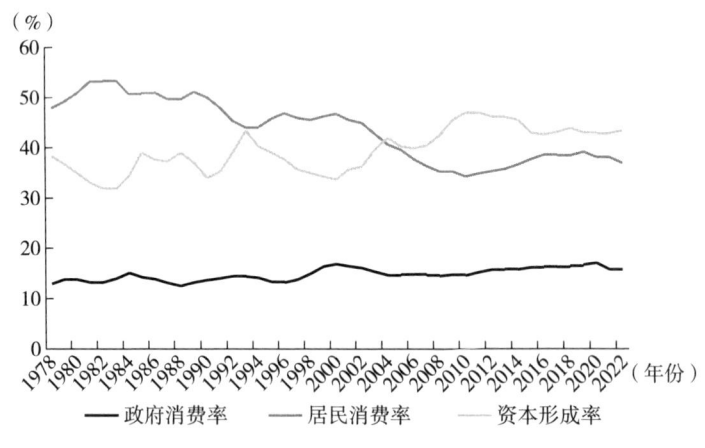

图 3-11　投资率与居民及政府消费率变化趋势

资料来源：国家统计局。

然而，随着增长转折期经济增速下行，房地产市场逐渐趋冷，居民对未来收入增长预期转弱，乐观情绪也逐步转向谨慎。房产等资产价格下跌，叠加对家庭现金流量表的负面预期，使居民部门逐步转向家庭资产负债表修复，导致居民消费与投资增长缓慢，甚至出现阶段性收缩。相对企业而言，居民家庭对经济环境和未来收入增长前景的反应更加敏感和谨慎，对家庭资产负债表安全的关注也更加审慎，因

---

① 为购房而进行的积极储蓄，包括积累购房首付款，以及为分批偿还住房按揭贷款进行储蓄等。

此增加储蓄、削减债务和减少消费成为优先选择。

2022年以来，很多家庭将获得的收入用于提前偿还住房按揭贷款等银行债务，导致银行不得不采取预约排队方式缓解居民集中偿还住房按揭贷款所带来的压力。新增长住房消费贷款增长极为缓慢，尽管家庭经营性贷款出现恢复性上涨，但整体居民消费信贷需求恢复较慢。此外，受新冠疫情冲击，家庭积蓄被透支，居民疫后消费意愿被削弱。2022年，全国社会消费品零售总额约为43.97万亿元，较2021年下降0.2%，全社会消费陷入绝对收缩状态，这是多年未有的局面。进入2023年第一季度，居民人均消费同比增长5.4%，虽然快于同期经济增速，但也没有出现报复性恢复，且已经呈现回落趋势，这凸显了居民部门消费需求的严重不足。

（四）净出口的经济增长贡献度逐步回落

作为外需的对外出口增长是改革以来推动中国经济增长的重要动力，国家出口导向战略是改革开放成功的重要基础。图3-10显示了净出口对经济增长贡献度的变化趋势，尽管自2012年以后，净出口对经济增长贡献度明显下降且不稳定，但自2019年以来，净出口再次成为拉动经济增长的重要力量，特别是在2020年消费负增长的背景下，净出口对经济增长贡献度达25.33%。

展望今后一个时期，由于发达经济体经济增长疲弱，面临衰退压力，世界贸易将继续遭遇逆全球化冲击，全球产业链供应链壁垒增强，将给中国出口导向特征的经济增长带来严重挑战。外需放缓必然对总需求增长形成实质性压力，削弱出口对经济增长的支撑，净出口对GDP增长贡献度将继续回落。

总体而言，无论是从地方政府、企业、居民家庭还是净出口来看，总需求不足都是后疫情时代经济增长面临的主要矛盾。就像驾驶车辆时变换车道需要保持适当的速度一样，维持合理经济增速是实现增长模式转型的基本条件。当前，经济增长动力的衰退已成为增长模式转型的重大阻滞，艰难经济转型将导致转型隐性成本的上升。如何改革和优化全社会经济资源配置，加速企业和家庭的资产负债表修复进程，加快社会总需求释放，是有效促增长的重点。政府应加快推进以促进总需求扩张为主导，并与供给侧结构性改革相配合的政策组合，支持社会投资和消费需求增长，这是牵引新一轮经济增长的"牛鼻子"，也是突破经济增长模式转型阻滞，成功实现"双循环"战略的关键。

第四章

**债务螺旋：国有部门债务膨胀
与资产负债表衰退风险**

在全球范围内，政府债务膨胀是当前主要发达经济体的共同特征，在高负债条件下仍继续进行大幅债务扩张，表明政府深陷宏观政策困境。英国《经济学人》周刊指出，发达国家的财政政策不仅鲁莽、不计后果，而且与目前的经济形势不相符，高通胀、低就业意味着各国政府需要采取紧缩政策，而非继续实施财政宽松政策。[1]但在央行通过加息削减通胀的同时，为遏制经济衰退和稳定增长，各国政府仍然普遍选择继续大幅举债进行支出扩张。

在中国，一个时期以来，以地方债务增长为主的国有部门债务膨胀及其潜在违约风险受到广泛关注。国有部门债务快速增长的结果是导致显著的资产负债表扭曲。尽管当前中国尚无通货膨胀压力，货币政策仍有积极作为的空间，但受地方国有部门债务负担过重的制约，央行货币政策需要为债务可持续性提供适当的金融环境。国有部门债务可持续性，既直接影响经济增长，又关乎国家金融安全，且国有部门的潜在债务增长空间，直接影响增长转折期传统经济增长模式的政策空间。

---

[1] 参见《经济学人》社论区文章《鲁莽的左翼政策》，2023年6月14日。

一、国有部门以负债投资驱动增长模式的形成

1997年的亚洲金融危机是国有部门债务扩张的关键起点。为应对金融风暴的冲击，以扩大政府投资支撑经济增长，债务扩张模式由此确立，并逐渐成为政府推动增长的主线，且主要以中央政府加杠杆方式进行。2008年全球金融危机的冲击力远大于亚洲金融危机，国家推出的4万亿元投资计划，成为国有部门债务膨胀的里程碑，开启了负债加速膨胀驱动增长的模式，并以地方政府体系加杠杆为主要方式。强劲刺激实现了短期高增长，也确保达成了当年增长目标，但是，由国有部门推动的负债驱动型增长模式也由此定型，负债依赖逐渐演变为中国经济增长的显著特征，债务规模加速膨胀。

在债务扩张驱动经济增长的进程中，国有部门债务扩张呈现非均衡性和螺旋式上升的特征。所谓非均衡性，是指在国有部门内部，债务增长在结构上存在时间节奏和举债规模差异。在时间节奏上，中央政府与地方政府并非同时发力，而是不同时期各有侧重；在举债规模上，地方国有企业及融资平台与中央企业负债增长存在差异。这反映出在应对经济增长放缓压力，以及对冲外部冲击对增长的重大扰动时，政府在促增长和保增长策略上不同。

债务杠杆具有中性特征，在投资效率不下降的条件下，债务增长将具有可持续性，并会为经济增长提供有益支撑；反之，则难以持续。在国有部门债务扩张过程中，投资效率衰退和效益下降问题日渐突出，资本产出率衰退是投资主导型增长模式的主要挑战，也是经济转向高质量增长的主要障碍。只有提高全要素生产率，尤其是提高资本产出率，才能为投资驱动型经济增长的延续创造条件。

在经过长时期的较高经济增长后，与投资扩张相伴的资本产出率衰退问题，已经成为中国传统增长模式车轮上的重大裂痕。因此，持续的债务膨胀螺旋和资本产出率衰退加速，引发了对中国将迎来债务

明斯基时刻的广泛担忧。尽管这一担忧显得过于悲观，但即使是国有部门资产负债表持续存在的被动修复压力，也会侵蚀未来经济增长的潜力，并造成长期经济增速过低的风险。因此，深入分析国有部门债务膨胀的机制、进程和影响，以系统性政策调整促进经济增长模式转型，是重塑中国经济增长路径的基础。

二、政府债务规模与杠杆率的双攀升

中国政府债务包括中央政府债务发行的国债，以及地方政府发行的一般债务和专项债务。就显性债务而言，2022年末，中国政府债务杠杆率达50.4%，低于国际通用政府债务风险控制标准参考值[①]，政府债务余额为60.7万亿元。其中，中央政府债务余额为25.6万亿元，地方政府债务余额为35.1万亿元，地方一般债务为14.4万亿元，专项债务为20.7万亿元。但地方债务负担差异巨大，青海和贵州两省超过了60%的地方债务警戒线，且全国有4个省份负债率超过50%，逼近警戒线。

在显性债务之外，地方隐性债务规模巨大，财政部多次统计并发布的数据存在显著差异。根据IMF测算，2023年中国地方政府融资平台总额预计将达65.7万亿元。在投资主导型增长模式下，中国政府债务增长主要是用于基础建设等支出，因而政府支出具有很强的生产性特征，这与发达国家主要用于社会福利支出的消费性特征有较大不同。

从静态的国际比较来看，中国政府债务杠杆率处于中等偏上水平，低于主要发达经济体平均超过120%的杠杆率。但与主要发展中

---

① 根据《欧洲联盟条约》，政府负债率不得超过60%，这被认为是目前国际上比较通用的一国政府债务风险的警戒指标。

国家相比，政府债务杠杆率则处于明显偏高水平，特别是中国政府债务增长呈现加速趋势。过去几年里，经济增速回落压力增大，政府债务规模快速扩大，GDP 增速相对下降，加剧债务杠杆率攀升。由于地区之间的债务分布不均，在一些财力相对薄弱的地区，债务压力尤为突出。

在经济增长转折期，面对地方政府高负债和稳增长压力，为降低政府债务付息负担，央行面临维持长期低利率环境的要求。同时，为保证债务正常延续，政府持续实施积极财政政策，债务杠杆率不断攀升，这会抑制增长潜力，尤其是债务货币化风险对长期经济增长不利。

（一）持续扩张的政府债务规模

在 2008 年全球金融危机后，为应对外部经济冲击而实行的政府加杠杆政策逐渐常态化，并发展为政府以负债驱动增长的模式，这使政府部门成为持续加杠杆的重要力量。实际上，在 4 万亿元投资计划后，尽管有严格的去杠杆政策使杠杆率有所回调，但政府整体杠杆率仍处于上升通道中。在 GDP 快速增长的条件下，杠杆率抬升反映了在投资主导型增长模式下，政府以举债进行投资扩张，以应对外部冲击和进行逆周期调节的规模巨大。

与此同时，实证研究表明，政府债务规模与投资效率却呈现显著负相关关系，负债规模扩大与投资效率下降并存，这反映出在政府债务杠杆率越来越高的情况下，努力实现增长模式转型与增长动能转换，以重塑可持续增长的重要性和紧迫性。

如图 4-1 所示，1993—2022 年，政府部门杠杆率不断提高，从 1993 年的不到 10% 增长到 2022 年的 50.4%，提高了近 4 倍。因此，政府部门杠杆率曲线总体上保持了相当大的斜率，仅在少数年份略有回调。2014—2018 年，国家严格限制地方政府新增负债，积极推进地方降杠杆，使政府杠杆率回落了约5个百分点。2014年，国务院发布了《国务院关于加强地方政府性债务管理的意见》，对地方政府债务实行限额管理，地方政府债务杠杆率呈现逐年回落态势，到2018年下降至约20%的水平。但2018年后，地方政府债务杠杆率又重拾升势。

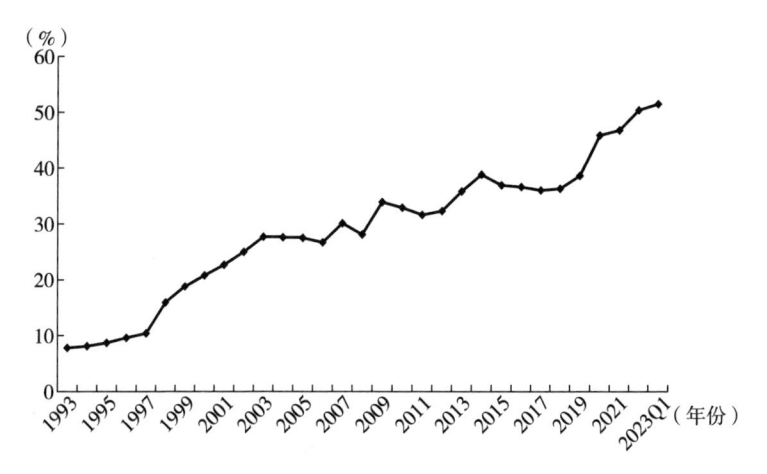

图 4-1 政府部门杠杆率变化趋势

资料来源：《中国财政年鉴》，国家统计局，国家金融与发展实验室。

2021年5月18日，财政部发布了《关于对地方政府债务实行限额管理的实施意见》（以下简称《实施意见》），强调切实加强地方政府债务限额管理，合理确定地方政府债务总限额，在逐级下达分地区债务限额的基础上，严格按照限额举借债务。同时，该《实施意见》要求将地方政府债务分类纳入预算管理，并取消了融资平台公司的政府融资功能，推动有经营收益和现金流的融资平台公司进行市场化转型改制。然而，地方债水平并没有出现明显下降。

2022年，在经济增长"稳"字当头的压力下，防范地方政府债务风险被作为重点，特别是保持债务接续平稳，避免出现重大风险事件。但是，在转型期面对经济增长逆风，要显著压降地方债务并不现实。同年，地方新增发行专项债务达 4.03 万亿元，其虽然并不计入赤字，但受到地方政府债务率（债务余额 / 地方 GDP）约束。同时，专项债务规模突破 20 万亿元，远高于政府性基金预算收入水平，地方债务可持续性面临压力。

在债务增长空间收窄的背景下，中央政府要求地方政府提高专项债务资金的使用效率，同时严格遏制地方隐性债务增长，存量隐性债务要显性化，有序加以化解，逐步缓释风险。可以预见在未来几年里，地方政府举债规模将继续受到严格限制，虽然债务增长空间已比较有限，但债务杠杆率将继续提升。因此，投资驱动型增长模式正遭遇债务天花板，加快经济增长动力转型刻不容缓。

（二）中央与地方债务杠杆交替上升螺旋

从总体趋势来看，政府杠杆率呈上升趋势，新冠疫情暴发以后上行速度加快，增幅扩大。从对政府杠杆的横向拆解可以发现，中央政府杠杆率走势相对平缓，但也呈持续上升态势，2020 年发行的 1 万亿元抗疫特别国债推升了杠杆率；仅就地方政府的显性债务而言，杠杆率水平并不算太高，其中专项债务占比较高。但考虑到地方隐性债务，则杠杆率将大幅提升。由于地方政府借道融资平台举债，城投债规模不断扩大，显著推高了地方政府杠杆率。2023 年上半年，政府部门杠杆率上升了 2.3 个百分点，其中地方政府杠杆率上升了 2.2 个百分点，是政府部门杠杆率上升的主要贡献者。

从对政府杠杆的纵向拆分来看，中央政府和地方政府杠杆率呈交替上升走势，这反映了两者财政收支关系的调整与变化。政府杠杆率变动分阶段呈现差异化特征：第一阶段为 2008 年前，中央政府加杠杆主导阶段；第二阶段为 2009—2019 年，地方政府加杠杆主导阶段；第三阶段为 2020 年至今，中央政府和地方政府加杠杆协同阶段。

自 2014 年以来,在一般公共预算收入中,中央收入占地方本级收入比例均处于 0.82~0.89,中央和地方的收入结构较稳定;而从一般公共预算支出来看,支出结构与收入并不匹配,只能通过转移支付提升地方财权和事权的匹配度。以 2022 年为例,地方收入侧占比为 53%,无法弥补其支出侧占比 86% 的资金需求。因此,为实现收支平衡,地方政府只有不断扩大举债规模。从显性债务角度看,一般债务新增规模的主要决定因素是地方财政赤字规模,而专项债务新增规模的主要决定因素是当年新增专项债务发行限额;从隐性债务角度看,决定隐性债务增速的主要因素是监管部门对地方平台融资的监管力度,以及金融机构对地方财政信用的认可度,当监管力度较大、地方信用下降时,隐性债务增速较慢,反之则增速较快。

如图 4-2 所示,自 20 世纪 90 年代中期以来,政府部门债务总规模不断增长,杠杆率持续上升。1993—2022 年,政府部门杠杆率不断提升,从近 8% 提高到 50.4%,尤其是在 1997 年亚洲金融危机后,虽然出现一些小幅度回调,但总体上杠杆率呈加速上升趋势。

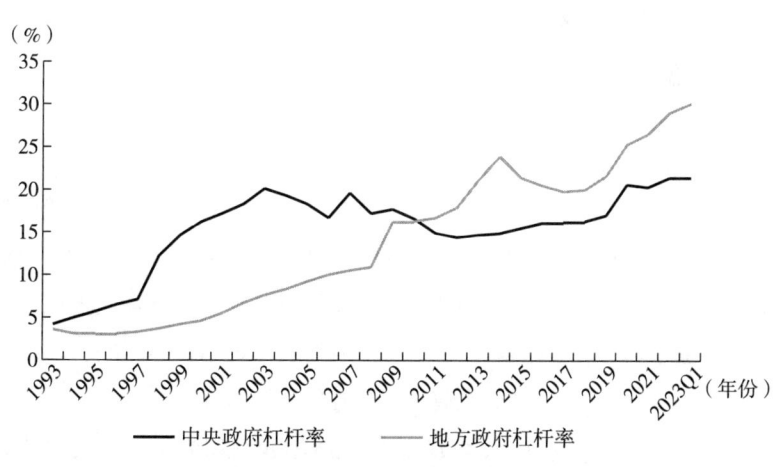

图 4-2 中央政府与地方政府杠杆率趋势

资料来源:《中国财政年鉴》,国家统计局,国家金融与发展实验室。

在政府整体债务抬升过程中,中央政府与地方政府杠杆率上升存在时间差,呈现交替上升的双螺旋特征。从加杠杆的周期和结构来看,从20世纪90年代亚洲金融危机到2008年全球金融危机,中央政府债务加杠杆显著高于地方政府,地方政府债务维持低速增长态势,这表明中央政府债务扩张处于主导地位,是应对亚洲金融危机冲击的中流砥柱;2008年全球金融危机后,中央政府加杠杆力度并不明显,杠杆率维持温和上升态势,地方政府则成为经济加杠杆的主力,导致债务杠杆率迅速提升,在2010年超过中央政府,是应对外部经济冲击、推动经济稳定增长的主导力量。

中央政府与地方政府在债务增长趋势和节奏上的错位,反映了在应对外部冲击和促增长、保增长过程中政府策略重点的差异,也与财税体制改革进程紧密相关。在经历了1978—1993年以"放权让利"为主调的财政改革后,1994—1997年是新中国财税体制改革的重大转折点,以减收、增支为代价进行的财政改革,使财政收支运行陷入不平衡的艰难境地。财政改革转向建立适应社会主义市场经济的财税体制框架。1997年的亚洲金融危机是改革开放进程中第一次遭遇的巨大外部经济冲击。彼时,国家尚未建立公共财政体制框架,也还未形成以地方政府加杠杆应对经济冲击的条件,中央政府迅速加杠杆是最直接和有效的应对之策。

1997年亚洲金融危机后,是中国财政走向"公共性"的关键时期。1998—2008年,中国逐步建立和完善了公共财政体制框架,从规范政府收支行为及其机制的"费改税"到财政支出管理制度改革,逐步构建起公共财政体制框架,突出财政的"公共性"本质特征,这为2008年应对全球金融危机奠定了较扎实的财税体制基础。

2001年中国成功加入WTO,使经济增长获得新的市场化动力,中央政府逐步转入降杠杆进程,虽然个别年份的杠杆率略有提高,但总体趋势是降低杠杆率。这反映了在财税体制改革后,地方政府逐步获得了温和加杠杆的条件，同时是中央财政进行适当整顿的需要，特别是经济增长的不断加速为此创造了条件。中央政府杠杆率的回落并非意味着减少绝对债务额，只是相对于快速经济增长，中央政府的债务增长放缓，体现为表观增量杠杆率的下降，这一趋势大体持续到2012年。

2008年，全球金融危机给中国经济增长带来严重冲击，国家出台了规模空前的4万亿元投资计划。在已经基本构建适应市场经济的公共财政体制下，地方政府成为该轮政府加杠杆的主力，其杠杆率迅速上升。除了地方政府债券规模增加，以地方国有企业和平台公司为载体的债务也迅速膨胀，从2008年的约11%猛增到2014年的近24%。

在宏观杠杆率和债务总规模迅速飙升后，国家规范和严控地方新增举债，并要求地方去杠杆，地方债务杠杆率回落。受新冠疫情的冲击，为稳增长、稳就业、保民生，中央和地方政府又开始加杠杆，政府杠杆率均重拾升势，其中地方政府杠杆率再创新高。由此，债务膨胀和可持续性问题再度成为经济增长面临的重大隐忧。

三、国有企业的债务膨胀与结构性分化

根据国务院国有资产监督管理委员会（以下简称国务院国资委）统计，国有企业主要是指国有独资及国有控股企业，包括国务院国资委、财政部履行出资人职责的中央国企、中央部门和单位所属企业，以及36个省（自治区、直辖市、计划单列市）和新疆生产建设兵团所属地方国有及国有控股企业。近年来兴起的大量地方政府投融资平台，刚刚开始市场化转型之路，也应被列入地方国有企业。

从表观数据来看，中央国企的负债率持续高于地方国企，但二者的实质性差异并不完全在于负债率。地方投融资平台资产体量巨大，且主要资产是在土地财政和土地金融模式支撑下形成的，导致地方国

企资产质量与中央国企差距巨大，尽管以投融资平台为主的地方国企负债率低于中央国企，但其可持续经营能力和偿债能力都显著逊色于主业鲜明的中央国企。作为推动地方债务扩张的主要力量，地方投融资平台正是国有部门的薄弱环节，并因地区经济环境的差异而明显分化。

（一）国有企业改革与杠杆率由降转升

过去20多年里，国有企业杠杆率的变化可以分为两个时期。一是在1997年亚洲金融危机后，开启了以国企脱困改革为核心的降杠杆进程，直到2008年全球金融危机前，国有企业的杠杆率一直处于逐步下降中。在这一时期，尽管负债规模增长较快，但总资产增长迅速，经济效益较好，特别是在2001年中国加入WTO后，负债率下降速度加快。二是2008年后，为对冲全球金融危机影响，以负债扩张驱动经济增长模式开启了国有企业加杠杆进程。在这一时期，以地方投融资平台的债务膨胀为主要特征，地方国有企业杠杆率持续飙升，由此使国有企业总体杠杆率迅速提升。

1997年亚洲金融危机前，处于改革探索中的国有企业，大多数一直陷于经营困境中，沉重的债务负担和利息压力使国有企业难以扭转发展颓势。政府不断探索国有企业改革的新路子，尝试以多种方式推动企业脱困，助其走出债务困境，这使国有企业负债率呈现持续但缓慢下降的趋势。

1997年9月，党的十五大和十五届一中全会提出，改革同改组、改造、加强管理相结合，用三年左右的时间，使大多数国有大中型亏损企业摆脱困境，力争到20世纪末大多数国有大中型骨干企业初步建立现代企业制度。[①]在此期间，国家成立四大资产管理公司，对国有企业实施大规模的债转股，以降低企业债务负担，改善企业资本结构。到2000年4月1日，580户国有企业实施了债权转股权，债转股总金额达4 050亿元，债转股企业的资产负债率从70%以上降到50%以下，每年可减少利息负担200亿元。

2000年底，国企改革与脱困三年目标基本实现，国有独资及国有控股工业企业实现利润大幅增长，当年实现的利润规模较1997年增长1.85倍。多数行业实现了整体扭亏或继续增盈，多数国有大中型亏损企业摆脱了困境，并建立了现代企业制度。同时，放开搞活国有中小企业取得显著成效，国有小企业实现整体扭亏，结束了连续6年净亏损的局面。

这些努力使国有企业的资本结构得到优化，为企业轻装经营奠定了基础。随着2001年中国加入WTO，国有企业发展迎来新的发展机遇，企业盈利能力不断增强，同时继续实施债转股，企业债务水平随之不断降低。2008年全球金融危机前，国有企业杠杆率一直趋于下降，整体负债率从脱困三年目标基本实现时的超100%下降到2007年的略超70%，这也从侧面反映出国有企业经营形成了新局面。

2008年美国次贷危机爆发，并迅速发展为全球金融危机。为应对危机造成的广泛冲击，规模空前的投资计划既是宏观杠杆率上升的起点，也是各经济部门负债率明显分化的分水岭。在2008年之前，民营企业的负债率高于国有企业，但在2008年之后，国有企业资产负债率超过民营企业并迅速提升。与之相反，民营企业资产负债率则开始持续快速下降。投资计划成功确保了8%的经济增长目标，并在2009—2010年继续推动了较高的经济增速。但庞大投资计划的副作用明显，除了导致通货膨胀率上升，国有企业负债率也一改此前稳步

---

① 社论：开创国有企业改革和发展的新局面[N].人民日报，1999-09-23.

缓慢下降趋势，出现了显著反弹。在此后10年间，国有企业杠杆率增长了1倍以上。

图4-3显示了国有企业杠杆率变化趋势。2007—2021年，国有企业杠杆率持续飙升近100个百分点，达172.2%的历史高位。同时，国有企业占据了大部分非金融企业负债规模，这与国有经济在GDP增长、就业和税收上的贡献度并不匹配，凸显宏观经济高杠杆部门主要集中于非金融国有企业部门的现实。

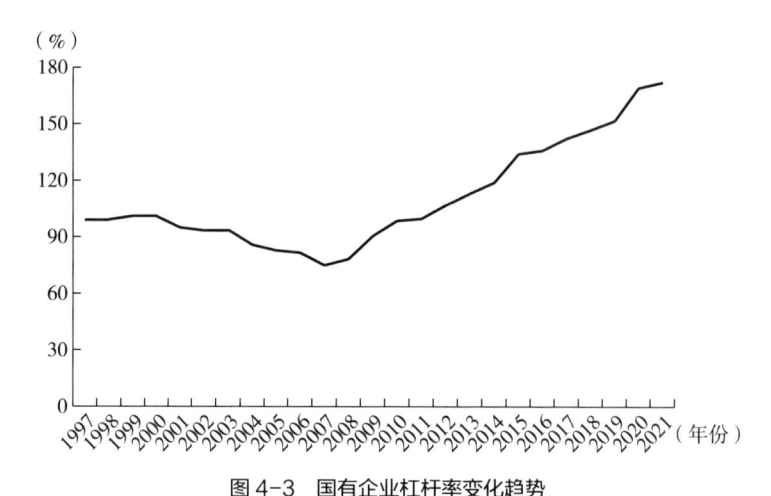

图4-3　国有企业杠杆率变化趋势

资料来源：《中国货币政策执行报告》，国家金融与发展实验室，Wind经济数据库，《中国金融年鉴》。

自2008年以来的国有企业杠杆率持续上升，以及由此累积的债务风险，受到国内外的高度关注，甚至一度成为国际机构和金融市场观察人士分析中国宏观经济风险的重要风向标。同时，国际市场研究机构认为，宏观杠杆率的变化趋势与增长可持续性密切相关。因此，这也受到决策层的高度重视，有效控制并稳步降低国有企业杠杆率，特别是地方债务水平，成为政府进行宏观调控和债务规模管理的关注点。

（二）地方国有企业主导加杠杆进程

在国有企业加杠杆的进程中，地方国企与中央国企加杠杆的速度、规模和节奏并不一致。从图4-4可以看出，1997—2007年，中央国企的加杠杆非常温和，但杠杆率提升比较缓慢，从1997年的约33%提高到2007年的近40%，约提升了7个百分点，10年间的增幅并不显著。同时，地方国企则处于降杠杆的进程中，地方国企的杠杆率从1997年的约66%下降到2008年的35%。因此，中央国企与地方国企的杠杆率差距逐渐缩小，并在2006年基本达到同等水平。

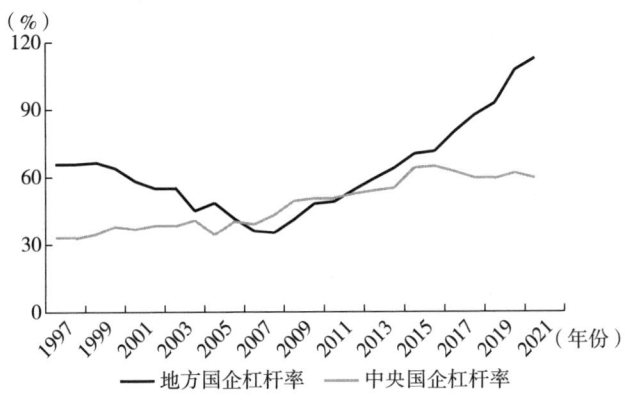

图4-4 地方国企杠杆率和中央国企杠杆率变化趋势

资料来源：《中国财政年鉴》，国家统计局。

从2001年中国加入WTO到2008年全球金融危机爆发前，中国依靠外需拓展成为"世界工厂"，在长期的宏观经济景气周期中，投资快速增长与外需持续扩大相呼应，外需成为拉动经济增长的重要引擎。中国经济增速从2001年的8.3%一路飙升到2007年的14.2%，出口平均增速达29%，出口金额占全球比重从2000年的3.8%增长到2009年的10%，成为世界第一大出口国。在这段经济快速增长期，包括国有企业在内的企业资产负债率均处于良性状态，地方国企负债率逐步下降，中央国企负债率则温和小幅增长。

2008年的全球金融危机改变了外部环境，需求明显下降，经济增长的出口引擎失速，中国在前一时期享受的全球化红利和人口红利逐渐褪色。由此，要素驱动型增长模式开始演变为负债驱动型增长模式。在4万亿元投资计划下，以地方加杠杆为重点，经济增长动力转向以国内需求、地产、基建投资以及消费扩张为增长的主要动力源，投资计划引致了地产沸腾和基建狂潮。

同时，金融宽松政策和金融创新的活跃，不仅助推了投资加杠杆，也使以房产为代表的资产价格快速上涨，巨大的财富效应和各种补贴政策促使中国成为"世界市场"。但在规模庞大的投资计划后，中国经济增速逐步转入新常态，为促增长和稳增长，通过国有企业部门加杠杆扩大投资成为最直接和最有效率的途径。

2009—2011年，地方国企和中央国企保持了相近的加杠杆速度。但自2012年起，二者加杠杆的速度出现了分化，主要原因是在中央政府严格限制地方政府举债的情况下，地方政府为稳增长迅速成立了各种地方融资平台，不仅从银行获取贷款，还借助资管新政的创新金融工具从信托、券商基金子公司等通道获取融资。2013年，地方政府及其附属国企和平台公司的债务总规模达18万亿元。2014年，中央政府要求融资平台和地方政府"脱钩"。

然而，以PPP（公用事业民营化）、政府引导基金、专项建设基金为代表的创新金融工具继续推动地方国企和平台公司加杠杆。2009—2016年，中国基建投资平均增速为22%，是GDP名义增速的2倍。因此，自2015年起，地方国企与中央国企的杠杆率分化加速，中央国企的杠杆率不升反降，而地方国企的杠杆率则一路飙升，2020年达到约110%，相较于2008年增长了超70个百分点；而同期的中央国企杠杆率则维持在略高于60%的水平，相较于2008年只增长了近20个百分点。地方国企大幅快速加杠杆，与中央国企的杠杆率出现持续扩大的喇叭口。因此，地方国企是这一时期加杠杆的主导力量。

（三）国有企业债务膨胀的根源

对国有企业加杠杆历程的回溯，清晰展现了国有企业杠杆率攀升的主要原因与基本逻辑。2008年全球金融危机后，国有企业负债率上升的直接动因是政府为保增长而进行的大规模投资扩张。作为支撑有为政府经济作为的体系力量，国有企业是政府投资扩张政策意志的承载主体，而以债务性融资为主的资金来源结构，决定了国有企业杠杆率上升的必然趋势。

政府在关于4万亿元投资计划的说明中解释了4万亿元资金来源。① 从2008年第四季度到2010年底，中央政府计划通过增加中央财政资金投资、灾后重建投资、中央基础设施投资、中央政府其他公共投资安排1.18万亿元。同时，国家发展改革委、财政部和中国银保监会讨论，提供约3万亿元相对低利率的配套政策性贷款。实际刺激政策，叠加地方配套财政支持、银行等金融机构的市场化贷款等，注入经济中的资金量巨大。这表明，在4万亿元资金来源结构中，债务融资比例超70%，由于巨量投资主要是通过国有企业和投融资平台进行融资并实施的，不可避免地抬升国有企业的杠杆率，特别是地方国有企业的杠杆率。

实际上，为推动全社会投资以稳定经济增长，负债增长的规模应该远超4万亿元。以地方政府投融资平台公司及其负债增长为例。2009年初，中国人民银行与中国银监会联合发布了《关于进一步加强信贷结构调整促进国民经济平稳较快发展的指导意见》，提出"支

---

① 参见国家发展改革委官网2009年3月9日的刊文。

持有条件的地方政府组建投融资平台，发行企业债、中期票据等融资工具，拓宽中央政府投资项目的配套资金融资渠道"。这被地方政府视为对前期成立的部分投融资平台公司的肯定和支持，政府投融资平台的数量和融资规模因而急剧增长。

截至2009年8月底，全国有3 000家以上的各级政府投融资平台，其中70%以上为县（区）级平台公司。同时，投融资平台负债总额迅速扩张，从2008年初的1万多亿元飙升至2009年年中的5万亿元以上，且其中大部分来自银行贷款。因此，在4万亿元投资计划和宽松货币政策下，实际注入经济中的资金量及地方负债扩张的规模和速度，决定了国家宏观杠杆率的迅速上升。

国有部门负债规模急速膨胀也潜藏很大的风险。在很多地方，政府成立多家平台公司进行融资，法人治理结构不完善，决策和运行机制不规范，这些平台公司从不同银行获取信贷资金，形成多头融资和大量隐性债务，导致银行和上一级财政对地方政府总体负债规模并不清楚，甚至中央财政也不知道地方总体负债的准确规模，因此组织了多次全国债务清查。然而，地方政府实际负债水平一直未能给出准确数据，这也是地方债务风险成为国内外媒体关注热点的原因。

地方政府以多主体、多渠道的形式快速融资，形成了巨大的债务存量，地方财政事实上成了这些投融资平台的资产债务总协调人，既统筹资金的使用，又负责维持各主体的债务可持续。然而，在地方财政收支失衡越发严重的趋势下，一旦财政状况紧张而失去债务偿还统筹能力，而这些投融资平台公司自身资金流也无法平衡，就会出现到期不能还本付息的情况，地方平台公司的资金链问题就会暴露无遗，并可能演变成地方债务危机。

过去几年，一些地方城投和国有企业在公开市场上出现债券违约，就是此逻辑的直接体现。面临大面积债务违约会将地方政府逼入困境，届时将不得不进行债务重整。同时，这会严重损害地方政府的金融信誉，恶化未来的地方融资环境，对长期经济发展形成拖累。债务违约不仅会冲击地方经济，还容易引发系统性金融风险。例如，在债券市场上，当出现较多的地方债务违约时，会直接打击债券投资者信心，造成债券市场的显著波动，引发金融市场动荡，新债券发行不畅也直接影响宏观经济发展。

图4-5为4万亿元投资计划的投向，其中不少是缺少直接经济效益的领域，或者投资周期长但效益偏低的项目。这导致承载投资的国有企业缺少合理的投资收益以偿还债务，很多项目的现金流不足以覆盖利息支出，必须通过新增负债来偿付利息，使国有企业负债率进一步上升。事实的发展也正是如此，投资计划以及配套融资的利息负担，随后成为承载投资的国有企业的财务包袱。因此，保证债务可持续和为利息支出减负，一直是地方政府和国有企业、平台公司债务改革的重要内容。按照中央政府安排，自2015年起，地方政府和国有企业等将银行贷款等间接融资转换为在公开市场发行债务工具，从短期借贷融资转向发行长期债券，以降低融资成本，保证债务可持续等。

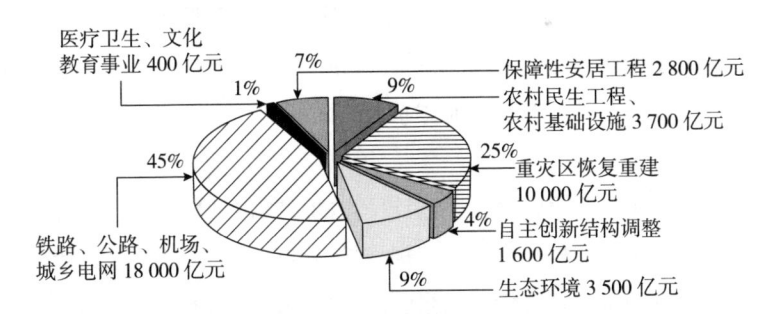

图4-5　4万亿元投资计划的投向

资料来源：国家发展改革委。

在经济增长由高速转向中速的下行周期中，系统性经营风险处于上升趋势。在银行间接融资主导的金融体系中，银行机构更愿意将资金贷给国有企业或有政府背景支持的企业，出现银行"垒大户"式地给国有企业发放贷款,以"国企信仰"规避市场风险;而在债券市场中,投资者基于"政府信仰""央企信仰"甚至是"城投信仰"等决定资产配置方向,国有背景公司债券更易于发行,且利率相较于民营企业明显偏低。银行和债券市场投资者也更倾向于为国有企业提供融资,进一步推升国企杠杆率。

此外,国有企业债务高杠杆与经济增长目标导向,以及业绩考核机制密切相关。由于国有企业在推动经济增长中肩负特殊政治责任,国有企业负责人及经营班子既有进行投资扩张的外在压力,又有获得政绩和经营业绩的内在冲动。在以GDP增速为核心考核机制并决定地方官员升迁的大原则下,地方国企和平台公司的投资扩张直接关系到地方官员的政绩,而地方官员对国有企业和平台公司管理者的考核"指挥棒",也同样是投资规模与GDP增速。

以地方政府主导的投融资平台公司为例,其成立的使命是为地方政府的投资项目筹集资金,包括城市建设投资类公司、交通运输投资类公司、各类开发区(园区)投资类公司和土地储备公司等,其考核导向的核心是推动地方GDP增长,即使是在国家严格控制负债增长的背景下,增加负债的冲动也依然存在。因此,在GDP增速主导的考核"指挥棒"下,有为政府体系及其附属国有企业正是债务膨胀的根源。

中央国企主要集中于关系国计民生的战略性领域经营,这些领域具有明显的重资产特征,以资产规模扩大和营收额增长为主的考核导向,使中央国企也具有投资扩张的内在冲动。但与地方国企和平台公司缺少纪律约束不同,中央国企面临相对严格的经营业绩和资产负债率等指标考核,投资扩张的冲动受到限制。这也是中央国企的债务膨胀幅度相比地方国企和平台公司小的原因。当然,中央国企以各种创新方式将债务融资转换到资产端,甚至直接转至表外以降低表内负债率的问题,也应该警惕。

四、债务增长不可持续与资产负债表衰退风险

（一）债务增长不可持续与债务悬崖风险

经济增长转折期的到来，一方面是传统增长模式演进的结果，另一方面预示着以负债驱动增长正临近极限。随着经济增速下行，快速增长时期形成的资产价格泡沫将难以维持，资产价格回落成为必然，这将引发不同经济部门进行资产负债表修复的内在压力。例如，以应对2008年全球金融危机冲击的政策为契机，强化了以负债推动城镇化加速和工业化扩张进程，以房地产繁荣为特征的第二次快速经济增长也带来了资产价格的快速膨胀。因此，以地产为主的资产价格与经济增长密切相关，也是不同部门资产负债表最重要的影响因素之一，所以资产价格本身就是经济周期的关键晴雨表，对经济增长具有重要的影响力。

房地产业是国民经济的重要支柱，在以"房住不炒"总原则进行的地产调控政策下，地产投资与消费的放缓必然会削弱增长动力，这与其他传统经济增长动力衰退相叠加，会进一步强化对整体增长动力的抑制。由此带来的重要影响是，地方政府和国有企业的现金流量表被削弱，来自土地资产出让的收入增速下滑，国有部门的支付能力和投资扩张能力减弱。图4-6显示了土地出让金收入情况及同比增速下滑趋势，2022年土地出让金收入增速负增长，进一步限制了国有部门投资能力，并增加了资产负债表的脆弱性。

同时，地方政府来自土地金融的融资现金流也在下降。对土地和相关资产价值预期的降低及其变现能力的质疑，导致金融机构对以土地资产支撑的各类融资供给趋于保守，这给依赖土地资产进行融资的地方政府和国有部门收支平衡带来巨大冲击。在地方一般性财政收入无法显著增长，又缺少其他资金来源缓解其资金窘境的背景下，地方

政府被迫进行资产负债表修复的压力日渐增大。贵州省公开承认债务压力巨大，难以靠自身力量化解，是资产负债表面临被动式强制性修复的佐证。

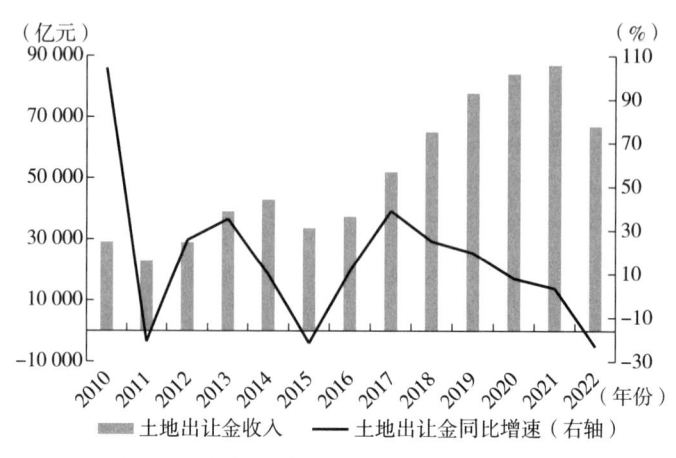

图 4-6　土地出让金收入情况及同比增速下滑趋势

资料来源：财政部。

国有部门资产负债表被动式修复与有为政府的经济增长目标明显相违背。这种修复压力与增长意愿的冲突，最终会因政府继续勉强推进负债扩张而演变为资产负债表修复滞后与周期拉长。因此，从资产负债表被动式修复逻辑的角度来看，继续强制性加杠杆与投资效率衰退之间的矛盾必然会更加突出，随着矛盾的积累和尖锐化，最终会以经济规律的胜利结束，一场强制性资产负债表衰退将不可避免，而且可能会采取较激烈的方式，这将给经济增长带来重大损害，是需要努力避免的局面。

很显然，如果任由不可持续的资产负债表继续膨胀，最终将把债务推向悬崖。在国有部门，这既是国有企业的债务困境，也是地方政府的债务危机。因此，合理控制与调整债务规模和结构，以增强债务可持续性是基本提前，否则，为重建可持续的资产债务表，债务重整将不可避免。地方债务重整的本质路径有两条：一是直接削减债务，这会造成金融机构的严重损失，增加金融体系风险；二是削减支出和增加收入，延长债务周期，这容易引发增长衰退。因此，这两条路径都将直接削弱有为政府的行动能力，反噬经济增长。

（二）主动修复资产负债表的路径

要避免企业债务危机和政府"财政悬崖"的出现，就需要主动对扭曲的资产负债表进行修复，避免被动修复所带来的不可控性。所谓主动进行资产负债表修复，就是以市场化方式主动去杠杆，合理降低过高的杠杆率，提高资产负债表的韧性，增强资产与负债的可持续性。在主动去杠杆的过程中，有为政府体系可以合理调节资产负债表修复的节奏和时间周期，避免因短时间内出现资产或负债端的重大波动，对经济发展造成过度冲击。

当前，国有部门资产负债表修复的主要思路是积极稳杠杆，有序去杠杆，兼顾经济发展实际，因地制宜地实行去杠杆目标制。由于地区经济发展的失衡与分化，各地区的债务水平和债务承载能力出现分化，且各地国有企业和政府财政收入的状况差异很大，需要根据实际情况决定去杠杆的幅度和节奏。在当前经济增长模式转型进程中，增长动力不足是主要矛盾，资产负债表修复应在确保债务可持续的前提下，努力支持经济增长目标的实现。

地方投融资平台公司的债务膨胀，既是地方债务负担沉重的主要根源，也是修复地方资产负债表的重点。在城镇化进程引领的地方经济快速扩张期，土地资产不仅是平台公司的核心资产，也是变现能力强的优质资产，还是其报表扩张和债务融资的支撑基础。但随着经济增长步入转折期，房地产市场繁荣降温甚至趋于冷却，资产价格缩水使平台公司资产负债表的硬实力被严重削弱，基础资产不断贬值，其相应变现能力和融资支持能力迅速下降。因此，稳妥、有效地缓释平台公司债务风险，确保债务规模合理有序压降，是化解平台债务风险，维护经济增长，保持金融稳定的基本要求。

从严格意义上讲，由地方政府组建的城投公司等融资平台，不能被算作完全意义上的公司，因为其主要功能是承载地方政府融资，离开政府信用背书和土地支撑，就不具有可持续发展能力。与承担的债务规模相比，平台企业既没有真正可以长期持续经营的主业，也没有稳定的现金流来源，主要经营方式就是在土地与债务之间进行"面多了加水，水多了加面"的资产负债配置，这是在中国有为政府体系下，加速推进城镇化进程中的独特现象。

对土地的依赖是城投等平台公司持续经营的基础，地方政府财政平衡对土地变现价值的依赖度也非常高。图4-7显示了中国主要城市财政对土地收入的依赖度，计算公式为土地依赖度=土地出让金收入/一般财政收入×100%。2022年，除了海南省和上海市，其他省市的土地出让金收入均出现下跌，天津市、吉林省和青海省更是下跌超60%，在全国地方政府性基金中，国有土地出让金收入约为6.7万亿元，同比减少约2万亿元。土地出让现金流的大幅萎缩，给依赖土地收入的地方财政收支平衡带来巨大压力。因此，要跳出这个"面多了加水，水多了加面"的逻辑，就必须将平台企业公司化，转向根据市场化规则经营，成为资产负债表和现金流量表都可持续发展的常态化公司。

因此，要主动修复资产负债表，防止出现被动式资产负债表衰退，对平台公司等债务载体进行分类改革，对具备转型条件的平台实施市场化转型，夯实可持续发展基础；对于无法转型的平台，则根据政府和平台公司共担债务和风险原则，有序解决存量债务，逐步化解风险。这是平稳解决国有部门债务膨胀形成的"堰塞湖"，避免引发系统性金融风险，减少对经济增长冲击的有效方式。

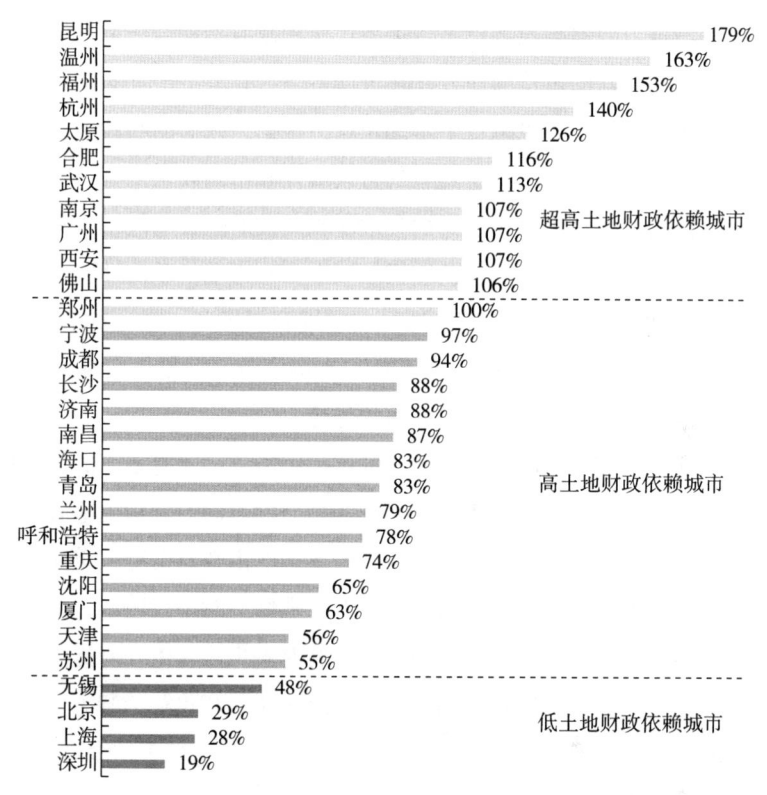

城市	比例
昆明	179%
温州	163%
福州	153%
杭州	140%
太原	126%
合肥	116%
武汉	113%
南京	107%
广州	107%
西安	107%
佛山	106%
郑州	100%
宁波	97%
成都	94%
长沙	88%
济南	88%
南昌	87%
海口	83%
青岛	83%
兰州	79%
呼和浩特	78%
重庆	74%
沈阳	65%
厦门	63%
天津	56%
苏州	55%
无锡	48%
北京	29%
上海	28%
深圳	19%

前11个（昆明至佛山）为超高土地财政依赖城市；郑州至苏州为高土地财政依赖城市；无锡至深圳为低土地财政依赖城市。

图 4-7 主要城市财政对土地收入的依赖度

资料来源：根据国家统计局数据计算得出。

五、地方投融资平台债务化解与市场化转型

以市场化方式化解地方投融资平台的债务风险，必须围绕债务化解和平台公司市场化转型两大目标，根据具体情况加快对地方投融资平台的改造。为此，进行以市场为导向的企业化改革，推动平台企业分类转型，将大多数企业转变为合格的市场化企业，成为适应新时期经济增长模式的国有微观经济主体。这对从宏观上降低地方政府隐性杠杆，化解地方债务膨胀危局，防止发生系统性金融风险意义重大，

也对厘清地方政府与投融资平台关系，实现政府推动经济增长模式真正转型，构建新的可持续地方投融资体系，具有举足轻重的作用。

首先，明确地方投融资平台的定位，根据"政府的归政府，市场的归市场"大原则，将其所具有的行政属性和市场属性切分，改变目前平台公司"政企不分"的局面，逐步剥离政府融资功能，解除其作为政府"第二钱袋子"的角色。投融资平台不再承担政府性职责，而基于市场化原则在符合政府发展导向领域开展经营，成为自主经营、自负盈亏的独立法人实体，平等参与市场竞争，并发挥其在社会服务、民生保障和提供公共产品方面的优势。

其次，为实现投融资平台公司的可持续经营，要对累积的存量债务进行分类梳理，按照债务形成原因和性质的不同，分别由地方政府和改革后的平台公司承担，应该由政府承担的由政府负责，企业能够承担的则由改革后的平台公司承担。对于那些一时难以厘清，但应该由政府偿还的债务，可以由新平台公司暂时承担，并由政府提供最终偿还承诺，采取以时间换空间的方法，逐步偿还和化解，避免债务责任扯皮影响平台公司市场化转型，也防止债务悬空带来的金融风险，以免损害地方政府的金融市场信誉。

再次，为投融资平台公司塑造可持续经营的主营业务，无论是由政府进行市场化项目和产业注入，还是引导平台公司自主选择和构建新主业，这都是平台公司成功市场化转型的前提。改革后的地方平台公司可以把提高地方基础设施服务能力和质量、建设和完善城市民生服务体系等作为业务经营重点，以市场化服务获取合理回报。同时，新平台公司也可以政府产业发展规划为指引，借助地方政府资源引领作用，以市场化方式积极引进重大科技项目和创新性产业，促进地方主导性产业的形成和发展。

最后，改革后的平台公司须按照现代企业制度的要求，建立符合市场化原则的公司治理体系，形成有效的管理体制和经营机制。在改革后的新平台公司中，地方政府按照《中华人民共和国公司法》要求享有出资人权利，但不能再以行政决策代替公司治理规则。同时，新公司应在主营业务持续稳固的基础上，形成自主"造血"功能，用以经营现金流为基础的市场化融资，替代以政府信用为支撑的政策性融资。在此基础上，积极以市场化方式化解所承担的债务，奠定企业市场化发展的可持续性基础。

此外，地方政府需要做好市场化转型后平台公司的债务风险监测和预警机制。在经济增长转折期，承载大量债务的平台公司转型是否成功，直接关系到地方经济发展，也与地方政府信誉高度相关。尽管平台公司市场化转型方案得到了金融机构的支持，但这并不意味着就没有了债务负担，特别是在公司转型的过渡期内，作为公司股东和存量债务形成的责任方，地方政府仍有责任密切关注所属新平台企业的转型风险，特别是监测其债务偿付能力。这既是维护地方经济发展大局的需要，也是对存量债务应负有的历史责任。

六、国有部门资产负债表修复对增长的影响

任何宏观经济现象都有其微观基础，从这个视角观察现代金融危机，其实是资产负债表过度膨胀危机，而经济衰退则是资产负债表衰退的直接表现。回望现代经济史，由资产负债表危机引发的经济动荡已经发生过多次，无论是1929—1933年经济危机还是1997年的亚洲金融危机，抑或是2008年的全球金融危机，其本质都与资产负债表危机密切相关。从这个意义上讲，化解国有部门的过度债务膨胀，特别是稳妥处理地方债务风险，就是化解潜在系统性金融风险，或者是化解潜在的金融危机。

从经济增长的角度来看，国有部门持续的资产负债表膨胀导致债务不可持续，引发资产负债表衰退，并造成经济衰退风险，削弱经济

增长动力。地方国有部门在债务膨胀后如进行债务削减,无论是以主动方式还是被动方式进行,都很可能引发资产负债表衰退,并给未来经济增长带来显著负面影响。在中国经济增长转折期,作为传统双引擎模式下推动经济增长的主要动力,国有部门资产负债表修复不可避免地会对经济增长产生重大制约。尤其是近年来,经济增长对负债驱动型投资的依赖日益增强,如果政府没有新的稳增长动力承接,或者市场化内生增长动力不能显著提升,经济增长将经历较长时期的压力,这一周期大体上与国有部门资产负债表修复的周期一致。

作为国家总体资产负债表的构成部分,国有部门、民营经济部门和居民部门的资产负债表之间存在着紧密的联系。国有部门的资产负债表修复不可避免地会影响另外两个部门。修复国有部门膨胀的资产负债表,自然要降低国有部门杠杆率,这个去杠杆化进程有两种基本方式:一是缩减分子项,压缩负债规模;二是增大分母项,增加资产规模。要缩减分子项,就要压缩投资、出售资产、缩减现金开支,多偿还债务,以降低杠杆;要增大分母项,就要追加资本或注入新资产,或者对资产进行增值性重估。

但在地方政府及其所属国有企业债务已经大幅膨胀,面临债务可持续性压力的背景下,继续增大分母项日渐困难,债务天花板将至。因此,比较可行的方式是缩减分子项,但无论采取哪一种方式去杠杆,都意味着社会总需求的收缩。如果没有相应的扩张性对冲措施,缩表去杠杆行动必然与经济增长目标背道而驰,抑制经济增长。

在国民经济循环中,国有部门以降杠杆为特征的资产负债表衰退,必然导致居民部门和民营经济部门受到波及。在社会资产总量一定的情况下,三大部门的资产负债表不可能同步或平行修复,政府和国有企业无论是减少支出还是出售资产的缩表行为,都会带来居民部门收入的减少,并造成资产价格下行压力,这会强化居民部门从追求效用最大化转向追求债务最小化的降杠杆行动,从而导致社会总需求显著收缩。

同时，居民部门需求收缩又会传导至企业部门，导致后者的收入状况恶化，造成包括民营经济部门在内的整个企业部门转向缩表降杠杆。因此，如果不积极采取对冲政策，促进一些部门扩表，则三大部门形成相互关联的同向缩表趋势，负向循环叠加的结果会导致增长的长期低迷，甚至引发一场严重的经济衰退。

在投资主导型增长模式中，由于国有部门在经济增长中的拉动作用举足轻重，要避免国有部门被动缩表导致经济增长受损，就需要通过稳杠杆来避免经济衰退陷入负向紧缩循环。国有部门稳杠杆的途径有两个：一是主动控制负债增长；二是被动依赖经济增长，稀释杠杆。因此，一方面需要推动居民部门和民营经济部门进行扩张，承接因国有部门稳杠杆损失的增长动力；另一方面需要创造条件支持居民部门和民营经济部门加速完成资产负债表修复，以有足够空间承接国有部门稳杠杆和去杠杆带来的冲击。当前，积极稳妥地稳杠杆应作为国有部门的主要目标，这样既可以减少其他部门资产负债表修复带来的共振效应，又可以确保经济增长不出现过快失速的局面。

为促进居民部门和民营经济部门的资产负债表修复，并尽早恢复扩张进程，政府应采取多种政策措施，支持居民部门可支配收入增长，为消费扩张奠定基础。政府应采取一揽子政策，对增加居民就业、提高居民收入的企业、行业和产业给予积极支持，慎重出台可能导致严重损害就业的产业政策，并对可能导致资产价格大幅波动的政策措施持谨慎态度。

此外，为推动民营经济部门的资产负债表修复，尽快转向投资扩张，政府应避免出台会导致民营企业融资收缩的金融政策，鼓励和积极推动金融服务创新，在有效控制金融风险的前提下，为加速民间企业资产负债表修复创造条件。在当前民营企业债务紧缩趋势尚未根本性改变的局面下，重点是要遏制和扭转债务紧缩循环，提升民间投资扩张的信心，增强投资意愿和能力，支持民间经济部门扩表，以对冲国有部门的资产负债表修复，稳住宏观经济大盘。

随着居民部门和民营经济部门完成资产负债表修复，其推动经济增长动力增强，可以有序加快推进国有部门以市场化方式降杠杆。国有部门降杠杆的方向是逐步退出一般竞争性领域，让更有效率的市场化部门承接，国有部门应重点在关系国计民生、国家发展战略性领域加大投入，如重大科技创新、关键行业领域投资和支柱产业成长等。此外，还可以基于国家或地方经济增长、产业发展规划需要，采取市场化方式引导和促进社会资本的投资扩张，增强经济增长动能。

此外，就国有部门内部去杠杆的结构来看，中央政府和中央国企的杠杆率水平相对稳健，中央政府的杠杆率水平在20%左右，低于地方政府约7个百分点；中央国企的杠杆率水平约为60%，也远低于地方国企近110%的实际杠杆率[①]。因此，在地方政府与中央政府债务分布结构上，存在进行合理优化和调整的空间。在国有部门以稳杠杆为主的总基调下，中央政府和中央国企可以适度加杠杆，以支持地方政府和地方国企稳妥去杠杆，由此减少对经济增长的影响。

地方政府以债务扩张进行投资的方向，主要是转型基础设施、节能环保、新型科研设施等，这些投资在短期内能够直接创造需求、增加就业机会，在长期内则能够提高生产率、形成资产积累。因此，中央政府和中央国企以合理方式适度加杠杆，并通过政府转移支付和央地合作模式，适度分担地方承担的投资稳增长责任，有利于实现国有部门内部资产负债结构的均衡优化，有助于缓解地方去杠杆带来的宏观增长压力，保持国有部门支持经济发展的力度不衰减。

---

① 在不考虑隐性债务的情况下，地方国企的表观负债率低于中央国企，但这并没有反映实际情况。

七、以央企价值重估型扩表对冲地方国企缩表

目前，中央企业的负债率水平、资产质量和盈利能力都显著优于地方国企和融资平台企业。这是国有企业改革三年行动成效的体现，同时与中央企业处于国民经济中较好的经营领域有关。在经济增长转折期，随着地方国企保增长潜能的下降，发挥中央企业在稳增长方面的潜力十分重要，特别是在核心科技、关键装备、高端制造以及新能源、新基建等领域发挥其骨干能力和聚集引领优势，既有利于促进增长，也有利于经济提质增效。与地方国企和平台公司以扩大规模为主的粗放型促增长相比，发挥中央国企在结构调整中的作用，更有利于实现国民经济转型升级。

（一）央企价值重估的逻辑和空间

如图 4-4 所示，在 2008 年全球金融危机后，地方国企和平台公司经历了较激进的持续加杠杆进程，杠杆率提高了约 100 个百分点。同时，中央国企只经历了温和的加杠杆，杠杆率提高了约 20 个百分点，这使过去 10 年中国有企业资产的整体杠杆率保持在 55%~65% 的水平（见图 4-8），与国务院国资委关于"将国有企业资产负债率稳定在 65% 左右"的最新要求相一致。自 2015 年开始去杠杆后，中央国企的杠杆率出现了小幅下降，这与中证央企 100 指数显示的趋势相一致。近年来，与中央政府部门不断加杠杆不同，中证央企 100 指数相关样本央企的资产负债率在持续回落。

因此，在地方国企高杠杆和平台公司转型的背景下，通过央企价值重估能够创造资产负债表扩张的空间，辅之以央企适度提高杠杆，实现央企扩表加杠杆的增量作用，缓解地方降杠杆的冲击是有效和可行的选择。我们以中证央企 100 指数为例，对央企价值重估的空间及

其对扩表规模的支撑力度加以分析。

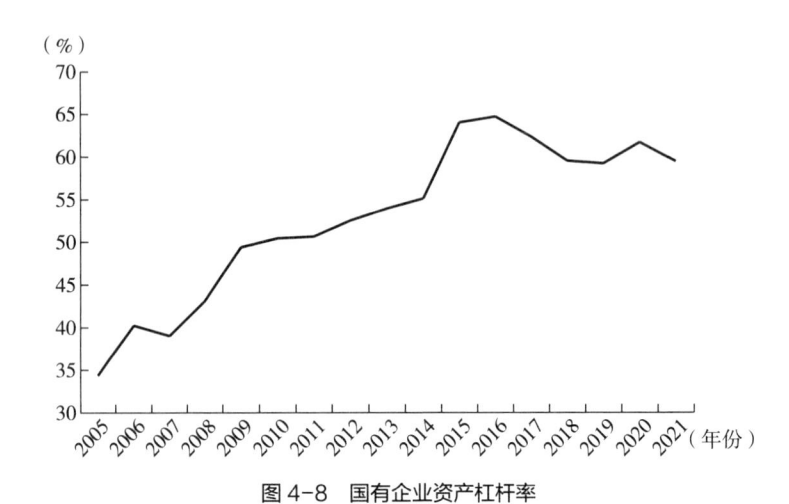

图 4-8　国有企业资产杠杆率

资料来源：国务院国资委。

中证央企 100 指数是由中证指数有限公司从中证中央企业综合指数样本中选取具备一定规模和流动性的 100 家上市公司作为指数样本编制的指数，用以反映沪深两市中央企业控股上市公司的整体表现。截至 2022 年底，中证央企 100 指数总市值约为 20 万亿元，样本公司市值均值约为 2 000 亿元，市值中位数接近 1 000 亿元，该指数能够较好地反映大中型央企的整体情况。

以截至 2022 年 11 月末的数据做比较分析，中证央企 100 指数的滚动市盈率为 8.04 倍，明显低于 2012 年后 9.72 倍的均值水平，低估幅度达 20.86%；中证央企 100 指数的市净率为 0.84 倍，也明显低于 2012 年后 1.118 倍的均值水平，低估幅度更是达 40.14%；若按照 1 倍的市净率计算，则估值水平的低估幅度也达 18.61%。因此，如果央企价值重估继续得到市场认可，中证央企 100 指数的估值上修 20%，按照 20 万亿元的总市值计算，价值重估规模约为 4 万亿元；如果在上修的基础上再提升 20%，则价值重估规模可以再增长 4.8 万亿元。

（二）央企价值重估的资产负债表扩张效应

在中央国企保持杠杆率基本稳定的前提下，其价值重估可以带动资产负债表的同步扩张。从历史数据来看，在过去十几年里，中证央企100指数的总市值与其股东权益存在显著正相关关系，二者的相关系数达0.82。例如，2009—2021年，中证央企100指数的总市值从14万亿元增至19万亿元，其资产规模也相应地从46万亿元扩大至210万亿元，相关系数高达0.80。这意味着，中证央企100指数的市值上修可以带动股东权益同步大幅上升。在央企资产负债率保持稳定的情况下，股东权益增加可以推动资产端提升，并由此带来负债端能力的增长。换言之，中证央企100指数价值重估能够带动央企资产负债表扩张。

从此逻辑出发，在央企价值重估的带动下，如果中证央企100指数的市值提升20%，即从目前的20万亿元提升至24万亿元，按照0.8的相关系数计算，则能够带动中证央企100指数的股东权益大幅提升3.2万亿元；按照国有企业平均0.65的杠杆率水平计算，则可以增加负债2.08万亿元，从而实现其资产负债表两端规模同步良性增长，有效支撑宏观经济增长。因此，在保持央企资产负债率基本稳定的前提下，央企价值重估将具有明显的资产负债表扩张效应。这在当前困难的经济增长局面中，对经济增长具有巨大的提振作用。

此外，通过分析央企资产负债表健康状况，还可以考虑让央企杠杆率温和回升，这将进一步增加其资产负债表扩张的幅度。在当前政府加杠杆乏力和地方国企面临缩表压力的背景下，通过发挥央企在投资方面的规模扩张性作用，提升社会总需求，对维护经济增长具有重要意义，这也是当下提出央企价值重估的作用所在。

央企价值重估也存在导致企业ROE（净资产收益率）和ROA（资产收益率）下滑的风险，但在央企ROE和ROA均处于历史低位时期，由于央企涉及的主要行业会在中长期内受益于价值重估，这有利于央企努力提升收入和增加利润，不断改善其盈利能力，从而推动央企提质增效，也有助于长期经济增长。

还应该说明的是，央企价值重估是公司价值的重估，是对被低估公司价值的修正，并非投资价值的表征。近年来，资本市场估值体系的重心从公司价值向股票价值迁移，传统意义上的公司定价并非现代意义上的股票定价，而是基于上市公司未来收益的定价。当然，这并不妨碍中央企业中被低估部分的价值重新为市场所认知和接受。

第五章

隐性代价：民营部门"债务—通货紧缩"螺旋与挤出效应

在改革开放开启的市场化进程中，民间资本的持续积累和投资规模增长，是推动中国经济增长的重要内生动力，也是市场经济体制得以逐步建立和发展的基础。在由计划经济向市场经济转轨的历程中，民营经济从无到有，从小到大，由弱变强，取得了长足发展，在国民经济中的地位举足轻重，其GDP占比达60%，就业占比达80%，为经济增长和居民就业做出了突出贡献。然而，民营经济的发展并非一帆风顺，尽管民营企业充满活力与韧性，但无论是政府宏观调控，还是经济周期波动，受影响最大的常常是民营经济部门。

过去几年里，随着经济增长转折期的到来，产业升级和企业转型压力对民营企业形成严峻挑战，同时融资难融资贵问题的持续，导致不少民营企业陷入经营困境和债务陷阱。由于多重因素叠加，债务紧缩问题使民营企业家信心明显受到削弱，民间投资增速持续滑落，且局面难以扭转。民营经济所遭遇的发展困境，消磨了国民经济的内生动力，削弱了民营企业的发展信心和市场创造力，也制约了宏观经济增长动力的释放。

相较于消费主导型增长，在投资主导型增长模式下，资源分配不均衡更易于形成挤出效应。除了中央政府发债融资，以地方政府及其投融资平台、地方国企为主体的国有部门，在社会融资总量中居于主导地位，其债券发行和信贷融资规模巨大。而与此同时，民营经济则遭遇融资困境，面临财务困境甚至是债务悬崖的挑战。因此，在债务融资市场上，国有部门对民营部门形成了显著的挤出效应。这既抑制了民间投资增长，又加剧了民企债务紧缩，成为疫后经济复苏期宏观经济面临的重大挑战。

事实上，民间投资相对于国有经济而言，正在经历明显的衰退。民间投资增长持续乏力，企业活力不断下降，大量企业陷入债务困境，阻碍了经济内生增长潜力释放，这是经济增长付出的隐性代价。因此，采取有效措施，遏制或减少挤出效应，解决民营经济融资难融资贵问题，以市场化方式构建有效的企业纾困机制与体系，帮助民营企业走出困境，恢复企业家投资信心，增强投资意愿和提升投资能力，对新时期经济增长的意义深远而重大。与此同时，国家要加快落地实施全国统一大市场建设，持续优化全社会的资源配置模式，特别是优化金融资源配置结构，提高社会的全要素生产率，这是重塑中国经济增长的主要途径。

一、民营企业融资特征与资产负债表的脆弱性

民营经济是在公有制夹缝中诞生和发展起来的经济力量，最初萌芽时的经济环境决定了其资本与资金来源特征。尽管40余年过去，民营经济已经发展壮大，但对大部分民营企业而言，其初始基因和成长特征依然留下了清晰的烙印。融资来源不足和缺乏稳定性是其突出特征，这导致了民营企业资产负债表的脆弱性。在经历宏观经济周期调整和外部危机冲击时，民营企业的财务抗风险能力较弱，资产负债表缺乏韧性。这与民营企业在金融市场上的融资方式，以及比较易于获得的金融产品和工具密切相关。

（一）民营企业在标准化融资市场上处于弱势

在金融市场发达的经济体中，债券融资以其独特的融资优势成为企业筹集资金的重要来源，在企业融资中占据统治地位。但在有第二大债券市场规模的中国，债券融资在企业融资结构中所占比例偏低，且企业债券发行主体以大型国有企业为主，民营企业债券融资规模较小，能够参与融资的企业数量相对较少。尽管民营企业参与债券融资需求十分迫切，但从市场规则、准入标准、偿债保障机制、交易机制等方面看，民营企业参与债券融资都受到制约，在标准化债务融资市场中所占比例显著偏低。

在企业债务融资中，不同融资工具或债务品种的市场容量、稳定性和价格存在明显差异。在间接融资占主导地位的中国金融市场上，以债券市场为核心的标准化债务融资工具市场容量大，价格较贷款便宜，期限相对较长，且受监管政策和宏观调控变化的影响较小。目前，中国债券市场规模稳居世界第二位，债券市场托管余额达144.8万亿元，其中，2022年公司信用类债券发行量达13.8万亿元。在庞大的标准化债务融资市场上，民营经济处于明显劣势地位，相较于国有部门，民营企业无论是在债券融资存量规模方面还是在增量方面，均存在巨大差距。

在经济增长转折期，相较于国有企业，民营企业因信用等级偏低、资本实力偏弱，债券发行规模呈现逐步下降态势。在延期或取消发行的债券中，民营企业占比明显偏高，形成债券融资中的民营企业融资难问题。同时，宏观经济增速下行，债券市场投资人风险偏好下降，叠加民营企业债券违约率显著高于国有企业，导致民营企业与国有企业的债券估值出现明显分化，二者之间的发行利差也不断走阔，民营企业债券的发行利率出现大幅度上升，形成债券融资领域的民营企业融资贵问题。能获准在债券市场发行债券的民营企业已经是民营经济中的佼佼者，它们尚且面临债券融资难融资贵问题，对大量的中小民营企业而言，则几乎没有机会参与债券市场融资。

按照年度债券融资份额口径，图5-1显示了国有企业和民营企业债券融资份额占比差异。在绝大多数年份，国有企业在债券融资中的占比都超过了90%，2021年和2022年占比均达95%，2005年占比甚至超过了98%。这表明，相对便宜且更稳定的债券融资工具，在民营企业与国有企业之间分布严重失衡，民营企业处于绝对劣势，融资难融资贵是必然结果。

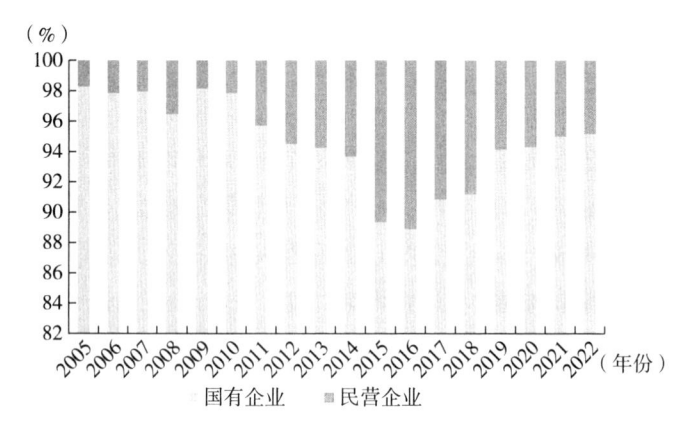

图5-1　国有企业与民营企业债券融资份额占比

资料来源：Wind，中国人民银行。

为了提高民营企业的债券市场参与度，增加其融资来源，2022年11月，中国银行间市场交易商协会宣布，扩大民营企业债券融资支持工具，支持包括房地产企业在内的民营企业发债融资，预计可支持约2 500亿元民营企业债券融资，并由中国人民银行再贷款提供资金支持，委托专业机构按照市场化、法治化原则，通过担保增信、创设信用风险缓释凭证、直接购买债券等方式，支持民营企业发债融资，且后续还可视情况进一步扩容。这为民营企业扩大在债券发行市场融资提供了支撑，有利于稳定和扩大民营企业的债务融资来源。然而，民营企业的债券融资份额依然非常低，尚有巨大的持续提升空间。总体而言，民营企业得到的体制内金融支持与其对国民经济发展做出的贡献并不相称。

（二）影子银行繁荣与民企融资的脆弱性

由于民营企业缺少公开市场发债融资的机会，非标准化创新债务融资模式成为其融资的重要渠道。过去10年间，影子银行在中国金融服务领域迅速崛起，与民营企业融资渠道不畅、常规渠道无法满足其融资需求密切相关。根据《中国影子银行报告》统计数据，中国广义影子银行规模的历史峰值为100.4万亿元，风险较高的狭义影子银行规模的历史峰值为51.14万亿元。

影子银行是民营企业广泛使用的重要融资渠道，但影子银行融资具有显著的周期性和脆弱性，是稳定性相对较差的融资来源。站在金融监管角度上，影子银行是金融体系中的不稳定力量，其规模的迅速膨胀可能导致系统性金融风险，也可能因流动性危机而引发重大金融风险。因此，影子银行很容易被监管当局重拳治理或彻底限制，特别是那些在监管方面有打"擦边球"行为的影子银行业务。如图5-2所示，经过3年治理，2019年末，广义影子银行和狭义影子银行规模分别降至84.8万亿元和39.14万亿元，相较于峰值分别减少了约16万亿元和12万亿元。影子银行业务的收缩会直接影响民营企业融资来源。

影子银行在新兴经济体的迅速崛起，导致传统贷款机构重要性被迅速分流。2008年全球金融危机后，新兴经济体影子银行规模增长超过发达经济体，在企业融资中发挥着重要作用，各类非银行金融机构依靠融资模式创新，成为与银行机构同等重要的流动性提供机构。在传统金融发展模式下，只要融资利率低、融资条件不过于复杂，金融监管体系稳健，影子银行扩张就不会带来严重的问题。

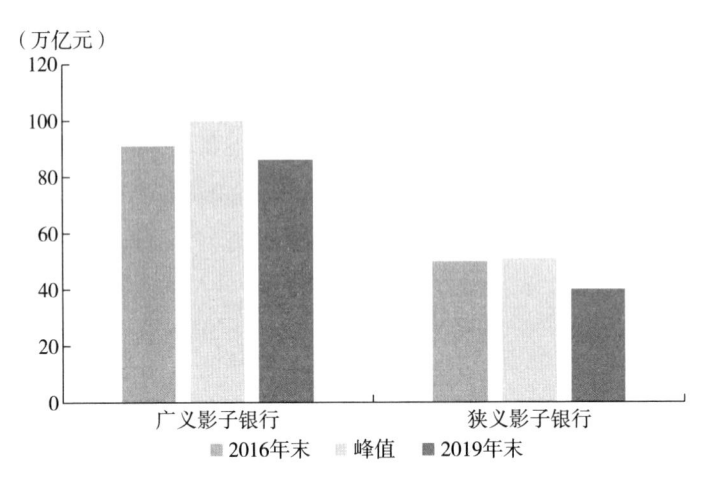

图 5-2 广义影子银行和狭义影子银行

资料来源：中国银保监会，中国人民银行，中国证券投资基金业协会，中国信托业协会，Wind，网贷之家官网，《中国影子银行报告》。

然而，由于影子银行融资比银行机构更具有周期性，如果放任复杂、高风险影子银行业务过度扩张，当经济增长放缓或金融监管加强时，融资供给就会迅速收缩，从而增加经济陷入衰退风险。作为影子银行收缩的对冲措施，即使传统银行机构在中央银行支持下增加发放廉价贷款，影子银行也可能引发金融秩序的混乱，导致金融市场震荡。

在国内，2008年后影子银行进入快速增长期，规模急剧膨胀，金融监管部门对影子银行进行了全面治理，以非银行金融机构为代表的影子银行融资的脆弱性凸显，民营企业资产负债表的脆弱性强，正是因为过于依赖影子银行融资。监管治理导致影子银行业务在短期内大幅萎缩，给民营企业债务可持续性带来了严重影响，也是过去一段时间内不少企业陷入债务困境的主要原因。经济增长下滑、债务融资收缩与地产调控同期叠加，导致地产等资产价格显著下跌，加剧了民营企业的资产负债表衰退。图5-3显示了2016年末、2019年末影子银行部分高风险业务变动情况,在监管强力治理之下,影子银行业务快速下降。

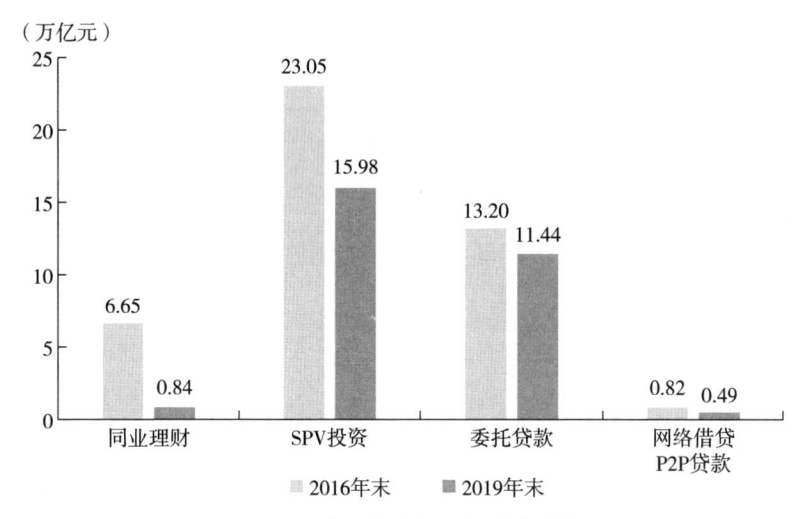

图 5-3 影子银行部分高风险业务变动情况

资料来源:中国银保监会,中国人民银行,网贷之家官网。

注:SPV 为特殊目的载体;P2P 为对等网络。

各类创新型资产管理业务是影子银行的主要资金来源,是金融机构的表外业务,也是过去 10 年里扩张速度最快的创新金融工具。2012 年,中国证监会和中国银保监会发布了一系列涉及资管业务的监管新规定,即资管新政,为资管业务迅速扩展至银证、信证、银基等合作,形成多种融资模式提供了制度依据。以资管产品形式出现的创新融资工具迅速崛起,资管融资模式因其灵活性、便捷性,迅速成为民营企业最广泛使用的融资工具,也是很多民营企业融资来源的主渠道。截至 2017 年末,在不考虑嵌套因素的情况下,金融市场创新资管的总规模达百万亿元。

然而,资管业务发展中的刚性兑付、多层嵌套、监管套利和流动性风险,使金融监管部门自 2018 年起陆续出台了一系列限制措施,即资管新规,对以资管模式融资进行广泛的严格限制,资管融资规模也随之大幅萎缩。在金融机构进行业务整顿,回归业务本源的过程中,监管层没有采取相应的对冲措施,市场缺少合理的增量融资承接存量资管融资,导致很多原本依赖资管业务融资的民营企业遭遇债务冲击,由于融资接续不上而陷入债务困境,不少企业发生债务危机而破产,对经济增长造成显著影响。

(三)民企融资增信方式和期限导致的脆弱性

由于大部分民营企业自身资本实力不强,信用基础也相对薄弱,经常采取多家企业互保、联保方式进行融资,包括共同发行集合债券等,由此引发了比较严重的担保链、互保圈风险,加剧了民营企业资产负债表的脆弱性。资本实力偏弱的中小微企业,财务实力和抗风险能力都较弱,且银行信用记录少,要从正规银行机构或金融市场获取融资,就需要依靠集体力量,以各种相互关联模式进行集体融资,如发行中小企业集合债券等。

在经济增长下行期,一旦互保圈内的一家企业出现问题,其他企业则面临代偿风险,即一家企业出现问题,一群企业承担风险并受拖累。过去几年里,在很多地方都出现了担保链、互保圈导致的债务偿还危机,导致一批企业陷入困境。担保链、互保圈的影响范围持续蔓延,甚至出现大面积的企业融资违约,这对地方经济发展造成显著冲击。而一些金融机构则"谈圈色变",不愿再为"涉圈"的民营企业提供增量融资,存量融资的抽贷、限制续贷现象使"涉圈"企业的融资环境更加艰难。最终,不得不由地方政府出面,依靠政府救助来帮助企业脱离债务陷阱。

除了以互保方式进行融资,以房产、土地、股票和非上市股权等资产抵质押也是民营企业普遍采用的融资方式,而抵质押资产价值和价格的稳定性就成了确保融资可持续的基础。然而，在经济下行期资产价格不断回落是常态，在抵质押物价值与融资额之间出现风险敞口时，银行除了要求提前回收部分贷款，还会要求企业追加抵押物以覆盖信用敞口。一旦发生贷款违约，无法通过其他融资偿还时，处置抵质押资产就是确保偿债的最后手段。在经济增长转折期，出现经营困难的行业和企业都比较多，使抵质押资产的处置变现行为司空见惯，这必然会加剧用于融资的房产、土地、股权等抵押物贬值幅度，甚至出现资产抛售踩踏现象，容易使资产价格陷入下跌螺旋。

依赖影子银行融资的脆弱性，叠加抵质押资产处置抛售潮，不仅会形成系统性金融风险，给贷款违约企业带来财务灾难，还可能导致对金融系统的冲击，使金融机构的不良资产显著升高。在 2015 年中国股市投机高潮后，因斩仓处置股票偿还股票配资，很多上市公司股价大跌，引发以股票为质押物进行经营性融资的上市股东和投资者违约，形成了广泛的资产价格下跌螺旋，造成股市灾难。最终，不得不由行政部门进行干预，才停止这一负反馈机制，恢复市场稳定。资产价格的螺旋式下跌使企业正常经营的抵质押再融资变得更加困难，或者可抵质押融资的额度大幅降低，都容易引发企业资产负债表收缩或者企业债务危机。

在民营企业融资中，房产、土地和股权抵质押模式非常普遍，几乎占民营企业融资规模的 70% 以上，信用融资和保证融资在民营企业融资总额中的占比较小，通常在 30% 左右。在过去几年里，由于经济增速放缓和严格的房地产调控，房产和土地价值持续下跌，有形资产变现能力和变现速度也随之下降，同时股市持续低迷也使股票价值缩水，这都导致民营企业的债务稳定性和财务稳健性下降。在抵质押物贬值风险及其可能引致的抛售潮中，企业资产负债表的脆弱性上升，对民营经济正常融资和发展造成显著影响，民间投资意愿和投资能力也明显下降。

此外，就融资规模和期限结构看，民营企业融资也更加脆弱。在新冠疫情防控期间，中国财政科学研究院发布的2020年"企业成本"调研成果显示，所有制形式是决定企业融资的重要因素之一，国有企业和民营企业在信贷市场、债券市场和股票一级市场中的地位并不相同。

从融资规模来看，国有企业平均融资规模明显高于民营企业，在2019年样本企业中，国有企业平均融资规模是9 738万元，而民营企业平均融资规模为2 695万元，国有企业平均融资规模是民营企业的近3.6倍。从融资期限结构来看，2019年国有样本企业银行融资中，长期贷款比重达42%，短期银行贷款占39%。与此形成鲜明对比的是，民营企业的短期银行贷款占总融资的比重高达72%，银行长期贷款仅占19%。民营企业更难从银行获得长期贷款，贷款期限稳定性存在明显劣势。

（四）公司治理不规范和内控制度不严格导致的脆弱性

民营企业内部治理不规范和内控制度不严格，财务制度和纪律执行不审慎，财务决策随意性强，过度负债、短借长投现象突出，是民营企业资产负债表脆弱性强的重要原因。在经济增速较快和融资环境相对宽松时期，治理体系缺失或决策机制不健全的企业，很容易因乐观情绪而进行过度投资和经营扩张。一旦经济增速放缓，金融环境收紧，债务紧缩风险随之而来，企业将不得不通过抛售资产大幅缩表，以应对债务困难。

这在实际经济运行中呈现两种主要形态。一是在经济高涨时期，部分处于经营顺境中的企业，会因资产价值膨胀和投资机会增多而进行超负荷融资，使债务负担超出企业财务安全边际范围，超过企业的资本结构承载能力、盈利与收益负担能力，以及企业现金流承受能力，使企业处于巨大的财务风险之中。二是在融资环境宽松时，部分企业因获得融资相对容易而进行过度融资。这类负债无论是基于业务过度扩张欲望还是出于投机性思维，都会使企业背负过重的债务负担。最终，公司因重要经营决策不审慎而承担不必要的债务风险，在经济环境变化或金融政策改变时，企业将很容易陷入债务危机，不得不通过变卖资产、缩减负债规模来应对。

此外，在融资财务成本决策上不审慎，接受成本显著偏高的融资，也是民营企业资产负债表脆弱性强的原因。除了不规范的民间借贷，民营企业依赖影子银行融资的特点，也使其融资成本相较于国有企业显著偏高。在经济增长转折期，民营企业普遍面临转型升级的压力，主营业务收入增长缓慢或出现负增长，企业利润回落甚至出现亏损，承担高负债成本的能力下降。在不少传统产业，企业利润增速低于全行业整体盈利增速，导致财务安全线不断走低。

因此，民营企业融资成本上升和融资可得性下降的双重压力，使资产负债表显著缺乏韧性，高财务成本融资往往成为债务危机爆发的导火索。为此，过去一个时期，国家出台了专门支持民营企业融资与发展的政策措施，包括对银行等金融机构新增融资中的民营企业占比进行考核等，为民营企业提供政策支持，但从总体来看，由于民营企业数量庞大，企业情况千差万别，政策实际执行效果并不理想。

二、民营企业遭遇"债务—通货紧缩"螺旋

（一）"债务—通货紧缩"理论及其扩展

欧文·费雪在其《繁荣与萧条》一书中，提出著名的"债务—通

货紧缩"理论,[①]并在其1933年的论文《大萧条的"债务—通货紧缩"理论》里对该理论进行了系统论述。[②] 他认为,大萧条是企业过度负债,以及在随后通货紧缩的条件下,企业恶性债务清偿螺旋所致的。就理论推演而言,过度负债和通货紧缩是这一理论的两个主要变量,其他变量如货币流通速度、利率等,与这两个变量结合,相互作用并彼此增强,进而导致经济衰退,甚至引发严重的大萧条。

"债务—通货紧缩"理论认为,过度负债和通货紧缩是美国20世纪30年代大萧条的根本原因,其逻辑的起点是新发明、新产业和新资源等的出现带来了极好的投资前景,企业为了获取预期中的利润,进行规模巨大的过度负债。然而,在随后的债务清偿过程中,如果没有"再通胀"政策的反作用,出现一般价格水平的下降或者货币购买力的升值,以使货币升值的速度超过名义债务偿还速度,那么不仅不能彻底清偿债务,还会增加尚未偿还名义债务的真实规模,经济将陷入恶性循环。

在费雪理论的基础上,马丁·沃夫森提出了三方面的改进意见。[③] 第一,不一定需要价格水平绝对下降,只需通货膨胀率下降,或者实际通货膨胀率低于预期通货膨胀率,债务人负担同样会加重,因为他们最初借债时已经把预期通货膨胀率考虑进去了。法扎里和卡斯基认为[④],"债务—通货紧缩"机制的关键在于价格或通货膨胀率相对预期

[①] FISHER I. Booms and Depressions: Some First Principles[M]. New York: Adelphi Company, 1932.
[②] FISHER I. The debt-deflation theory of great depressions[J]. Econometric, 1933.
[③] WOLFSON M. Irving Fisher's debt-deflation theory: Its relevance to current conditions[J]. Cambridge Journal of Economics, 1996, 20(3): 315-313.
[④] FAZZARI S, CASKEY J. Debt commitments and aggregate demand: A critique of the neoclassical synthesis and policy[J]. Financial Dynamics and Business Cycles: New Perspectives, 1989.

水平下降。詹姆士·托宾也认为，^①那些在20世纪70年代高通胀预期下大量举借债务的人，在物价稳定下来后会遇到巨大的麻烦。

第二，银行体系在"债务—通货紧缩"机制中的角色和所起的作用。费雪的研究认为银行中出现的问题是"债务—通货紧缩"机制的结果，且没有做深入分析。事实上，很多人对这个问题做过深入研究，并注意到了银行的负面角色。凯恩斯在《劝说集》中认为，^②银行在债务危机中起到了推波助澜的作用，在市场流动性本来就十分紧张时，进一步收紧信贷致使许多效益优良但在资金周转上存在问题的企业，走上了收缩业务、甩卖资产甚至破产倒闭的道路，托宾也表达了类似的观点。^③

第三，关于"债务—通货紧缩"机制是如何被触发的，费雪只是提出了过度负债会导致强迫性债务清偿，但没有给出令人信服的理由，解释过度负债是如何产生的。明斯基尖锐地指出，"费雪没能识别使'可承受债务'变成'过度负债'的那些系统性因素"。^④这一问题比前面两个要复杂得多，经济学家辜朝明在其《大衰退：宏观经济学的圣杯》一书中提出了比较系统的解释。

明斯基则提出了触发"债务—通货紧缩"机制的两大原因。^⑤一是利率上升，短期利率上升使近期的现金流出增加，影响债务人的流动性，而长期利率上升则使长期债务及股票价格下降，债务人的资产净值下降、抵押物缩水。二是资产价格下降。明斯基的解释相对简

---

① TOBIN J. Asset Accumulation and Economic Activity：Reflections on Contemporary Macroeconomic Theory [M]. Chicago：University of Chicago Press，1980.
② 凯恩斯. 劝说集[M].北京：商务印书馆，2021.
③ TOBIN J. On the efficiency of the financial system[J]. Lloyd's Bank Review，1984.
④ MINSKY H. Can 'It' Happen Again?：Essays on Instability and Finance[J]. Taylor & Francis，1982.
⑤ MINSKY H. Debt deflation processes in today's institutional environment[J]. Banca Nazionale del Lavoro Quarterly Review，1982.

单，并没有把问题解释清楚。就理论发展来看，单纯从金融方面寻找原因存在困难，但从经济周期角度考察，可以有新的解释。例如，梅文·金是从消费、财富分布、预防性储蓄等方面，尝试构造关于"债务—通货紧缩"机制的理论模型。[①]

（二）过度负债机制："资产通胀—债务扩张"螺旋

"通货膨胀无论何时何地皆为货币现象。"这是货币学派创始人弗里德曼的名言。其隐含之意是，只要在一定时期内货币发行量超过对应时期全部商品的市场价值，通货膨胀就不可避免。事实上，通货膨胀与货币超发之间确实存在相关性，即通货膨胀是货币超发的结果。同时，货币超发还创造了资产价格膨胀的条件，成为企业和个人资产负债表中债务扩张的诱因，并为债务膨胀提供了外部环境。

根据货币学的基本原理，当一个经济体的产出增长时，货币发行当局也相应地增加同等数量的货币供给，但若货币供给超出产出增长，则视为货币超发。在新兴市场国家和转型经济体中，M2 常会适度超过 GDP 的增长速度以促进经济发展，但过快的货币供应量增长也很容易造成通货膨胀和资产价格膨胀，并最终反过来危害经济增长。

中国是从计划经济转轨的发展中经济体，在经济发展中出现适度货币超发也是正常现象，以货币超发推动经济发展既是客观事实，也是政府的主动政策选择。1978 年，中国的 GDP 为 3 645.2 亿元，M2 为 859.45 亿元。2022 年底，中国的 GDP 达 121.02 万亿元，M2 为 266.43 万亿元（见图 5-4）。因此，在 44 年间，GDP 增长了约 332 倍，而

---

① KING M. Debt Deflation：Theory and Evidence［J］. European Economic Review，1993.

M2 增长了约 3 100 倍，中国货币供应量增速远超 GDP 增速。尽管 M2 的持续增长契合了快速经济增长的需要，但与此同时，M2 的过快增长也不可避免地带来了价格膨胀和债务的快速积累，尤其是在投资主导型增长的模式下，中国宏观债务积累的速度是惊人的，近年来更是呈现加速之势。

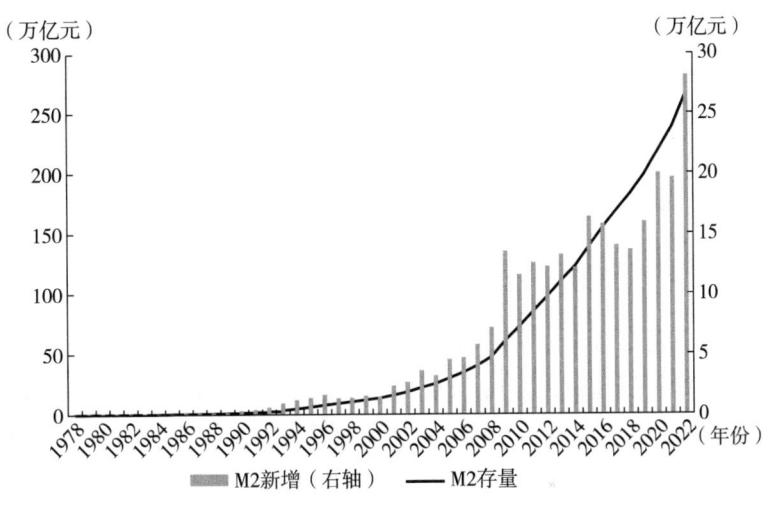

图 5-4　中国 M2 增长趋势

资料来源：中国人民银行。

从 M2 与 GDP 比率的变化趋势来看（见图 5-5），1978—2022 年，该比率不断上升表明货币超发问题加剧，同时在经济增速下降的环境下，M2 依然保持较快增长，说明货币流通速度的下降。在改革进程遭遇短期波折，或者经济增长放缓时，货币超发也曾带来较严重的通货膨胀，比如在 1988 年"价格闯关"时，同年第四季度 M2 同比增长 46.7%，导致了严重的通货膨胀，CPI（消费价格指数）上涨达 34.8%，2007—2008 年遭遇外部经济冲击后，在刺激政策作用下也出现了显著的通胀上升现象。

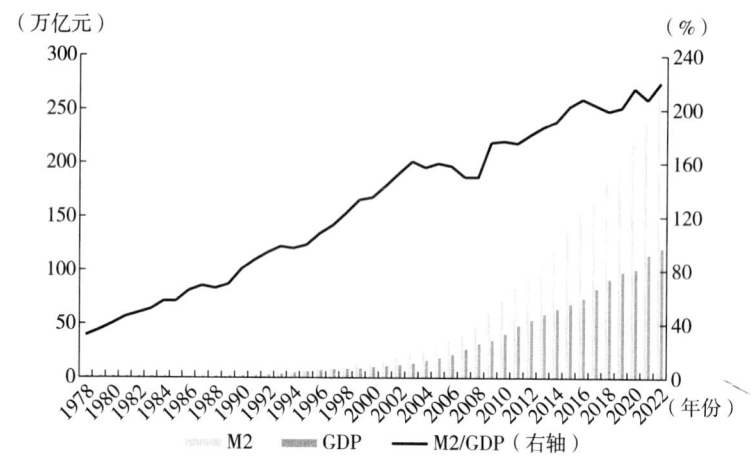

图 5-5 M2 与 GDP 比率的变化趋势

资料来源：中国人民银行，国家统计局。

货币超发既容易导致 CPI 上升，也容易引发资产价格膨胀。在中国经济增长历程中，特别是在 2008 年全球金融危机后，中国以房地产业崛起为典型特征，出现了以商品住宅为代表的显著资产价格膨胀现象（见图 5-6）。在以快速城镇化和工业化进程为牵引的经济增长中，货币超发推动形成了持续的资产价格膨胀。资产价格膨胀使企业和居民资产负债表中资产端的市场价值不断增长，并引致企业部门和居民部门在负债端不断增加杠杆，增强了在经济回落期资产负债表的脆弱性。

企业不断通过抵押资产增加负债，以扩大产能或者购入资产，特别是那些重资产企业，在以资产抵押扩大负债而创建或购买资产后，会再以新资产抵押继续扩大融资，进行再次投资或购买资产，如此不断循环，导致杠杆率畸高。以快销模式运营的房地产企业是典型代表，不断重复"购地—抵押融资—房产开发—再购地"的运营循环，结果债务累积和资产规模加速膨胀，在遇到经济环境变化或政策调控时，很容易被高杠杆和融资脆弱性迅速击垮。在著名的恒大地产集团倒闭案中，在出现债务危机时，其总负债规模达到惊人的 1.95 万亿元。

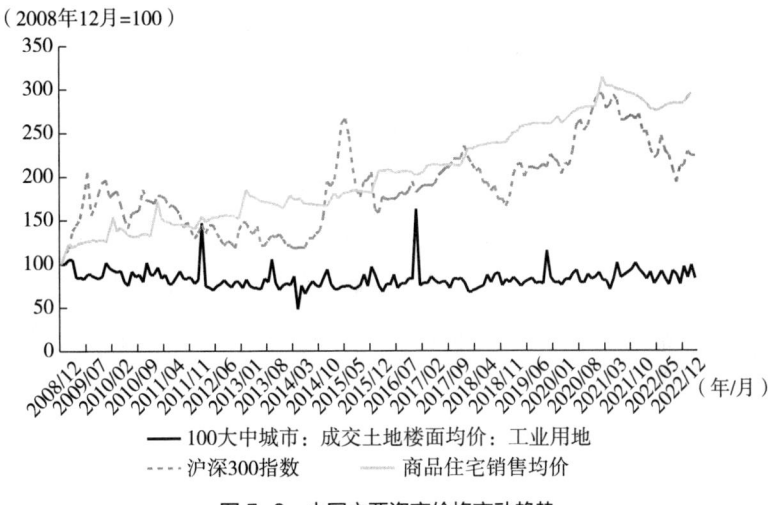

图 5-6 中国主要资产价格变动趋势

资料来源：Wind，国家统计局。

由货币推动资产价格膨胀，从而形成的财富效应会诱发企业部门过度加杠杆的冲动，那些基于投机性目的的加杠杆行为，最终会伤害企业自身，并损害实体经济发展。在中国地产价格高涨期，不少实业企业偏离主业，采取抽调运营资金，加杠杆提高负债方式，大规模投资房产和房地产开发，开启"增加债务—资产膨胀—再负债—再购买资产"的循环，形成"债务—资产膨胀"螺旋。短期内企业资产负债表资产端的膨胀，会在债务顺周期中形成报表财富效应。然而，这一扩张机制所导致的过度负债，将在债务逆周期中对企业形成反噬，并最终将企业推入债务陷阱。

（三）债务紧缩机制："资产跌价—债务紧缩"螺旋

以资产价格膨胀为基础的债务扩张，面临被逆转的内在趋势与风险。从宏观角度来看，随着经济增长转折期的到来，经济增速下降会导致企业资产负债表恶化，形成债务紧缩的内在压力。而随着企业收入和盈利能力下降，付息和偿债压力也会不断增加，缩表以降低负债是必然结果。由此，企业在扩张期形成的债务膨胀，在其经营现金流不足以承载时，将不得不以出售资产方式加以偿还。

因此，资产价格回落会导致较普遍的资产出售行为，使资产价格显著下行，加剧企业资产负债表资产端缩水，从而恶化企业的资产负债表。为了稳定报表而偿还或缩减负债的压力，就会导致出现更多的资产出售行为，从而进一步加剧资产价格下行趋势，启动资产价格的市场负反馈机制，形成"出售资产偿债—资产价格下行—出售更多资产偿债—资产价格再下行"的恶性循环。

在中国，资产价格下行的负反馈机制由两个因素加强。一是货币政策和金融监管政策的调整。当企业过度负债投资导致经济过热时，为给经济降温，货币当局会出台较严厉的金融调控政策，引发金融市场的融资紧缩，导致融资难度和融资成本大幅上升，加剧"资产跌价—债务紧缩"螺旋。有时金融监管政策本身就是债务紧缩的原因，当金融监管当局认为金融创新的风险积累过高时，会对创新活动严加控制，或者如前文所述，甚至直接取缔某些金融创新业务的合规性，创新融资因此会大规模萎缩。这种收缩效应导致资产价格的迅速下跌，深刻影响金融市场和企业融资，形成"资产跌价—债务紧缩"的负向循环。

二是对房地产业的调控。房地产业是中国城镇化进程的国民经济支柱产业，房地产资产也是众多企业资产负债表上的核心资产，是企业债务融资的主要抵押资产之一。因此，政府对房地产业的调控，将直接影响企业资产负债表的稳健性，以及融资来源和融资规模的稳定性。在政府前期进行的多轮地产调控中，每一轮调控都导致资产价格明显波动，但城镇化进程使地产价格一路上升，地产价格曾被持续看涨。但在过去几年中，国家在坚持"房住不炒"原则下，对房地产业进行了严格调控，房地产价格上涨趋势被遏制，并出现一定幅度的价格下滑，逆转了企业部门和居民部门对房产价格继续上涨的预期，房地产市场趋冷，房产价格缩水，这对房地产企业和持有较多房地产相关资产的企业，形成了显著的资产负债表冲击。由于房地产业领域有很多投资性持有者，存在大量房产"隐性存货"，对价格反弹形成压制，企业资产负债表的缩表压力难以在短期内得到缓解。

（四）经济增长转折期民营企业的债务陷阱

前文对民营企业融资特征的分析表明，其资产负债表存在显著脆弱性，这在资产价格膨胀与债务紧缩机制下，很容易演变成企业债务陷阱。通常在经济高涨时期，资产价格上升具有显著的财富效应，叠加此时融资环境宽松，创新金融工具多样且活跃，不少民营企业使用新型融资工具，多以资产抵押担保为基础，大规模举借债务，提高杠杆率水平，市场债务规模显著膨胀。

随着经济增速下降，资产价格回落，特别是金融监管加强，创新融资大幅收缩，资产负债表快速承压，而现金流量表中筹资现金流受限，并直接影响经营现金流，企业的债务风险随之上升。很多民营企业为偿还到期债务，或者金融机构因抵押物缩水收紧融资额度，很多企业不得不出售资产补充现金来源，但在经济环境遇冷时，很多企业都有出售资产的需求，资产出售交易拥挤加剧价格下行，增加出售难度。债务违约频繁出现，并把违约企业逼入债务陷阱。

在过往的宏观调控和周期波动中，这种由膨胀到紧缩，再到恢复的债务周期都是较短的。因此，尽管在每一轮周期中，都有不少民营企业因债务问题破产，但大多数企业都能够挺过周期低谷，从困境中逐步恢复过来，资产负债表在新的经济增速上升期中得以修复。

然而，在中国经济增长进入转折期后，这种局面已经发生根本性改变。第一，经济增长转折期并不是一轮短期波动，经济不会很快从下行趋势转向上行，这对企业资产负债表的韧性提出了严峻考验。第二，各类资产价格缩水，特别是房地产价格下行趋势已经发生历史性逆转，难以依靠资产价格的迅速反弹支撑资产负债表修复，这对依赖资产抵押融资的企业而言，会成为资产负债表的永久性损伤，或者至少会留下长期的疤痕效应，这与经济快速增长时期完全不同。第三，对房产等资产价格预期的逆转，大幅减少了投机性资产交易，投资规模将继续缩减，会继续增大对资产负债表的冲击。因此，由资产下跌引致的债务紧缩存在长期化趋势，若没有外部助力纾困，企业将难以脱离债务陷阱。

相对而言，资本实力更强、信用水平更高的国有企业，则更能够应对此类冲击，无论是在公开市场上发债融资，还是在间接融资市场上借贷，国有企业都拥有天然优势，金融市场融资收缩对其影响相对较小。以房地产业为例，即使经历最严厉的地产调控，大多数国有地产企业依然能够获得金融机构信任，得到需要的融资支持，而民营地产企业则在大量融资失血后陷入困境。大型民营地产企业的接连倒闭或陷入困境，一方面说明企业经营战略不够稳健，资产负债表相对脆弱，缺少韧性；另一方面说明此类企业在行业调整中遭遇较强的债务紧缩。

三、民企债务紧缩是一场特殊的资产负债表衰退

（一）民营企业的特殊资产负债表衰退

企业资产负债表衰退概念的核心内涵是，企业有较好的营业收入和盈利能力，却因负债过重而资产负债表失衡，因此主动选择将利润

优先用于偿还债务，而非用于扩大经营，或者不愿意借贷扩大经营，企业经营的主要目标从追求利润最大化转向追求债务最小化。而且，应该特别强调的是，此时金融市场有意愿和能力为企业提供融资，但企业却对融资采取抵触态度，并不愿意增加借款，而是致力于资产负债表修复，以实现债务与资产的动态平衡。

相对而言，中国民营企业在金融市场遭遇的举借债务困难，以及被动陷入债务紧缩循环，与前述资产负债表衰退概念的内涵并不完全相同，且企业所表现出来的行为特征也并不相同。在日本经济长期停滞和美国经济大萧条时期，企业表现出的行为特征是能够正常举借债务，但却不愿借债，即债务抵触综合征；而中国民营企业则遭遇的是融资难融资贵问题，虽有明确的借款意愿，但无法得到有效满足。

事实上，中国民营企业所经历的是一场特殊的资产负债表衰退。这一判断主要基于以下四点：一是民营企业在进入债务紧缩之前，大多经历了过度负债所带来的债务膨胀，且主要是以资产价格上涨为支撑的，后期在经济环境紧缩或金融监管强化下，转入债务削减进程；二是尽管呈现被动式特征，且受到"债务—通货紧缩"机制的深刻影响，但就民营企业自身选择而言，主要目标也是削减债务，以实现资产负债表可持续；三是尽管民营企业不是主动选择抵触增加负债，但资产负债表不可持续，而被金融机构要求优先偿还债务，导致经营利润和资产出售收入主要被迫用于偿还债务，在实际效果上就是"债务削减优先"，类似于企业主动追求债务最小化；四是对于宏观经济而言，民营企业被动式追求债务最小化行为，直接制约了其投资扩张，给投资主导型经济带来严重的负向冲击，显著抑制了经济增长。

（二）民营企业的被动式追求债务最小化

在经济增长转折期，中国保持了物价基本稳定，但却出现了显著的资产价格膨胀，也就是说，消费品价格和投资品价格趋势出现了明显背离。这与投资主导型增长模式下，以不断增加负债为基础的投资扩张，以及由此导致的产能严重过剩密切相关。产能过剩使物价上涨受到压制，特别是工业制成品价格涨幅受限，而原材料价格和劳动力成本则出现显著上涨，导致PPI（生产价格指数）上涨速度快于CPI。原材料价格和劳动力成本上涨与工业制成品价格受压制并存，供给增长与需求收缩相伴而来，这使中国传统产业企业的盈利状况趋于恶化。企业羸弱的盈利能力和资产价格下跌，对其资产负债表构成压力。民营企业融资环境收紧，以及宏观经济政策的紧缩性调整，导致了被动式资产负债表衰退现象的发生。

增长模式转型和产业升级压力，给大部分仍处于传统产业领域的民营企业带来了严峻挑战。首先，对于以房地产为主业或有较大比重房地产业务的企业，以及以基础设施相关投资为主的重资产企业，如环境保护、市政服务、园林工程、园区建设等，在经济快速增长时期就存在过度负债问题，企业当期经营现金流不足或不稳定，无法满足付息与还本之需，债务可持续性弱。因此，企业主要通过增加筹资现金流加以弥补，一旦出现融资政策收紧，或者经济增长放缓，续借和新增债务都将难以实现，这是典型的"补血依赖症"，也是宏观紧缩环境下的高危性企业。

其次，依赖信贷支持的传统产业中的重工业企业，如钢铁、有色金属、石化和玻璃等企业，易受国家信贷支持政策重点转移的影响。在经济周期的低谷时期，由于市场冲击和融资收缩，企业盈利下降和偿债压力同时出现，经营现金流和筹资现金流同时恶化，企业经营限于困境，削减债务成为唯一出路。但传统产业中固定资产专用性很强，变现能力较差，或者变现的跌价损失严重，资产缩水速度远快于负债削减的速度，这会加剧资产负债表衰退风险，并出现以被动式追求债务最小化为特征的负向循环。只有那些拥有易变现资产，或者拥有其他现金流补充的企业，才能挺过经济下行期，等到下一个债务扩张周期的到来。事实上，也只有行业中那些产能先进、资产运营效率较高的企业，才能最终穿越周期，迎接未来。

再次，产业过度多元化的投资型企业，在经济金融收缩时期容易经历被动式缩表。在经济高涨时期，乐观情绪会使不少投资型企业选择大规模负债，进行大量多元化投资。如果所投资产或项目的现金流较好，或者变现能力较强，在信贷收缩的经济低谷期，能有机会可控地收缩资产负债表，或者忍耐一定损失而断臂求生；而对那些在经济高涨时期进行过度负债投资，特别是采取短贷长投模式，投资于周期长、缺少现金流项目的企业，大多在经济下行期无法有效缩表去杠杆，很容易出现债务违约，甚至是因资金链断裂而破产倒闭，这类例子近年来在民营企业群体中屡见不鲜。

最后，依靠高杠杆运营的资金密集型企业，无论是小企业还是大企业，都非常容易受经济周期和债务周期的冲击。以资金密集型的钢材贸易行业为例，在以钢铁销售、粗加工和配送为主的流通性行业中，钢材贸易企业主要与钢厂或钢厂代理商订货，加工并销售给终端的贸易商或使用者。在投资扩张的经济高涨时期，钢铁供不应求，钢材贸易企业为提高资本回报率，大多会进行高杠杆的负债经营。然而，随着经济进入下行期，钢材价格下跌，需求萎缩导致钢材贸易商出货困难，而融资银行又收紧融资，产品跌价损失与信贷带来的收缩偿债压力叠加，在无法实现资产负债表平衡，或者保持合理的资金流动性时，钢材贸易企业往往因资金链断裂而破产，这正是2012年钢贸危机的成因。

此外，负债经营的小微企业，由于资金实力弱，资金链非常脆弱，很容易受经济周期波动及金融监管政策变化影响，从而面临危险的被动式缩表。当融资过快收缩，出现显著资产跌价，或者上游企业付款拖延时，都会使小微企业陷入债务困境。这也是在经济困难时期，小微企业大量倒闭的主要原因。

总之，在经济增长转折期，随着经济增速下降，特别是在转型升级压力增大的背景下，民营经济领域出现了比较普遍的经营困难，而被动式债务紧缩引发资产负债表衰退，民营企业追求债务最小化努力的失败，就意味着经营失败。当一大批民营企业陷入经营困境，甚至不少大型民营企业集团也面临经营失败时，会对民间投资的信心和能力造成严重冲击，这对保持经济稳定增长十分不利。

四、增长转折期的债务紧缩与转型困境

（一）金融视角的民企债务紧缩

在中国的融资体系中，国有经济与民营经济所处的融资地位并不平等。对大多数民营企业而言，受信用水平和资本实力等因素制约，融资途径相对狭窄。站在金融视角看，在由银行主导并以间接融资为主的金融体系下，经济增速遭遇压力而出现回落时，金融机构的融资收缩会使民营企业的融资环境收紧，银行对民营企业的融资和信用收缩会引发债务紧缩，并导致企业出现债务危机。

正如凯恩斯在《劝说集》中所指出的，银行在债务危机中会起到推波助澜的作用，在中国民营企业的债务紧缩中，同样经常可以看到类似的情形。当出现经济波动或者流动性紧张时，银行往往首先收紧信用水平低和资本实力较弱的民营企业贷款，一些原本处于正常经营状态的企业，或者仅有部分临时资金短缺的企业，很容易因此出现债务危机，被卷入"债务—通货紧缩"螺旋，一些企业甚至破产倒闭。

在由间接融资主导的金融体系中，民营企业的债务紧缩与银行的风险厌恶倾向高度相关。由风险偏好高度相似的银行机构主宰金融市场，导致风险判断及融资与投资行为高度趋同，这对金融市场健康成

长和改善融资环境都非常不利。在贷款市场上,当经济增速下行时,大小银行都选择回归以国有企业为主导的"安全港"客户,收紧对民营企业的融资,包括定位于服务民营企业的中小型银行机构,它们宁愿做利差倒挂的赔本买卖,也要追逐所谓"安全港"客户。在这些银行看来,贷款本金的安全远比赚取息差重要得多。

在公开债券市场,投资者主体多样性看似更加丰富,但风险偏好也高度一致,同时,银行及其体系内投资机构也是债券市场的主力投资者,其投资行为与借贷行为高度相似。这导致民营企业在债券市场融资遇到巨大困难,除了少数大型民营企业能够获得市场认可,大部分民营企业难以进入这个超140万亿元的直接融资市场。而即使是能够进入该市场的企业,在遇到周期波动时,其债券也会因评级相对较低而被优先抛售,导致持续融资机制被切断。

此外,缺少稳定长期资本及补充机制,也是民营企业资产负债表脆弱性的根源。在遭遇债务困境时,民营企业缺少长期资本来源和快速补充机制,除了小部分上市融资的企业,绝大部分民营企业的资本来源主要依靠自我积累。因此,民营企业在遭遇债务困境时,常因缺少有效外部资本援助机制,而很容易陷入破产境地。

在近年来的民企债务纾困实践中可以看到,一方面政府用来纾困的市场化资金非常有限,能够帮助的企业较少;另一方面,受国有资产监督和管理体制制约,对民营企业进行大规模救助面临诸多技术与决策障碍,效率较低。客观而言,那些经营基本正常,单纯因临时性资金周转困难,或者债务衔接问题而倒闭的企业,既是股东的损失,也是社会的损失,对经济增长、金融安全和居民就业都非常不利。

宏观经济运行中的融资总量和结构性收缩,是触发民营经济"债务—通货紧缩"螺旋的主要机制。导致中国债务结构扭曲的体制与机制,使货币政策难以有效传导至微观困难企业,社会增量融资也难以触达这些企业。因此,一方面,债务结构扭曲放大了债务紧缩对民营企业的影响；另一方面，债务紧缩导致的资产跌价又反作用于债务紧缩过程，使身处困境企业的资产价值，相对于其债务而言变得越来越小，而企业进行部分债务偿还的结果是，尚未偿还的债务负担相对于其资产而言变得愈加沉重。因此，企业努力偿还债务的结果是使其债务相对加重。由此出现的悖论是，在资产负债表衰退条件下，债务人越偿还债务，相对债务压力越重，越无力继续偿债。这也是民营企业债务困境越陷越深的主要逻辑。

因此，对民营企业而言，如果没有外部有效干预和救助，债务紧缩一旦开启，就很容易陷入债务持续恶化的负反馈机制中。那些陷入困境的企业将不得不缩减运营规模、减少产出和交易，部分企业的亏损、破产和经营失败，会引发民营经济的集体性悲观情绪，继续投资的信心下降，甚至在经营上采取"躺平"心态，使尚有投资能力的企业不愿投资、不敢投资。这个负向的"债务—通货紧缩"螺旋在当前的经济运行中清晰可见，民间投资增长缓慢甚至出现负增长，居民消费持续疲软，储蓄倾向日渐升高，这最终都会严重拖累经济增长。

（二）债务紧缩与民企转型困境

站在经济周期视角，中国宏观经济增长进入新常态，由高速增长期转向中速增长期，产业转型升级的紧迫性和挑战性都在加强。由于很多传统产业步入衰退期，资产价格也相应地显著下降，民营企业的转型升级遭遇困难，这也是民企出现债务紧缩的重要原因。

首先，随着中国经济步入新常态的中速增长期，产业转型速度加快，行业升级趋势加速，金融机构对传统产业的金融支持不断收缩，很多民企转型在逆境中又遭遇融资瓶颈。由于一些企业深度依赖原本所处的传统产业，资产体量较庞大，企业转型和技术升级相对困难。同时，部分企业家特别是"创一代"企业家，受经营理念、知识结构和视野格局等多种因素限制，对企业转型既没有做好思想上的准备，又没有找到合适的转型方向，呈现出盲目转型和怠于转型的分化状态。另外，服务于经济转型战略要求，国家金融监管和政策导向发生了重大变化，重点支持的产业领域快速转向，更多支持高科技和高端制造领域企业发展，对传统产业融资支持力度持续收缩，甚至限制对这些行业的支持，这让传统产业领域企业处于资金持续失血中，债务压力也不断增大，资金链不断收紧。

其次，民营企业的融资特征所带来的脆弱性，使民营企业转型和发展更容易遭遇债务困境。民营经济作为在公有制经济夹缝中成长起来的经济力量，在中国经济发展中的作用尤为重要，但在整个宏观金融体系中，民营经济的融资地位偏低，更加依赖于创新融资工具如各类资管、票据、信托等，而相较于公开发债和银行贷款等，这类业务受监管政策变化影响更大，具有更强的周期性特征。

例如，始于2012年的资管新政为各类金融机构开展资产管理业务打开了政策之门，也为民营企业扩大融资提供了契机，这类创新工具甚至催生了2015年的资本市场牛市；国家2008年推出的4万亿元投资计划以及票据市场狂潮，都曾将民营企业的短期融资推向高峰。然而，随着2015年底监管层重拳治理票据市场，以及2018年初资管新规落地，民营企业广泛使用的各类创新融资渠道迅速萎缩，融资环境和资金供给快速收紧。这让企业资产负债表的负债端迅速遭遇冲击，部分企业资金链断裂，一些企业家以"跑路"方式逃避债权人的追索。

再次，在经济增长下行期，金融机构风险厌恶倾向强化，很多金融机构特别是国有金融机构，更倾向于把资金投向中央国企、地方国企和地方平台公司等"安全港"客户，而对民营企业的融资则趋向集中于少数规模较大的企业，对中小微民营企业的融资更加谨慎。国家为改善民营企业和中小微企业的融资环境，对银行机构融资出台了很多明确的政策指导和考核计划，并出台差别准备金等结构性货币政策，激励银行加大对民营企业和中小微企业的融资支持力度，但就实际效果看，这些政策只起到了部分作用，民营企业的总体融资环境并没有得到根本改善，债务紧缩的局面没有出现有效扭转或明显缓解。

以小微企业融资为例，国家在支持小微融资领域出台了一系列政策，包括央行执行带有显著行政色彩的小微贷款占比考核，但效果依然不佳。在实际执行中，大型银行在小微金融市场进行"掐尖"选择，一批质地较好的小微企业受较低利率吸引，从中小型银行向大型银行"搬家"。一些银行为完成央行对小微贷款占比的刚性要求，甚至不惜调整小微企业的界定标准，变通地完成考核要求。因此，行政措施并不能从根本上解决小微企业融资难融资贵问题。银行贷款是基于资金定价要覆盖风险成本的权衡，是基于市场化机制决策的，行政主导会扭曲市场机制，无法从根本上有效解决银行信贷业务的持续经营问题，自然也难以持久。

最后，过快和过度的债务紧缩容易剥夺传统企业转型的机会。对于那些转型周期相对较长，又遭遇产能过剩挑战的企业，债务紧缩需要相当谨慎。由于这些企业转型需要"转大弯"和"慢转弯"，金融机构需要有定力和韧性支持企业转型进程，简单粗放式融资收缩反而会带来金融风险。

非正常的债务紧缩会造成两个方面的严重后果。一是加剧转型企业的融资收缩，失血使资金链加速抽紧，加快资产负债表恶化进程，企业被迫以严重低估的价格变卖资产偿债，导致很多企业走上无法逆转的衰败之路；二是债务紧缩形成的单家企业的债务困境，很容易通过债务担保、应收账款等链条，快速扩散到其他健康企业，特别是对那些因资本实力偏弱而采取互保融资方式的中小企业而言。尽管此前互保方式是很多银行推崇的模式，但是在融资收缩时，互保链条会将一家企业的意外倒闭演变成勒死一群小企业的绞索。这对于经济发展、社会稳定和居民就业都是非常不利的。

五、宏观挤出效应与民间投资隐性衰退

(一) 挤出效应与民间部门紧缩

在宏观经济学理论中，社会总需求是短期国民收入的决定因素，在一个封闭的经济体系中，社会总需求由居民消费、私人投资和政府支出构成。在经济运行中，受各种因素的制约，当居民消费和私人投资下降时，总需求与社会产能之间就会出现缺口。所谓挤出效应，是指在总需求不足时，政府采取扩张性财政政策刺激总需求，以补平缺口，拉动经济增长，但同时，政府支出的扩张是通过在债券市场发行债券，或者向金融机构借款等方式，从金融市场大规模筹集资金，这会推动市场利率上升，并导致私人投资和居民消费支出因利率上升而出现下降。

挤出效应的大小取决于投资和消费需求的利率弹性，由于投资是利率的减函数，利率弹性越大，政府扩张性政策的挤出效应也就越大；利率弹性越小，挤出效应也就越小。如果利率保持不变，则落入凯恩斯陷阱区域，就不存在挤出效应；而如果利率升得很高，则落入古典理论区域，挤出效应就非常大，甚至会完全抵消政府扩张性财政政策的扩张作用。

政府支出增加对私人投资和居民消费支出的挤出效应，是凯恩斯主义和货币主义争论的焦点之一。作为主张国家干预的经济理论，凯恩斯主义认为，政府的财政政策对总需求有直接作用，因而能够调节经济波动；而货币主义则认为，财政政策只是通过影响利率和货币流通速度而间接作用于总需求，如果不调整货币供给，挤出效应则是单纯的财政手段所产生的一种政策效应。

在经济实践中，对挤出效应发生机制的解释有两种逻辑。一种解释是，财政支出扩张引起利率上升，利率上升将抑制民间部门支出，

特别是抑制民间投资；另一种解释是，政府部门向金融市场借款，与民间部门形成资金需求竞争，减少了民间部门可获得资金量，形成挤出效应。这两种解释都受货币供应量和资金供给结构的影响。

具体来看，一是货币供应量变化是市场的常态，一般而言，扩张性财政政策通常伴随着相应的货币政策配合，以抑制利率出现明显变化。因此，问题的关键在于，货币供应量的边际变化是否会造成对民间部门融资的挤出效应。二是除货币供应量变化外，资金供给结构也是关键影响因素。一旦出现资金供给结构扭曲或增量错配，就会发生资金配置竞争，即使是同样的货币供应总量，也会形成对民间部门融资的挤出效应。

在中国特殊的所有制结构下，国有部门作为有为政府体系进行经济调控的重要载体，与民营部门之间存在明显的挤出效应。在理论上，由于国有部门体量巨大，在国民经济中的占比高，其造成的挤出效应会超越西方一般经济学理论的描述，并在经济增速下行期加剧民企债务紧缩。当然，国有部门中的企业部门本身也是经济活动的参与者，其作用不同于政府部门，主要影响在于投资效率高低对经济增长的影响，关于这一点将在后文的资本产出率分析中再进行讨论。

（二）融资端的挤出效应

从宏观政策执行和经济运行实践来看，融资端的挤出效应是客观存在的。如果将有为政府体系涉及的公有制主体看作公共部门，把市场化私营主体视为民间部门，则在这个框架中，与挤出效应一般理论相比，公共部门对私营部门的融资挤出效应特征十分突出。

首先，作为公有制居于主导地位的经济体，以中央国企、地方国企和政府投融资平台为代表的公有制经济部门，通过发行各类债券、银行信贷、信托融资及开发性金融工具等多种融资形式，在微观经济领域与民间部门形成融资竞争，且以信用和资本实力优势占据了较多的金融资源，减少民间部门可获得的资源总量。

其次，在国有独资及国有控股金融机构主导的金融体系中，由于资产规模、营业收入水平和股东背景不同，民间主体和国有部门主体之间存在信用差异①，在以银行间接融资为主导的金融体系下，基于风险—收益权衡的国有金融机构具有更强的主体信用风险厌恶倾向，因此更愿意给予国有企业法人更多融资支持，甚至选择风险集中的"垒大户"模式。同时，即使是市场化金融机构也更愿意投资于地方政府和国有主体发行的债券，这使公有制企业在获取金融资源上具有更多的竞争优势。在经济周期的低谷时期，这种倾向表现更加突出，民营企业遭遇的融资难融资贵问题变得更加尖锐，尽管国家采取了一些行政性措施试图加以扭转，但仍难有效缓解。

融资端的挤出效应对经济增长的影响体现在三个方面。一是民间部门的融资被挤出，导致民间投资增速缓慢，甚至出现下滑，影响内生经济增长动力的释放。二是被国有部门挤占的金融资源存在投资效率偏低问题，公共投资部门特别是地方国企和平台公司，其投资主要集中在基础设施领域，投资规模大且周期长，但回报率低甚至缺少回报，使资金投资效率低，产出效果较差。三是新增投资形成的产能供需匹配问题，削弱了投资的带动效应。由于实施多年的基建投资拉动增长，很多地方已经缺乏有价值的投资项目，在一些超前投资项目建成后，缺少有效社会需求，难以对最终消费和衍生投资形成有效拉动，产能供需错配的结果是削弱了投资乘数的作用。

---

① 中央国企的规模实力和地方政府的信用背书，是造成民营企业与公有市场主体信用差异的主要影响因素。

（三）投资端的挤出效应

在投资主导型经济体中，投资端挤出效应的影响同样显著。在国民经济体系中，公有制经济居于主导地位，政府强调宏观政策对经济周期的调控作用，因此，投资端的挤出效应会随着逆周期调节力度的不同而变化。事实上，政府以公有制经济部门为抓手实施的稳增长、促增长政策，虽然部分抵消了经济增长下滑的压力，但也强化了挤出效应的影响。

改革开放40多年来，民营经济由小到大，民间资本由弱变强，民间投资已逐渐成为经济发展和产业结构调整的重要力量，民间固定资产投资在全国固定资产投资中的占比持续提高，高峰时期占比超60%，过去10年里的占比超50%。就固定资产投资增速来看，在整个20世纪80年代，民间投资均处于持续快速增长中，在严格宏观调控的1985—1986年，民间投资的增长速度快于多数国有部门。1992年邓小平南方谈话后，随着建设社会主义市场经济体制进程的推进，1993—2007年，[①]民间投资增速也几乎快于所有国有部门。因此，民间投资一直是经济内生增长动力的核心支柱，民间投资的下滑则会引起内生增长动力的衰减。挤出效应是内生动力的抑制性力量。

2008年后，民间固定资产投资增速与国有部门增速出现趋势逆转，在宏观调控政策强度加大的年份，国有固定资产投资增速超过民间部门。2009年，受次贷危机和全球金融危机影响，政府逆周期宏观调控力度空前，4万亿元投资计划几乎都落在国有部门，因此，当年的国有固定资产投资增速达43%，远超民间固定资产投资25%的增速，2009年是自中国加入WTO后，民间固定资产投资增速最慢的一年。

---

① 受1997年亚洲金融危机和1998年特大洪水影响，1998年民间投资出现负增长，落后于正增长的国有部门。

如图 5-7 所示，自 2012 年以来，民间固定资产投资增速总体呈现下降趋势。特别是自 2016 年起增速跌至 10% 以下，此后增速虽有起伏，但都未出现 10% 以上的增幅。2022 年，全国固定资产投资增速为 10.6%，而民间固定资产投资增速仅为 0.9%。民间部门投资远远落后于国有部门的投资增速，拖累了全国固定资产投资的增长，不利于经济增长。

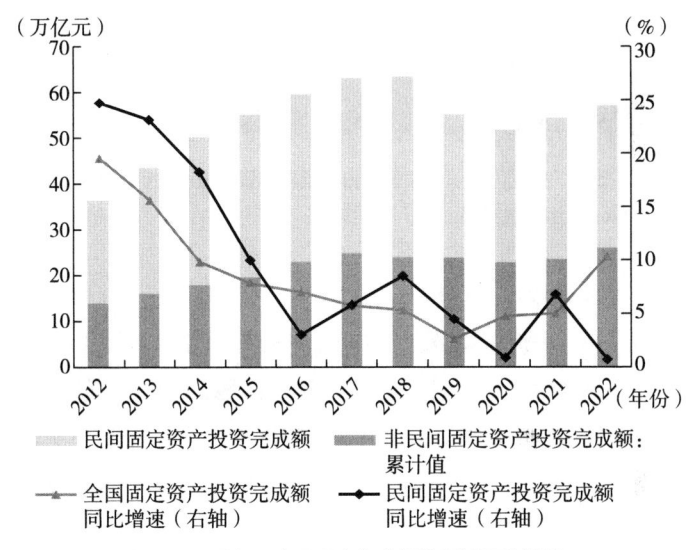

图 5-7 民间及全国固定资产投资累计同比增速

资料来源：Wind，国家统计局。

如图 5-8 所示，从民间固定资产投资占全国固定资产投资比重趋势来看，与其自身增长趋势相吻合。2004—2015 年，民间固定资产投资占全国固定资产投资的比重逐年提升，从 2004 年的 31% 逐年增长到 2015 年的 64%。此后便呈总体下滑趋势，并在 2019—2022 年下跌到 55%~56% 的水平，特别是自 2016 年以来，民间固定资产投资增速只有两年超过全国固定资产投资增速，其余年份均低于全国增速。因此，可以预计，如果不转变依靠投资拉动经济增长的模式，民间固定投资的占比将会进一步下滑，甚至跌破50%。

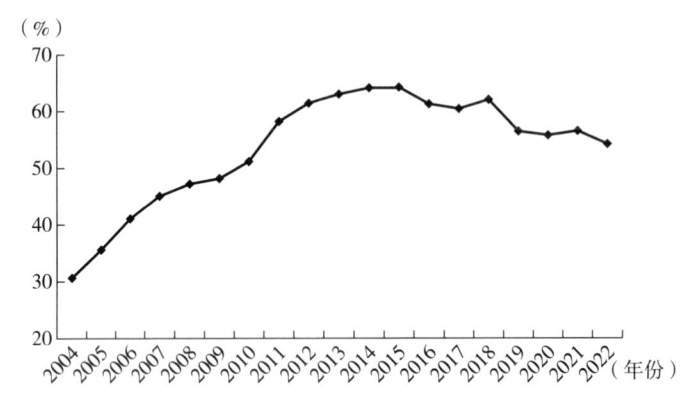

图5-8 民间固定资产投资及占全国固定资产投资比重变化趋势
资料来源：Wind，国家统计局。

由于难以直接计算挤出效应的大小，可以把地方政府和国有经济发债总规模，与民间固定资产投资增速的趋势加以对照（见图5-9）。2008年后，随着4万亿元投资计划的逐步落地，民间投资增速在2011年后迅速下降，经济增长对政府投资依赖逐步加重，国有部门逐渐成为增量投资的主要力量，相应地，国有部门的发债规模增速也显著提高。

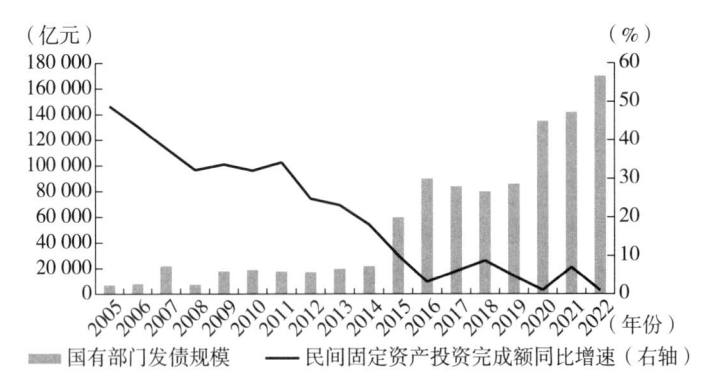

图5-9 国有部门发债规模与民间固定资产投资增速
资料来源：国家统计局。

同时这也表明，在民间部门投资意愿下降，且因融资受阻制约其投资能力的情况下，国有部门投资扩张加速，并对民间经济部门形成挤出性影响，民间投资增长进一步受到抑制。2023 年 1—5 月民间固定资产投资历史性地下降 0.1%，出现负增长。因此，有为政府主导的国有投资体系大幅度扩张，挤占了金融投资要素而给民间投资部门带来挤出效应。

由于民间固定资产投资的规模总量巨大，占全国固定资产投资的比重超 50%，尤其是在制造业领域，民间投资的比重超过 80%，成为主导性力量。因此，作为国民经济中高度市场化的部分，也是投资效率最高的领域，增量投资结构的变化，特别是民间投资占比趋于持续下降，将对经济增长产生巨大且深远的影响。

（四）以缓解民间投资衰退稳增长

正所谓，"鱼和熊掌不可兼得"。熨平周期波动的稳增长、促增长政策，反过来又因其挤出效应抑制了增长。与挤出效应相呼应的是，近年来民营企业融资难问题日渐突出。无论是银根"宽松"还是"收紧"时，民营经济融资难问题始终难以得到有效解决。

2008 年，全球金融危机波及国内，政府推出了巨额投资计划，但主要是政府主导的重大基础设施项目，庞大的银行信贷为这类项目提供融资配套，从而在信贷宽松的条件下加剧了民营企业的融资难问题。事实上，4 万亿元投资计划对民间投资增长的带动作用不强，投资计划依赖地方政府和国有企业投资，并获得了银行大规模的信贷投放，反而对民营经济产生了挤出效应。

央行发布的统计数据表明，在国家宏观政策由紧缩迅速转向大规模宽松政策的 2008—2009 年，民营经济的信贷增长依旧不足。2008年，个体私营企业在几乎无法获得长期贷款的情况下，在短期贷款余额中的比重仅为3.37%[①]，这一微小比重在2009年初甚至出现了进一步下降。2015年下半年，国家积极财政政策开始发力，将重点集中在大型基建项目上，由于投资规模大且周期长，有能力参与的民营资本微乎其微。基建投资主要还是由国有企业和国有资本主导，因而由政府主导的地方债、城投债等融资工具发行规模大幅度增长。

由双引擎驱动的中国宏观经济增长，如果没有民间投资的有效扩张，主要依靠国有部门增加投资则难以持续，稳增长和促增长的效果也不会理想。2016年，全国新增与置换地方债发行总量达6万亿元，但全国固定资产投资只增长了7.9%，主要原因是民间固定资产投资仅增长了2.8%，拖累了全国固定资产投资增速。

2020年，新冠疫情"黑天鹅"突袭，对增长乏力的民间投资形成了新的重大冲击，造成民间投资断崖式下跌。后来随着疫情缓解，民间投资略有恢复，并因基数效应有较大增幅，但随之继续转入下跌趋势，在2023年上半年增速跌入新低。图5-10显示了近年来民间固定资产投资完成额的剧烈波动与下降趋势。

目前，国家在电力、电信、铁路等高投入行业对民间资本的开放度不高，主要依赖国家投资，民间投资参与度低。而在民间投资中房地产相关投资占比偏大，地产调控政策大幅削减了房地产投资增量，这导致全社会投资增速乏力。立足于经济可持续增长目标，未来政府投资应侧重于民生、教育、医疗、保障性住房等领域，并加大有利于产业升级的基础设施投入，而在市场化竞争性领域更多地支持民间资本投资，特别是在新技术和高端制造业领域，把扩大民间投资作为稳定有效投资增长、激发市场主体投资意愿与活力、构建高精尖经济结构的主要途径。同时，政府通过改革为民间投资增长创造条件，包括

---

① 参见全国工商业联合会2009年发布的《中国民营经济发展报告（2008—2009）》蓝皮书。

金融改革优化金融资源配置结构与效率,以及降低投资门槛和扩大准入范围,剔除烦琐的行政审批手续,为民间投资增长提供更友好的营商环境。

图 5-10　民间固定资产投资完成额变动趋势

资料来源：Wind。
注：图中为累计同比增速。

为激发民间投资活力,应坚持扩大投资领域开放和公平待遇原则,国家在宏观决策上给予民营企业更多的投资机会,积极扶持民营经济发展,拓宽民营企业的资金来源渠道,畅通金融支持民营经济发展融资体系,扩大新增社会融资在民营经济领域的增量投入,有效解决融资难融资贵问题。

政府只有通过为民营经济注入源头活水,增加民营经济的融资渠道,撬动市场化社会资本,提升民间投资能力,重塑民企信心,增强其投资意愿,从而使经济增长减少对政府投资的过度依赖,降低政府投资带来的挤出效应,提高内生经济增长力量的贡献度,才能真正稳定宏观经济大盘,让市场化力量推动经济实现长期可持续增长。

六、构建基于资产负债表修复逻辑的纾困机制

中国经济增长转折期,也是内生增长动能的换挡期,在政府和国有企业主导基建和公共服务托底经济增长的同时,也对民间部门形成了明显的挤出效应,叠加民营经济融资领域遭遇债务紧缩,给经济稳增长带来重大挑战。因此,积极采取有效对策,确保对民营经济的合理融资支持,遏制民营企业的债务紧缩,有利于保护市场主体,保障社会就业,稳定经济增长,这是政府实施宏观经济政策的治本之举。

(一)国外企业债务纾困机制

在国际上,每当重大经济金融危机或疫情等系统性灾害导致大量企业陷于危机时,都会由政府出面建立纾困机制,通过财政、金融、税收等一揽子政策,帮助处于债务困境中的企业度过危机。在政府采取的措施中,既有帮助企业缓解债务压力的短期纾困举措,也有着眼于支持企业中长期独立发展的退出机制。

2008年全球金融危机期间,发达经济体政府通过央行和财政部门,直接向大型金融机构购买金融资产,提供流动性,或者注入大量资本成为企业股东。例如,美国政府在金融危机期间直接对福特等大型汽车公司注资进行救助,这些纾困救助在企业经营困境期结束后又逐步有序退出,并未对企业经营产生负面影响。因此,政府建立成熟稳定的纾困机制,可以在企业普遍遭遇困境时提供有规可循的救助,从而减少外部冲击和经济波动对经济增长的影响。

根据国际经验,政府可以采取的企业纾困机制包括行政化方式和市场化方式两种。以行政化方式纾困时,政府可以直接退税、减税、缓征税,缓交社会保险费,或者直接给予房租、担保费、利息等补贴;以市场化方式纾困时,则主要根据企业实际承债能力增加其融

资，如成立专项纾困基金，按照市场化方式，基于效率原则为企业提供资本和资金支持。

相较而言，行政化方式比市场化方式更加便捷，效果也更立竿见影。然而，行政化方式也常导致资金使用效率低，甚至容易产生后遗症，纾困救助代价更高。市场化方式更注重实际纾困效果，以效率为导向，虽然不及行政化方式便捷，但资金使用效率高，并会充分考虑后期退出问题，不容易留下纾困后遗症，甚至还可以为政府带来额外收入。

以美国为例，对金融机构的股权性注资救助既帮助金融机构度过了危机，降低了金融风险的危害，又给政府带来了良好的收益，在金融危机后的市场恢复期，财政部陆续出售危机期间注资所获得的金融机构股权，以及买入的金融机构资产，获利丰厚。根据美联储2021年初公布的财报[①]，其2020年的净收入从2019年的555亿美元增加至888亿美元，主要收入来源为持有美国国债及房地产抵押支持证券等资产的利息收入，其中多是收购银行机构及企业的国债等资产，给予流动性支持而形成的。

（二）民企债务困局与纾困悖论

在国内，由于经济增长转折期的不少企业遭遇困境，在政府的积极推动和鼓励下，各地方政府推出了救助困难企业的政策措施，除了以行政化方式给予纾困支持，还成立纾困基金、为企业增量融资提供增信支持等。从总体上看，虽取得了一些效果，但也存在很多问题需要解决。

---

① 参见 Federal Reserve Board announces Reserve Bank income and expense data and transfers to the Treasury for 2020。

主要有两方面原因制约着纾困机制实施和纾困效果。一是在经济增长转折期，由于很多地方政府面临着债务压力，资金不充裕，能够给予纾困支持的范围比较有限，而依赖市场化方式筹组的纾困基金总量也偏少，对处于困难期需要帮助的企业群体而言，几乎是杯水车薪。二是在可用纾困资金总量有限的条件下，纾困基金在运作方式上，因缺少成熟稳定的市场化运作机构体系，大多采用委托地方国有资产管理机构运营方式，而受托机构也没有将其作为主要任务完成，一些纾困基金在成立时"雷声大"，实际运作时"雨点小"，企业申请流程冗长，审批程序复杂，获得资金效率低。

就纾困运作实践经验来看，一些地方将纾困行动演变成面子工程；一些地方则在纾困中以获利为主要导向，存在名义上为企业纾困、实际以牟利为目的的纾困，把纾困方案变成企业的卖身契，把纾困行动当成了接管行动；也有一些地方，以保证纾困资金安全为由，纾困方案设计复杂，条件要求苛刻，纾困行动甚至走到其初衷的反面。政府设立纾困基金的目的，主要是帮助那些虽然临时陷入债务困难，但企业基本面仍然健康，产业有发展前途的企业渡过难关，也包括那些可以通过以时间换空间的方法，缓解其债务危机再逐步偿还债务的企业，缩小企业倒闭的波及面，降低由此造成的社会损失。

因此，纾困主要是帮助企业渡过难关，并非以获利最大化为目标，纾困方案的设计应实事求是地从企业实际出发量力而行，而不能出现纾困不成、企业境况反而更加恶化的局面，陷入纾困悖论。这也包括在纾困行动帮助企业脱离困境后，不能把纾困条件变成企业的"缠身索"，在纾困资金退出时以"国有资产增值"为由，追求纾困资金收益的极致化，将一些企业重新逼入发展困境。例如，在部分地方，纾困基金在帮助上市公司走出困境后，利用在纾困中获得的大量股票，无节制地在二级市场无序减持，让上市公司陷入股价恶性下跌，无法再进行融资以谋新发展。

（三）建立常态市场化的纾困机制与体系

在中国经济增长转折期，企业转型升级压力陡增，政府建立常态市场化的纾困机制与体系，是支持企业转型、有效保护市场主体、维护经济稳定的必然要求。目前，国家已启动建立金融稳定保障基金工作，运用市场化、法治化方式化解金融风险，守住不发生系统性金融风险的底线。企业债务危机与金融风险密切相连，可以将企业纾困救济与金融稳定保障基金相结合，利用金融稳定保障基金的机制与体系，形成常态化的纾困制度与操作平台，为经济转型和稳定增长保驾护航。

具体而言，一方面，大面积的民企债务紧缩风险本身就是一类系统性金融风险，应放在金融稳定和防风险考虑之列；另一方面，不断累积的金融稳定保障基金不应处于备而不用的闲置状态，可以将其中的一部分额度暂时用于民营企业纾困，提高资金利用率。如果按照市场化方式运作，既能够为企业有效纾困，又会形成合理收益，进一步壮大保障基金的总规模，提高防范金融风险和救助困难企业的能力。

此外，国家可考虑结合现有不良资产处置机构，建立一套全国系统性的企业风险处置机构，形成常态化的纾困救助体系。这既能为国家的企业纾困责任做好准备，又有利于企业形成稳定预期，在遭遇困境时求助有门，由此形成稳定的国家企业危机处置保障网。例如，可以把已批准各地成立的地方资产管理公司改造为可承载纾困职能的专业化机构，系统性承担企业纾困工作，形成国家企业救助工作的基础设施，这对于形成市场化、法治化、系统性的企业救助体系，防范系统性金融风险，维护经济增长稳定具有重要意义。

第六章

传统增长模式的极限：产出率衰退与债务螺旋顶点

在投资主导型增长模式下，宏观杠杆率不断抬升与债务结构扭曲并存，国有部门债务膨胀和民营部门债务紧缩相伴，宏观经济面临增速下滑乃至失速风险。政府在增长转折期的经济政策选择上，如何处理追求合意经济增速与控制杠杆率的矛盾；债务加速累积与产出率加速下降是否意味着传统经济增长模式正逼近增长的极限；增长模式转型如何促进 ICOR（增量资本产出率）的提升等问题，都与杠杆率和资本产出率高度相关，两大经济变量不仅彼此相互影响，也是直接影响经济增长速度与质量的重要指标。

在全生产要素分析框架下，以债务扩张支撑的投资增长，其效率依赖于对资本产出率的考察。资本产出率也是衡量债务杠杆的关键指标。笔者认为，基于 ICOR 视角的杠杆率评估，是较为客观的宏观投资效率评价标准，我们不能以杠杆率的高低来简单定性其优劣，能够保持资本产出率不变的加杠杆可以被认为是有效的或中性的，只有导致产出率明显下滑的加杠杆才是低效的或无效的，由此导致的杠杆率抬升也是无意义的。

对发达国家经济体的实证研究表明，在资本产出率收敛于一个常数，或者趋于缓慢下降的条件下，宏观杠杆具有中性特征。因此，以资本产出率有效性为标准进行杠杆选择和资源配置，是微观企业良性运营和宏观经济可持续增长考察的关键。不断衰减的社会资本产出率是增量投资效率低，以及资源配置扭曲的结果与表征。在这样的条件下，继续推进债务扩张来支持投资主导型增长模式会导致债务规模过度膨胀，增加经济增长的脆弱性，并成为实现经济长期可持续增长的桎梏。

一、宏观杠杆率结构与杠杆中性

（一）宏观杠杆率及其结构

无论是在经济学理论还是在企业管理理论中，杠杆率都是进行宏观经济管理和微观企业经营决策的关键指标。高杠杆或杠杆率上升，大多被视为与投资风险偏高或稳定性下降相关的负面现象。在经济实践中，无论是国家对宏观杠杆率的管理，还是企业对资产负债率的控制，杠杆率都被一些基于经验值的定量"警戒线"与"红线"约束，通常也被称为"债务上限"。一些定性研究将杠杆区分为"好杠杆"与"坏杠杆"，将可持续的杠杆称为"好杠杆"，而将无法持续的杠杆称为"坏杠杆"。然而，无论是基于杠杆率绝对数值高低的定量分析，还是根据杠杆配置结果进行评估的定性分析，抑或是将二者结合起来的杠杆率综合评价，都仍未触及对杠杆评价的真正本质。

宏观杠杆率通常用非金融部门债务/GDP比率来定义，若对该指标公式进行适当的形式变换，就可以得到：非金融部门债务/GDP=（非金融部门债务/资产）×（资产/GDP）。因此，宏观杠杆率被转化为资产负债率（非金融部门债务/资产）和资本产出率（资产/GDP）两个比值的乘积。这为杠杆率研究的深化提供了两个考察维度，也是探讨和评价社会总体杠杆率水平与结构的基本逻辑。

(二)资产负债率及其影响因素

所谓资产负债率,是在一个经济体中,非金融部门债务总和与社会资产存量总规模的比率,是衡量一个国家非金融部门,尤其是实体经济运行状况的重要指标。在虚拟经济发达的经济体中,由于金融部门债务规模巨大,资产负债率对评估实体经济运行具有风向标意义。一般而言,资产负债率与社会融资体系的特点高度相关,在直接融资发达、高度证券化的经济体中,资产负债率往往偏低;而在间接融资主导、强调实体经济发展的经济体中,社会资产负债率往往偏高。

以非金融部门债务/资产表示的资产负债率受两个关键因素的影响。一是从分子角度来看,非金融部门债务规模受金融市场结构与金融体制的影响,在以银行债务性融资为主导的金融体制中,间接融资居于主导地位,社会债务总规模一般会相对偏高,因而社会资产负债率相应也会更高。而在直接融资更加发达的经济体中,权益融资规模往往更大,社会债务融资规模相应偏小,由此也会使社会资产负债率比值偏低。二是从分母角度来看,资产总值受资产价格波动的影响,特别是在资产价格快速膨胀时,往往会掩盖真实社会资产负债率,容易导致其被低估。按照可比价格水平计算的资产总值对此有一定的修正作用,但对资产负债率的影响并不能完全消除。

当然,对一个特定经济体而言,资产负债率变动规律依然是有迹可循的。需要强调的是,当以时点余额计算非金融部门债务/资产时,其所表示的资产负债率水平,主要反映的是该经济体在时点上的资产与负债静态结构。同时,受金融体制差异和金融市场发达程度影响,社会资产负债率的国际可比性和准确性也欠佳。资产负债率是在一个相对稳定的金融体制和市场体系中形成的,因此对资产/GDP比率,即资本产出率进行考察更具直接意义,它能够反映社会的整体投资效率。由于资产和 GDP 受价格波动影响往往同时发生，受到的相对影响也常具有较强的一致性。当 CPI 与资产价格变动趋势出现背离时，问题则会进一步复杂化。

（三）资本产出率与杠杆中性

从宏观角度来看，在资产负债率指标与投资效率指标之间，并不存在必然的因果关系，尽管二者均是宏观杠杆率的构成因子。然而，当考察宏观杠杆率的经济效应，或者评估杠杆率水平对经济增长的影响时，对投资效率指标与杠杆率相对变动关系的审视具有重要意义。从理论上看，当宏观杠杆率保持相对稳定时，如果资本产出率保持下降趋势，也就是资本生产率（资本产出率的倒数）不断提高时，则经济增长效率将得到提升，宏观经济能够实现良性增长。当宏观杠杆率保持持续上升趋势时，如果资本产出率能保持基本稳定，也能够带来相对良性的经济增长。

正是从这个意义上讲，杠杆是中性的。如果资本产出率保持稳定或呈下降趋势，资产负债率的上升则不会对经济增长产生负面影响，经济将持续处于杠杆良性状态。因此，在不考虑债务增长带来流行性风险的情况下，资产负债率天花板的高低，实际上取决于特定经济体的资本产出率特征。换言之，在资产负债率上升，但不导致资本产出率衰退时，社会杠杆率将处于良性状态并有利于促进经济增长，也是可持续的杠杆率水平。

因此从本质上讲，宏观去杠杆的实质或目标是提升资本产出率或资本生产率。实际上，如果仅追求降低杠杆率，并不能确保解决投资效率下降的问题。因此，相较于容易对经济增长造成负面冲击的简单去杠杆，应该重视在稳杠杆的基础上，以优化资本产出率为核心，提升经济增长效率，这是更加直接且易于实现的目标，也是促进增长的有效路径。

作为宏观杠杆率的两大因子,资产负债率与资本产出率之间也有关联性。一是除了资产负债率的高低,资产与负债的内部配置结构,尤其是负债在国民经济各部门间的不同分布,对投资效率的高低,乃至经济增长都具有显著影响。二是在保持资产负债率基本稳定的基础上,调整存量负债配置结构,优化增量配置方向,也都将具有非常积极的作用。在本章中,我们将从资本产出率变动趋势及其影响因素出发,探讨中国债务扩张的边界与债务结构性风险,并由此分析其对经济增长的影响,以及债务膨胀螺旋与明斯基时刻风险。

二、资本产出率变动与保增长型投资扩张

(一)资本产出率及其变动规律

所谓资本产出率,是社会资本存量与年度总产出或国民收入总量的比值。其内涵是一个经济系统为获得单位产出所需要投入的资本量,较低的资本产出率表明,经济体可以用较少的资本获得相对多的产出,是资本效率较高的表现。资本产出率的倒数,被称为资本生产率,是指一定时期(通常是一年)内,单位资本存量所创造的产出(GDP),产出越多,表明资本效率越高。

在西方经济研究中,约翰·冯·诺依曼和保罗·萨缪尔森等人的研究表明,在均衡增长的经济系统中,资本产出率是一个守恒量。罗伯特·索洛在20世纪50年代的研究也表明,当经济系统达到稳定状态时,资本产出率是一个常量。索洛的这一结论与西门·库兹涅茨的研究结果有一定的相似性,库兹涅茨对部分发达国家的经济增长研究显示,资本产出率在长期有缓慢下降的趋势(见图6-1),但在短期内,则大体符合趋于定值的结论,与索洛的观点基本一致。无论是资

本产出率长期内趋于下降,还是较短时期内收敛于定值,都表明经济增长处于良性轨道,宏观杠杆是有效率的。

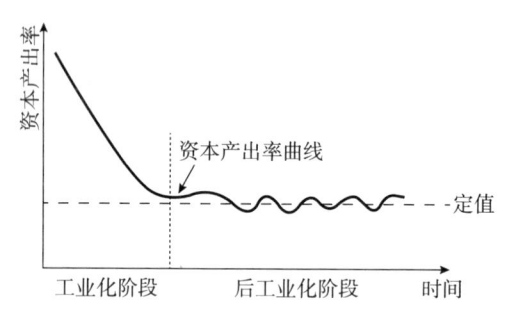

图 6-1 资本产出率变动趋势

资料来源:作者整理。

大量实证研究表明,在影响资本产出率变动的因素中,技术进步会对资本产出率产生重要影响。保罗·罗默的研究表明,资本产出率在趋于均衡的过程中会收敛于一个定值,且此值在发达国家间比较近似,但在发展中国家间则差异较大,这与欠发达国家经济发展情况差异较大有关。同时,罗默还发现,发展中国家的资本产出率大于发达国家,这一结论也与库兹涅茨的研究发现具有相似性,即资本产出率受技术进步等因素的影响。

从技术进步角度来看,科学技术作为现代第一生产力,能够推动产业不断升级,提升单位存量资产的产出量,有利于增加全社会的总产出量,由此可以提高资本生产率,或者降低资本产出率。由于发达国家在综合科技水平和产业技术上处于领先地位,同等资产的产出量往往高于发展中国家,表现为资本生产率高于发展中国家。因此从长期来看,随着科技进步及技术积累,一个经济体的整体资本产出能力会相应地提高,从而带动资本产出率的缓慢下降,这与库兹涅茨对发达国家资本产出率长期具有下降趋势的研究结论相一致。

科技进步对资本产出率的正面影响,最终会形成对经济增长更大的推动力量，这与当代世界各国对科学技术进步的投入和追求相一致。通过加大研发力度和科技创新投资，不断提高本国科技水平，并将之应用于产业升级和行业发展，能够扩大存量资本的产出规模，促进国民经济更快速和高质量增长，这也是当前世界大国把国际科技竞争视为关乎国家命运竞争的根本原因。若没有持续的科技进步，即使有大规模的资本存量或进行大规模的资本投资，最终也会因资本产出率衰退而失去价值，难以获得竞争优势。

（二）改革进程中的投资扩张与资本产出率变化

根据经济增长的理论推演与实证研究结论，分析自改革开放以来的中国资本产出率变动趋势，可以观察所折射的经济环境变迁，并评估宏观政策选择的实际效应。这对于客观分析和判断当下的宏观经济格局，以及进行新时期政策选择，都具有重要的指导意义。

如图6-2所示，社会资本存量和资本产出率变化趋势表明，从改革之初到20世纪90年代中期以前，中国资本产出率呈现缓慢下降趋势。在改革初期的1978—1983年，资本产出率保持在3.5左右，且相对稳定。而从1984年到20世纪90年代中期的10余年中，资本产出率处于缓慢下降中，从1984年的2.75持续下降到1996年的1.52[①]。

因此，中国改革开放前18年间的资本产出率变化趋势，与前述国外理论和实证研究的结论相契合，这表明在改革开放之初的短暂过渡期后，中国对内改革所带来的社会资本积累，以及对外开放国门引进国外资本，资本投入的效率是在逐步提升的，体现为资本产出率由稳定转向持续下降，从改革之初稳定的"3时代"进入20世纪90年代中期的"1时代"。

---

① 在1984—1996年的13年间，资本产出率最低值是1995年的1.49。

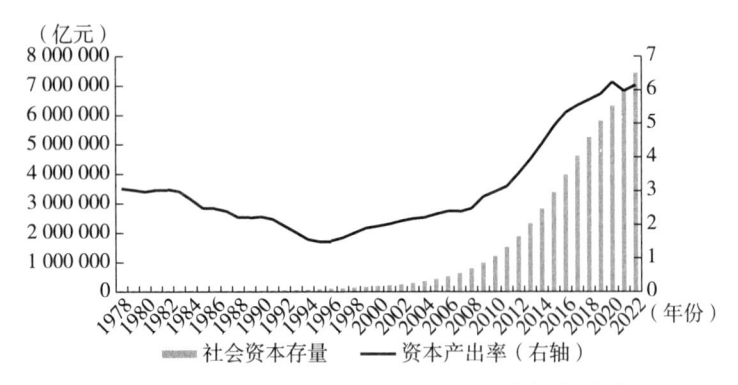

图 6-2　社会资本存量和资本产出率变动趋势（估算）

资料来源：国家统计局《中国统计年鉴》。

注：①国内学者的大部分研究一般采用 1952 年、1978 年和 1980 年作为研究的基期，学者普遍认为 1971—1978 年中国经济体制和经济政策相对较稳定。图中基期数据来源于 CHOW G C. Capital formation and economic growth in China [J]. The Quarterly Journal of Economics, 1993 (108): 809-842。该论文将 1978 年中国资本存量估计推演数据 11 292 亿元作为图中的社会资本存量基期数据。

②在前述社会资本存量基期数据的基础上叠加历年固定资产投资额，粗略估算推演中国社会资本存量的变化趋势。因中国固定资产投资额统计数据从 1992 年开始公布，因此 1978—1991 年固定资产投资额以"年度固定资本形成总额 ×95%"计算，以保持数据口径的前后一致性。

资本产出率变化也深刻地反映了重大外部经济冲击，以及国家宏观应对政策的效应。1997 年亚洲金融危机的冲击，是中国资本产出率变化的历史性转折点。1997 年 7 月 2 日，亚洲金融危机席卷泰国，泰铢急速贬值，并迅速波及印度尼西亚、马来西亚、新加坡、日本和韩国等国家，导致亚洲一些外向型经济体的经济动荡，打破了亚洲经济快速增长的繁荣局面。中国政府实施了一揽子应对金融危机、确保经济增速稳定的措施，包括加大基础设施投资，扩大国内总需求，刺激消费增长等。

中央政府强力进行经济刺激和坚定维护汇率稳定的政策，使中国经济成功保持了稳定增长局面，但也由此开启了以政府主动扩大投资刺激经济增长的进程。因此，自 1997 年开始，中国资本产出率开启了抬升进程，社会投资总量的增长伴随着资本产出率的不断下降。如图 6-2 所示，1997—2007 年，随着投资规模加速扩张和社会资本存量不断累积，资本产出率结束了此前缓慢下降的一般趋势，开始转身持续向上。

但总体而言，在 2008 年前，资本产出率上升的速度还是相对温和的，基本上呈缓慢的持续爬升趋势。从资本产出率数值的具体变化来看，从 1997 年的 1.61 上升到 2007 年的 2.38，特别具有标志性意义的是 2001 年资本产出率达 2.02，历史性地结束了"1 时代"，再次重回 20 世纪 80 年代中后期到 90 年代初的"2 时代"。在 10 年间，资本产出率上升了约 50%，因此投资扩张的效率呈衰退趋势。从时间线来看，自 1997 年亚洲金融危机后，政府积极加大了以投资推动经济增长的力度，尤其是中央政府投资扩张力度大幅加大。伴随政府投资不断扩大，资本产出率的上升则意味着投资效率持续下降。

在亚洲金融危机爆发 10 年后，2008 年爆发的全球金融危机，不仅深刻改变了世界经济发展的进程，还是中国资本产出率出现加速衰退的新起点。为应对 2008 年全球金融危机的严重冲击，确保 8% 的宏观经济增速，政府出台了 4 万亿元投资计划，使此后几年中的投资规模持续快速扩大。由于时间紧、启动的投资项目众多，以及对项目可行性及投资效率的研究论证深浅不一，投资效率问题比 1997 年亚洲金融危机时期更严重。

2011 年后，中国资本产出率抬升再创新高，标志性地进入了"3 时代"，并呈现出加速上升趋势，"3 时代"在仅保持了 5 年后，资本产出率就每隔 2~3 年跃升一个台阶，并在 2020 年历史性地达到 6.23 的高位。资本产出率从 2011 年的 3.14 增长到 2020 年的 6.23，10 年间资本产出率在高位翻了近一倍，达到超过 6 的新高度。

这些资本产出率数据清晰地表明，在全球金融危机后，所实施的宽松宏观经济政策，以及为拉动经济增长而推出的规模庞大的投资计划，在推动投资规模和负债水平快速膨胀的同时，也使社会投资效率加速降低。因此，以不断扩大投资拉动经济增长的代价越来越高，也越来越难以持续。当前，传统投资主导型增长模式临近极限，经济增长高度依赖规模巨大的投资扩张，以及社会资本产出率的快速衰退都表明，中国宏观杠杆率可能已临近"坏杠杆"区间，这既是现有经济发展模式效率严重降低的明显信号，也是依赖债务规模继续扩大方式支持投资扩张不再可持续的重要标志。

三、ICOR 与促增长政策的效率

（一）ICOR 及其经济内涵

资本产出率是一个总量比率指标，反映了社会总存量资本的产出效率，为深化对这一问题的认识，我们在以总量数据分析资本产出率的基础上，对资本产出率的边际变动趋势做了进一步研究。就宏观经济决策角度而言，ICOR 具有更直接的启示意义，其基于边际资本增量分析的投资效率更加直观，也更有利于发现高效率的社会资本投资方向，对经济政策选择和投资资源配置也更具有实践指导价值。

ICOR 是指为增加单位产出所需要投入的资本增量，是衡量增量投资效率的经济指标。ICOR 反映了增量经济产出所需要的投资增量，因而其计算方式是用投资增量与经济产出增量相除形成的比率，是进行边际投资效率分析的有效工具。

ICOR 用公式表示，即 $ICOR=\Delta K/\Delta Y$，其中 K 表示资本存量，Y 表

示年度总产出，ΔK表示资本增量，ΔY表示总产出增量。由于社会固定资本增量近似等于社会固定资产投资额 I[①]，ICOR 公式也可以表示为 $ICOR=I/\Delta Y$，其表明一单位 GDP 增量需要多少单位的投资来拉动，与经济增长密切相关。我们可以把 ICOR 公式进行形式变换，由此得到：$ICOR=I/\Delta GDP=(I/GDP)/(\Delta GDP/GDP)=S/G$，其中 S 表示当年的投资率（I/GDP），G 表示下一年度的经济增长率，这显示了经济增长与投资增长的紧密关系。

ICOR 指标在经济实践中的意义在于，它能够反映社会增量投资效率的变动趋势。当 ICOR 不断增大，表明增量投资效率处于下降趋势中，这必然会导致社会平均资本生产率 Y/K 趋于下降，也就是资本的总体利用效率处于衰退中；反之，当 ICOR 不断缩小，则表明增量投资效率在提升，社会平均资本生产率会提高，资本的总体投资效率会得到提升。

在投资效率趋于下降的宏观环境中，要保持经济增长速度稳定，则需要不断扩大增量投资规模。这与中国过去 10 年中经济增速下降、债务支撑的投资规模飙升，以及宏观杠杆率不断上升的事实相一致。为了维持增长转折期的经济增速，国家持续大规模举债增加投资，但是受到边际资本产出率衰退的影响，所需增量投资规模越来越大，导致总负债规模不断累积，保持相对稳定经济增速的代价日渐增大，总债务增长和风险累积十分惊人。

（二）技术进步与 ICOR 变化

资本产出率和 ICOR 分别是基于总量和边际进行的分析，而对影

[①] 资本形成包括固定资产投资和存货增加，根据中国资本形成的历史数据，固定资产投资占资本形成总额的 92%~99%。

响资本产出率的结构性分析，则有利于我们更全面地观察影响资本产出率的主要因素，乃至其影响经济增长的基本逻辑，从而为宏观经济政策选择提供有效依据。

哈罗德－多马模型是考察资本产出率的良好视角。该模型以储蓄全部转化为投资（即 $S=\Delta K=I$）作为假定前提，得出经济增长率公式 $g=s/v$，其中，经济增长率 $g=\Delta Y/Y$，储蓄率 $s=S/Y$，$ICORv=\Delta K/\Delta Y$，即经济增长率是储蓄率与 $ICOR$ 的比值。因此，在假定 v 不变的情况下，经济增长率 g 完全取决于储蓄率 s，也就是资本积累是经济增长的唯一动力，这表明经济增长率与储蓄率呈正相关关系。反之，如果储蓄率 s 保持稳定，则经济增长主要取决于 $ICORv$，当 v 越大时，则经济增长率 g 越小，反之亦然，这表明经济增长率与 $ICOR$ 之间存在着负相关关系。

中国资本产出率从 20 世纪 90 年代绝大部分时间的 2 以下，攀升到目前 6 以上的水平，表明经济增长率的衰退速度相当快。在储蓄率基本保持不变的情况下，这意味着资本投资增速需要达到 GDP 增速的 3 倍以上，才能保持原有的经济增速。这一方面解释了为何经济增速明显下降，也就是资本投资增速不可能以相对于 GDP 增速的固定倍数维持长期高速增长；另一方面，也表明资本产出率衰退速度过快，导致保持经济增速相对稳定的压力快速增大。要维持相对理性的合意增长速度，就必须提高投资效率，以降低资本产出率衰退对增量投资规模不断扩大的要求，这有利于控制国民经济的负债规模，遏制国家宏观杠杆率的过快增长。

然而，在没有新因素引入的情况下，哈罗德－多马模型关于资本产出率不变的假定，与经典经济学理论存在矛盾。因此，与哈罗德－多马模型不同，索洛增长模型基于资本边际生产率（$\Delta Y/K$）递减规律的假定，通过引入技术进步因素，并将其作为影响经济增长的主要因素进行研究，由此得出结论：资本不是经济增长的主要动力，资本的作用是有限和递减的；技术进步才是促进经济增长的主要因素。

在形如柯布-道格拉斯生产函数 $Y=F(K,AL)=K^a(AL)^{1-a}$ 中，在经济达到长期均衡状态时，单位有效劳动资本 k（即 K/AL）的增长率为0，单位有效劳动产出 y（即 Y/AL）的增长率也是0，此时，资本 K 和总产出 Y 的增长率为人口增长率（$n=\Delta L/L$）与技术进步增长率（$g=\Delta A/A$）之和，也就是（$n+g$）。关于ICOR可以做如下推导：

$$ICOR = \Delta K/\Delta Y = gK \cdot K_{t-1}/gY \cdot Y_{t-1}$$
$$= (n+g)K_{t-1}/(n+g)Y_{t-1} = K_{t-1}/Y_{t-1}$$
$$= K_0(n+g)^{t-1}/Y_0(n+g)^{t-1} = K_0/Y_0$$

这里，K_0/Y_0 表示经济处于均衡状态时，资本与产出的初始值。因此，索洛增长模型得出的结论是，ICOR是一个守恒的常数，即资本产出率在均衡状态时会保持恒定。如前文所述，罗默与库兹涅茨的研究发现，在发达经济体中，当经济增长达到均衡时，资本产出率具有收敛于一个常数的特征。因此，索洛的这一研究结论与前面二者的研究并不冲突。

但与此同时，在长期中技术进步依然对资本产出率具有明显影响，资本产出率会因技术进步而趋于缓慢下降，这也在一些学者的实证研究中得到了验证。有学者研究了韩国和中国台湾的资本形成和资本产出率，并与美国进行对比，得到了资本产出率变化的规律。20世纪60年代，韩国和中国台湾的资本产出率远低于美国的水平，换言之，韩国和中国台湾的资本生产率相当高。但此后，随着几十年间的投资累积，韩国和中国台湾的资本产出率逐渐趋近。到20世纪80年代后期，资本积累迅速增加，大量新增投资只取得了相对较少的增长，资本产出率衰退十分明显。

因此，技术进步对资本产出率影响的分析，为稳定或提高资本生产率提供了很好的视角，即通过增加社会研发投入和加强新技术应用，推动产业和行业基于技术进步的转型升级，是提高社会资本效率的有效方式。这对正处于增长转折期的中国经济而言，具有重要的启示作用。当前，世界正处于新一轮重大科技革命的早期，以人工智能、量子技术、生物技术等为代表的新技术进步，正深刻改变传统产业改造升级的趋势，甚至会给一些行业带来颠覆式影响。因此，积极利用新科技革命浪潮，改革社会经济资源配置模式，加快传统产业转型，促进新技术、新产业成长，加速转换经济增长的主要推动力，是实现经济增长模式转型和长期可持续增长的重大契机。

（三）投资促增长政策效率的衰退

在以投资扩张作为经济增长主要驱动力量的发展模式中，ICOR是衡量投资扩张效率的核心指标，并对政府增量投资方向及投资配置结构具有重要的指引作用，也被用来验证经济增长的成本和质量特征。若增量投资效率偏低，ICOR数值会趋于上升，表明投资结构不尽合理，增量投资处于低效状态；若增量投资效率提高，ICOR数值会趋于下降，表明投资结构的优化和效率提升。

从中国经济增长实践来看，ICOR的实证数据分析显示，该比率处于持续抬升中，并呈现趋势性加速。尽管在此过程中，ICOR在一些年份出现部分回调，但加速上升的总体趋势依然相当显著。这表明，一方面，中国经济发展严重依赖投资推动经济增长；另一方面，增量投资效率则呈现加速衰减趋势。如图6-3所示，在1996年前，绝大部分年份中国ICOR均在2以下。这表明在1997年发生亚洲金融危机前，中国增量资本投入效率是相当稳定的，这一点也体现在资本产出率总量指标相对稳定上。

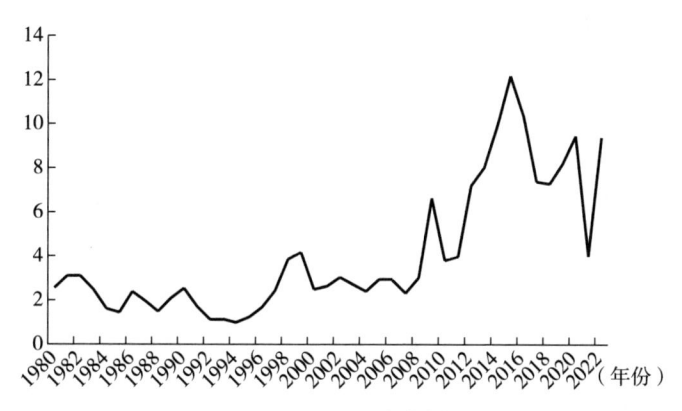

图 6-3　ICOR 变动趋势

资料来源:《中国统计年鉴》和国家统计局相关数据。

注：①基期资本存量采用 1978 年中国资本存量估算推演数据 11 292 亿元，并在此基础上叠加历年固定资产投资额，估算推演边际社会资本存量的变化趋势。与图 6-2 一样，1978—1991 年固定资产投资额以"年度固定资本形成总额 × 95%"计算。
②受新冠疫情影响，2020 年度增量投资和 GDP 的季度波动过大，因此 2020 年度的 ICOR 使用四个季度平均值。

　　1997 年亚洲金融危机后，为对冲外部冲击影响和稳定经济增长，政府增量投资大幅扩张，使 1999 年的 ICOR 急速飙升到 4 以上。但从 2000 年开始 ICOR 出现部分回落，2001—2008 年，ICOR 虽比 20 世纪 90 年代前半期显著上升，但在各个年份总体依然保持稳定，平均值大体保持在 3 左右，且波动幅度并不十分明显。

　　2008 年全球金融危机后，随着政府推出力度空前的投资刺激措施，自 2009 年起 ICOR 出现大幅跃升，尽管 2010 年和 2011 年出现回落，但 2009—2020 年的边际资本产出率平均值达 7.87，这是前一时期（2000—2008 年）平均值 2.72 的近 3 倍。ICOR 衰退的速度十分惊人，这也再次警示了投资效率快速下滑问题，表明依靠大规模投资拉动经济增长已经不再可持续，依靠高额负债扩大投资来推动经济增长的效率越来越低，代价也越来越大。

(四) ICOR 的地区差异

前文中对中国资本产出率的分析显示，自改革开放到 1997 年亚洲金融危机前，资本产出率呈现下降趋势，说明这一时期资本效率在逐步提升，这与大多数新兴经济体的发展路径具有相似性。但在此之后，随着政府主导的投资规模逐年大幅扩张，资本产出率则出现了从爬升到跃升的变迁，投资效率显著衰退。这一趋势与对发达国家资本产出率变动规律的实证研究结论相背离。在工业化持续推进时期，理论上资本产出率应该是持续缓慢下降的，而在后工业化阶段，资本产出率保持小幅波动，但总体状态稳定。

为分析中国资本产出率变化异常特征的原因，很多学者进行了不同角度的研究和实证分析。英国伦敦大学的秦朵和萨里大学的宋海岩[1]将资本投入的有效性分解为两类：一是生产过程的有效性，衡量资本在生产过程中被有效利用的程度，这主要取决于企业的技术和管理水平；二是在资金配置上的有效性，这取决于管理者如何根据生产供需状况对未来投资所做的决策。两位学者利用 1989—2000 年的相关数据进行实证考察，得到的研究结论是：企业引致的效率指标呈逐年改进趋势，而制度引致的效率指标则随宏观经济政策环境的变化而变动，政策指令性特征与效率指标存在负相关关系，市场化改革越深入，企业投资行为受政策指令的影响则越小，因此经济市场化程度是影响资本产出率的重要因素。

可以将这些结论运用于中国区域间的资本生产率差异分析。如图 6-4 所示，1990—2014 年，在东部、西部、东北和中部四大区域，资本生产率变化的总趋势是基本一致的，这与中国整体资本生产率变

---

[1] 秦朵，宋海岩.改革中的过度投资需求和效率损失——中国分省固定资产投资案例分析 [J].经济学（季刊），2003，2（4）.

化也一致，但在地区之间存在不小的差异。东部地区的资本生产率在1992—2001年保持稳定，并有小幅的缓慢爬升，在2002年后出现持续性下降，但下降的速率明显慢于其他三个地区，到2014年，资本生产率依然明显高于其他地区。这表明在经济更加发达的东部地区，改革开放的先发优势和更高的市场化程度，有助于缓解资本生产率下降。其他三个地区则更相近一些，特别是东北地区在1996年后，资本生产率一直处于下行通道中，且下降的斜率更大。

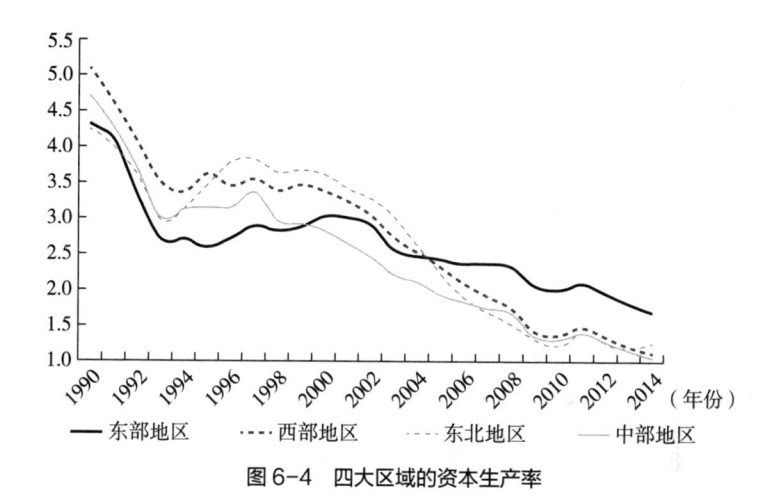

图6-4 四大区域的资本生产率

从生产效率的指标估值看，资本使用效率与地区经济发展水平相一致。对日本与韩国在各自经济高速增长时期投资效率的研究也表明了类似的趋势。例如，1956—1973年和1981—1996年分别是日本和韩国的经济高速增长时期，GDP同比增速均值都在10%左右，实证研究数据显示，日本和韩国的ICOR均值分别为2.07和2.13。中国在1991—2010年的GDP增速与日韩相近，ICOR均值约为3，明显高于日韩两国。这既与中国政府主导的投资增长模式有关，也与地区经济发展不均衡、地区间投资效率差异较大有关。

（五）ICOR 影响因素分析

总结来看，资本产出率波动受多种因素影响。就中国资本产出率变化的独特性而言，主要受以下几个方面因素的深刻影响。

首先，中国资本产出率变化与经典经济学理论相一致，边际生产力递减规律是资本产出率上升的核心原因。根据经典经济学理论，各种生产要素都具有边际生产力递减规律，资本作为主要的生产要素也不例外，当资本作为投入要素时，同样会遵循递减规律。随着资本投资的不断增加，每单位新增投资所带来的产出增加量将逐渐减少，这必然引致资本边际产出率上升，也就是投资效率的衰减。这一规律是 ICOR 的约束力量，资本边际产出量下降是抑制 ICOR 的主要机制。在由政府主导的大规模投资扩张中，资本边际生产力递减规律得到充分体现，成为制约杠杆率进一步提升乃至影响投资方向的关键因素。

其次，技术进步是对抗边际生产力递减规律的主要力量，以及能够促进资本产出率下降的重要因素。在现代经济增长中，提高资本生产率的主要因素大多源于技术进步。广义的技术进步，即全要素生产率的提高可以通过增加产出达到降低资本产出率的目的。同时，技术进步也可以直接对资本的生产效率产生影响，在增长模型中，资本增进型技术进步的生产函数 $Y=(AK, L)$ 表明，技术进步与资本的结合能够使资本的产出实现倍增效果，从而提高资本生产效率，降低资本产出率。发达国家资本产出率低于发展中国家，并表现出稳定性和缓慢下降特征，技术进步是最重要的影响因素。20 世纪 90 年代中期以前，中国资本产出率下降趋势也表明，在市场化机制不断深化，而政府较少大规模介入投资领域的情况下，技术进步推动的资本产出率变动符合其一般变化规律——缓慢下降趋势。

再次，由政府主导的投融资体制是影响资本产出率的重要因素。

如前所述，对 40 多年来中国资本产出率波动趋势的分析表明，资本产出率在 20 世纪 90 年代后期出现显著爬升，并在 21 世纪前十年后期开始出现跃升，这都折射出深刻的投资体制原因。1997 年亚洲金融危机后，以中央政府为主的投资扩张是资本产出率显著爬升的主要原因；2008 年全球金融危机后，为对冲危机所带来的影响，由地方政府和国有企业为主进行的急剧投资扩张时期，很多重资产的大型投资项目在上马时缺少严谨论证，导致投资效率进一步下降，资本产出率则出现跃升现象。事实上，在由政府主导的投资体制下，国家在主要投入品上对国有部门进行价格补贴，也是资本产出率上升的重要原因。在地方层面，投资软约束和财政赤字竞争，对过度投资具有显著的刺激作用，也是总生产函数呈现规模报酬递减趋势的重要原因。

最后，金融体系及其资本配置机制是影响资本产出率的因素。在由国有独资及国有控股银行体系主导的信贷分配机制下，有为政府主导的投融资体制造成了金融资源配置错位，资金、资本主要流入国有经济体系，而市场化程度更高、通常也更有效率的民间部门，则处于长期资本短缺和债务融资难融资贵的局面，债务紧缩削弱了民间部门的投资能力。因此，金融资源配置缺乏价格机制的有效引导，以及在刚性预算约束缺位的情况下，很难实现有效率的资源配置，这也是资本产出率不断攀升的重要原因，并与经济长期可持续增长目标背道而驰。

四、资产负债结构变动与资本产出率

对 1992 年后的中国 ICOR 变动趋势研究表明（见图 6-3），进入 21 世纪，在 2008 年前，ICOR 处于相对稳定状态，大体保持在 3 左右的水平，而在 2008 年后，ICOR 出现明显攀升，特别是在 2015 年后，这一比率表现出加速跃升趋势，尽管在少量年份有所回调，但总体趋势表明，增量资本投资效率衰退速度非常快。这也意味着，如前文所述，要保持经济增长的稳定，对冲产出率衰退要以对等的投资规模增速为前提，而这是无法持续的，因此依赖投资扩张主导的经济增长模式已难以为继，产出率加速衰退既导致投资扩张日渐得不偿失，也使其难以维持，经济增长无法保持长期稳态。因此，如何优化增量资本配置方向，采取更加有效的投资方式，选择能够提高产出率的领域，是在经济增长转折期需要解决的关键问题。否则，增量资本投资效率衰退带来的投资增长陷阱，将面临把宏观经济拖入增长失速乃至停滞的风险。

从宏观平衡视角来看，在投资、消费和净出口三大板块中，如果净出口保持相对稳定，则可以用资本产出率的增长率衡量增量资本投资的效果及其对经济增长的作用。当资本产出率增长率为正值时，表明投资率与消费率趋于协调，且正值越大，协调度越高，经济增长质量越好；当资本产出率增长率为负值时，表明投资率偏高而消费率偏低，投资率与消费率趋于不协调，且负值越大，不协调越严重，经济增长质量也越差。

按照库兹涅茨等人的研究结论，技术进步对资本产出率衰退具有对冲作用。但资本积累增速、存量资本规模和资本产出率的趋势对比还表明，政府推动的增量投资对冲资本产出率衰退的效果并不明显，这也意味着增量投资对产业转型升级和技术进步的作用不佳。因此，政府推动的增量资本投入可能存在错配问题，也就是说增量资本投入并没有被分配到资本生产率更高的领域。例如，以新兴科技为主导的高新产业领域可能投入不足，而边际资本产出呈现衰退特征的传统领域则可能投入过多，这会给宏观经济可持续增长带来长期负面影响。在以负债方式进行的投资扩张中，低效投资所形成的债务积累，最终会成为未来经济增长的负担，且随着杠杆率的不断提高，低效投资的产出存在无法支撑债务存续的风险，进而可能引发债务危机。

如果从社会资源配置角度考察投资扩张对经济增长的实际作用，

则在等量经济资源投入的情况下，资源配置结构将对产出效率产生重大影响。无论是企业的资产负债结构，还是社会的资产负债结构，都会在微观和宏观层面对资本产出率造成影响，进而影响企业发展和经济增长。

在企业部门内部，微观层面的资产负债结构会直接影响企业的财务稳健性和经营效益。企业缺少长期资本会导致资产负债结构扭曲和财务稳健性下降。债务负担过高，负债偿还和付息支出等压力所导致的资产负债表不稳健会带来财务风险，"短借长投"将影响企业长期经营的稳健性，制约企业成长。大量微观企业的资产负债扭曲反映在宏观上，则体现为企业部门整体负债升高，杠杆率过高，抑制企业部门的扩张潜力，从而制约经济增长。

在宏观层面，社会整体资产负债结构变动或优化，也会给资本产出率带来影响。首先，社会整体技术进步提高社会资本效率，降低资本产出率或提高资本生产率水平。因此，加大科技研发投入力度和增加技术创新投资，提升社会资产负债结构中的高技术领域资本占比，有利于提高资本生产率，或者对冲资本生产率的下降，这也是经济体进行产业转型升级的应有之义。

其次，不断深化投融资体制改革，减少在低效部门的大规模投资扩张，以市场化方式扩大在效率更高部门的投入，提高在同等社会资产负债水平下的整体资源配置效率，有效促进资本生产率的提高。因此，这需要以更加市场化的方式改革资源配置，基于效率优先原则让市场在资源配置中起决定性作用。国家以"双循环"战略促进经济增长的基础是要搞好内循环，而提高社会整体投资效率则是重要保证。

最后，积极进行产业结构调整，优化产业布局，逐步削减产能过剩部门的资本存量。例如，进行供给侧结构性改革，减少低效供给，去除无效供给，清理处置"僵尸企业"等。此外，去除在重复投资领域的投入，削减在传统产业的投资强度，对提高全社会的资本生产率尤为重要。通过对产业结构的动态优化调整，持续提高资本生产率，是促进经济增长的有效途径。

五、产出率衰退的顶点：传统增长模式的极限

（一）资本产出率视角的投资效率与经济增长

对资本产出率的总量、边际和结构分析表明，至少从 2008 年开始，投资在中国经济增长中已处于主导地位，投资快速增长是保持经济增长的最重要方式。然而，资本产出率下降，特别是近年来的加速衰减表明，投资驱动型增长模式正面临严重的效率衰退瓶颈。

因此，要保持合意的经济增速，在投资端的政策要义是，努力遏制资本产出率下滑趋势，而其关键是加速推动技术进步，加快产业转型升级，加大在高技术领域的投入和投资强度，以技术进步之力提高资本生产率，对冲增量资本投资效率递减压力。只有这样，经济增长才能从投资扩张和效率衰减的负向循环中解放出来。

在努力维持经济增长稳定时，资本产出率衰退意味着，资本形成速度要显著超过 GDP 增长速度，这表明低效社会投资扩张没有形成有效的 GDP 产出，也就是投资扩张与 GDP 增长处于不协调与不可持续的非均衡状态，资源配置效率处于持续下跌通道中。从另一个角度来看，这也表明资本使用成本并没有对投资需求产生有效影响，因此资本价格并没有成为引导投资市场供求关系平衡的真实价格信号，从而也无法对资本使用的低效状态形成自我纠正机制，这与中国投资体制特征高度相关。

时至今日，银行体系仍然以成本倒挂的资金价格向国有企业提供融资，这看似非理性的行为恰恰反映了投资体制的弊端，也是宏观资源配置深层次问题的折射，与建设高效市场经济体制的目标不相符。

当前，经济增长放缓导致银行信贷资金投向收窄，对风险的担忧使银行机构将资金投向"安全港"客户，大量资金主要投向国有部门，特别是信用等级更高的中央国企。比较突出的现象是，银行机构对国有企业大量融资呈现成本倒挂现象。这一方面反映了资源配置的扭曲，另一方面也进一步抑制了资源配置效率，并降低了资本产出率。

约瑟夫·斯蒂格利茨对转型经济中投资行为的研究表明[①]，在转型经济体制下，企业经理的投资行为与纯市场经济体制下企业经理的行为之间存在很大不同，转型经济中的投资风险和决策失误成本常常不由经营者承担，而投资带来的收益却会为其赢得各种好处。因此，企业经营者具有投资冲动，会极力促使企业进行庞大的项目投资，而造成投资膨胀，这是投资效率不高乃至衰退的微观原因。

事实上，正如前文所述，有为政府是推动中国经济增长的体系性力量，在这个由委托代理关系主导的体系中，投资软约束和决策风险承担的不对称性导致在各级行政机构间形成负向激励——不计成本的债务膨胀和投资扩张冲动，这也是地方债务屡屡控制不住、隐性债务盛行的原因。在宏观上，这体现为大规模的国有部门投资膨胀，同时资本产出率不断爬升，甚至在投资快速膨胀时出现跃升。经济增长将为此付出隐性代价，经济增长效率也面临加速衰退风险。

（二）传统经济增长模式的极限

如前文分析，$ICOR=I/\Delta GDP=(I/GDP)/(\Delta GDP/GDP)=S/G$，其中 S 表示当年的投资率（I/GDP），G 表示下一年度的经济增长率。若对该公式稍做调整就可以得到 $G=S/ICOR$，这表明经济增长率等于投资率与 $ICOR$ 的比率。因此，要保持稳定的经济增长率，就需要从

---

① 斯蒂格利茨.经济体制转型：理论与证据［M］.北京：中国人民大学出版社，2022.

投资率和 ICOR 两个维度着力。

我们对中国 ICOR 的实证考察显示，在过去十几年里该比率呈现不断上升趋势，特别是在 2008 年后，表现出加速跃升趋势，2022 年达到 9.38 的高位。在 ICOR 不断攀升的背景下，要保持中高速经济增长，就不得不大幅提高投资率，即不断增加总产出中用于投资部分的比重。这会带来两大后果：一是社会总产出用于投资的比重不断提升，挤压用于消费的部分，加剧经济结构失衡，且会抑制居民收入增长，削弱家庭资产负债表，制约消费需求的增长，导致社会总需求增长缓慢，甚至出现负增长；二是为了维持不断扩大投资的要求，将不得不增加负债规模，提升宏观杠杆率，结果导致债台高筑，且国有部门与民间部门之间资源配置不均衡，在民营企业债务紧缩导致投资能力和意愿下降的同时，负债增长主要集中在政府和国有部门，使其债务规模持续膨胀。

由于追求经济稳定增长的目标受到资本产出率衰退的影响，在保增长目标的推动下国有部门债务膨胀加剧，这反过来又进一步加剧了资本产出率衰退，资本产出率衰退的顶点就是债务膨胀的极点。换言之，这也是在传统经济增长模式下，经济增长率能够达到的极限。如果承认债务不能无限膨胀，那就不得不接受经济增长率必然逆转和不断下滑的结果，而经济增长下滑的速度则是由社会投资回落的速度或债务膨胀衰减的速度决定的。也就是说，尽管债务依然在膨胀，但若膨胀速度下降，无法弥补产出率衰退的增长，最终也会体现为经济增长率的下滑，直至转入停滞甚至负增长。

按照当前资本产出率上升的速度，传统投资主导型增长模式已经临近极限。一方面，国家宏观杠杆率在 2023 年第二季度已经达283.9% 的高位，国有部门和居民部门的负债率在全球范围内都处于高水平，继续加杠杆的空间日渐有限。民营经济部门经过几年来的债务紧缩后，已存在一定的加杠杆空间，但受"债务—通货紧缩"螺旋冲击，其负债能力已出现实质性下降，要重新转入良性负债增长，则需要资产负债表的有效修复。

因此，在经济增长转折期，如果宏观继续加杠杆，则需要综合考虑各经济部门的实际情况，采取不对称加杠杆方式会更稳妥。从目前的负债格局来看，中央政府和民营经济部门是更具可行性的加杠杆对象，其中，中央政府和中央企业具有即期加杠杆空间，民营经济部门则要量力而行，可在逐步修复资产负债表的同时适度加杠杆。由此，可以为居民部门和地方国企、地方政府提供资产负债表修复缓冲期，为未来能够继续接力推动经济增长奠定基础。

与继续扩大投资和结构性加杠杆相比，更可行的治本之策是提高增量投资效率，降低资本产出率，为真正可持续的经济增长奠定效率基础。如前文所述，中国资本产出率受多种因素的制约，其中，技术进步是对冲产出率衰退的有效方式。所以，增加对新兴产业领域投资，加大传统产业转型升级力度，提高产业科技含量，提升装备科技水平，是提高社会整体投资效率的有效途径。因此，在中国工业化的中后期，政府宏观政策的方向是强化科技投入，促进传统产业转型升级，加大对新兴高科技产业和企业的支持，实现资本产出率趋于缓慢下降，或者收敛于常数。这是中国经济跨越"中速增长陷阱"，在更长时期内实现高质量合意增长的必然选择。

（三）转型升级与经济增长的内在逻辑

根据索洛和库兹涅茨的研究，处于工业化进程中的经济体，在技术进步等因素作用下，其资本产出率有缓慢下降趋势，并在工业化基本完成时，收敛于一个常数，在此后的后工业化阶段，资本产出率会围绕该常数值略有波动。这在很多发达经济体和新兴经济体的实证研究中得到了验证。然而，目前仍处于新型工业化进程中的中国，资本产出率的发展趋势并没有展现出此种特征。从 20 世纪 80 年代初到 90 年代中期，中国资本产出率曾出现缓慢下降趋势，体现出了新兴经济体工业化进程中的特征。1997 年亚洲金融危机后，中国资本产出率从爬升到跃升，几乎一直处于上升通道中，直到目前为止，仍未表现出趋于基本稳定或收敛于常数值的特征，这也是中国经济的重大隐忧。

在过去 20 多年的经济发展中，中国资本产出率的这一有别于其他发达经济体和新兴经济体的特征，与政府追求在未来较长时期内继续保持中高速增长的目标背道而驰。因此，如果不能将资本产出率控制在一个相对稳定的均衡水平，或者促使其趋于下降或收敛于常数值，就意味着以扩大投资促增长的政策必将难以为继，投资对经济增长贡献度会持续衰减并呈加速之势，最终引致因债台高筑而无法持续的局面。

探寻和确认中国资本产出率常数值，既是保持经济可持续增长的基础，也是继续发挥有为政府体系和市场化力量合力作用的关键。更重要的是，必须全面依靠科技进步，加速推进产业转型升级，提升高技术产业在国民经济中的比重，同时抑制低效投资中的债务扩张冲动，强化资本的价格约束机制，优化金融资源配置，由此形成合理的资本产出率水平，这是通向长期可持续经济增长的正确道路。如果不能加快技术进步和产业结构转型升级，仅依赖资本投入的无限制增长，中国经济将难以转入高质量增长，甚至会形成滞胀风险——投资继续膨胀、资产价格攀升与经济增长停滞。

六、明斯基时刻：债务膨胀螺旋的顶点

（一）明斯基时刻及其内涵

明斯基时刻是美国经济学家海曼·明斯基所描述的资产价格崩

溃时刻,其主要观点是,经济的长期稳定可能导致债务累积、杠杆比率上升,进而从内部爆发金融危机,并陷入漫长去杠杆化周期的风险。在经济形势较好时,投资者倾向于承担更多风险。随着经济向好回升,投资者承受的风险越来越多,直到其资产所产生的现金不再足以偿付获得资产所举借的债务,也就是超过收支不平衡的极限值而崩溃。投机性资产的损失促使放贷人尽快收回其贷款,从而导致资产价值的崩溃,[1]因此,明斯基时刻实际上是市场由繁荣向衰退过渡的转折点。

明斯基时刻可以分为三个主要阶段。第一阶段,投资者负担少量债务,能够偿还本金和利息,该阶段被称为对冲性融资;第二阶段,投资者扩充融资规模,以致其只能负担利息支出,而无法覆盖本金偿还,该阶段被称为投机性融资;第三阶段,也就是庞氏骗局,投资者承担了过高债务,导致其只有在资产价格水平不断上涨时才能维持正常运行,该阶段被称为庞氏融资。1991年的日本经济泡沫破裂、1997年的亚洲金融危机,以及2008年的全球金融危机,都被一些研究者广泛地解释为明斯基式危机。

(二)全球货币扩张与债务膨胀风险

在明斯基的理论中,市场上的金融行为主体可以分为三类,其中风险最大的主体是高杠杆的银行和高赤字的政府部门。资本追逐利润的本性和投机者的短期行为是金融市场不稳定的内在根源。过去几十年,在新自由主义经济思想的主导下,全球化进程带来了持续的经济增长和金融市场繁荣,在世界经济高增长、低通胀的"大缓和"时代[2],

---

[1] 雷.明斯基时刻:如何应对下一场金融危机[M].北京:中信出版社,2019.
[2] 人们通常将1982—2008年称为"大缓和"时代,也有观点将次贷危机到新冠疫情之前的10年纳入"大缓和"时代。

无论是自 20 世纪 90 年代开始的金融自由化和管制放松，还是全球金融危机后的货币宽松常态化和财政纪律涣散，都导致了债务加速积累与膨胀。

货币超发是过去 20 多年中的全球性现象，无论是发达国家还是发展中国家，都经历了持续的宽松时期。2001—2020 年，以巴西、印度、阿根廷、墨西哥为代表的 10 个发展中国家，M2 的年均增速达 14% 以上。同期，以美国、英国、加拿大和澳大利亚为代表的 10 个发达国家，M2 的年均增速达 6.6%，远超其 1%~2% 的平均经济增长速度。

与货币扩张相对应的是，全球债务杠杆率的持续上升。国际金融协会于 2022 年 11 月发布的《全球债务监测报告》显示，2022 年第三季度，尽管全球债务与 GDP 之比已连续六个季度回落，但该比率仍高达 343%，债务总规模高达 290 万亿美元。新兴市场的债务与 GDP 之比也回升至纪录高位，由于预算赤字增加和经济增长放缓，发展中经济体的债务与 GDP 之比上升至 254%，债务总规模为 96.2 万亿美元。2022 年，发达国家为控制通货膨胀，虽然实施了部分紧缩政策，使其总债务规模下降了约 6 万亿美元，但由于长期实施金融宽松政策，金融市场出清进程始终没有真正开始。尽管经历了多轮次的金融危机，也仅是以更大力度的货币宽松和更大规模的债务膨胀为治疗药方，其结果是债务规模的螺旋式膨胀，每一次危机都带来新一轮的债务加速扩张。

与此同时，在全球化背景下新自由主义增长模式开启了工资停滞和收入不平等显著扩大的时代，作为代替工资增长对需求提供支撑的是债务膨胀和资产价格上升。尽管在管制放松、金融创新和风险偏好上升的共同作用下，这一模式得以在超出人们预计的周期内避免了经济停滞，但却不断遭遇经济金融危机冲击，10 年左右就发生一次金融危机。这既是该模式不可持续的证明，同时也表明，反危机政策的不断累积将使债务问题进一步复杂化。

自2008年金融危机以来，全球债务一直呈爆炸式增长，尽管2022年发达市场债务规模小幅下降，但债务在短短15年内发生的大幅膨胀，使债务可持续性风险不断上升。当前的严重通胀使各国央行不得不收紧货币政策，强化财政纪律约束，实施大幅财政紧缩政策的压力与日俱增，全球金融市场面临明斯基时刻的威胁。

（三）中国的债务增长与风险积累

国际经验研究表明，债务危机大多发生在债务过度积累的国家，高债务杠杆是金融风险的重大隐患。在投资主导型增长模式下，过去十几年里，中国债务总规模快速增长，以及杠杆率上升过快问题日渐突出。这既源于中国特殊的经济体制与制度环境，也与经济增长模式和宏观政策选择密切相关。具体而言，问题主要表现在五个方面。

一是宏观杠杆率呈现加速上升趋势，在传统增长模式下，这与现有经济增长动能衰减高度相关，或者说与资本产出率衰退密切相关。如前文分析，投资主导型增长模式的有效性高度依赖于资本产出率。在发达经济体的增长实践中，资本产出率收敛于一个常数，或者长期趋于缓慢下降，这说明只有在资本产出率保持基本稳定的前提下，资本投入扩张才具有实质性意义，产出率快速衰退使投资扩张的促增长作用大打折扣，甚至最终会走向促增长目标的反面，形成严重的债务负担。自2008年后，中国资本产出率处于持续衰退中，近年来已达到6以上，与20世纪八九十年代改革初期1~2的资本产出率相比，增量资本投入效率大幅衰减，这说明了重塑经济增长模式的重要性和紧迫性。

二是中国杠杆率总水平虽然尚未达到当今主要发达经济体高度，但已经处于较高水平，特别是与其他新兴经济体相比，已明显偏高。近年来，经济增速放缓加剧了宏观杠杆率的持续上升。2022年，中国宏观杠杆率大幅上升 10.4 个百分点，从 2021 年的 262.8% 上升至 273.2%，2023 年中期则进一步上升到 283.9%，6 个月内上升了 10.7 个百分点，按照这样的增速，达到 300% 的宏观高杠杆水平，不需要太长时间。经济增速下行，而债务持续扩张，二者的双向推动作用加剧了宏观杠杆率的攀升。

三是在中国债务结构中，国有部门与民间经济部门之间，以及政府部门与居民部门之间，都存在显著的结构性错配。图 6-5 显示了 2009—2022 年各部门债务同比增速的差异，政府部门债务在 2015 年后呈显著上升趋势，尽管 2020—2022 年受新冠疫情影响，增速有所回落，但依然明显高于非金融企业部门和居民部门。

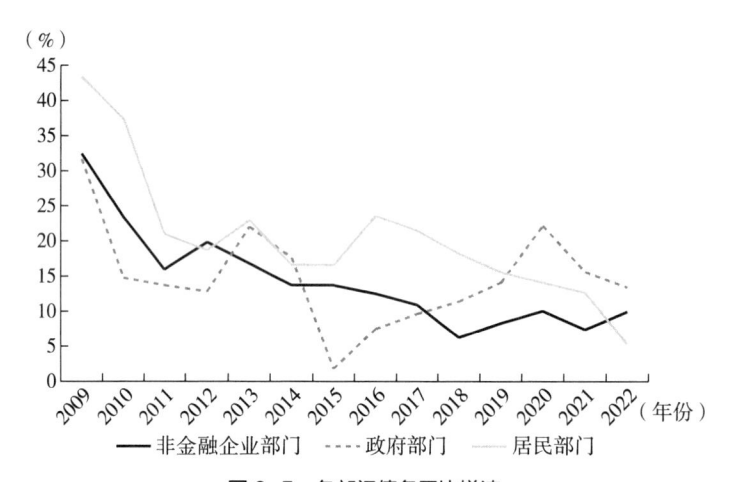

图 6-5　各部门债务同比增速

资料来源：中国人民银行，国家统计局，国家资产负债表研究中心。

以 2022 年为例，在宏观杠杆率攀升 10.4 个百分点的同时，私人部门资产负债表却呈现相对稳定态势。当年居民杠杆率保持不变，仍维持在 61.9% 的水平，部分季度甚至出现负增长。尽管这一状态与疫情因素有关，但在疫情后疤痕效应的影响下，由于房地产交易和汽车等大宗耐用消费品需求恢复缓慢，居民部门的杠杆率未出现明显上升。民营企业因受多重不利因素的影响，也难以出现较快的债务扩张，特别是受资产负债表衰退制约，不愿投资和不敢投资问题依然困扰着民营经济部门加杠杆。因此，可以预期，短期内能够加杠杆的部门仍然主要依赖于政府部门和国有部门。如此一来，将进一步加剧债务结构扭曲，并制约社会整体投资效率的提升。

四是在整体债务结构中，非金融企业部门债务规模巨大，无论是与发达国家还是与发展中国家相比，中国这一杠杆率都处于偏高位置，使宏观债务的脆弱性上升。如图6-6所示，2020年，中国非金融企业部门的杠杆率达160.7%，高于政府和居民债务杠杆率总和。与发达国家对比来看，2020年，日本非金融企业部门的杠杆率为115.6%，美国为84.6%，杠杆率超过70%的发展中国家很少。

2022年，中国非金融企业部门总债务为354.7万亿元，杠杆率为288.97%，出现飙升势头。在庞大的债务规模下，即使按照平均4%的融资成本计算，则每年的利息支出约为GDP的11.7%；如果按照平均5%的融资成本计算，则每年的利息支出占GDP的比重约为14.7%，融资成本每提高一个百分点，利息支出增加3.55万亿元。非金融企业部门还本付息负担过重，不仅会抑制实体经济部门促增长潜力的释放，还会导致宏观债务韧性不足。

五是中国债务增速明显偏快。2007—2014年新增债务达20.8万亿元，占全球同期新增债务的1/3；2014年国家实施了去杠杆政策，但2013—2017年非金融企业部门总债务年均增速仍达14.5%；2018—2021年总债务年均增速下降4.1个百分点，达10.4%，这一债务增速依然偏高，因此债务水平继续上升，尤其在新冠疫情冲击下，债务总规模有增无减。同时，从企业债务内部结构来看，国有企业债务占非金融企业债务的比重达55%，这也明显不同于其他国家，且房地产及其相关行业的杠杆率处于高位，面临地产调控带来的债务稳定性风险。

政府部门杠杆率

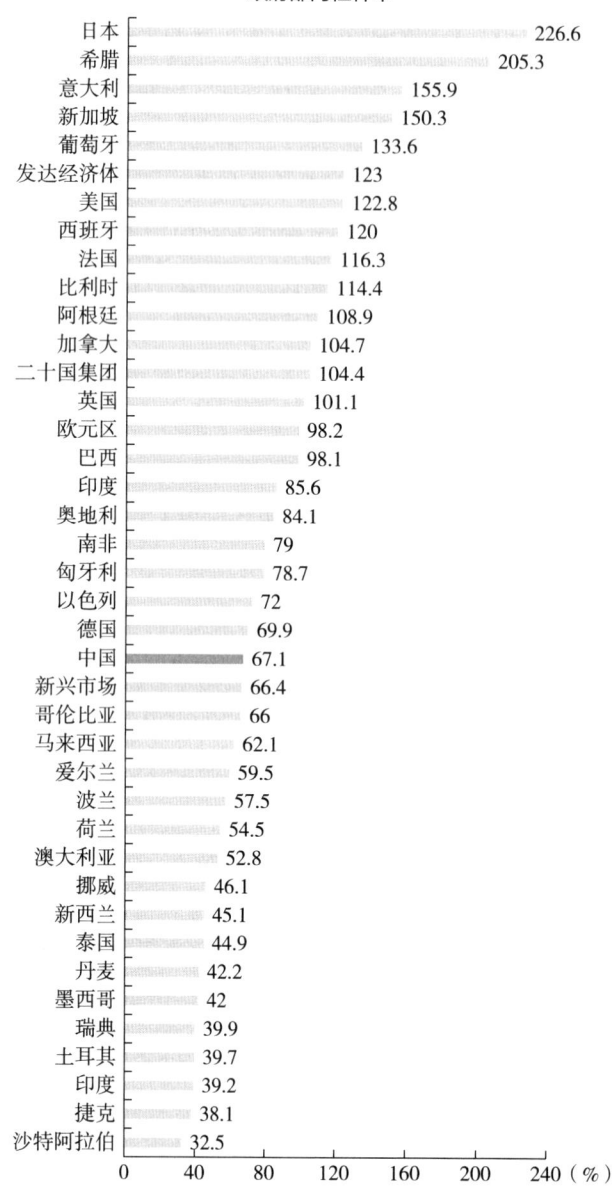

国家/地区	杠杆率
日本	226.6
希腊	205.3
意大利	155.9
新加坡	150.3
葡萄牙	133.6
发达经济体	123
美国	122.8
西班牙	120
法国	116.3
比利时	114.4
阿根廷	108.9
加拿大	104.7
二十国集团	104.4
英国	101.1
欧元区	98.2
巴西	98.1
印度	85.6
奥地利	84.1
南非	79
匈牙利	78.7
以色列	72
德国	69.9
中国	67.1
新兴市场	66.4
哥伦比亚	66
马来西亚	62.1
爱尔兰	59.5
波兰	57.5
荷兰	54.5
澳大利亚	52.8
挪威	46.1
新西兰	45.1
泰国	44.9
丹麦	42.2
墨西哥	42
瑞典	39.9
土耳其	39.7
印度	39.2
捷克	38.1
沙特阿拉伯	32.5

图6-6 世界主要经济体政府部门与非金融企业部门杠杆率

非金融企业部门杠杆率

国家/地区	杠杆率(%)
卢森堡	342
中国香港	246.8
爱尔兰	189.5
瑞典	175.3
法国	171.1
比利时	166
中国	160.7
挪威	155.2
荷兰	152.2
新加坡	140.8
瑞士	137.5
丹麦	136.5
加拿大	132.4
芬兰	123
新兴市场	119.4
智利	115.9
日本	115.6
欧元区	115.1
二十国集团	109.6
西班牙	107.7
发达经济体	104.4
葡萄牙	103.4
奥地利	99.8
俄罗斯	93
美国	84.6
英国	79.9
新西兰	77
意大利	75.5
马来西亚	74.5
德国	73.2
澳大利亚	72.2
土耳其	72.1
以色列	72
匈牙利	68.2
希腊	66
沙特阿拉伯	61
印度	57.5
捷克	57.2
巴西	54
泰国	53.4
波兰	45.6
南非	38.1
哥伦比亚	34.78

图 6-6 世界主要经济体政府部门与非金融企业部门杠杆率（续）

资料来源：巴塞尔银行委员会。

（四）债务脆弱性与明斯基时刻

持续的债务膨胀导致杠杆率上升，而负债配置错位加剧了债务结构扭曲，使债务可持续性下降，债务脆弱性日益上升。按照明斯基时刻的三个阶段划分逻辑，中国债务问题明显具有第二阶段的部分特征，尤其是很多地方的存量债务依靠借新还旧来维持，依赖新增债务规模来偿还利息。我们对政府部门和企业部门债务分别进行分析。

首先，政府债务扩张速度明显高于经济增长速度。2017—2022年社会融资存量总额从174.64万亿元增长到344.21万亿元，增长约97.1%，同期GDP从83.2万亿元增长到121.02万亿元，增长约45.5%，债务增速是GDP增速的2倍以上。实际上，自2008年以来，实体经济的债务增速在多数年份都高于名义GDP增速，M2增速在多数年份也超过经济增速。这表明在货币宽松的条件下，债务增长支撑投资扩张已成为推动经济增长的主要力量。实体经济债务增速持续超过名义GDP增速表明，投资效率偏低，资本形成的累积支撑增长作用较弱，政府债务增长对经济增长的边际拉动作用也逐步衰减。图6-7显示了在2008年全球金融危机后，中国实体经济债务与GDP同比增速的明显差异。

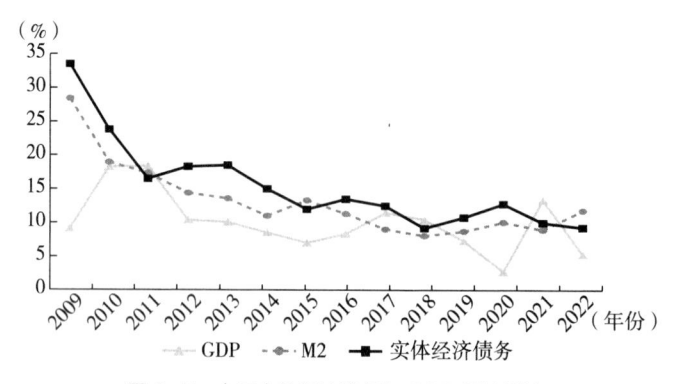

图6-7 中国实体经济债务与GDP同比增速

资料来源：中国人民银行，国家统计局，国家资产负债表研究中心。

尽管增加政府债务有利于加强跨周期调节和稳定宏观经济增长，但也助推宏观杠杆率上升到283.9%，债务风险加大。同时，政府债务快速扩张的副作用严重。一是政府债务规模增长加大了偿债压力，降低了财政统筹能力，增加了优化支出结构的难度，债务利息支出上升挤占政府财力，加重了地方财政负担，甚至引发了部分地方财政逼近"财政悬崖"。二是政府债务增长的挤出效应导致市场化主体融资空间收窄，降低了融资推动经济增长的边际能力，并最终抑制政府财政收入来源增长。三是政府债务比重高，尤其地方债务占比超过50%，导致债务错配，以及资金越来越多地被投入在效益较低的投资领域，干扰了正常的金融市场规律。这些都对政府债务的可持续性形成重大挑战，使债务的脆弱性上升。

其次，在总体债务规模不断攀升的同时，地方政府债务增长尤其迅速。图6-8显示了地方政府债务余额加速攀升与地方综合财力倒挂的矛盾，导致宏观债务可持续性面临严峻挑战。自2015年以来，地方政府债务增长远高于其他部门，2021年超过100%的债务警戒线，地方政府债务余额超过地方综合财力。此外，在地方政府债务结构中，一般性债务保持相对稳定或温和增长，专项债务增长呈现加速趋势。然而，如果就专项债务考察，其对应投资项目的效益并不理想，这也正是社会宏观杠杆率上升，而资本产出率却持续衰退的重要原因。2022年，地方政府专项债务的发行规模突破5万亿元，创历史新高，较2019年的发行规模翻了一番。自2017年以来，地方政府债务余额的年均增速达16.3%，远高于同期7.8%的名义GDP增速，负债率攀升与产出率衰退导致宏观债务风险加速积累。

再次，中央政府和地方政府的债务利息支出总额不断上升，其中，地方政府的利息支出高于中央政府，利息支出占政府支出的比重不断提高，付息成本叠加还本支出，使一些省级财政收入的50%以上用于债务还本付息，债务负担已经成为地方财政的沉重负担，还本付息压力不断加大，距离财政收支平衡的可持续目标越来越远。如图 6-9 所示，2018—2022 年地方政府债务利息支出绝对额逐年递增，其中，2022 年地方政府债务利息为 1.12 万亿元，首次突破 1 万亿元，较 2021 年增长了 20.8%。

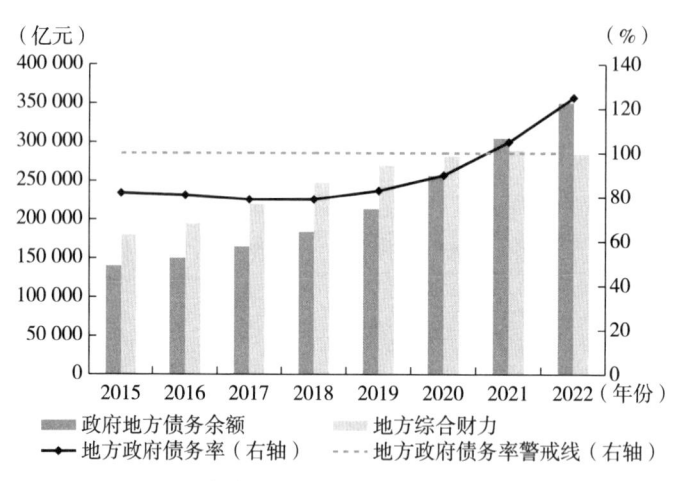

图 6-8 地方政府债务余额与地方综合财力对比

资料来源：Wind，天风证券研究所。

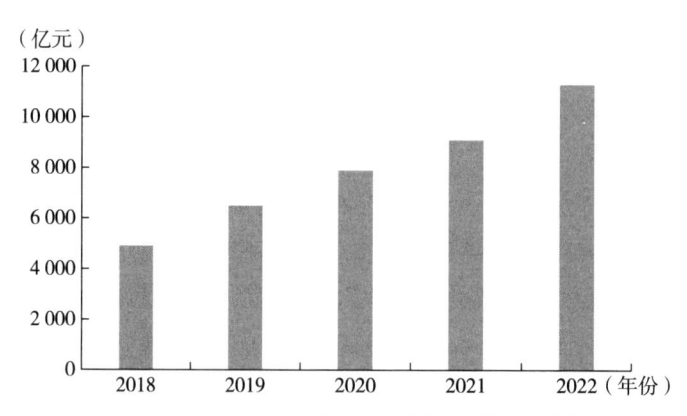

图 6-9 2018—2022 年地方政府债务利息逐年递增

资料来源：财政部。

2022年底，中央政府国债余额为25.87万亿元，地方政府债务余额为35.07万亿元，政府债务合计达60.94万亿元。2022年，中央政府债务利息达1.14万亿元，较2021年增长8.7%，按照债务余额和付息支出测算，平均利率约为4.65%[①]。在地方政府债务中，地方政府债券平均剩余期限为8.5年，平均利率为3.39%，2022年地方政府支付的债务利息达1.19万亿元，中央政府与地方政府总计债务利息支出至少达2.33万亿元，占2022年GDP的1.93%以上。

然而，如果将地方平台公司的非标债务及其利息纳入考察，且因其利率通常高于地方政府债券利率，则地方债务的总规模及其还本付息压力将大幅增加。尽管大量地方非标融资债权被置换为公开市场债务，使融资成本有所降低，但即使按照地方政府债券利率计算[②]，政府每年的债务付息总量也是惊人的，利息支出压力非常突出。

最后，就政府债务的国际横向比较来看，中国政府债务利息支付压力已经接近美国。2021年末，美国约有27.75万亿美元的政府债务，美国政府2021年支付的债务利息接近6 000亿美元，占其GDP的2.16%。同期，中国政府债务利息支出占GDP的比重为2.15%，二者基本接近。政府债务利息支出占GDP的比重持续走高，2021年较2016年的1.49%增加了0.66个百分点，平均每年增加0.11个百分点。按照这个趋势，政府债务利息支出占GDP的比重不久将超过美国。

此外，如果就企业债务来看，如前文所分析，在国有部门债务膨胀与民营经济债务紧缩的大背景下，民营企业债务杠杆率经过债务缩减，负债率偏高的局面已经得到很大修正，尽管这是被动进行的，并

---

① 按照2021年末中央政府国债余额为23.27万亿元，2022年末为25.87万亿元，日均余额约为24.45万亿元，折合年付息利率为4.65%。

② 在地方政府债务利息支出方面，因实施债务置换，以低成本、透明化的政府债券融资替代了部分高成本、不规范的平台债、隐性债务和高息贷款，有效降低了债务利息负担。

导致很多企业仍处于债务困境之中。所以，企业债务偏高的问题主要存在于国有企业，特别是地方国有企业和地方政府投融资平台公司。在国有部门总债务杠杆率水平偏高的情况下，在国有部门内部债务结构中，政府债务与国有企业债务问题相对复杂。

我们可以通过两个口径考察政府债务，同时把国有企业债务归入不同统计范畴。一是按照一般性政府债务口径，将政府债务仅限于国债和地方政府债务，这样政府债务水平相对较低，国有企业债务则明显偏高，而包含国有企业债务的企业部门整体债务水平也显著偏高。二是采用广义政府债务口径，将投融资平台债务纳入政府债务范畴，由于以地方投融资平台为代表的国有企业债务实际上是依托政府信用的，且投融资平台在很大程度上承担着政府的部分功能，还款能力也高度依赖于政府，若将投融资平台类企业债务加入政府部门债务，政府债务占 GDP 的比重将大幅提升。依此考量，中国政府部门和企业部门债务水平均高于国际警戒线，甚至政府部门债务水平还要略高于企业部门。

因此，债务膨胀问题表面上在于企业部门，实际在于政府及相关国有部门的债务水平过高。广义政府债务已经超过警戒线，防风险的核心在于防范政府及其相关主体的债务风险。虽然政府部门债务主要是国内债务，且政府具有较强的信用，政府与国有企业拥有大量资产支撑等优势，但这并不能改变政府负债过高和负担过重的客观现实。在政府债务风险总体可控的背景下，仍然要对政府及相关债务风险保持高度警惕。

从总体上看，政府债务风险仍在可控范围之内，但地方政府债务风险不容忽视。从债务构成结构上看，地方政府债务特别是经济欠发达地区的地方政府债务已经超出政府财政能力，债务违约风险处于临界点，2022 年末地方政府债务率（债务余额/综合财力）是 126%，已经超过 100%~120% 国际通行标准的上限。目前，地方政府付息规模较大。由于利息支出的刚性大于本金偿还，这对于一些财力有限的地方政府而言，既面临比较严峻的挑战，也蕴含着较大的风险。特别是2021年下半年开始房地产市场加速趋冷，在地方综合财力中占比超过1/3的土地收入大幅下降，未来几年，许多地方政府都将面临极大的地方债务还本付息压力。财政部原部长楼继伟曾在2020年底第五届财政与国家治理论坛上表示，地方政府债务存量一直在快速增加。在"十四五"期间，多数省市的债务可持续性堪忧，约1/4的省级财政有50%以上的财政收入将被用于债务还本付息。地方政府债务问题，不仅影响了地方公共服务能力，而且积累了财政金融风险。[1]

前述大量的数据实证分析表明，若按照当前债务增长趋势继续发展，明斯基时刻的"幽灵"就在不远处徘徊。对中国经济而言，由于经济增长的动力和结构与美国完全不同，仅依靠传统货币政策和财政政策将继续导致货币量的快速增长，以及社会债务规模持续扩大，并进一步推高宏观经济杠杆率。但规模巨大的增量资金如果难以配置到更高效率部门，特别是民营经济等市场主体，增量债务将在政府和国企这两条渠道上继续堆积，淤积为危险的债务"堰塞湖"，一旦出现重大外部冲击或危机，后果将难以控制。

因此，我们需要客观认识当前政府债务风险总体可控的论断，尽管暂时在宏观层面上风险总体可控，但个别重点风险事件和局部风险发生的可能性不能被低估。如果不能打通新增资金向高效率领域配置的"肠梗阻"，在土地收入下降趋势已历史性确立后，地方政府偿债风险则难以化解，这将给经济增长和债务风险管控带来重要挑战。这也是媒体和学术界高度关注债务风险，甚至认为中国经济增长临近极限的主要原因。

过去几年，金融防风险工作被提高到国家施政的最高层面，为预

---

[1] 楼继伟.面向2035的财政改革与发展[J].财政研究，2021（1）.

防发生债务危机而构筑了多重防线，因此在短期内发生较大债务危机的可能性并不高。早在 2015 年，国家就已经实施"三去一降一补"政策，进行供给侧结构性改革，把去杠杆放在重要位置，尽管在新冠疫情冲击下，杠杆率又经历了一轮反弹，但债务问题已经得到政府部门的高度重视。

此外，债务高杠杆主要集中在政府及其相关经济部门，因其资金调度范围较广和统筹能力相对更强，更容易化解局部债务危机。同时，中国债务主要是国内债务，外债比例较低，2022 年末外债负债率为 13.6%[①]，总体风险可控，不易受国际资本流动的冲击，受汇率波动的影响也较小。

因此，从促进经济增长和防范化解债务风险两个维度看，政府需要不断优化债务结构，在保持宏观杠杆率基本稳定的前提下，既要稳妥处置存量债务风险，又要适度增加高资本生产率部门的债务扩张，减少低资本生产率部门的增量债务配置，将结构性加杠杆与降杠杆相结合，从而在稳增长和控杠杆两个看似矛盾的选择之间实现合理平衡。如果继续放任杠杆结构扭曲，不解决资源错配问题，系统性债务风险可能会进一步增大，这将难以仅依靠政府信用加以控制，并且与促进经济增长的目标背道而驰。因此，在有效调整和优化债务结构、有效防范系统性债务风险的同时，只有努力实现经济增长动能转换，积极培育新的经济增长点，促进经济平稳增长，尽量延长经济保持相对较快增长的周期，才能从根本上化解长期债务问题，形成更加平衡和可持续的宏观经济结构。

---

① 截至 2022 年末，中国（不包含台湾、香港和澳门的数据）全口径（含本外币）外债余额为 170 825 亿元（等值 24 528 亿美元），中长期外债余额占比为 45%，短期债务占比为 55%。

第七章

**需求缺口：消费抑制
与家庭资产负债表衰退**

总供给与总需求的平衡是宏观经济可持续增长的基础。社会总供给不足将导致短缺经济，这是改革以前中国经济长时期经历的困境，在市场经济条件下还会带来通货膨胀风险；而社会总需求不足，则会导致产能过剩，使经济增长失去动力，尤其是如果最终消费需求不足，还会带来通货紧缩压力，抑制经济增长动能的释放。因此，实现总供求的结构与数量平衡是各国政府和央行宏观政策的主要目标。

在中国经济增长转折期，以世界第二大经济体的体量，即使是保持中速增长也并非轻易就能够实现的目标。在资本产出率衰退加速趋势下，投资驱动型经济增长面临重大挑战，已经难以承载确保高质量平稳增长的重任。因此，重塑经济增长动力体系，转换经济增长模式是必然要求，其中的重点是以消费增长逐步取代投资扩张成为推动经济增长的主要动能，改变长期过度依赖投资的局面，实现消费与投资平衡推动增长的格局。

在经济增长模式转型进程中，总需求不足是制约增长动能转换的最大障碍，特别是居民消费需求释放与增长面临挑战是巨大瓶颈。因此，需要围绕促进社会总需求增长与居民消费需求有效释放，调整宏观政策组合与施策力度，优化经济资源在投资端与消费端的配置，加快实现增长动力体系和增长模式转型。为此，需要采取系统性政策改革，修正重大宏观结构失衡，降低阻碍增长动能转换的负向力量，构建更加平衡和可持续的宏观供给与需求动能结构，这是当前实现经济增长模式转型的关键。

一、总需求不足是制约经济增长的关键

2020年初暴发的新冠疫情，对世界经济发展形成了历史性冲击，中国经济增长也深受影响。2023年上半年，尽管疫情已基本过去，但在出口走弱的背景下，居民消费在短暂冲高后快速回落。在总体失业率达5.2%的同时，16~24岁青年失业率攀升至21.3%（见图7-1），这制约了居民消费支出的持续恢复，社会消费品零售总额增速在同年4月升至18.4%的高点后，迅速从5月的12.7%大幅回落至6月的3.1%。在投资增长乏力的背景下，2023年上半年经济增长的主要引擎转向消费增长，最终消费支出对经济增长贡献度达77.2%，因此消费增长快速放缓严重拖累经济增速，并对未来经济增长构成重大挑战，凸显在增长模式转型期保持宏观经济稳定任务之艰巨。

早在2007年3月的全国两会上，国务院就提出要着力解决中国经济"不稳定、不平衡、不协调、不可持续"[①]问题。解决这一问题的本质就是要实现宏观经济增长动能转换，推进经济增长模式转型。较长时期以来，影响宏观经济平稳、协调和可持续增长的主要制约因素在于两大系统性失衡：一是在生产端，要素资源错配失衡，民间投资受到抑制，投资能力和意愿下降，造成有效总投资需求不足；二是在需求端，投资与消费比例失衡，国内消费需求增长缓慢，造成有效

---

① 中新网.温家宝：中国经济平稳较快发展 但非评功摆好时候[EB/OL]. https://www.chinacourt.org/article/detail/2007/03/id/239372.shtml，2007-03-16.

总消费需求不足。当前，在外需增长放缓，甚至呈现出口收缩的压力下，宏观经济所面临的需求缺口，已经成为制约经济增长的最大难题。

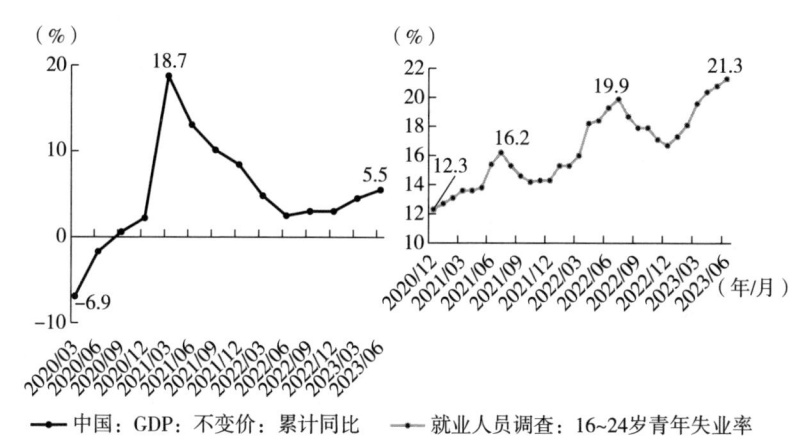

图 7-1　新冠疫情暴发后的经济增长与青年失业率

资料来源：国家统计局。

具体而言，在生产端，投资主导型增长模式使要素配置出现错位与低效，导致金融资源和其他关键生产要素配置严重失衡，而要素价格长期向国有部门倾斜的结果是，国有部门占用了与其 GDP 及增长贡献度不相匹配的大部分生产资源。在金融领域，资金配置的持续扭曲，使国有部门的债务膨胀与民营部门的债务紧缩并存，融资难融资贵使效率较高的民营经济投资增长乏力，资本产出率衰退趋势和挤出效应持续增强。因此，资源错配导致的要素利用效率衰减，已经成为制约经济增长速度与质量提升的症结。

同时，需求端则面临严重的有效需求不足问题。投资驱动型经济增长使消费与投资比例长期失衡，难以扭转低消费、高储蓄传统，消费增长乏力。家庭资产负债表衰退出现消费降级的风险，这从 2023 年上半年消费复苏缓慢及结构分化中初见端倪。在出口导向战略下，

第七章　需求缺口：消费抑制与家庭资产负债表衰退

净出口曾是缓解国内消费需求不足的重要力量，但当前出口正遭遇外部经济衰退的压力，增速收缩趋势明显。因此，国内消费增长缓慢与出口增长减速趋势已形成重大的宏观经济结构问题，导致投资扩张所带来的产能过剩矛盾更加突出，也使继续扩大投资面临天花板。

特别应该强调的是，国内消费长期不足形成的需求缺口，强化了投资主导型增长模式对出口的依赖，并引致内外部经济结构失衡，成为制约长期经济增长的另一个宏观结构性问题。在改革开放进程中，中国借助经济全球化浪潮，依靠较高的出口依存度实现了快速经济增长。但同时，中国经济由此更容易受外部经济震荡的冲击，被动面临重大波动风险。而每当遭遇外部冲击时，政府为保持宏观经济稳定，抑制外部震荡造成的增长波动，都会被动地采取大规模对冲措施，这进一步强化了经济发展中的不平衡、不协调矛盾，并加剧了经济增长的不稳定、不可持续。

居民消费是国内最终需求的主体部分，而消费需求释放受到家庭资产负债表和居民就业及收入状况的影响。在经济增长转折期，随着经济增速下行，居民收入增速也出现下滑，就业压力使居民对未来收入增长预期转弱，抑制了居民增加消费的能力与动力。当前，房地产价格下跌预期日渐强化，导致约占居民财富70%的资产面临跌价压力，而在地产繁荣时期形成的较高债务负担更显沉重，这也制约着家庭消费倾向的提升。

在新时期"双循环"国家经济发展战略中，促进内需增长特别是消费增长，是实现良性内循环的基础，也是构建"后高增长时代"可持续增长模式的前提。从微观角度而言，努力遏制家庭资产负债表衰退，支持其加速修复进程，释放居民部门的消费潜力，特别是促进新消费能力的生成，从而弥合需求缺口，是修正宏观经济结构失衡，重塑可持续经济增长的关键，也是实现国家"双循环"战略愿景的基石。

二、投资驱动型经济增长抑制消费需求

（一）投资驱动型经济增长导致投资比重不断攀升

从支出法 GDP 构成[①]角度来看，投资、消费和净出口是拉动经济增长的"三驾马车"。在投资主导型增长模式形成后，作为推动经济增长的主要力量，中国投资规模持续扩大，投资占 GDP 的比重呈不断上升趋势。在改革开放前 20 年中，固定资产投资占 GDP 的年均比重维持在 20%~30%，虽然低于消费对经济增长的贡献度，但保持较快增长态势，仅在 20 世纪 80 年代末出现过短暂下滑。

20 世纪 90 年代初期，投资增长快速修复并呈现加速势头，特别是在 1992 年邓小平南方谈话后，全国固定资产投资大幅增长，1993 年投资占 GDP 的比重为 39.7%，达到改革以来的阶段性峰值。此后，在 20 世纪最后几年的经济发展中，投资占 GDP 的比重虽有小幅回落与波动，但始终维持在 30% 以上，即使在发生亚洲金融危机的 1997 年，固定资产投资的 GDP 占比也高于 20 世纪 80 年代的水平。

随着 2001 年中国加入 WTO，外需迅猛扩张带动经济快速增长，固定资产投资也随之加速，特别是在 2008 年全球金融危机后，在 4 万亿元投资计划推动下，各地投资力度空前加大，固定资产投资占 GDP 的比重进一步提升。2009 年全国固定资产投资占 GDP 的比重首次超过 50%，资本形成总额对经济增长的贡献度达 85.3%，此后，固定资产投资占 GDP 的比重始终稳定在 50% 以上，并继续保持升势。2015 年是经济发展步入新常态的转折之年，固定资产投资占 GDP 的比重达 80% 的创纪录高位（见图 7-2）。

---

① 支出法 GDP 构成包括居民消费支出、政府消费支出、资本形成总额、货物与服务的净出口。固定资本形成总额包括住宅、其他建筑和构筑物、机器和设备、培育性生物资源、知识产权产品的价值获得减去处置。

在前30年的改革期中，随着中国逐步摆脱短缺经济，形成出口导向型模式，以及社会资本积累的不断增加，投资力度也日渐加大。在此期间，经济高速增长伴随着投资规模的快速扩大，投资扩张与经济增长呈现正向循环局面，这表明在此时期内投资是比较有效率的，投资扩张作为增长的主要推动力量，具有较强的可持续性。

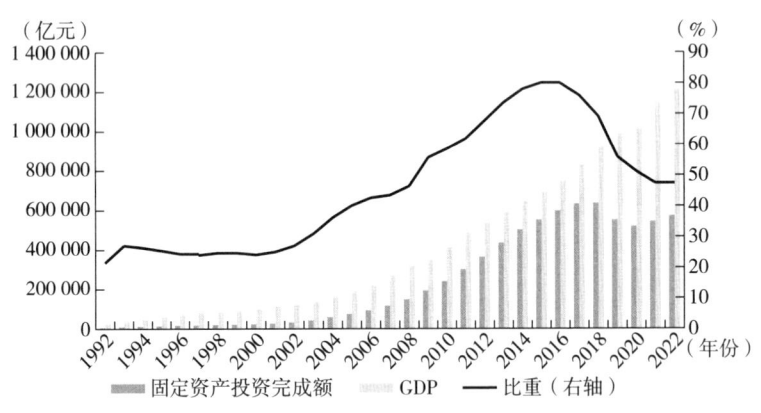

图7-2 全国固定资产投资占GDP的比重变化趋势

资料来源：国家统计局。

然而，在2008年后，无论是由于外需增长的拉动，还是为对冲经济下行压力，市场力量和有为政府共同驱动了全面投资扩张，将投资占GDP的比重不断推向新高。而与此趋势形成反差的是，国内消费的绝对额虽在增长，但居民消费占GDP的比重却逐渐降低，这给长期可持续经济增长埋下了隐患。2015年后，尽管在政府去杠杆政策的推动下，投资占GDP的比重呈小幅下滑趋势，但作为政府稳增长的主要推手，投资的绝对总量依然在快速增长。

除了吸引外资，国内投资所需资金主要来源于储蓄，企业部门和政府部门不仅利用自身盈余进行投资，还会从社会储蓄中获得投资资金。因此，可以从居民、企业和政府三个部门的储蓄与投资差额角度考察资金流向，总体而言，中国居民储蓄和政府储蓄是主要的投资来源。高储蓄率使居民部门储蓄与投资差额巨大，成为投资增长的主要来源渠道。改革开放以来，经济发展在满足居民家庭消费需求的同时，也使居民富裕程度提升和财富积累持续增加，而偏高的储蓄率更是为投资扩张提供了稳定的资金来源。

（二）居民消费支出占GDP的比重持续下滑

最终消费支出是经济增长的原动力，在世界主要发达经济体中，居民消费支出占GDP的比重处于主导地位。因此，消费变化趋势也是衡量成熟经济体增长稳定性的重要依据。如果消费增长缓慢甚至不断下滑，则将对经济增长构成重大挑战。在20世纪80年代前期，中国居民消费支出占GDP的比重在50%~60%，这与主要新兴经济体的消费支出占比差别不大，消费对经济增长的贡献度也接近80%，是影响经济增长的主要因素。

在这一时期，居民消费支出在GDP中的比重反映出，改革之初短缺经济所导致的消费压抑，正逐步得到有效释放，经济快速增长持续填补供给缺口，使消费成为改革初期经济增长的主要推动力量。相应地，尽管同时期的投资也在增长，但尚未成为经济增长的主导力量。与此同时，对外开放之初，外资刚刚进入中国，外向型经济尚未发展壮大，也尚未成为拉动经济增长的主要驱动力（见图7-3）。

从20世纪80年代末到90年代前半期，投资增长十分迅猛，对经济增长的贡献度也不断提高，经济实现高速增长。随着短缺经济的逐渐退去，居民开始将财富增长用于储蓄积累，消费增长的速度落后于GDP增速，使消费占GDP的比重呈小幅下滑趋势。此外，外资的持续进入使外向型经济模式日渐形成，东部沿海地区城市就业机会不断增多，向城市迁徙的农村人口猛增，加速了城镇化和工业化进程，进一步推动了投资扩张，逐渐提升了投资对经济增长的拉动作用。由此，在两种发展趋势下，在支出法 GDP 构成中，资本形成快速增长，而最终消费则相对下滑，尽管消费支出总量仍在以较快速度增长。

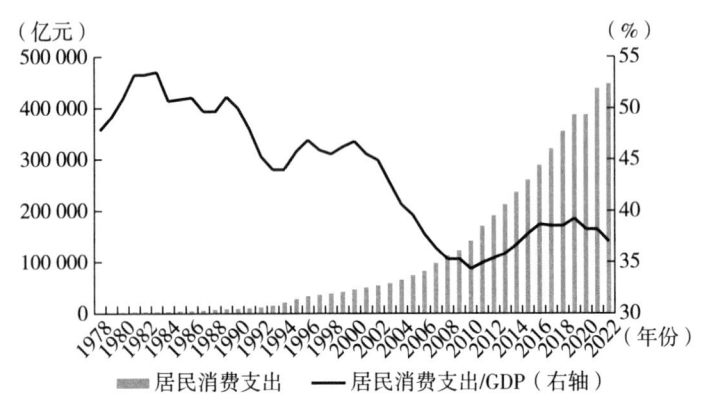

图 7-3　居民消费支出占 GDP 的比重变化趋势

资料来源：国家统计局。

20 世纪 90 年代后半期，居民消费支出比重保持了总体稳定、略有波动的局面，而进入 21 世纪，则出现持续下降趋势，尤其是前 10 年间，居民消费支出占 GDP 的比重下降了 10 个百分点，2010 年居民消费支出占 GDP 的比重只有约 35%，是 21 世纪的最低值，远低于世界其他大型经济体居民消费 55%~70% 的占比水平。即使叠加政府消费支出，最终消费支出也只占 GDP 比重的 50% 左右，远低于世界其他大型经济体居民消费占 GDP 比重 65%~85% 的水平。

2010 年后，居民消费支出占 GDP 的比重开始小幅上升，并在此后的 10 年间提高了约 5 个百分点，但各年消费占 GDP 的比重均低于 40%。2019 年，居民消费支出与政府消费支出总额占 GDP 的比重历史性地达 56%，但居民消费支出和政府消费支出增幅都只有较低的个位数水平。如图 7-4 所示，世界银行报告的数据显示了中国居民最终消费支出占 GDP 的比重，与世界平均水平及主要国家消费占比的差异，这一比重不仅显著低于发达国家，即使与印度相比也明显处于偏低水平。

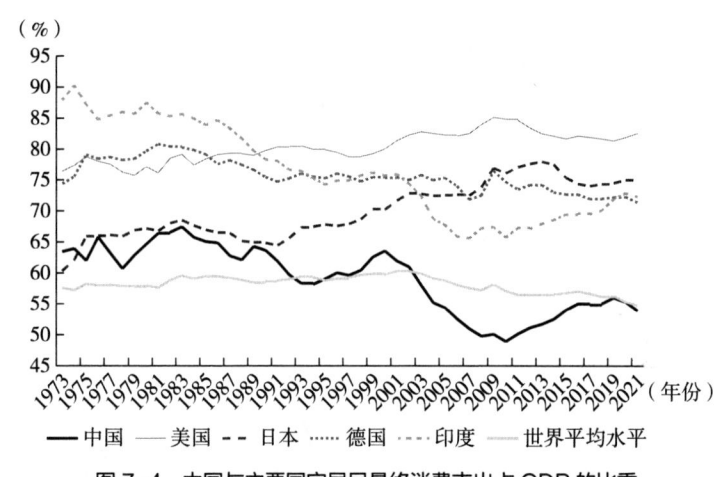

图 7-4 中国与主要国家居民最终消费支出占 GDP 的比重
资料来源：世界银行报告《家庭部门及为家庭服务的非营利机构最终消费支出（占 GDP 的百分比）》。

居民消费支出占 GDP 的比重过低，且增长缓慢而形成的需求缺口，是被出口增长弥补的。中国在 2001 年加入 WTO 后，出口获得强劲增长动力，出口导向型增长使货物和服务净出口占 GDP 的比重迅速提升。图 7-5 显示了货物和服务净出口占 GDP 比重的变化趋势，自 2004 年开始出口呈现快速上升趋势，直到 2008 年遭遇全球金融危机冲击后才出现增速回落。在 2011 年前，净出口增长是弥补国内需求不足的关键力量。

在这一时期，从国民经济结构平衡角度来看，净出口增长对消费不足的替代，有效平抑了投资与消费失衡的格局，是中国经济能够以非均衡状态快速增长的"平衡舵"。2001—2004 年，净出口占 GDP 的比重略高于 2%，对经济增长的贡献度不到 0.35 个百分点；而 2005—2008 年，净出口占 GDP 的比重迅速达 8.5%。从定量角度看，2001—

2008年，消费占GDP的比重下滑了约10个百分点，而净出口增长了约7个百分点，有效弥补了消费比重下滑留下的缺口，有力支撑了经济增长。

政府为应对2008年全球金融危机而实施的大规模投资计划，强化了以投资扩张支撑经济增长的路径，消费增长并没有得到足够的重视。但是，在此后消费的经济增长贡献度不断提高的背景下，消费增长无法快速提升，直接制约了经济增长速度提高。因此，尽管有持续投资扩张的支撑，宏观经济增速依然不断下滑，经济增长转入新常态。

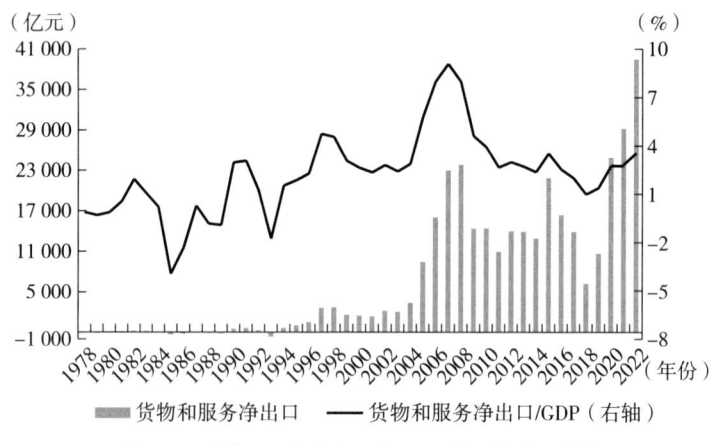

图7-5 货物和服务净出口占GDP比重的变化趋势

资料来源：国家统计局。

消费增长与经济增长之间更加紧密的相互影响，可以从居民消费支出增速与GDP增速的对比中观察到（见图7-6）。2008年后，消费增速与经济增速显示出很强的同步性，这表明一方面，由于消费成为经济增长的主要贡献因子，消费增速缓慢制约了经济增长；另一方面，经济增长也是消费函数的关键因子，经济增速放缓影响了居民收入增长，又直接制约了消费增长。在这种互为因子的函数关系中，主要是消费成为关键自变量，而影响了经济增长这一因变量。因此，只有持续的消费释放与合理增长，才能有效支撑宏观经济增速。

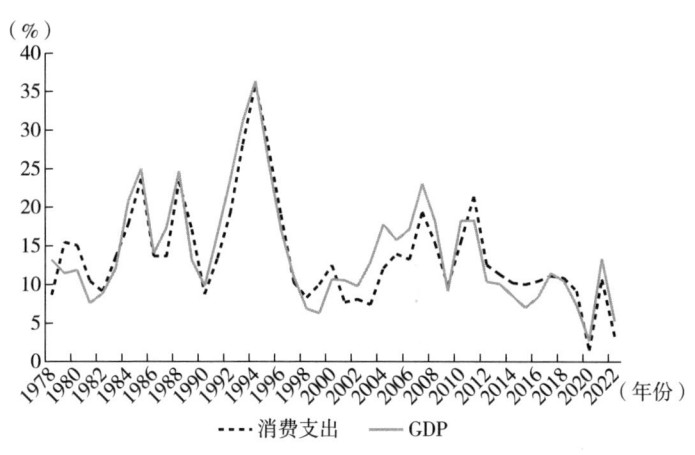

图 7-6 居民消费支出增速与 GDP 增速对比

资料来源：国家统计局。

如图 7-7 所示，2001—2008 年，受中国加入 WTO 的影响，外需增长，投资占 GDP 的比重大幅提升，并与消费形成互补关系，二者的平均经济增长贡献度基本持平。从 2009 年开始，消费与投资的经济增长贡献度出现了分化趋势，到 2020 年新冠疫情暴发前的 10 年间，尽管投资占 GDP 的比重持续提高，但其对经济增长贡献度呈现明显下滑趋势，从 2009 年超过 80% 的极大值下降到 2019 年的约 30%，下跌了均 50 个百分点。

而与此同时，尽管消费增速不快，但对经济增长贡献度却不断提升，从 2008 年的约 45% 提高到 2015 年的约 70%，此后虽有下降，但基本维持在 60% 左右，消费与投资的经济增长贡献度保持分化状态，平均保持着约 20 个百分点的差距。2020—2022 年，消费与投资处于非常态，二者的经济增长贡献度都出现大幅波动，可以预测在后疫情时代，消费与投资的分化趋势将会进一步持续。这从一个侧面表明，要实现稳定的中速经济增长，就必须推动消费稳定增长。

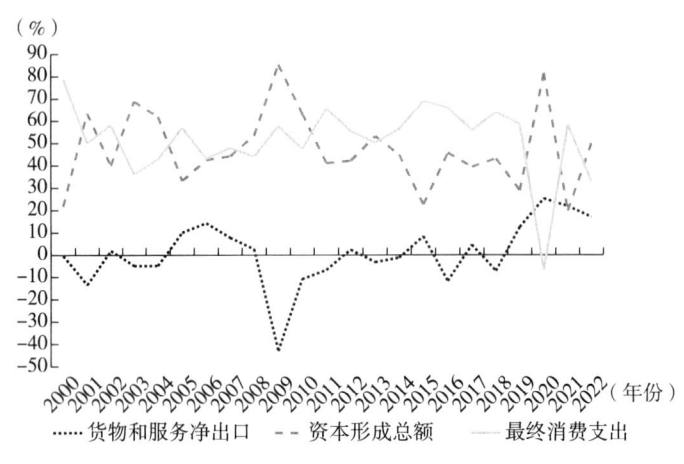

图 7-7　消费、投资和净出口的经济增长贡献度

资料来源：国家统计局。

值得一提的是，在消费和投资出现下降时，净出口为经济增长提供了重要补充。2005—2008年，在消费增长贡献度持续下降时，净出口的经济增长贡献度显著提升，有效弥补了消费不足。2015年，在投资增长贡献度大幅下跌至接近20%时，净出口贡献了10%的经济增长。在新冠疫情防控期间，受疫情防控冲击，投资和消费均出现剧烈波动，对经济增长的贡献度也出现很大波动，净出口的超常增长提供了有力支撑。2020年，消费对经济增长的贡献度为负值，而投资对经济增长的贡献度则达80%以上；2021年，由于疫情防控精准有效，最终消费的经济增长贡献度约达60%，而投资的贡献度只有约20%，与净出口的贡献度相当。然而，进入2023年上半年，居民消费冲高回落再次显露疲态，并对经济增速形成压制。

此外，还可以透过社会消费品零售总额变化视角，观察居民商品消费变动趋势。如图7-8所示，从2010年第三季度至2023年第二季度末，社会消费品零售总额月度同比数据持续下降，尽管这一数据未包含居民的进口商品和服务消费，但仍显示出居民消费持续下降的特征。以移动平均值剔除疫情冲击造成的波动，居民商品消费趋势线斜率未出现显著变化，也就是说居民消费的总体下行速率并未发生逆转。这表明，消费增长疲软将是制约未来经济增长的最大瓶颈。

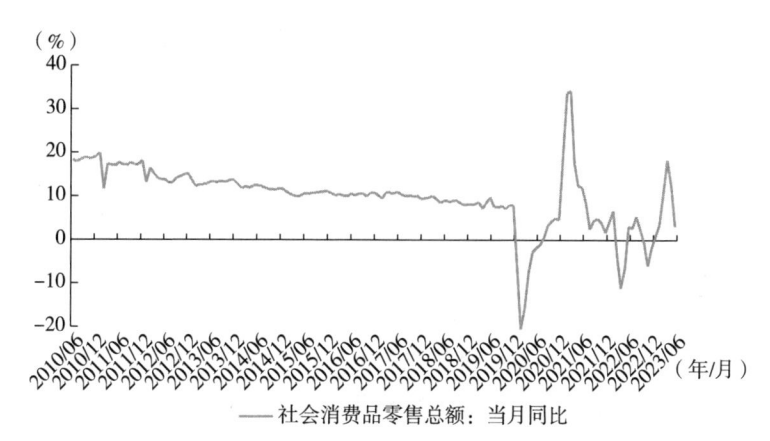

图 7-8　社会消费品零售总额变动趋势

资料来源：国家统计局。

（三）政府消费支出占 GDP 的比重持续偏低

国内消费总需求是由居民消费和政府消费构成的。在消费总需求中，居民消费是基础，政府消费是服务于居民部门的社会管理衍生消费，并与人口规模、福利体系等因素高度相关。政府消费支出是指政府部门为社会提供公共服务的消费支出，以免费或较低价格向居民提供货物和服务的净支出，主要包括教育支出、文化科技支出、医疗卫生支出、社会保障支出和政府自身消费支出等。政府消费是社会消费的重要组成部分，与居民消费变化密切相关，并对经济增长具有重要影响。

改革开放 40 多年来，政府消费支出占 GDP 的比重呈现缓慢增长与小幅波动趋势。在从短缺经济向市场经济转轨进程中，政府角色逐渐转换，在建立市场经济体制过程中，有为政府体系的功能逐步完善，除了推动投资扩张来促进增长，为建立和完善社会服务和居民保障体系，政府消费支出逐步扩大也使政府消费支出占GDP的比重呈逐步上升趋势。

在经济快速增长过程中，尽管政府消费支出的绝对总额增长较快，但消费支出的增速相对于经济增速而言仍然偏慢。因此，政府消费虽然部分弥补了居民消费的不足，但并没有逆转最终消费支出在GDP中比重下滑的趋势。由于政府消费支出的增长节奏相对稳定，与经济增速相较而言，在经济增速较快时期的政府消费支出占比则呈下滑趋势，而在经济增长放慢时期增速则显得相对较快。

如图7-9所示，在前20年改革中，政府消费支出占GDP的比重平均保持在13%~14%，受宏观经济周期和政府调控政策影响，呈现出小幅波动态势，但波动幅度只占GDP的2.5%左右。在1997年亚洲金融危机后，政府消费支出占GDP的比重显著提升了约4个百分点，2000年后持续回落，2008年全球金融危机时降至约14.5%，此后开始重拾缓慢上升趋势，直至新冠疫情暴发后再次逆转下行。

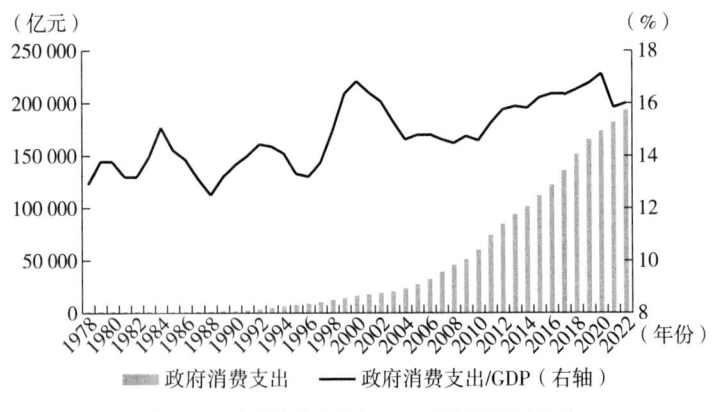

图7-9 政府消费支出占GDP的比重变动趋势

资料来源：国家统计局。

2000—2019年，政府消费支出占GDP的比重完成了一个循环周期，从2000年的16.84%恢复到2020年的16.77%，GDP占比基本持平。考虑到20年间，中国GDP从10.3万亿元增长到101.36万亿元，增长了约8.84倍，GDP占比基本未变的政府消费也增长同样规模，从这个意义上讲，政府消费总规模在2019年追平了GDP增长，但就平均占比来看则落后于GDP增长。受疫情影响，2020年后政府消费支出的GDP占比再次出现下降。

就国际比较来看，中国政府消费支出占GDP的比重持续低于世界平均水平。1978—2021年，政府消费支出占GDP的比重从12.9%增长到17.1%，高于主要中等经济体的平均水平，但明显低于加拿大、日本、德国、英国等发达经济体19%~21%的水平。尽管作为发展中国家，政府消费规模从总体而言基本合理，但与中国有为政府模式形成了一定反差，也表明政府消费支出更注重向投资领域倾斜，这与投资主导型增长模式和追求GDP的思维密切相关。

在推动经济增长动力向消费转型且消费的经济增长贡献度超过60%的背景下，进一步提高政府消费支出比重，既有利于弥补居民消费不足，也有利于促进和引导居民消费潜力释放，由此推动社会消费总量的扩张，从而促进内生性经济增长。从定量的角度看，在2022年政府消费支出占GDP比重16.01%的基础上，如果将政府消费支出比重再逐步提高4个百分点，达到20%的水平，则政府消费支出能够大幅增加。假定按照2023年GDP增长5%测算，政府消费支出理论上可以达到25.4万亿元，相较于2022年的19.4万亿元增加6万亿元。

有关研究表明，中国财政资金的投资乘数效应是1.06倍，按照当前消费乘数是投资乘数的3倍计算，由于消费乘数效应放大，GDP能够多增加12万亿元的内生增长。2012—2021年，中国行政主导型投资占GDP比重的最低值为2021年的20.68%，最高值为2016年的

24.83%，远超成熟市场经济中政府投资占 GDP 3%~4% 的水平。即使考虑到中国作为发展中国家的特殊原因，政府也完全可以从减少无效、低效投资中腾挪出合理的支出规模，用于支撑居民最终消费支出扩张，尤其是促进居民消费增长，这对顺利实现经济增长模式转型具有战略性意义。

（四）政府消费支出对居民消费支出的基础性支撑

发达国家的经验表明，政府消费支出与居民消费支出的变化高度相关。政府消费支出对居民消费能力释放具有基础性支撑作用。一方面，政府消费支出增长可以替代一部分居民基本消费，支持居民基础性支出需求，如完善医疗、教育、养老等，降低基于预防性动机的储蓄意愿，从而释放社会消费潜力；另一方面，被替代的居民消费支出，可以通过政策引导转向政府期望的消费领域，从而进一步释放需求并形成更多居民消费支出，最终促进社会总需求的更多增长。比如，政府以税收优惠和补贴政策等鼓励居民消费新能源汽车、家电等耐用消费品。

在经济增长转折期，伴随着巨大的社会转型，政府也在持续扩大民生投入，包括健全社会保障体系，减轻居民家庭在住房、医疗、养老和基础教育等方面的支出负担，增加社会服务采购，促进基层治理服务提升，筑牢社会保障底线等。但是，与投资扩张相比，政府消费支出的力度较小，对居民消费支出的带动作用不足。政府消费支出占 GDP 的比重仍然偏低，且增速偏慢，在一定程度上反映了有为政府体系的支出扩张偏好——更重视投资，而轻消费。

政府从 2015 年开始推进的供给侧结构性改革，解决了供给侧的部分结构性问题，但在 3 年新冠疫情冲击后，社会总需求不足已经超越供给侧结构性问题，成为制约经济增长的最大挑战。当前，在最终消费领域面临的主要矛盾是，如何有效解决家庭支出负担偏重、预防性储蓄显著上升问题，促进家庭将收入增长中的更大份额用于消费，而非更多进行储蓄。基于CFPS（中国家庭追踪调查）数据，对2010—2018年的消费变动趋势研究表明，中低收入家庭在食品、住房、医疗、教育等领域的负担仍然较重，并成为居民消费能力释放的瓶颈。表7-1显示了2022年中国居民人均收支及主要构成情况，与CFPS的调查结论高度一致。

表7-1　2022年中国居民人均收支及主要构成

指标	城镇居民 绝对量（元）	城镇居民 同比名义增长（%）	农村居民 绝对量（元）	农村居民 同比名义增长（%）
居民人均可支配收入	49 283	3.9	20 133	6.3
按收入来源分：				
工资性收入	29 578	3.9	8 449	6.2
经营性收入	5 584	3.8	6 972	6.2
财产性收入	5 238	3.7	509	8.4
转移性收入	8 882	4.5	4 203	6.8
居民人均消费支出	30 391	0.3	16 632	4.5
按消费类别分：				
食品烟酒	8 958	3.2	5 485	5.5
衣着	1 735	−5.8	864	0.5
居住	7 644	3.2	3 503	5.7
生活用品及服务	1 800	1.1	934	3.7
交通通信	3 909	−0.6	2 230	4.6
教育文化娱乐	3 050	−8.2	1 683	2.3
医疗保健	2 481	−1.6	1 632	3.3
其他用品及服务	814	3.5	300	5.9

资料来源：国家统计局。

事实上，在经历40多年经济高速增长后，中国居民家庭的支出负担并没有显著降低，伴随物价和房价高涨，居民家庭的相对负担反而是上升的。在这样的背景下，在疫情冲击后经济增速下行的环境下，银行体系中迅速增长的家庭储蓄余额，既是居民消费更趋谨慎的明证，也是消费能力释放的最大障碍。因此，政府需要下决心调整其支出结构，果断将一部分政府投资支出转向最终消费支出，增加涉及民生领域的支出，减少居民家庭的民生顾虑，也可以将政府消费支出与家庭消费支出挂钩，积极带动家庭消费支出的相应增长，有力地促进经济增长模式转型。

（五）消费率与投资率失衡抑制经济增长

在消费与投资共同驱动经济增长的进程中，投资与消费之间存在互补关系，但这种互补只能是暂时的而非长期的，否则会造成严重的结构失衡，最终制约甚至损害经济增长。中国经济运行中的消费增速缓慢局面，倒逼以投资扩张来弥补消费不足造成的需求缺口，以推动经济持续增长。而在遭遇重大外部冲击时，出口作为拉动增长的第三极也会大幅下降，进一步削弱社会总需求，导致经济增长对投资扩张的依赖性更强。图7-10显示了改革以来最终消费率和资本形成率的变化趋势。

在2000年前，最终消费与资本形成（固定资产投资和存货）的比例基本保持相对稳定，仅在宏观调控加强和发生重要事件的年份波动加大。总体而言，在改革的前20年中，最终消费占GDP的比重下降了10个百分点，由20世纪80年代初的近70%下降到90年代后期的约60%。例如，1981年基建投资同比下降20.6%，1982—1983年实施"调整、改革、整顿、提高"的宏观调控，导致资本形成率明显下滑；在1992年邓小平南方谈话后，投资增长率则迅速提高。2001—2010年，最终消费率持续下降，降幅近 13 个百分点。在此期间，经济增速之所以能够得以保持，主要是因为投资增长弥补了消费缺口，2004—2008 年，在投资增长略有放缓的情况下，净出口成为总需求缺口的重要补充力量。

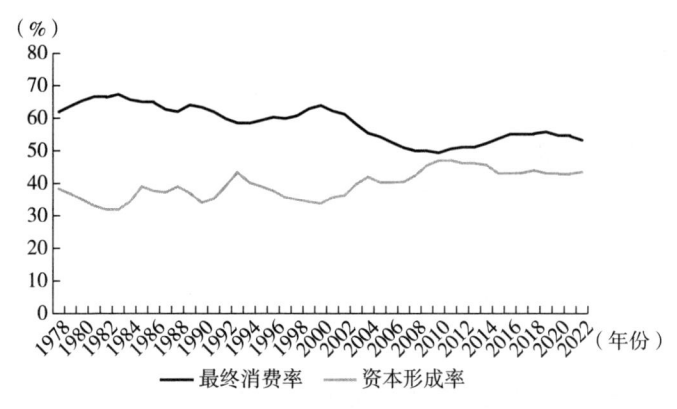

图 7-10　最终消费率和资本形成率的变化趋势

资料来源：国家统计局。

2008 年全球金融危机导致出口剧烈下滑，投资扩张被作为应对金融危机的主要对冲政策。2009 年，中国 GDP 增长 8.7%，其中资本形成对 GDP 的贡献率达 85.3%，最终消费对 GDP 的贡献率达 57.6%，净出口对 GDP 的贡献率为 –42.8%。同年，全社会固定资产投资达 224 846 亿元，较 2008 年增长 30.1%，投资成为维护经济增长的关键动力。在反危机的对冲政策后，投资持续在 40% 以上的高位，这也是中国经济结构失衡加剧的时期，持续以投资扩张刺激经济增长的结果是债务规模的快速积累，以及国家宏观杠杆率的加速提高。

从长期经济发展来看，过低的最终消费率和过高的资本形成率，将最终损害经济增长潜力，并导致严重的宏观结构失衡。就短期而言，以超大规模投资扩张抵御危机冲击，虽暂时保住了 GDP 增速，但也带来了严重的后遗症，经济增长路径进一步被锁定——投资扩张依赖性被强化。过度依赖投资扩张对消费增长形成挤压，并导致严重的产能过剩，这与经济长期可持续增长目标相左。

需要指出的是，随着时间推移和受多种因素影响，投资扩张越来越依赖政府及国有部门加杠杆来实现，而民间投资则出现相对衰退，这既造成经济资源配置的部门失衡，也使政府及国有部门难以有余力致力于促进消费增长。消费增长需要长时间培育，而非临时性政策所能立即见效，临时抱佛脚式的短期消费刺激只能是暂时性政策工具。例如，2009年政府推动"家电下乡"，虽然迅速创造了部分短期需求，但也透支了农村居民未来的家电消费潜力，因而缺少中长期的政策意义。因此，只有坚持长期主义，以持续性政策培育居民消费能力，提升消费意愿，才能有效释放市场消费潜力，助力经济增长。

三、严重产能过剩加剧供需失衡矛盾

（一）制造业产能过剩超过居民消费能力

长期的投资持续扩张必然会带来产能大幅增长，相对于社会消费能力增长而言，很容易形成产能过剩，导致社会总供求出现失衡。若这种失衡不断累积，则将削弱投资对增长的促进作用，在接近失衡极限时，最终会反过来成为制约经济增长的瓶颈，投资扩张也就走到其目标的反面。对于开放型经济体而言，在出现投资膨胀所带来的产能过剩时，促进需求增长来实现总供求平衡，只能通过两条途径实现：一是促进国内最终消费的增长；二是不断扩大对外商品输出。

就国内需求增长角度看，支撑高投资的高储蓄率意味着，最终消费被大幅压缩或延迟，相较于投资形成的庞大产能，必然产生巨大的消费需求缺口，且缺口规模会随着投资扩张而不断被拉大。于是可以观察到一种悖论现象：为促进经济增长进行的投资越多，消费不足造成的需求缺口就越大，投资导致的产能过剩就越严重，需求与产能之间的差距就越大，并最终成为制约经济增长的障碍，投资驱动型经济增长就越接近增长模式的极限。在平衡型经济增长中，投资扩张形成的产能增长与消费需求增长应能够相互协调，并彼此匹配而实现动态平衡。

就外部需求增长角度看，2001年中国加入WTO后，搭上了经济全球化的顺风车，利用要素成本优势实现出口迅速增长，有效弥补了产能扩张过程中的国内需求不足，得以在国内供求结构失衡条件下实现持续经济增长。但是这一模式面临两大风险：一是持续投资驱动的产能扩张会因不断累积而加剧结构失衡；二是对外部需求的依赖最终会引致内外部结构失衡，当外部经济环境变化时，既容易阶段性遭受外部冲击，也可能因外部条件逆转而造成持续性损害，需要很长时间进行内外部结构修复，对经济增长形成长期冲击。

从中国经济发展实践看，持续存在的国内需求缺口，除了以投资弥补，还依赖出口持续增长加以平衡，产能增长与需求不足的失衡体现为持续的贸易顺差。但如此一来造成两方面的后果：一方面，内外部经济结构失衡不断累积，并通过外汇和汇率影响货币政策选择；另一方面，在逆全球化潮流下，容易形成贸易摩擦，甚至发生贸易战。中国非均衡经济增长面临强制调整的约束，特别是由于投资增长和产能扩张是通过不断增加负债方式进行的，也就是把"多储蓄、少消费"所积累的资本不断地转化为新增投资和新增产能，这是一条难以长期持续的发展道路。

产能增长与消费需求失衡给经济增长带来的潜在外部风险始终如影随形，并影响内部经济结构调整。2008年全球金融危机期间，由于经济增长严重失速，政府推出的庞大的投资计划虽然保住了8%的增速目标，但经济结构失衡问题也迅速加剧。在经济强刺激政策尚未完全结束之际，2011年接踵而来的欧债危机又进一步恶化了出口环境，导致国内投资驱动的经济刺激政策难以退出，经济结构调整的机会和窗口期始终难寻。

2015年，政府启动供给侧结构性改革，在产能结构优化上取得了不少进展，淘汰了一批落后过剩产能，但结构调整目标始终没有完全达成。2018年7月开始的中美贸易战，使中国对外贸易遭遇重大压力，也为主动进行经济结构调整开启了机会之窗。但是，新冠疫情"黑天鹅"的出现，使外向型部门再次迎来出口繁荣契机，由于中国率先成功控制住疫情，制造业迎来阶段性机遇，在几乎没有效进行结构调整的情况下，出口借新冠疫情带来的特殊窗口期而再度繁荣，这使产能过剩以及投资与消费结构扭曲延续至今，并在出口繁荣期结束后成为制约经济增长的重大结构性难题。

以制造业为核心的投资扩张所致的产能过剩，与需求增长缓慢之间的矛盾，还使实体经济遭遇巨大挑战，尤其是在出口压力增大时，企业进行实体产业投资的动力下降，这可以从民间固定资产投资下降趋势中观察到。尽管民间固定资产投资下降缓解了产能增长的矛盾，但同时导致了对落后产能的修正期延长，不利于供给侧结构性改革的推进。

（二）实体资金外溢与地产膨胀削弱居民消费能力

对冲2008年全球金融危机的宽松政策，在金融体系内淤积了较多流动性，与此同时，大规模投资扩张所带来的产能过剩也导致实体经济中外溢出大量资金，这些具有热钱特征的资金需要新的增值途径，房地产繁荣的赚钱效应使其成为最有吸引力的领域，加剧房地产投资膨胀。热钱和快钱投机成为推动地价和房价上升的主要力量，而地价和房价上升又对热钱产生新的吸引力，由此形成了膨胀性循环，并造成了新的失衡——地产膨胀和实业衰退，实体经济资金持续流入地产领域加入投机热潮，导致实体经济投入不足和失血而面临衰退。此外，热钱在地产领域的大规模投资催生了房价泡沫，进一步削弱了居民在房产之外的消费意愿与能力。

如图7-11所示，自1998年住房制度改革以来，住房价格持续处于升势之中，在调控强化期出现阶段性回落。房价上涨对居民所持资产具有显著的财富效应，而对于居民消费支出的影响则比较复杂。总体而言，关于房价上涨对居民消费影响的大量实证研究比较一致的结论是，高房价对居民非住宅消费支出存在挤出效应，尤其是在经济发达的东部地区和较大城市。尽管房价上涨的财富效应在长期内可能会提升消费信心，但也带来了房价收入比的大幅上升，削弱了即期和近期的居民消费。

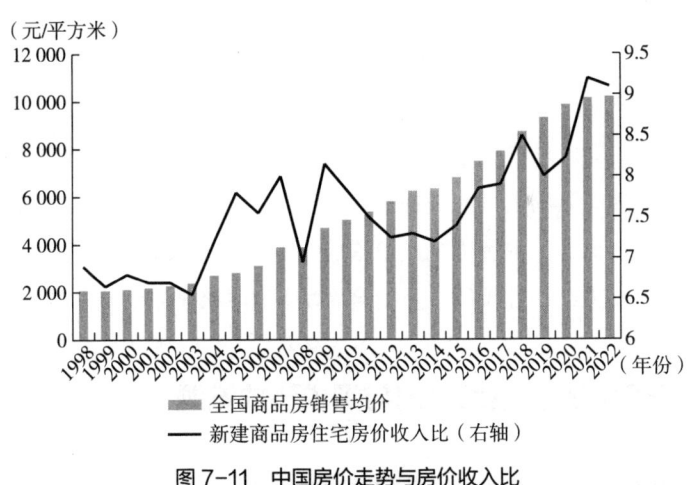

图7-11 中国房价走势与房价收入比

资料来源：国家统计局。

房价上涨对居民消费具有抑制作用，特别是在中国大多数家庭只有一套自住房的情况下，房价上涨的财富效应并不能转化为现实消费能力，反而会因房价收入比的抬升而压制消费能力。同时，在社会保障体系尚不够完善的情况下，基于传统文化习惯，居民很少选择以住房抵押获取消费贷款的美国模式。国外学者的研究也表明，消费支出会因房价持续上升而不断减少。

因此，对于普通中国家庭而言，房价上涨的财富幻觉并不能转换为实际的购买力，处于"债居时代"的大多数家庭要么为购房而进行前期储蓄，要么为偿还按揭式购房的月供而削减当期消费，或者兼而有之，二者都会削弱普通居民的消费能力。这可被视为实体经济过剩的外溢效应，并最终演变为抑制消费增长的负向因素。

在全球化遭遇空前逆风的背景下，美国在特朗普政府时期发起的对华贸易战对中国出口形成压力，拜登政府延续贸易战政策，并推行经济"脱钩"战略和所谓"去风险"政策，继续对全球产业链供应链造成巨大冲击。而西方在疫情肆虐时期的供给缺口被中国出口增长弥补，尽管这有助于弥补中国国内需求缺口，但这是难以持续的非常态。实际上，2023年上半年，外部需求减弱导致出口下滑而带来的冲击已经开始显现。同年7月，出口月度环比下降1.2%，同比下降了14.5%，出口形势更趋严峻。而房地产投资继续趋冷，房产上涨预期已经逆转，其财富效应正在褪色，甚至可能成为居民财富缩水的主要因素。因此，采取有力的政策措施，加快修正投资与消费失衡，是有效解决重大结构性矛盾，重拾合意增长的根本选择。

四、家庭资产负债表衰退与需求释放难题

（一）"储蓄文化"与居民消费需求释放困境

基于长期的文化传统，中国居民形成了为未来储备的强大"储蓄文化"，使居民储蓄率一直处于国际高水平。图7-12显示了自2003年以来的近20年间，中国居民境内储蓄总额的增长趋势，尤其是近年来，居民境内储蓄曲线的斜率显著增大，在收入增速未见提高的情

况下，这表明家庭储蓄倾向存在持续上升趋势。高储蓄传统和因疫情冲击而增强的危机意识，导致储蓄倾向上升对总消费需求增长十分不利。居民增加储蓄主要是为提升家庭资产负债表的韧性，通过增强资产实力特别是增加流动性强的可靠资产，以备不时之需，或者为偿还房产按揭、耐用消费品贷款等储备资金，从而制约当期社会消费总需求的释放。

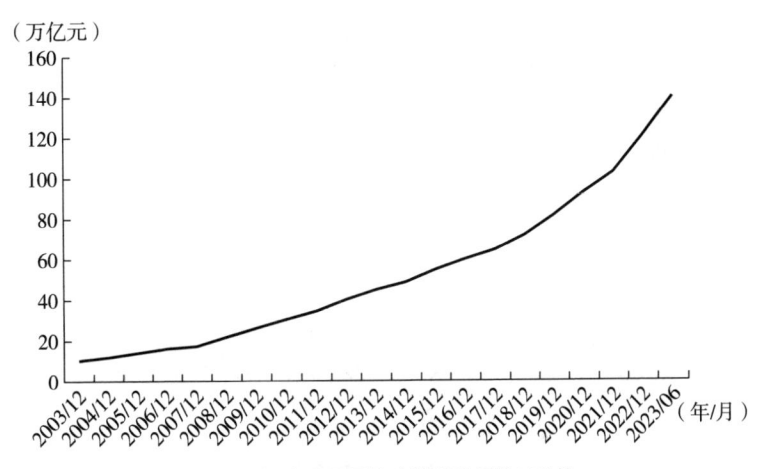

图 7-12　中国居民境内储蓄总额增长趋势

资料来源：中国人民银行。

银行储蓄普遍被居民视为增强资产实力的可靠选择，因此存款规模持续加速增长。同时，存款结构变动也反映了居民偏好的变化，凸显促进消费需求增长的难度。图 7-13 显示了居民存款结构变动趋势，特别是在 2021 年 3 月后，居民定期存款的增速明显快于活期存款，两条曲线的喇叭口有持续扩大的趋势。在居民收入增长并未加快的情况下，定期存款比例持续上升是居民当期消费意愿趋于下降的佐证，表明居民对未来一段时间内进行消费持谨慎态度，缺少扩大消费的计划，这与政府努力扩大社会总需求、推动经济增长的目标背道而驰。

在经济增长转折期，家庭收入增长预期转弱，刚性支出预期增强，伴随资产价格回落预期不断被验证，家庭基于资产负债表权衡的消费决策会转向避免增加消费负债，削减存量消费信贷，同时加强储蓄，这是家庭资产负债表衰退的典型过程。因此，我们能够观察到银行消费信贷需求减弱，以及房屋按揭、汽车贷款增长乏力的现象，甚至出现还贷潮和消费信贷收缩趋势。

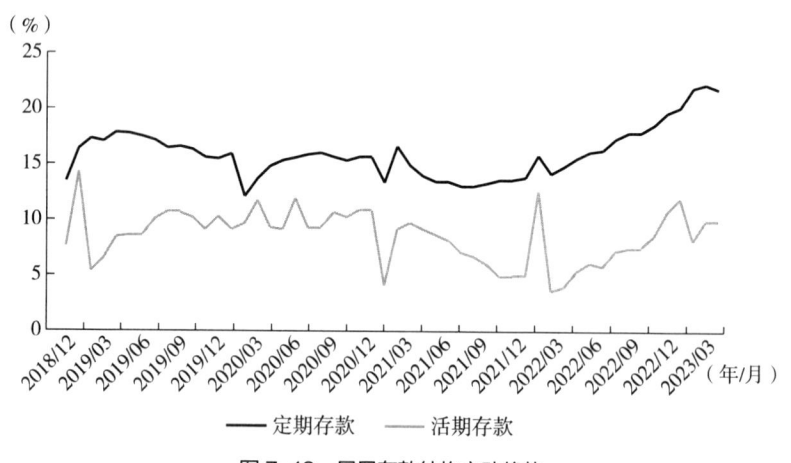

图 7-13 居民存款结构变动趋势

资料来源：中国人民银行。

自 2019 年末以来，居民人均可支配收入与人均消费支出走势出现背离，人均消费支出小于人均可支配收入的差额，即居民人均净储蓄（见图 7-14）。在 2020 年和 2022 年都出现了显著的净储蓄增加，也就是居民消费需求缺口的扩大，特别是从 2022 年第二季度开始，需求缺口再度扩大表明居民消费倾向持续走弱，这对社会消费总量的增长非常不利。

同样，在图 7-15 中，以消费者信心指数表示的居民消费意愿与储蓄存款之间也存在显著的负相关关系，居民消费意愿下降伴随着存款增长。在经济形势较好的时期，消费也会出现减少现象，更可能的原因是为购买住房、大宗消费等做积累，因而不会表现为储蓄存款余额的完全对应上升。

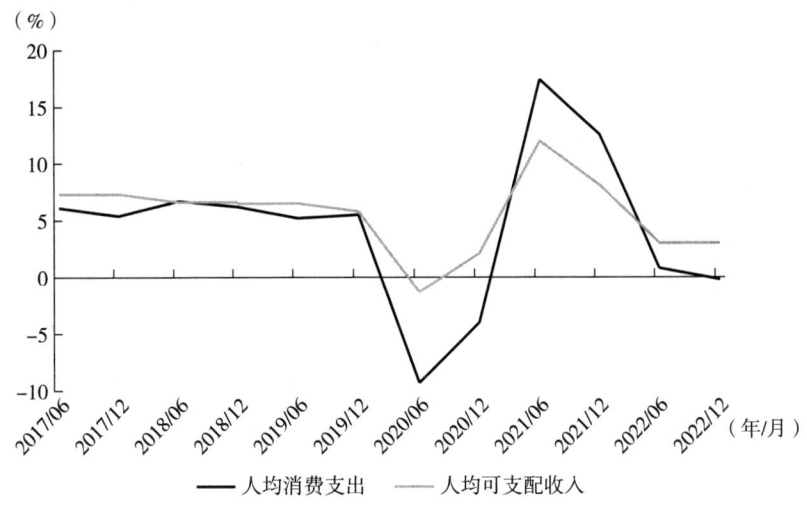

图 7-14 居民人均可支配收入与人均消费支出增速对比

资料来源：国家统计局。

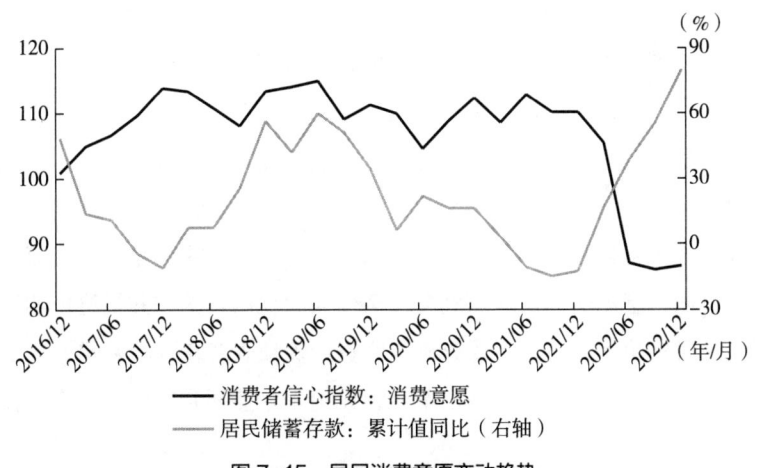

图 7-15 居民消费意愿变动趋势

资料来源：国家统计局，中国人民银行。

从更长期来观察，居民储蓄率[①]变化是衡量居民消费意愿的重要指标。在经济增长转折期，家庭资产负债表衰退与修复是一个持续性进程，导致消费总量增长乏力，社会总需求明显不足。在新冠疫情冲击下，家庭预防性动机显著增强，因此，虽然疫情防控期间居民收入增长放缓，但储蓄总额显著提升。尽管储蓄增长的一部分来自居民所持金融资产种类的转换，但有很大一部分来自减少消费支出而新形成的积累。

金融统计数据显示，"储蓄文化"正随着经济增速放缓而增强。例如，2022年居民储蓄存款增加17.84万亿元，较2021年增加7.94万亿元，较2020年增加6.54万亿元，较2018年增加8.14万亿元，创自统计以来的新高。2022年第四季度，倾向于"更多储蓄"的居民占比达61.8%，也是自统计以来的最高值，反映出居民对消费日趋谨慎的现实。

（二）增长转折期的家庭资产负债表衰退

对于普通中国家庭而言，其家庭资产负债表主要受两个方面因素的影响：一是以所持房产为核心的主要家庭资产价值变动；二是以住房按揭贷款、消费贷、经营贷等为主的负债变化。家庭消费支出与投资决策主要是基于资产负债表状况的权衡。此外，正如企业经营决策一样，以工资性收入、财产性收入和经营性收入为主的家庭现金流量表，也同样会影响居民对家庭资产负债表状况的评估，并最终影响其消费及投资决策。这里主要分析家庭资产负债表变化及其影响。

作为社会经济活动的基本单元，无论是企业还是家庭，资产负债

---

① 居民储蓄率通过"中国资金流量表"的相关数据计算，其公式为居民储蓄率 = 住户部门总储蓄 / 住户部门可支配收入。其中，住户部门总储蓄 = 住户部门可支配收入 – 住户部门最终消费。

表恶化的基本诱因都是资产价格下跌，因为这会导致所持资产价值低于为获取该资产所形成的负债，或者至少会直接削减资产端价值，从而削弱资产负债表的平衡性和韧性。从更广泛范畴来看，资产价格下跌除了受经济从繁荣到萧条的周期性影响，还与经济增长模式高度相关。在投资驱动型增长模式下，迅速推进的工业化和城镇化进程，持续推动了房地产及其他重型资产价格的上升，并在广义货币扩张的持续助推下，形成普遍的财富效应。在这样的宏观环境下，无论是企业还是居民作为资产投资者，都能够获得资产增值带来的财富溢价。

然而，这种普遍的财富增值现象也深受宏观经济环境变化的影响。在经济增长转折期，因投资的边际资本产出率衰退，增量投产出逼近效率红线，投资增长逐渐临近由负债约束形成的天花板，以城镇化和工业化为核心的传统投资扩张方式将逐渐失去快速推动增长的能力，对资产价值与价格的重新评估便接踵而来。由于"居者有其屋"理念深入人心，对居民部门决策影响最大的因素就是房地产价格，而这与房地产业发展趋势密切相关，也就是与城镇化进程及其模式高度相关。当然，以股票市场投资等为主的金融资产，也会因价格波动影响家庭资产负债表，进而影响居民消费决策。

传统经济增长模式转型自然也要求工业化和城镇化模式的转型，投资扩张会更加关注效率水平，城镇化更注重"人"的城镇化，而不再是仅关注"地"的城镇化，城市发展由"城"转向"市"，即更强调以人为核心的城镇化，由此缓解城镇化进程中人与地的矛盾，构建更加和谐、可持续的新型城市。与此同时，传统工业化也将转向更加重视信息化、系统化和智能化的新型工业化，而不再是对传统产能和规模线性增长的追求。

城镇化和工业化模式的转变，会使空间资源节约和有形资产高效利用成为重点，由此，以往工业化和城镇化中受追捧的快速增值型资产，将遭遇重估及贬值压力。这完全不同于快速城镇化时代的趋势，彼时人口大量涌入城市，房价一路高歌猛进，房产价值不断升高，一片繁荣景象。城镇化转型的直接结果是房价上涨乏力或转入下滑态势，较之传统重资产业，新兴产业对大都市房价的支撑力也大幅下降。政府对房地产业的紧缩政策旨在抑制泡沫，实现行业健康可持续发展，但这类政策往往会被市场矫枉过正，居民对房产价格预期的改变足以将房地产市场由繁荣拖入萧条，而在当前的宏观经济环境下，居民预期转向偏悲观，较难以逆转。

任泽平团队和新湖财富联合发布的《中国财富报告2022》数据显示，2021年末，中国居民财富总量达687万亿元，户均资产约为134.4万元。中国人民银行调查统计司发布的《中国城镇居民家庭资产负债情况调查》数据显示，2021年末，居民家庭资产配置的结构以实物资产为主，其中房产（包括住宅和商铺）占比最大，接近70%；金融资产占比相对较小，只占约30%，其中现金和存款占比超50%，权益资产和公募基金占比约20%。这与美国的情况正好相反，金融资产在美国居民部门总资产中的占比为60%~70%。

经济增速放缓带来广泛影响，由于房产、金融资产价格下行，居民家庭资产负债表状况深受影响，资产端价值缩水，或者预期会出现收缩；同时，居民未来收入增长预期转弱，导致负债水平较高的家庭增加对其负债的担忧。这促使家庭消费决策转向保守，减少消费支出，努力增加储蓄，以削减负债，为预期中的不确定性做准备，家庭陷入资产负债表衰退。

家庭步入资产负债表衰退期的重要表现是，从2022年底开始，居民家庭提前偿还住房按揭贷款的倾向显著提高，提前还贷款的客户数量陡增，甚至还款需要提前几个月在银行预约排队。进入2023年，随着1月5日中国人民银行、中国银保监会宣布建立首套住房贷款利率政策动态调整机制后，商业银行房贷利率开始密集下调，包括郑州、天津、厦门、福州、珠海、长春、沈阳在内的不少重点城市，房贷利率快速下调至 4% 以下，但提前还贷潮未减。即使还贷排队预约等待期需要 3~4 个月，也没能降低居民提前还贷的意愿。《第一财经》报道称，尽管房贷利率不断下行，一位吴姓客户还是在两年间分4 次还完了 90 万元房贷，并称自己"银行账户最后只剩下 100 多元，月供 1 元多"。居民提前还贷的动力，既来自短期"房产增值收益跑不赢借贷利率"的预期，更来自基于降低家庭资产负债水平的长期权衡。

图 7-16 显示了个人本币贷款与居民储蓄的变化趋势。居民个人储蓄存款增速与个人贷款增速"剪刀差"持续拉大。居民家庭决策普遍选择削减负债，增加储蓄，以增强家庭资产负债表抗风险能力和韧性，结果导致消费支出减少，削弱最终消费拉动经济增长的动力。

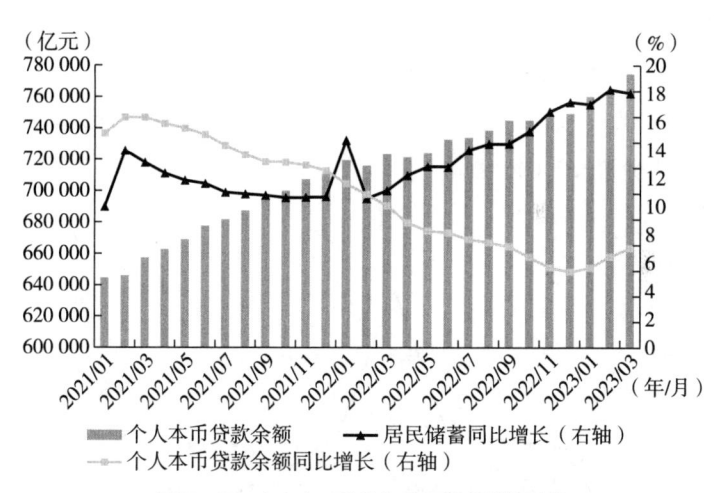

图 7-16 个人本币贷款与居民储蓄增长对比

资料来源：中国人民银行。

（三）消费信贷结构失衡与增长缓慢

如果从家庭现金流量表的角度看，除了居民收入现金流因素，消费贷款是促进消费增长的重要资金来源。不断创新的消费信贷类产品与服务，为居民消费信贷增长提供了多样化选择，特别是迅速崛起的互联网平台和专业消费金融公司，正成为继商业银行后消费信贷的重要提供者。然而，消费信贷产品的日渐丰富和信贷提供者增加趋势，并没有推动居民消费信贷规模的快速增长，特别是如果剔除纳入消费信贷口径的房地产按揭贷款，消费信贷增长更显乏力。

统计数据显示，在家庭消费贷款中，个人住房贷款约占70%，非住房贷款只占约30%。与年度GDP增长的绝对体量相比，消费信贷的增速相对缓慢，增量总额偏小，图7-17显示了消费信贷结构与非按揭消费贷款规模增速放缓的趋势。根据中国人民银行统计，在2022年第四季度，不含个人住房按揭贷款的个人住房贷款余额为17.25万亿元，较2021年的16.57万亿元增长了约4.1%，显著低于2020年的9.5%。2019年个人住房贷款余额增速较同年第三季度末低1.3个百分点，较2018年末低5.4个百分点，全年只增加了6 755亿元，同比少增长7 646亿元。

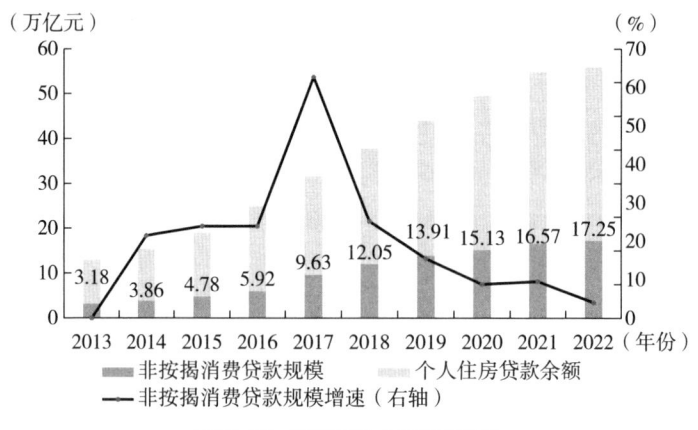

图7-17 消费贷款余额增速趋势

资料来源：国家统计局，中国人民银行。

从居民消费贷款增长的结构与趋势来看，对住房价格预期的逆转导致住房消费需求趋冷，且非住房性贷款增速也持续放缓，表明居民部门对未来收入增长预期降低，负债增加消费的动力严重不足，制约了居民部门的消费扩张意愿。消费信贷格局对疫情后经济复苏造成重大影响。统计数据显示，社会消费增长特征体现为浅层性复苏，深层仍是较难融化的坚冰，表现为服务性消费增长略快，而商品性消费增长疲软，处于下滑趋势，二者的增长出现明显背离（见图7-18），这最终导致整体消费水平增速偏低，难以有效支撑尽快实现经济全面复苏的目标。

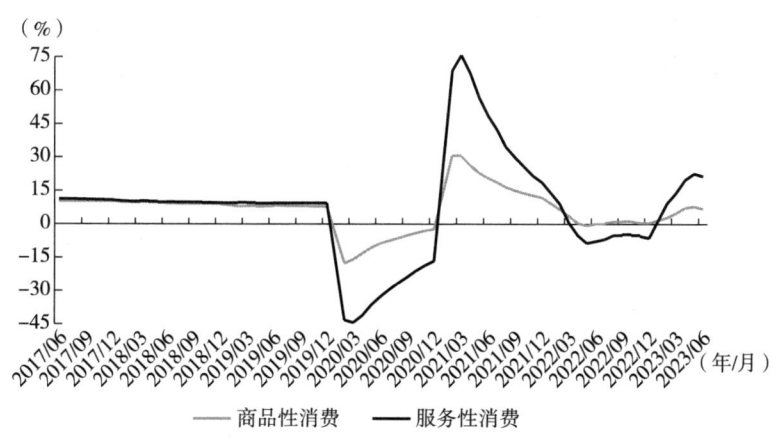

图 7-18　居民商品性与服务性消费走势

资料来源：国家统计局。

（四）居民住房投资与消费增长抑制

自1998年实施住房制度改革以来，中国房地产市场快速发展，并伴随着商品房价格的持续上涨。住房价格不断攀升导致居民买房负担加重，高房价被认为透支了居民消费能力，导致非住房消费增长缓慢，消费增速未能随着房地产繁荣而显著提升，对经济增长的促进作用被弱化。

有学者利用中国 253 个地级城市在 2003—2016 年的面板数据进行研究[①]，结果表明，房地产投资与城市产出存在倒 U 形曲线关系，即在城市发展初期，城市产出会随着房地产投资的增加而增加，直至达到城市房地产投资边际收益为零的点，此后，城市产出转向随着房地产投资增加而缩减；在越过边际临界点后，继续增加房地产投资，将减弱消费对经济增长的正向效应，城市经济越发达，城市规模越大，减弱效应越明显。

从理论分析角度来看，住房消费作为居民消费构成的一部分，房地产消费增长本身就带动了居民相关消费的增长，如家具、家电、装修等。但同时，住房消费又对其他非住房消费增长产生显著影响。一是在居民部门的住房投资增长超出边界后，会在事实上将住房这一消费品转化为投资品，尽管在统计上仍将其统计为消费，但实际其将居民可支配收入"固定资产化"，导致流动性下降而大幅削弱了消费属性；二是在住房被作为投资品时，住房购买者大多使用了按揭贷款等，以加杠杆方式提高投资收益，而持续偿还按揭贷款的责任，在事实上挤占了非住房消费支出的增长。

另一个观察住房消费如何影响居民非住房消费的视角是，居民所持存量房产的财富增值效应对消费的影响。由于住房在家庭财富构成篮子中的占比达到近 70%，房产价格波动对居民非住房消费具有重要影响。在房地产业周期中，在繁荣的黄金期过后，房产的财富增值效应下降，挤出效应上升，对消费增长将形成抑制作用。当然，对于不同居民家庭而言，由于拥有住房的数量、购房时点，以及是否负债等存在差异，房价变化的影响也会有所不同，需要关注的重点是对社会总消费需求的影响。

[①] 崔广亮，高铁梅. 房地产投资、居民消费与城市经济增长［J］. 系统工程理论与实践，2020（7）.

一项根据居民家庭收入等级和住房属性偏重不同的研究[①]表明，如果将居民划分为三种类型：不受流动性约束型、不完全受流动性约束型，以及完全受流动性约束型，则在全国层面上，收入是影响消费的关键因素，房价上涨及预期房价上涨的消费影响为挤出效应，且存在长期均衡关系；在居民层面上，对于不受流动性约束型居民，收入不是影响消费的重要因素，而其余两种类型居民的消费受收入、习惯强度影响较大，且流动性约束越强，影响越明显；同时，不受流动性约束型的居民，在短期及长期内，房价上涨及预期房价上涨的消费影响为财富效应，而其余两种类型居民的消费影响为挤出效应，强度大于前者的财富效应，且流动性约束越强，抑制作用越显著。

因此，无论是在短期还是长期内，房价上涨及预期房价上涨，对消费的影响均表现为明显的挤出效应，是抑制居民消费的力量，且这种影响结果具有长期收敛性，也就是说当短期影响偏离长期均衡时，将反向修正以达到长期均衡。如果房价持续上涨速度远超收入上升速度，房价收入比超出合理区间，就会严重削弱居民可支配收入中用于非住房消费的部分，且远超合理区间的房价收入比也会显著增强居民预防性储蓄动机。对于尚未拥有住房的居民家庭而言，房价上涨通过传递效应会提高租房成本，大幅增加租房家庭的房租支出。此外，由于房价变化引发的不确定性，居民消费行为也会更加谨慎，对消费的影响表现为挤出效应。

五、政府消费改革促进居民消费能力释放

从国民经济总量平衡及内外部平衡两个视角看，需求缺口＝居民

[①] 李春风，刘建江，齐祥芹.房地产价格对我国城镇居民消费的长短期影响研究［J］.财经理论与实践，2018（1）.

储蓄净额+企业偿债净额（或存款净额）+政府净储蓄额。从居民消费端看，年度居民新增储蓄净额就是住户部门的新增需求缺口。统计数据显示，2022年末中国居民人均负债较2021年末减少3 000元，以当年末14.12亿人口计算，2022年居民家庭净偿债规模达42 360亿元，这体现为新增居民需求缺口，如果再考虑到新增居民储蓄规模[①]，表明家庭资产负债表衰退相当突出。在由居民消费和政府消费构成的最终消费需求中，政府消费与居民消费密切相关，政府消费总量的增长与结构变化，直接影响着居民消费总量的释放与结构变化。因而，政府消费对引导社会消费需求增长和弥补总需求缺口具有重要影响。

根据《中国统计年鉴》中的"财政——中央和地方财政一般公共预算主要支出项目表"，将一般公共服务作为政府自身消费，把一般公共服务以外的项目作为政府消费中的社会性消费，由此观察政府消费中的社会性消费，以及政府自身消费状况[②]的变化趋势，可以看到，社会性消费在逐年增加，而政府自身消费则相应地在逐年减少，这与国家要求各级政府过紧日子、增加民生开支的导向有关。政府消费支出对促进居民消费增长具有重要作用，为此需要对政府消费支出进行改革与优化。

一是扩大政府消费支出总量，支持和促进居民消费需求释放。政府消费支出对居民而言具有收入效应，当政府扩大消费支出提供公共产品和公共服务时，居民无须承担此类消费成本，相当于增加了居民收入，因而能够提升居民其他消费支出能力。此外，政府消费能够通过改善居民消费环境与条件，促进居民消费增长。

[①] 由于新增居民储蓄的一部分可能来自其他金融资产转换，如从投资和理财市场撤出的资金，17.84万亿元的新增住户存款不能都计入需求缺口。
[②] 按照上述方法计算得出的政府消费总量替代值和引自"支出法GDP主要构成项"表数目并不一样。但由于是进行结构比较以揭示各比例关系，只需统一口径，并不影响分析需要。

二是优化政府消费支出结构，继续扩大社会性消费支出占比，促进居民消费结构的优化与升级。政府消费中的教育、医疗等支出项目涉及居民生活的基础性支出，通过扩大政府社会性消费，可以合理降低居民在医疗、教育、交通等方面的支出，增加社会服务、通信、娱乐、家庭设备、旅游等方面的消费，也有利于居民消费结构的转换与升级。

三是以政府消费支出改革缩小城乡和区域差异，释放农村和欠发达地区居民消费需求。城乡之间及地区之间的政府消费差距，制约了农村和欠发达地区居民非基本消费品支出增长。通过改革政府消费支出，缩小政府消费区域差距，能够使农村与城市、东部发达地区与中西部欠发达地区的居民人均消费水平提升。例如，东北地区人均消费水平仅为东部地区居民消费水平的一半，政府在经济发展中逐渐消除区域间差异，有利于推动居民消费增长。

政府消费支出改革的最终目标是努力促进消费与生产的均衡，政府消费通过促进国民经济中需求结构与生产结构优化，解决消费与生产失衡问题。同时，政府消费政策还可以聚焦于缩减消费差距，系统性推动社会消费的整体进步。为此，政府要在扩大消费支出总量的基础上，支持和牵引居民消费增长，不断优化政府消费支出项目结构，缩小公共服务差距，逐步实现城乡和区域之间公共服务的相对均等化，特别要给予欠发达地区政府消费支出更多支持，结合乡村振兴战略适度向农村地区倾斜，促进农村消费能力释放，扩大社会总需求。

为实现前述目标，政府财政体制改革的方向之一，就是要逐步调整和优化各级政府的财政支出结构，实现更有利于增长转型的财政格局。为此，一是要逐步调整政府投资与消费的比例，降低政府投资支出比重，而相应提高政府消费支出比重，更好地发挥政府支出促进经济增长的作用；二是要调整政府消费结构，合理降低政府自身消费比重，也就是降低行政运行成本，以更多社会性消费促进居民消费增长，实施以消费增长为导向的财政支出改革，这是促进增长模式转型和增长动力重塑的重要途径。

六、居民可支配收入主导消费需求

（一）居民可支配收入占 GDP 的比重偏低

在国民收入核算中，归属于居民部门的产出份额体现为工资、雇主缴纳的社会保险金，以及个体经营者的经营盈余；归属于企业部门的产出份额包括经营盈余和折旧等；归属于政府部门的产出份额是税收净额。从图 7-19 中可以看出，21 世纪前十年，除个别年份略有反弹外，人均可支配收入占 GDP 的比重均呈下降趋势。2011—2016 年呈恢复增长态势，占比持续提高；2017—2022 年出现了比较明显的波动，新冠疫情防控期间占比持续下降。

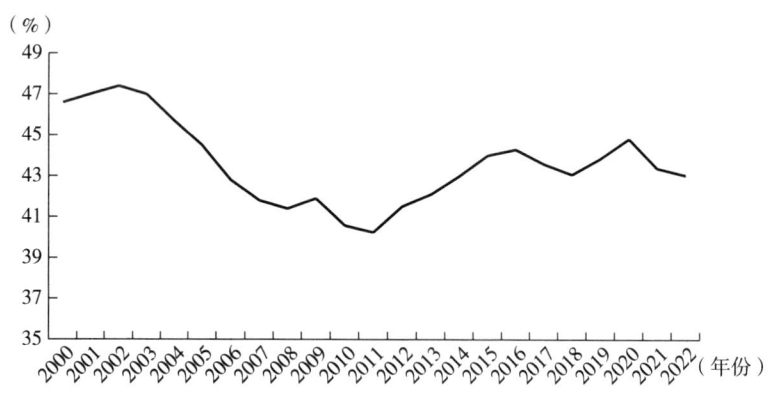

图 7-19 人均可支配收入占 GDP 的比重

资料来源：国家统计局。

就世界范围内比较来看，中国居民可支配收入占 GDP 的比重明显偏低。2020 年，美国居民可支配收入占 GDP 的比重约为 83%，印度为77%，德国为61%，而中国居民可支配收入占GDP的比重只有44%。由于消费乘数是投资乘数的3倍以上，在居民消费倾向稳定的情况下，可支配收入的增长能够提升居民消费水平，社会消费规模扩大有利于促进经济增长。

（二）可支配收入增长与消费增长的一致性

居民可支配收入增长是消费扩张的基础，随着经济持续增长，居民可支配收入的绝对额也持续提高。居民消费与可支配收入增长关系密切，在边际消费倾向不变，或者边际消费倾向下降速度低于可支配收入增速的情况下，居民消费支出会随着可支配收入的增长而扩大。可支配收入占GDP的比重是居民支付能力的体现，边际消费倾向则决定了可支配收入增量中用于消费的比重，二者直接影响居民消费增长。

图7-20显示了1992—2020年居民可支配收入占GDP比重和消费率的变化趋势，可以看到，除了1997—2001年，在剩余绝大部分周期中，二者的变动呈现出比较显著的一致性。当居民可支配收入占GDP的比重下降时，消费率也是下降的，而当居民可支配收入占GDP的比重上升时，消费率也是上升的，而且二者的变动幅度具有较高的一致性，这表明居民消费倾向相对稳定。

2000—2010年，居民可支配收入占GDP的比重呈逐年下降趋势，消费率也呈逐年下降趋势；2010年后，居民可支配收入出现小幅提升，消费率也呈现逐年上升局面。这大体表明，在居民可支配收入占GDP的比重提升，也就是可支配收入增加时，居民消费规模也是上升的；而在居民可支配收入占GDP的比重下降时，居民消费规模也是下降的。这说明在现阶段，增加居民可支配收入是提振消费的有效途径。同时，这符合日常观察到的一般印象，即随着收入的增长，人们更愿意和敢于消费。

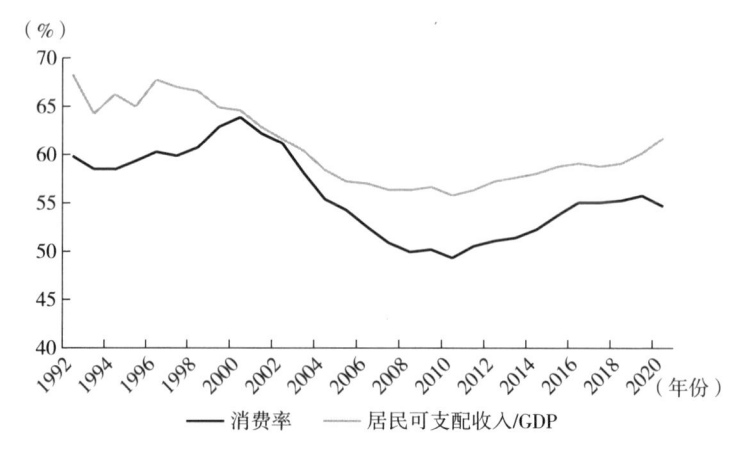

图 7-20　居民可支配收入占 GDP 的比重和消费率变化趋势

资料来源：国家统计局。

（三）基于现金流量表的可支配收入结构变动

自 2000 年以来，居民消费总额占 GDP 的比重处于持续缓慢下降之中。统计数据显示，经济快速增长时期也恰是消费在国民收入中占比快速下滑时期，居民消费的这种逆向变动趋势，是居民可支配收入增长慢于 GDP 增速造成的，还是居民消费倾向下降的结果，抑或是二者兼而有之？对国民收入账户数据进行深入分析，可以考察居民、企业和政府三大部门在国民收入分配中的地位与角色，有利于回应这些疑问。我们基于国民收入核算的资金流数据，选择两对时间点进行资金流数据的对比分析，分别是 1992 年与 2008 年，以及 2010 年和 2019 年[①]。1992 年与 2008 年的对比研究表明，在居民可支配收入的四类构成中，劳动力报酬和家庭转移支付净额占 GDP 的比重都呈下降

---

① 之所以选择 2010 年与 2019 年进行数据对比，主要是为避开新冠疫情因素对数据的影响。

趋势，同时，尽管居民家庭资产和财富在不断积累，但财产性收入占GDP的比重也在下降，当然比重下降并非意味着绝对额的下降。

美国学者尼古拉斯·拉迪的研究[1]（见表7-2）显示，2008年与1992年相比，劳动力报酬占比下降了5个百分点，家庭财产性收入占比和家庭转移支付净额占比各下降了1.9个百分点。这导致家庭可支配收入占GDP的比重从1992年的66.9%下降到2008年的57.7%，16年间下降了9.2个百分点，且大部分下降发生在2000年以后。这表明，虽然中国在加入WTO后经济增速加快，但居民家庭收入增长并没有赶上GDP的增速。这也是社会消费增速缓慢，宏观经济结构失衡的内在原因。测算表明，2008年与1992年相比，消费在GDP中占比下降的主要原因是居民可支配收入占比的下降，影响了消费占GDP比重下降的3/4，其次是家庭储蓄的增长，对消费占GDP比重下降的影响为1/4。

2008年全球金融危机以后，家庭可支配收入曾出现暂时性下降，我们将2010年与2019年进行数据对比分析（见表7-3），可以发现自2010年开始，家庭可支配收入占GDP的比重总体呈现恢复性上升趋势，但增幅较小，且个别年份略有回落。就分项对比来看，以劳动力报酬增长为主，占GDP的比重提升了约4.52个百分点，这一增幅超过了家庭可支配收入占GDP比重的增幅。此外，家庭转移支付净额提升了近1.2个百分点，反映了国家对居民转移支付力度的加大；家庭财产性收入占GDP的比重增长超1.3个百分点，增速偏慢。

就家庭可支配收入结构看，居民收入四项构成对家庭可支配收入增长的影响程度并不相同。正如国民收入账户资金流分析所显示的，劳动力报酬下降影响了家庭可支配收入降幅的60%，财产性收入和家庭转移支付净额各影响了家庭可支配收入降幅的约20%。因此，家庭

---

[1] 拉迪.中国经济增长，靠什么[M].北京：中信出版社，2012.

表 7-2 1992 年与 2008 年资金流占 GDP 比重变动对比

年份	劳动力报酬占比（%）	家庭支付的生产税占比（%）	家庭财产性收入占比（%）	家庭转移支付净额占比（%）	家庭可支配收入占比（%）	家庭消费占比（%）	家庭储蓄占比（%）
1992 年	61.8	1.5	4.3	2.4	66.9	47.2	19.8
2008 年	56.8	1.7	2.4	0.5	57.7	35.1	22.8
变动幅度（百分点）	-5.0	0.2	-1.9	-1.9	-9.2	-12.1	3.0

资料来源：国家统计局，ISI Emerging Markets, CEI, Database。

注：消费比支配收入下降：75%；
①家庭可支配收入下降：25%。
②家庭储蓄增长：25%。
家庭可支配收入比重下降的原因：
①员工补偿下降：56%；
②税收增加：2%；
③资产收入下降：21%；
④政府转移支付下降：21%。

表 7-3 2010 年与 2019 年资金流占 GDP 比重变动对比

年份	劳动力报酬占比（%）	家庭支付的生产税占比（%）	家庭财产性收入占比（%）	家庭转移支付净额占比（%）	家庭可支配收入占比（%）	家庭消费占比（%）	家庭储蓄占比（%）
2010 年	47.53	0.25	3.14	6.56	55.80	35.06	25.49
2019 年	52.05	0.15	4.50	7.72	60.18	45.17	20.93
变动幅度（百分点）	4.52	-0.10	1.36	1.16	4.38	10.11	-4.56

资料来源：根据国家统计局数据计算整理。

注：2019 年与 2010 年对比，家庭可支配收入上升幅度小于劳动力报酬等构成部分总和的上升幅度，并没有实现平衡，这可能与 2009 年国家统计局调整劳动力报酬口径有关，将个体经营者的资本经营收入重新划入劳动力报酬。

第七章 需求缺口：消费抑制与家庭资产负债表衰退　　293

可支配收入增长滞后于经济增速，导致其占国民收入比重的下降，这是消费增长缓慢的主要原因。因此，结论依然是，提高居民消费水平的主要政策方向是增加居民可支配收入。

七、储蓄-投资差额变化与总需求结构变动

除考察家庭可支配收入变化对消费的影响外，基于全社会储蓄-投资差额变化及其内部结构视角，可以对影响消费增长的因素做进一步分析。按照国民经济核算基本原理，国内储蓄与国内投资应该保持平衡，当储蓄与投资不平衡时，则会体现为国家经常账户赤字或盈余。通过居民、企业和政府三个部门资金流数据，可以分析三大部门的储蓄和投资变动情况，分别考察三个部门在社会总储蓄和总投资变化中的作用，储蓄盈余部门为社会总投资增长提供资金来源。由于储蓄是可支配收入减去消费的余项，储蓄-投资差额间接反映了居民与政府部门最终消费的变动趋势。

除了家庭可支配收入变化，对消费增长还具有重要影响的因素是居民储蓄。因为在居民收入增量中，边际储蓄倾向与边际消费倾向的和为一，也就是边际消费倾向等于一减去边际储蓄倾向，二者呈现此消彼长的跷跷板效应。根据国民经济核算理论，国内总储蓄与国内总投资的差额等于国家的贸易差额，包括盈余或赤字，而一国贸易差额与跨境资本流动方向正好相反，由此决定国际收支平衡与否。

自1995年开始，中国出现了持续的贸易顺差，而贸易顺差与储蓄-投资差额高度相关，这表明国内总储蓄超过国内总投资。正如前文所述，此时国内总投资也处于快速增长之中，因此，在高储蓄、高投资和高出口格局下，消费比重必然偏低，这种宏观格局的持续意味着消费长期被压低，从而损害了当代人的福祉。但其更深刻的影响在于，对外贸易在遇到外部冲击时，将对国内宏观经济形成巨大冲击，

因为国内缺少有效的缓冲安全垫。当前，在全球化遭遇逆风、"脱钩断链"和所谓"去风险"威胁加剧的背景下，国内消费不足给经济增长的稳定性带来重大挑战。

国民储蓄分为居民储蓄、企业储蓄和政府储蓄，其中居民储蓄等于居民可支配收入减去居民消费，企业储蓄等于企业未分配利润，政府储蓄等于政府可支配收入减去政府消费。从企业储蓄、居民储蓄和政府储蓄角度出发，能够观察到三个部门储蓄－投资差额变化对消费变动的影响。尼古拉斯·拉迪的研究表明[①]，1998—2002年的国内平均储蓄率为GDP的38.1%，而2007—2008年这一比率增长近15个百分点，达52.8%，由此导致在投资的GDP占比快速增长背景下，平均储蓄－投资差额依然提高到了占GDP的8.3%，贸易盈余达到了占GDP比重9.9%的超大规模。

更有意义的是对平均储蓄－投资差额增长8.3%的结构分析。2007—2008年，平均家庭储蓄增长超过了GDP的4.4%，而平均家庭投资增长只有0.7%，因此，平均家庭储蓄－投资差额达3.7%，贡献了国内总储蓄－投资差额的44.5%。与此同时，企业部门只贡献了总储蓄－投资差额的14.5%[②]，政府储蓄贡献了总储蓄－投资差额的41%。由此可以清晰看到，居民和政府对总储蓄－投资差额的影响度合计达85.5%，这种显著的储蓄－投资差额表现为巨大的贸易盈余。因此，高储蓄是国内消费增长缓慢的主要原因。

为避开新冠疫情对数据的扰动影响，我们利用2018—2019年的数据，与2007—2008年再一次进行对比分析，考察储蓄－投资差额变动趋势及其结构变化对消费的影响。就总量而言，2018—2019年

---

① 拉迪.中国经济增长，靠什么［M］.北京：中信出版社，2012.
② 企业是2007—2008年国内储蓄率上升的主要动力，贡献度达36%，但同期企业投资也大幅增长，因此与直观感觉不一致的是，企业对储蓄－投资差额变动的影响并不大。

的国内平均储蓄为 GDP 的 41.31%，对比 2007—2008 年，这一比率降低约 10.5 个百分点，平均储蓄 - 投资差额回落了近 9.9 个百分点，使经常账户的贸易盈余占 GDP 的比重减少了约 9.9 个百分点（见表 7-4）。

表 7-4　2007—2008 年和 2018—2019 年三个部门储蓄 - 投资差额对比

主体	2007—2008 年（%）	2018—2019 年（%）	变动幅度（百分点）
总资本构成	43.83	43.27	-0.56
居民	8.42	11.50	3.08
企业	30.66	25.77	-4.89
政府	4.75	6.00	1.25
国内总储蓄	51.76	41.31	-10.45
居民	24.34	20.76	-3.58
企业	21.34	19.02	-2.32
政府	6.08	1.53	-4.55
储蓄 - 投资差额	7.93	-1.96	-9.89
居民	15.92	9.26	-6.66
企业	-9.32	-6.75	2.57
政府	1.33	-4.47	-5.80

资料来源：根据国家统计局数据计算整理。

表 7-4 对比分析了 2007—2008 年与 2018—2019 年两个时间周期内，国内各部门的储蓄 - 投资差额回落趋势，可以看到影响总储蓄 - 投资差额变动的结构性因素。在两个对比周期内，总资本构成占 GDP 的比重变化不大。

如果分部门看，居民储蓄回落约 3.6 个百分点，同时居民投资增长约 3.1 个百分点，因此，居民的储蓄 - 投资差额变动达到 GDP 比重的约 6.7%，且在两个对比时期内，居民部门对总储蓄 - 投资差额变动幅度的影响度达到 1/2。就企业部门而言，虽然企业储蓄小幅回落约 2.3 个百分点，企业投资则大幅地回落约 4.9 个百分点，这使企业部门储蓄－投资的不平衡状况得到一定缓解，为缩减国内总储蓄－投资不平衡提供了占 GDP 比重约 2.6% 的修正量。政府部门方面，政府储蓄在两个对比期之间显著回落，收缩规模达 GDP 的 4.5%，与此同时，政府投资增长约 1.3 个百分点，导致政府储蓄－投资不平衡增长占 GDP 的比重达 5.8%，占国内总储蓄－投资不平衡的负向增量接近 1/2，这表明相较于 2007—2008 年，政府投资在 2018—2019 年大幅度扩张。

与单独分析长期储蓄率趋势不同，前述对储蓄与投资内部结构的资金流数据分析表明，在过去 10 年中，各类经济主体的角色出现了两个明显的重大变化。一是政府在 21 世纪的第二个 10 年与第一个 10 年间的储蓄－投资角色发生改变，政府储蓄显著减少而投资增长，导致其储蓄－投资差额的负向不平衡更加突出，这与 20 世纪 90 年代中期开始的政府预算收入增速大于 GDP 增速形成鲜明对比。

二是政府消费支出占 GDP 的比重上升了超过 3 个百分点，政府储蓄等于包含预算外收入的政府总收入减去政府消费的差值，这一数值明显减少，达到 GDP 的 4.5%。这表明在全球金融危机后，特别是在 2010 年后，政府支出的迅猛增长，既包括投资的大幅增长，也包括消费的持续增长，由此，政府部门形成了大规模的储蓄－投资赤字。在居民部门储蓄－投资差额缩小，而大部分年份依然保持较高贸易盈余的情况下，居民部门消费支出增长十分缓慢。2008—2019 年，居民消费占 GDP 的比重仅增长了 4 个百分点，这是投资主导型经济增长模式不可持续的重要根源。

八、修复家庭资产负债表与释放消费需求

当前，居民消费释放与社会需求成长面临多方面的制约，除了传

统储蓄文化外，收入增长放缓、预期降低以及预防性动机增强，都会造成家庭资产负债表衰退。修复家庭资产负债表以居民可支配收入增长为基础，图7-21显示了2013年以来全国居民人均可支配收入的变动趋势，尤其是在新冠疫情防控期间，居民收入出现大幅波动。在居民家庭收入占GDP的比重远低于发达国家水平，也明显低于世界平均水平的情况下，不断提升居民可支配收入是加速家庭资产负债表修复、促进消费需求释放的主要途径。

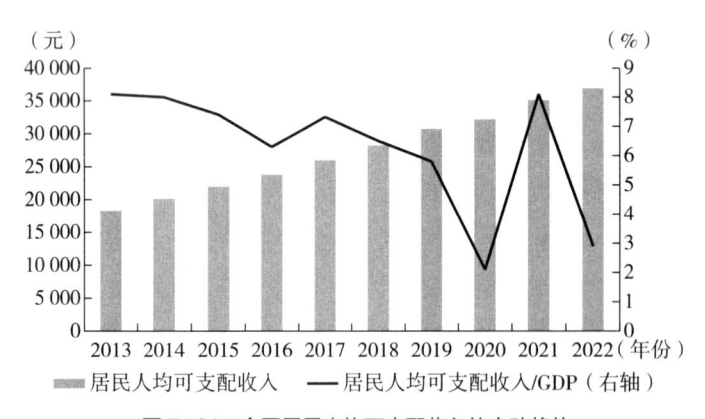

图7-21 全国居民人均可支配收入的变动趋势

资料来源：国家统计局。

只有实现国民收入与支出结构转型，塑造有韧性的家庭资产负债表，释放强劲的新消费动能，才能为良性经济增长奠定基础，并为增长转型提供支撑。居民可支配收入按照来源可以分为工资性收入、经营性收入、财产性收入和转移性收入，要修复家庭资产负债表以促进消费增长，也要从这几个方面重点着力。

要以稳就业方式来支持和稳定居民工资性收入，保障普通百姓的家庭现金流量表稳定可持续，并由此稳定其未来收入预期。在增长转折期，经济增速持续放缓，产业急剧转型，行业变迁加快，企业迭代更替加速，全社会就业压力陡增。一方面，每年新增就业人口仍然处于高位，而经济增速放缓导致就业岗位增加放慢；另一方面，居民自身也面临着产业转型和企业迭代所带来的岗位需求转换与更替，导致结构性失业和摩擦性失业增多。因此，当前经济转型所带来的居民就业压力不小于20世纪90年代的国企改革转型时期。居民就业不稳定也使收入预期不稳定，导致社会消费需求释放难度进一步增大，这对稳增长和增长模式转型都十分不利。

工资性收入是绝大部分居民的第一收入来源，因而是增强家庭资产负债表韧性的关键，提高工资性收入是经济发展成果惠及于民，以及实现居民财富增长的基础。因此，居民工资性收入占GDP比重的大小具有标志性意义。目前，在欧美发达国家，工资占GDP的比重大多在50%左右。2021年，按照收入法核算GDP数据，劳动力报酬占GDP比重最高的前四个经济体分别是瑞士（59.2%）、美国（53.57%）、德国（53.13%）和冰岛（53.12%）。此外，英国、法国、丹麦、加拿大和奥地利劳动力报酬的GDP占比也超过50%。

根据国家统计局发布的数据，2022年，全国居民人均可支配收入是36 883元，按照年末14.12亿人口计算，居民总收入约为52万亿元，居民可支配收入总额占GDP的比重约为43%。但是，如果剔除经营性收入、财产性收入和转移性收入，按照全国居民人均工资性收入20 590元的口径计算，2022年全国居民工资性收入总额只有约29万亿元，占GDP的比重为24%左右。同时，消费倾向相对更高的青年群体就业压力巨大，2023年6月末，16~24岁青年人口失业率达21.3%，创历史新高，居民家庭工资性收入增长依然面临巨大挑战。

房产是居民家庭资产负债表中占比超70%的资产类别，因此，稳定房价是修复家庭资产负债表的重要影响因素。西南财经大学发布的《2018中国城市家庭财富健康报告》显示，中国家庭总资产中住房资产的占比高达77.7%。对比而言，2021年，英美等OECD（经济合作与发展组织）国家居民的平均房产配置比例是50.37%，其中，德国和美国分别为29%和37%。因此，无论是基于居住需求，还是出于投资目的，房产是绝大多数中国居民家庭资产负债表的"压舱石"，其价格波动或者预期价格变化都会对居民安全感和消费信心产生深刻影响。

房地产业经过近20年的繁荣发展，在过去一个时期已随经济新常态的到来而进入转折期，国家对房地产业的持续严格调控，使居民对房价未来走势的预期发生逆转。在这样的背景下，对房价下跌的担忧导致居民消费更加谨慎，特别是那些背负住房按揭贷款的家庭更是如此。同时，由于房价在整体上仍然处于高位，而就业和收入预期转弱，对新增刚性需求者而言，住房依然是沉重的负担，家庭为购房进行储蓄也抑制了消费增长。因此，对房地产业调控进行改革和优化，尤其是增加保障性住房供应等，是减轻家庭居住支出压力，促进家庭资产负债表修复的重要途径，也是支持居民消费需求释放的关键点。

创造条件增加居民财产性收入是除工资性收入（包括养老金等转移支付）之外，促进家庭资产负债表修复的重要途径。财产性收入也称资产性收入，是资本、技术和管理等要素参与社会生产和生活活动所产生的收入，主要是家庭拥有的动产和不动产所获得的收入，包括出让财产使用权所获得的利息、租金、专利收入，财产运营所获得的红利收入、产出增值收益等。

2022年，在全国居民人均可支配收入中，工资性收入和经营性收入占比分别为55.8%和16.7%，较2021年分别下降了0.9个和1.3个百分点，居民财产性收入占比为8.7%，增长了0.8个百分点，未来增长潜力很大。在房地产业转型期，居民资产配置比重最大的房产增值空间有限，而金融资产在流动性和增值性上具有更大的潜力，应支持金融机构的合规业务创新，增加居民金融资产性收益，通过创造更多收益好的金融投资工具和金融服务产品，有效提升居民所积累家庭资产的持续增值空间，从而提高资产性收益在居民收入增长中的比重，成为对居民工资性收入的重要补充。

为此，政府在强调金融服务实体经济的同时，也应该突出强调金融支持居民收入增长、服务于共同富裕的职责。金融监管既要打击金融投资领域恶意危害居民利益的违规违法行为，也要避免监管中的过度风险厌恶倾向，鼓励增加居民收入的合规金融创新，改进监管质量与提高服务效率，支持金融业发展。同时，政府要提高国家金融基础设施的科技水平，提升互联互通性，增强金融支持居民财富增长的承载力，尤其是要提高服务普及性和普惠性。2022年，在农民收入构成中财产性收入占比只有2.53%，增加居民财产性收入任重道远。

建立更加完善的社会保障体系，不断扩大保障安全网的覆盖面，也是支撑家庭资产负债表修复、增强居民消费能力与消费意愿的重要方式。一方面，社会保障作为政府的转移性支出，既是部分社会群体的直接收入来源，也是调节社会收入分配的重要工具，通过社会保障途径提高低收入群体的收入水平，有利于改善这部分家庭的资产负债表，增强低收入家庭的消费能力和消费意愿；另一方面，居民家庭所获得收入用于当期消费的比例，在很大程度上取决于对未来生活保障的预期，包括住房、子女教育、失业和疾病等保障程度，如果对未来生活保障有充分信心，家庭就更容易提高收入中用于当期消费的比例，表现出更高的边际收入倾向，这对提升社会消费水平大有裨益。

九、促进内需增长与"双循环"战略

2020年4月，国家提出"以国内大循环为主体、国内国际双循环相互促进的新发展格局"，[①]"双循环"战略是以良性内循环为基础，

---

① 习近平.激发市场主体活力弘扬企业家精神 推动企业发挥更大作用实现更大发展[EB/OL]. http://jhsjk.people.cn/article/31792293，2020-07-21.

以内外部平衡并相互促进为支撑，实现可持续的经济增长。这就要求在由投资主导和出口导向模式向"双循环"战略转型的进程中，在继续深化供给侧结构性改革的基础上，发挥超大规模市场优势，以需求管理和需求创造为核心，充分释放内需潜力，激发新增长动能，实现经济增长模式转型，这也是成功构建新发展格局的关键。

当前，家庭资产负债表衰退抑制消费增长，使良性内循环遭遇需求不足瓶颈。内循环动能的增长及持续性是促进外循环的基础，也是内外循环相互作用中的主导因素，内循环动力不足会传导至外循环，使内外宏观平衡难以实现，这最终会体现为经济增长的阻力。因此，有效启动消费和促进消费内需持续成长具有举足轻重的意义，也是"双循环"战略成功的关键。

对于成熟经济体而言，站在平衡增长角度看，国民经济不同产业部门在经济总量结构中的占比会保持相对稳态，在不同部门增长速度相对均衡的情况下，在经济增长进程中也能够保持宏观结构的动态平衡。中国宏观经济结构失衡是总量结构失衡与产业部门增速结构差异的表现：一是在总量结构中存在部门间失衡，各部门占比呈现非均衡状态；二是增速结构差异使总量结构变动并未出现失衡收敛趋势，甚至存在继续扩大失衡的可能。因此，剖析造成宏观经济结构失衡的原因，以及未来的结构变动趋势，有利于抓住问题的症结，为推进"双循环"战略提供正确的政策方向。

中国改革是不对称的经济市场化进程，40多年来，尽管经历过短期的平衡增长时期，但在大部分时间里，依靠投资推动和出口导向的赶超型经济增长模式决定了非平衡性增长是经济发展的常态。在改革推动的快速增长中，储蓄积累多而消费增长滞后的矛盾，经由投资和出口两大途径实现了相对再平衡，但矛盾长期累积也带来了宏观经济结构严重失衡。这种非均衡结构之所以在较长时期内没有实质性阻碍经济增长，是因为得益于对外开放所建立的出口导向型经济模式。

中国在2001年加入WTO后，经济融入世界经济大循环，出口带来巨额贸易盈余，既积累了投资扩张的资本来源，又弥补了消费不足留下的巨大需求缺口。这是大多数新兴发展中国家在经济起飞期和赶超阶段所共同经历的经济发展特征。

但是，随着外部经济与贸易环境的急剧变化，以及国内投资扩张型高速增长期的结束，经济已经转入中低速增长时期，要继续以扭曲的非均衡结构走少消费、多积累的发展路径，则很难实现经济增速目标。全球化逆风、"脱钩断链"和"去风险"趋势也显著增加了继续以非均衡结构发展的困难。作为世界第二大经济体和最大的贸易国，中国出口继续快速增长的可能性越来越小，并面临与外部经济体贸易摩擦加剧的风险。

因此，要实现可持续的中速平稳增长，就必须激活国内消费需求，释放消费潜能，尤其是要充分发挥消费对经济循环的牵引带动作用，这是实现"双循环"战略的可靠保障。只有促进国内消费持续稳定增长，不断提高其在GDP中的占比，才能逐步恢复内部经济结构平衡，从而畅通"储蓄—投资—消费"循环，获得可持续的内生经济增长动力。良性内循环是新时期经济稳定增长的根基，只有在良性内循环的基础上，才能保持进口与出口的基本均衡，进而保持经常账户平衡，并为未来资本账户完全开放和自由兑换创造条件，为逐步实现人民币国际化创造条件。资本项目可自由兑换是一把"双刃剑"，既能够促进内外平衡的良性双循环，也会使经济受国际资本冲击，进而影响贸易平衡和经济稳定发展。但作为超大型单一经济体，这是中国促进经济长期可持续增长的必由之路。

第八章

增长模式转型：引擎再造与动能系统再平衡

美国学者德内拉·梅多斯等人在《增长的极限》一书中提出，面对增长的极限，可以通过放慢经济增长步伐的方式，减缓向极限逼近的速度，以寻求实现可持续发展，避免最终崩溃的到来。正如前文所述，由于快速的资本产出率衰退和严重的多重结构失衡，中国经济增长面临着逼近增长极限的担忧与疑问。作为人口大国和新兴发展中经济体，中国在跨越高速增长期后，正面临复杂交织的经济社会发展难题，很难通过简单放慢增速的方式解决，而必须探索推动经济增长的新模式，以及实现可持续增长的新路径。

对这一问题的回答包含两个维度：一是在生产投入领域，通过增长引擎的再造，实现更有效率的资源配置，调整经济增长动力结构与体系，从而扭转资本产出率衰退趋势，形成推动经济增长的新模式，实现宏观经济增长的动态再平衡；二是在产出分配领域，处理好投资与消费的关系，尤其是通过更加公平的财富分配，缩小贫富差距，让全社会共享增长成果，在不片面追求高增长的条件下，也可以达到合意的国民生活水平，实现社会长期可持续发展。

在传统投资主导型增长模式下，从宏观视角看，资本产出率衰退和经济结构失衡是增长动力衰退的长期威胁；从微观视角看，经济活动主体的资产负债表扭曲是中短期增长的现实阻力，如果继续沿着既有模式推进增长，将难以逆转增速下滑趋势，不仅代价巨大，还会进一步加剧现有的各种矛盾。因此，重塑中国经济增长，就是要突破对既有增长模式与路径的依赖，跨越正在临近的传统经济增长的极限，寻求新的更高质量增长。对于经历了40多年成功经济增长，而当下又面临多重矛盾的中国经济而言，彻底转变经济增长模式，不亚于一场新的经济革命。

一、超越极限：传统增长模式的一场革命

所谓经济增长的极限，在本质上是指一种经济增长模式的增长效率极限。西方经济学研究的核心命题是，在既有资源禀赋约束条件下，寻找效率最优的社会资源配置方式，实际上也是寻找促进经济增长的最佳模式。在微观经济学领域，资源配置的核心是实现企业产出最大化，以及个人消费效用最大化；在宏观经济学中，则是在合意的就业和物价水平基础上，寻求可持续的快速经济增长，也就是GDP规模的最大化。

从政治经济学的角度看，就是在既定社会生产力条件下，寻找能促进经济发展的最优生产关系。在一定的资源禀赋条件下，既定经济发展模式或者生产关系，能够影响和决定经济增长可以达到的高度。对于一种新兴发展模式，在其产生之初，大多能够较好地促进经济发展，而随着时间推移，这种优势会逐渐减退，或是潜力被陆续释放完毕，特别是叠加经济发展条件变化，原本创新的发展模式最终可能演变为抑制经济增长的阻碍性力量。

本书中所说的超越经济增长极限，是站在经济学分析范式下，探讨在既有资源禀赋约束下，经济增长模式如何突破效率衰退瓶颈，实现进一步的可持续增长。增长效率衰退是长期增长目标的最大敌

人，而增长效率衰退的根源在于增长动力衰退和动力结构失衡。因此，提升增长效率的重点就是要重塑衰退的增长动力，修正失衡的动力结构，这是遏制衰退、促进增长的有效方式，也是超过增长极限的途径。

但是，在经济发展实践中，很多经济体往往容易闭锁在既有增长模式与路径之中，在增长动力衰退时既无法实现动能转换，又无法摆脱既有增长路径的束缚。面对效率桎梏的经济增长方式，最终会因其不可持续而进行重塑。然而，重塑增长的良好愿望往往会与制度黏性或模式惯性相冲突，使传统增长模式表现出过冲特征。因此，进行增长动力的重塑或增长模式的革新，是实现增长效率提升的途径，也是实现长期可持续增长的前提，还是超越增长极限的必然选择。

在经济增长转折期，要实现更高质量的长期可持续增长，获得合意的经济增速，有赖于对既有增长模式的根本改革。重塑经济增长模式的本质，就是要重塑经济增长的动力引擎，加快增长动力结构转换，实现宏观经济的再平衡，为稳定的中速增长奠定基础。当然，既有增长模式向更可持续增长模式过渡，需要进行系统性的深刻变革，这种变革不亚于一场"二次改革"，同时，这是新时期深化改革的重要内容，实现新增长就必须"吃改革饭"。

二、新经济增长模式的主要特征

（一）高质量的经济增长

中国既有增长模式是投资扩张主导的外延性增长，很容易在后增长期演变为粗放型、低质量增长，资本产出率衰退不仅是经济增速回落的原因，也是增长质量下降的表征。超越对传统增长模式的路径依赖，构建新增长模式的核心目标，就是要实现更高质量的增长。

那么，何为经济高质量增长呢？从定量的角度看，高质量增长是资本产出率稳定与可持续的增长，或者说是资本产出率收敛于常数的增长，这是中国经济发展进入稳态期的重要标志。如前文所述，对发达经济体的实证研究表明，资本产出率稳定或收敛于常数，表明经济发展已经步入较为成熟而稳定的增长期。增量资本投入的边际产出率保持稳定的时期，就是规模报酬递减规律受到抑制的增长阶段。当经济增长处于稳定期时，就像航空器进入平飞期，反映了经济发展的良性境况。

从定性的角度看，高质量增长是能够惠及全体社会成员，缩小贫富差距和实现共同富裕，且环境友好的经济增长。共同富裕使社会生产与需求能够实现良性循环和动态平衡，奠定经济发展平稳前行的基石，环境友好则实现了人类社会与自然界的良性平衡，在物理空间上确保人与自然的和谐共存，在此条件下实现的经济增长必然是高质量的且可持续的。

（二）平衡性经济增长

平衡性是保持经济长期可持续增长的重要基础。中国长期以非均衡方式促进增长，在实现快速发展的同时也积累了严重的结构性矛盾，并成为当前制约经济增长的关键。修正宏观经济结构失衡，实现增长动力的再平衡，以及在经济增长进程中保持动态平衡，是平衡性经济增长的核心内涵。

实现增长动力的再平衡是重塑经济增长的核心，随着传统增长动力的效率逐渐衰退，以及增长动力的结构性矛盾日益突出，需要在培育新动能和优化传统动能的基础上，重塑经济增长动力结构，构建协调统一的新增长动力体系，这也是成功推进增长模式转型的基本要求。

在增长转折期，经济发展的外部环境与内部条件都在发生深刻变化，为适应这种变化，实现经济协调和可持续发展，须与时俱进，努力保持经济增长的动态平衡，包括结构动态平衡和动力动态平衡。无论是因自身内部因素影响，还是受外部因素冲击，都可能打破既有平衡系统，而对经济增长造成损害。只有积极适应内外部环境变化，因势利导地保持宏观动态平衡，才能保证长期的可持续增长。

（三）有韧性的经济增长

何为经济的韧性？韧性是刚性的对立面，物理学上的韧性是指物体在承受应力时对抗折断的能力，韧性越强，则越不容易发生脆性断裂。韧性既不是弹性的边际概念，也不是张力的总量概念，而是指可复原性和可再造性，反映了事物的复原力。英国央行经济学家理查德·戴维斯认为[1]，经济学意义上的韧性主要是指某个经济区域在受到危机冲击时，或者在政府过度干预与强制下，顽强开展经济活动，解决生存问题，乃至重新走向繁荣的能力。如果缺少复原力，那么没有韧性的经济区域，在受到危机冲击时或者在政府不当强干预下，则将不是面临理查德·格罗斯曼所说的"经济失败"，就是遭遇达龙·阿西莫格鲁和詹姆斯·罗宾逊所说的"国家失败"。

经济韧性源自何处？笔者以为，微观主体是经济韧性的源头，在经济宏观韧性的背后，是微观经济主体的耐力和复原力，也就是抗冲击能力和自我修复能力。无论是企业还是居民，其经济决策和行为都以资产负债表为基础，资产负债表的韧性是抗冲击力和复原力的基石。因此，培育经济韧性的重点就是增强微观经济主体资产负债表的韧性和自我修复能力。微观主体的抗冲击能力依赖于其资产端积累与

---

[1] 戴维斯. 极端经济学：韧性、复苏与未来[M]. 北京：中信出版社，2020.

资产健康程度，雄厚的资产端具有缓冲作用，表现出较强承载力；复原力有赖于负债端的修复能力，以及资产与负债的协调，特别是现金流的稳定性和积累机制。

有韧性的经济增长就是增长动力及其机制体系具有很强的稳定性和可修复性，突出表现在经济环境快速变化、遭遇冲击或政府错误干预后的快速复原力，增长动力体系能够克服脆弱性，表现出很强的弹性与张力。这种复原力和张力有赖于投资规模的扩大，能够增强自适应性的自我修复能力。因此，宏观经济增长的韧性来源于微观主体的耐力和复原力，也就是来源于资产端的积累与资产负债表的韧性，微观主体拥有健康而强劲的资产负债表是经济韧性强大的基础。

（四）可持续的经济增长

面对传统增长模式不可持续的挑战，有三种方式对效率衰退、结构失衡和资源环境过载导致的增长极限信号做出回应。一是轻视或忽视这些信号，认为没有必要过度担忧，传统增长模式的潜力依然充足，还有很大的作为空间，因而能够通过继续增加负债，以及有为政府更积极作为来解决。二是认为相较于高增长时代，既有增长模式只是次优路径，但只要进行局部政策调整，辅之以技术进步的支撑，就能够消除和减缓来自增长模式极限临近的压力，获得持续平稳的增长。三是高度重视问题的严峻性，并下决心解决问题背后的根源，主动降低对增长速度的过度追求，积极寻求系统性改变增长模式，致力于实现更长期的可持续增长。目前，人们在很大程度上对第一种和第二种方式有更多的共识，因而经济发展依然走在既有道路上。

当前，要修正和超越传统增长模式，就首先要以高质量增长为核心，在两个方面优化资源配置：一是以遏制产出率衰退为目标，控制低效债务增长速度，防止债务规模无限扩张导致明斯基时刻；二是以效率优先的标准优化经济资源配置，增加对有效市场力量的资源投入，减少金融资源错配带来的效率损失，提高整个社会资源配置的效率和效益，为新模式注入投入产出比合理的增长动力。新的可持续增长模式需要避开现有模式的潜在风险——经济缓慢增长与物价膨胀组合的双螺旋周期。因此，高度依赖投资扩张导致负债持续攀升，但无法实现合意增长，债务扩张与货币超发叠加导致资产泡沫化，透支和拖累消费增长潜力，使经济发展掉入"中等收入陷阱"和"中速增长陷阱"。

三、动力重塑：双重增长引擎的再造

有为政府和有效市场是过去40多年推动经济增长的两大系统性力量，也是创造中国经济奇迹的强大引擎。然而，随着经济增长转折期的到来，经济增速下行压力要求对既有增长引擎进行重塑，进行以提高产出效率和结构优化为中心的改革调整，以适应新时期增长环境变化和资源约束条件的改变，实现更高质量的长期可持续发展。

（一）有为政府的转型

用经济增长转折期定义新时期经济发展，表明经济增长模式需要从投资主导型增长转向消费主导型增长，投资虽然仍是推动增长的重要力量，但投资主体和投资方式要进行根本转变。中国经济增长转型的目标就是实现宏观经济投入与产出、生产与消费、进口与出口的动态有效平衡。作为经济增长的两大系统性引擎之一，有为政府体系及其附属的投资力量，也必须实现有效转型，传统有为政府需要转型为新型有为政府，这是实现经济增长模式转型的关键，有为政府转型将为市场力量更加有效释放奠定基础。

新型有为政府在经济发展中的作用可以概括为三个方面。一是有效转变政府推动经济增长的理念，把消费释放及成长摆放在与投资及产业成长同等重要的位置，前瞻性地规划本地区的经济发展；二是在此基础上，重新定位政府及投资体系的投资功能和角色，实现政府投资方式转型，不断提升投资效率；三是将部分政府投资逐步转向消费投入领域，提升政府消费支出在其整个支出中的比重，尤其是提高社会性消费比重，为居民消费释放提供有效支撑，从持续促进国内需求成长角度，不断改善社会消费环境，推动居民消费升级与成长。对新型有为政府而言，这些是新时期政府发挥其推动经济增长职能的重点方向和主要着力点。

首先，在长期投资主导型增长模式下，有为政府体系与官员形成了投资推动增长思维的固化，要转变经济增长理念，转向消费主导型增长，需要思维和理念的转变。与直接上马新项目、扩大投资促增长相比，推动消费扩张促增长是一项更加复杂的系统工程，效果远不如投资扩张那样直观和易于快速见效。即使与规划科技发展和布局新兴产业相比，培育和引导消费成长也是一项更具挑战性的持续性工程，既需要耐心和耐力，也需要有效的方法和路径。把社会消费能力的培育与释放摆在突出地位，前瞻性地规划地方和区域经济发展，是新时期推动经济可持续增长的必然选择。

其次，从政府投资角色定位和投资方式看，作为推动传统经济增长的引擎，地方有为政府体系及其附属平台公司承担了重要的投资功能，其投资主要集中于铁路、公路和城市建设等基础设施，是拉动经济增长的主要动力之一。这种促增长模式导致政府债务持续攀升，超越地方财力可承受限度而面临债务违约风险，债务难以持续；同时，资本产出率快速衰退使投资增长的经济效果不断下降，难以为继。因此，政府作为经济增长直接投资者的角色，已无法按照既有路径继续走下去，需要转变政府投资的角色定位和投资方式，努力由社会主要投资者转变为投资引导者，成为支持市场化投资的促进者；由直接投资者转变为间接投资者，以促进社会投资增长为主；由传统基建投资者转变为产业和科技投资者及投资引导者。

政府在社会治理和公共服务角色之外，其投资角色定位转变以及投资方式转型是有为政府转型的主体，也是其经济职能转型的重点。无论是因为理念僵化而不能转型，还是因为惯性而转型缓慢，都是经济增长模式转型面临的挑战，经济转型的战略任务也将很难较快成功实现。有为政府作为一个庞大体系，除了职能与作为方式的改变，还有附属投资体系及其所积累问题的艰巨转型任务，其中数量众多的投融资平台公司债务化解既是重点，也是难点。经济增长转折期本就面临增长下行压力，如果平台公司转型急剧，则会造成增长动力震荡，增加经济下行压力；而如果转型缓慢，则会继续加剧已经累积的结构性矛盾，制约宏观经济转型。采取快慢适度和平稳有序的平台公司市场化转型，是当前有为政府体系经济功能转型的关键。

最后，从持续促进社会消费规模更快增长，以及消费水平升级角度看，有为政府的努力方向有三个。一是将政府的投资支出转化为消费支出，特别是促进居民消费释放的消费支出，带动全社会消费需求规模的增长；二是提高政府消费支出在 GDP 中的比重，从而提升整体消费在 GDP 中的比重，促进消费对经济增长的贡献度；三是以政府消费支出带动居民消费支出增长，为居民提供医疗、教育等刚性支出，从而为居民其他消费支出增长提供支撑，扩大社会消费总量。

当前，在传统经济增长模式下，政府支出的绝大部分集中于投资，提升了投资在支出法 GDP 中的占比，导致经济增长主要依靠投资规模的不断扩张，而随着资本产出率的下降，保持经济稳定增速的压力倒逼政府不断增加负债规模，进行举债投资，以至于很多地方政府债台高筑，债务难以持续。从投资支出扩张转向消费支出增长，有利于经济从依赖投资扩张转向依靠消费扩张与成长，这是更加可持续的经济增长力量，有利于实现经济增长模式的转变。在美国等发达国家，居民部门占GDP的比重超80%，这为消费增长奠定了雄厚的基础。2022年，中国居民部门收入占GDP的比重约为43%，如果只考虑工资性收入，则占比只有24%，非常不利于消费能力的形成和消费规模的增长，消费也难以成为支撑经济增长的主要动力。只有政府支出的重点从投资转向消费，并以促消费增长为主要目标，才能形成新型有为政府，并继续作为推动新时期中国经济中速增长的主要引擎。

（二）深化市场化机制

在改革开放进程中，持续优化和完善市场机制，发挥市场在资源配置中的决定性作用，不断提升市场运行效率，是经济体制转轨和建立市场经济体制始终如一的目标，市场有效性本身也是经济市场化成熟度的重要标志。在"有为政府＋有效市场"的经济增长动力组合中，有为政府转型及其作为模式转变也影响着有效市场的成长与变迁。在经济增长转折期，建设更加有效的新型统一大市场是持续推进市场化改革、促进经济增长的有效途径，也是实现增长模式转型的基本要求。

完善市场机制需要深化市场制度体系建设，建立规范的市场制度与规则，完善产权保护和市场准入标准，维护公平、公正的竞争环境，构建统一的社会信用机制，为有效发挥市场机制作用奠定基础，让市场在资源配置中真正起决定性作用。同时，更加公平有效的市场化资源配置，有利于激发各类市场主体活力，提升各类生产要素产出率，从而实现更高质量的经济增长，这也是重塑市场化增长动力引擎的前提条件。

改革和深化市场机制需要加速全国统一大市场建设，培育形成强大的国内市场,进一步释放市场需求潜能,为经济增长转型提供强大的内需支撑,这也是实施"双循环"战略和有效应对外部挑战的需要。中国国内市场规模已经位居世界前列,商品市场规模优势明显,资本、技术和数据等要素市场规模也在持续扩大。但是,经济发展中形成的市场分割、行政壁垒和地方保护主义问题突出,国内市场竞争不充分,市场化营商环境存在诸多局限性,导致市场整体运行效率不够高,要素市场配置扭曲,商品市场存在地域限制,从而制约了国内市场由大到强的转变,也不利于新时期实现经济高质量增长。为此,政府要深化市场化改革,加快建设统一的国内市场,反对垄断,深化分工,促进竞争,提高效率,这是提升市场机制有效性,实现合意经济增长的有效途径。

深化有效市场,优化市场机制,需要有为政府体系着力推进市场制度体系与监管规制的统一融合。为此,要整合分割的区域性市场制度、规则和惯例,融合形成统一的市场制度基础。国家要拆除地方政府在分散竞争体制下设置的各种显性和隐性壁垒,以及地方保护性制度规则;同时,加强市场基础设施融通互联,打通市场有效运行的堵点,形成跨行政区域的畅通大市场;发挥市场竞争机制的优势,让各类要素和产品基于统一市场规则顺畅运行,利用市场竞争形成有效资源配置和商品价值发现,让不同经济区的增长潜力都能充分释放,从而以更高效率推动经济增长。

深化有效市场还要激发市场化机制促进内生增长的潜力。有为政府体系要不断提升竞争性市场的软实力,对照国际化标准,聚焦市场主体需求,不断降低市场交易成本,促进各类市场主体公平参与市场竞争。既要增强有效市场对高端资源的集聚性能力,又要增强其资源配置的体系性能力,实现资源要素的融通、融合,协同促进市场效率提升和劳动生产率提高,由此形成畅通高效的国内资源大循环,不断扩大国内市场规模容量,以市场需求引领创新要素的高效配置,以及产业链、创新链深度融合，支撑科技创新和产业升级，不断厚植有效市场对经济增长的内生驱动力。

深化有效市场也是新时期参与国际竞争、服务国内经济发展的重要保证。深化市场化机制，激发市场活力，有利于构建全国统一大市场，实现良性内循环，推动国内市场与国际市场更好、更紧密地联通，促进商品和资本跨境自由便捷流动，争取国际贸易和投资谈判利益，并形成对全球先进资源要素的吸引力。同时，在国际市场竞争加剧、贸易壁垒和保护主义抬头的新形势下，深化国内市场化改革也有利于中国企业以市场化角色参与国际竞争，获得更好的外贸环境和贸易地位，减少被贴上非市场化竞争标签的贸易调查和限制，且有利于在全球经济治理中实现与中国市场规模和贡献相称的影响力，这对实现经济高质量增长和实施"双循环"战略具有重要意义。

（三）新型有为政府与有效市场的协同

有为政府与有效市场是40多年来推动经济增长的双重发动机，在经济增长模式转型进程中，需要新型有为政府与有效市场的密切协同，这也是决定经济增长速度和质量的关键。提升新型有为政府与有效市场协作能力，发挥有为政府在统筹规划和赋能引导中的作用，加速推进统一大市场建设，发挥市场在资源配置中的决定性作用，对于提升经济运行效率、促进新时期的经济增长具有重要意义。

需要警惕的是政府行为与市场规律之间出现矛盾，导致政府行为与其目标脱节，或者政府行为对正常市场规律产生破坏性作用，使彼此的作用相互抵消或过度损耗，尤其是在资源配置领域，政府政策与作为不当很容易造成资源错配与扭曲，削弱市场机制的作用，导致资源利用效率降低，影响要素生产率的提升，阻碍推进经济高质量增长。

首先，新型有为政府继续有所作为的重点，是促进并利用市场化机制的力量，以更有效率的方式推动经济增长。在投资主导型经济增长转向消费主导型经济增长过程中，社会消费能力释放和成长只有依靠市场化机制才能真正实现，这与投资驱动模式下由政府行政主导方式有显著区别，离开对市场机制的有效运用，消费成长目标很难简单按照政府意志实现，更不是通过发文件、下指标或是增加负债就能轻易解决的。

其次，站在发挥市场机制作用和提高市场效率角度，新型有为政府的关键作用也不能被轻视，政府是推动市场力量释放的重要载体。在经济增长模式转型过程中，新型有为政府规划引领产业转型升级，加快推进统一大市场建设，以系统的市场化行动赋能超大规模市场成长，将有利于更有效地进行社会资源配置，优化产业结构，不断提升宏观经济运行效率。

在中国式现代化进程中，发挥社会主义市场经济体制的优势，协调处理好政府和市场的关系，既要发挥新型有为政府的重要作用，特别是统筹规划和制度规制建设作用，又要增强市场在资源配置中的决定性作用，确保市场有效开放和公平竞争。政府决策应以市场化为核心，以发挥市场机制作用为抓手，利用有效市场优化分工、促进竞争，释放市场化的创新力和驱动力，坚持有为政府行动的市场化导向。

此外，在传统增长模式下，政府依靠其财力进行直接投资扩张，且投资主要集中于基础设施等领域；在新增长模式下，政府投资重点应转向引导和带动社会投资，特别是增加科研和生产性投资，在新兴产业和科技产业领域加大投入力度。为此，政府需要改变在传统增长模式中的作为方式，从规划基础设施转向规划产业发展，从直接投资基建转向引入科技产业和创新企业，支持产业和企业发展新型现代科研和生产设施，如现代化高标准生产设施、高端科技实验室、现代信息及通信基础设施等。

与传统基建规划和投资相比，新型有为政府在投入上不仅需要有更长期和科学的前瞻性、战略性规划，还可能需要承担一部分投资风险支持新兴产业和企业发展，这都有赖于有为政府在思维和行动上积极转型，改变在传统增长模式下的固化思维模式和行为惯性，将投资型政府转变为创新型政府，大力引导和支持地方产业转型升级，因地制宜地吸引新型科技产业本地集聚成长，从而实现区域经济增长动力的根本转型。

四、结构转换：宏观增长动力的再平衡

在经济增长转折期，经济增速下行的主要原因是投资增速难以维持，以及资本产出率的快速下降。一方面，高负债导致地方政府举债进行基建投资的难度空前加大，而民营经济因债务紧缩缺少投资能力与动力；另一方面，地产投资是固定资产投资的重要组成部分，而地产调控导致房地产投资快速下滑，对全社会投资增长造成制约。房价下跌预期的形成，在消费端，使作为居民消费重要组成的住房消费需求出现萎缩；在需求端，对房地产投资扩张造成阻碍。因此，顺利调整经济增长动能结构，实现增长动力平稳转型，是向新增长模式过渡的关键。

（一）增长模式转型的本质是增长动力转换

改革开放以来，作为驱动经济增长的"三驾马车"，投资、消费和净出口在经济发展不同时期所起的作用是动态变化的。现有增长模式是主要依靠投资驱动的外向型经济增长，经济体制改革创造了民营企业和民营经济，并将公有制企业塑造为具有市场化特征的企业，而

对外开放则引进了外资企业，实现了出口快速增长，并将中国经济与世界经济融为一体，形成了出口导向型增长，借由经济全球化浪潮而成功实现了经济腾飞。在此过程中，投资始终是主导经济增长的第一动力，而出口扩张则弥补了内需缺口，"投资－出口"联动模式使总需求与投资所形成的产能增长相匹配，将中国推上了全球第一贸易大国的地位。尽管随着经济发展和居民逐渐富裕，国内需求总量始终在增长，但国内需求对经济增长的贡献度依然不够。

经济增长模式转型的本质是经济增长动力的转换。具体而言，就是要将目前投资主导型增长转换为消费驱动型增长；同时，要对出口模式进行升级与转型，从单纯的商品输出向资本支持的产业输出转型，将产能输出与产业链布局和供应链融合相结合，形成新的升级版出口模式；传统投资在逐步退出支撑增长的主导地位过程中，也要实现投资方向与模式的转换，从资本密集型产业的投资转向技术密集型的高科技产业投资，同时，更多用于支持和引导社会有效投资扩张，特别是有效带动和激发民间投资增长。这一转换过程需要国家的战略性规划，以及各地区和部门在具体实施中的周密布局，这也是新型有为政府与更有效市场化机制的共同任务，如果没有二者的紧密协调配合，就难以顺畅地实现增长动力平稳切换，而且可能承担巨大的代价。

（二）从投资主导转向消费驱动

由投资主导型增长向消费驱动型增长的动力转换，主要任务是除了承担公共服务职能的投资，政府体系及其附属平台公司的所有增量投资都要严格以资本产出率为依据，基于投入产出核算进行投资决策，强化投资的预算约束。对于长期无法实现资金流平衡、财务上不具有可行性的项目，要坚决禁止或严格控制。对于国家为改善经济发展环境而进行的基础设施投资，也要根据长期财务可行性和地方财政支撑能力，坚持量力而行的原则。对于存量投资项目，在财务上已明显不可持续的，应在安排合理过渡期的同时，加快研究向市场化方向转型的方案，逐步化解与之相应的债务；对于确实无法市场化转型的存量项目，应根据政府财政负担能力，制定规划分期逐步解决这些项目的债务，并严格控制项目运行成本。

由此，将政府体系投资的重点逐步转向消费领域，特别是把拟用于低效项目的投资用于支持消费扩张，引导和促进社会消费增长。2022年，全国固定资产投资近58万亿元，扣除民间投资31万亿元，国有投资约27万亿元，通过逐步减少国有部门低效投资项目，将部分新增投资转向支持居民消费需求增长，创造新的内需增长动力。如果将其中的10%，也就是约2.7万亿元转向消费支出，按照不低于3倍的消费乘数计算，则可以创造8万亿~9万亿元的GDP规模，相较于约1.06的投资乘数，消费支出扩张将比用于投资扩张提高约6万亿元的GDP增量。

此外，若在国民收入分配中将居民可支配收入占比提升到65%~70%，将投资所占比例降至20%~25%，则可实现几十万亿元的总需求扩张，大幅释放国内最终需求，实现国内良性大循环的难度会显著降低，消费对经济增长的贡献度也将大幅提高，为经济可持续增长奠定基础。

目前，国家正在制定支持扩大消费的政策文件，主要围绕稳定大宗消费、提升服务消费、拓展农村消费等重点领域，根据不同收入群体、不同消费品类的需求特征，制定有针对性的政策举措，以推动消费总量的增长。在宏观政策上，政府实施的积极财政政策要加力提效，稳健的货币政策要精准有力，形成扩大社会总需求的合力，这将为经济增长动力转型提供战略支撑力量。

（三）打造出口导向型动力的升级版

在全球化遭遇逆风，贸易壁垒显著增多，鼓吹"脱钩断链"和"去风险化"大行其道的国际贸易环境下，中国出口导向型增长也遭遇逆境，出口增速放缓并有萎缩压力。从经济增长动力转型角度而言，需要加快出口模式的升级与转型，以适应新的国际经济环境。目前，世界经济碎片化趋势明显，区域经济集团化力量增强，伴随人民币国际化加速和"一带一路"倡议的深入，在继续扩大商品贸易的同时，要立足于国内产业升级实现出口升级，提升高附加值和高技术商品的出口比重，增强优势产业在国际市场的竞争力。例如，2023年上半年，中国半年度整车出口量增长76.9%，首次超越日本跃居世界首位，就是得益于新能源汽车产业的强势崛起。

与此同时，更为重要的是，为适应国际经济金融发展趋势，国家应强化资本输出与产业输出的战略规划，加大系统性鼓励与支持力度，强化在"一带一路"共建国家和区域经济集团的产业投资，并围绕产业链供应链建立与国内产业体系的紧密关联，深化与相关贸易伙伴的经济联系，提高贸易往来与经济合作纽带的韧性，从而增强抵御部分国家或国家集团"脱钩断链"政策冲击的能力，确保出口继续作为支持经济增长的"稳定器"。

此外，国家要继续为出口稳定与可持续增长创造外部条件，对接国际高标准经贸规则，为出口增长开辟国际合作空间，提供良好的国际贸易环境。出口导向模式升级与转型有赖于加入更多国际和区域贸易协定，融入不同的贸易集团体系。当前，中国已经加入RCEP（《区域全面经济伙伴关系协定》），这是目前全球最大贸易协定，同时，中国还正在申请加入CPTPP（《全面与进步跨太平洋伙伴关系协定》）。加入这些高标准的国际贸易协定，可改善外部出口环境和提升贸易合作质量，对冲部分国家"脱钩断链"政策的影响。为此，国家正支持有条件的自由贸易试验区和自由贸易港率先对接国际高标准贸易规则，为国家整体贸易升级探路、积累经验打造中国经济的出口升级版。

（四）投资模式改革与转型的方向

实现投资主导型增长模式转型，有赖于对投资模式的坚定改革。就宏观而言，国家要在战略层面上改变投资依赖型增长思维，而在执行层面的重点是国有投资的根本转型。为此，应遵循两条基本原则：一是不能继续将依赖国有投资扩张作为保经济增长的主要手段，尤其是不能为保增长进行低效、无效和重复投资；二是要对国有部门投资和经营行为进行分类管理，在融资、投资和运营全过程坚持市场化原则，强化投资行为硬约束，并严格落实在制度和规则上。

政府投资除了社会公益性投资和战略基础设施投资，其改革转型应定位于两个主要方向：一是服务于政府经济发展计划和产业战略规划的投资，特别是战略性新兴产业和产业链高端环节的投入；二是重点聚焦于引导社会资本和民营企业的投资增长，基于市场化原则为社会资本的融资、投资创造便利条件，促进社会有效投资的持续增长。这在东部长三角的部分地区已经积累了很好的实践经验，应该加以总结提升和重点推广。

过去几年，国家试点推进国有"两类公司"的改革与转型，这是探索政府投资模式改革的重要举措。"两类公司"主要在执行国家经济政策、弥补市场失灵，以及实施国有经济布局结构调整等方面发挥重要作用，其基本功能是股权管理、资本运作、资产经营和投资融资。因此，"两类公司"的主要作用既要体现国有资本的"双重属性"，又要实现"双重隔离"，有效解决传统国有资产管理体制中流动性不足和公益性不够的机制性问题，以及政资不分、政企不分的体制性问题。

长期以来，国家将国有资本收益纳入公共预算的比例非常低，国有资本收益主要在国有企业体系内部循环，缺少对收益运用的具体管理规则，导致国有企业预算软约束、盲目投资问题突出。国有企业投资增长惯性与政府保增长目标相结合，加剧了国有企业的无序投资扩张冲动。因此，应该按照国家对国有企业上缴国有资本运营收益的要求，将国有经济收益纳入公共预算，并逐步提高至合理水平。如此一来，既保证国有企业正常运营之所需，又注重对财政的积极贡献，尤其是以此强化国有企业的预算硬约束。

在"两类公司"的投资决策中，要兼顾资本性和公共性，在政府债务规模持续攀升、负债率居高不下的条件下，国有企业在投资决策中注重资本性更显重要。同时，资本性也是公共性可持续的基础，长期没有合理经济效益和财务不可持续的企业，既无法承载社会公共服务的需要，也无法服务于经济发展战略目标，且很容易沦为单纯消耗性的僵尸企业。应该强调的是，对那些在一般竞争性领域、负有收益性职责的国有资本，在市场经营中要按照经济规律和市场化原则运营。只有基于财务可持续和合理投资回报率标准，保证经营的可持续性，国有资本才有存在的意义，否则都应该交给社会资本去经营。国有经济只有处理好公益性和资本性的关系，才能可持续发展，并真正有能力支持经济增长。

国有投资模式的改革要坚持国有资本管理的"双重隔离"原则，也就是采用两个"界面"分层隔离的方式解决政资不分和政企不分问题。一是以"两类公司"为界面，实现政资分开。"两类公司"作为纯粹的出资人代表，不制定公共政策、没有行政权力，所履行的出资人职责与行政部门的公共管理职责彻底分开。二是以"两类公司"董事会为界面，实现政企分开。以此切断政府与企业管理层的关系，保证"两类公司"具有"管资本"的专业能力和自主性，政府通过"管人"遵循经济规则地"管事"，行使股东权利不能越过"两类公司"

而直接参与控股或参与企业的日常经营，保证投资决策和经营行为的市场性，可以更多地通过机制制衡和制度监督进行约束。

在国有投资模式转型中，地方政府所属的投融资平台公司转型成功与否举足轻重。平台公司的大规模投融资扩张促进了过去一个时期的经济增长，特别是支撑地方政府公共战略目标的实现，但与此同时，这些公司也积累了巨额债务负担，且大部分平台公司的经营可持续性和财务稳健性相当差。因此，地方政府须保持清醒的是，随着债务继续积累和财务可持续性下降，平台公司已不能再进行大规模的负债投资，其承载的历史使命已基本结束，且政府要妥善处理好平台公司形成的债务、资产和业务，为未来的经济增长排除潜在的风险隐患。

因此，平台公司要在有序化债的基础上加快进行分类转型，对于能够进行市场化转型的平台公司，应加快市场化进程；对于转型困难甚至无力承担债务的平台公司，应坚持由公司与政府合理分担原则，在进行债务风险缓释的基础上，逐步退出市场和经营。通过对平台公司分类施策，一户一策地稳妥处置，让应该退出市场的公司逐步退出，能市场化转型的尽快转型，减轻政府隐性债务负担。同时，按照地方经济发展规划，坚持市场化主导的原则，不断提升地方所属企业的投资效率，促进经济增长。

对于市场化的民间投资，在坚持市场化原则和企业独立自主决策的基础上，国家应该在宏观产业政策、金融政策和财税政策等方面给予积极引导和切实支持，地方政府应以本地区经济发展和产业规划为基础，在配套政策落实上基于市场化原则积极行动，避免为扩大地方投资规模或 GDP 增长，而盲目推动企业进行不当投资。政府为支持地方经济发展而进行的配套投资，也应坚持市场化原则，重点支持符合国家产业政策和区域经济发展规划的企业投资，不然最终既不利于企业健康经营，也不利于地方经济发展。

五、机制协同：中观增长动力的再优化

在增长引擎重塑和增长动力转换过程中，经济增长的内部协调与平衡也尤为重要。由于传统增长动能衰退，经济发展的分化与失衡成为当前的重要特征，而区域分化实际上是传统增长动能衰退不均衡，以及新生增长动能分布不均衡的表现，不同地区经济发展分化的根源在于地区经济增长动能转换进程的差别。

以鹤岗市等为代表的资源依赖型工业城市之所以成为收缩型城市，是长期资源依赖型增长模式衰退的结果；以淮南市、洛阳市等为代表的增长停滞或失速城市，则是新增长动力成长滞后的表现。从产业结构角度看，发展失衡源于产业转型升级进程的失衡，部分传统产业的困境源于粗放型投资扩张模式的积重难返，缺少以高科技和智力密集型为特征的新增长动能注入，产业和企业转型处于闭锁状态，难以破解既有结构而重构新的产业平衡。微观和中观结构是宏观增长的基石，增长模式转型要以区域、产业内部新旧增长动能的有效协同和再平衡为基础。

（一）区域内的经济增长协同

由于地区经济发展失衡的根源在于增长动力失衡，统筹区域发展战略规划协同，立足于区域资源禀赋和产业优势的综合配置，形成以政府为主导、市场为纽带、产业为依托、企业为主体、项目为载体互利互惠机制，实现区域内经济资源的协同配置，完善产业链供应链综合布局，为区域内不同地区和产业注入发展新动能，是实现经济高质量协调发展的必然要求。目前，国家规划实施了京津冀协同发展、粤港澳大湾区建设、长三角一体化发展，以及建设成渝双城经济圈等重大区域发展战略，并继续推进西部大开发、东北全面振兴、中部崛

起、东部率先发展等区域规划，这对区域内的经济协调发展起到了战略引领作用。

但是，在这些宏大的国家区域战略规划的基础上，需要对更小区域内的经济发展与协同进行更精细规划，通过小区域内的规划协调与衔接，形成分工合理、特色鲜明、优势互补的区域产业结构，结合区域内不同资源禀赋进行生产力合理布局，实现区域内经济共同发展。政府应发挥区域内资源要素禀赋或区位优势，精心谋划形成区域内经济增长的主引擎，以此带动整个区域经济发展。

对那些缺少资源要素优势的地区，也可以通过与经济发达地区对接，利用产业梯次转移机遇，合理进行产业空间布局优化，形成局部经济特色，带动区域内经济发展，同时，发达地区应重点加强对欠发达和发展困难地区的倾斜支持和针对性扶持。对那些具有资源优势的地区，应努力将资源优势转变为经济发展优势，从长远发展角度进行资源配置和产业布局，为推动经济发展注入长期动能。

以江西省宜春市为例，作为革命老区，宜春市地处长江以南的中部地区，过去经济增长慢，发展相对滞后，2012年该市的GDP仅为1 247.6亿元。但在过去10年里，随着国内锂电新能源产业的崛起，宜春市以锂云母资源优势为依托，以锂电新能源为龙头产业，集中力量发展锂电相关产业链，从锂矿山开采、锂加工业、锂电化合物材料，到锂电池、新能源汽车和储能产业，构建了较为完整的产业链条，吸引了国内新能源领域主流企业前来投资发展，实现了地区经济快速增长。2022年，宜春市仅锂电新能源产业的营业收入就突破了千亿元，一跃成为产业特色突出的新城市。

如图8-1所示，宜春市2022年GDP达3 473.1亿元，10年间地区生产总值年均增长9.3%，社会消费品零售总额年均增长11.5%，首次进入全国百强城市行列，位列第96，成为全国GDP排名提升最快的城市之一。宜春市产业集群发展领先全省，全市工业园区营收由2012年的2 054亿元增长到2021年的4 203亿元，实现翻番。宜春市的产业发展带动了县域经济和相关配套产业成长，2021年，丰城市进入了全国县域经济百强榜，樟树市位列第105，高安市位列第142，县域经济发展充满活力，整个宜春地区主要经济指标增速位居全省前列。

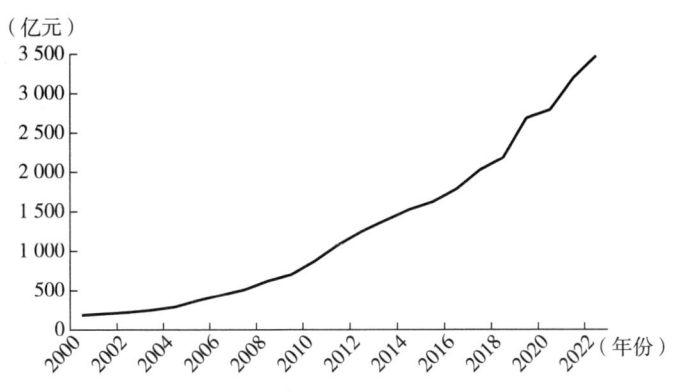

图 8-1　江西省宜春市 GDP 增长趋势

资料来源：《江西统计年鉴》。

（二）传统产业升级与新兴产业发展的协同

经济转型进程是由传统产业主导逐步转变为新兴产业主导的过程，因此，创新驱动和新兴产业发展被置于经济发展的优先位置。然而，在传统产业依然占国民经济主体地位、新兴产业尚在培育和成长的进程中，不应该也无法对传统产业进行快速替代或简单淘汰，而是要多注重"两类产业"协同发展，在相互融合中促进传统产业转型。实际上，"两类产业"也存在相互协同和资源互补的空间，通过新兴产业为传统产业赋能，传统产业为新兴产业提供资源和市场，可以实现二者的良性互动和共同发展。经济学家厉以宁曾提出，高新技术产业在发展过程中，如果不与传统产业相结合，高新技术产业和传统产业发展将始终很有限。

传统产业转型升级与战略性新兴产业的协调发展，关系到经济转型过程平稳与否，以及转型效率和转型成本高低。在经济增长转折期，政府要一手抓传统产业转型升级，一手抓战略性新兴产业成长，在实际经济工作中如何处理好"左手"和"右手"关系，实现"双手协调"，是需要精细谋划的实践问题。在协同与融合的总原则下，通过"两类产业"耦合发展，改造升级传统产业，有序淘汰无法升级的落后产能，最终实现经济转型升级目标，推动经济高质量发展。

图8-2展示了传统产业与新兴产业融合发展，实现传统产业升级与新兴产业壮大的过程。在经济转型初期，新兴产业与传统产业各自独立发展，传统产业仍居于主导地位，但产业规模已呈现下行趋势；随后，新兴产业发展和传统产业转型升级双双步入高峰期，"双峰逼近"阶段是两类产业融合发展的关键时期，也是经济转型的重要阶段，既决定着转型代价的高低，又决定了经济转型成功与否；随着转型期的结束，进入新平衡发展期，如果经济成功转型，则会形成升级后的新传统产业与新兴产业共同协调发展的新局面，经济将会迎来新增长阶段，如果转型失败，则传统产业将丧失发展机会，新兴产业也将受到严重拖累，宏观经济增长将非常缓慢，甚至陷入停滞，这也正是新兴发展中国家在进入产业升级周期时面临的"中等收入陷阱"。

推动经济高质量发展，重点是推进产业结构升级，特别是传统产业的转型。作为人口大国，产业结构也关联着就业结构，高度重视传统产业转型升级与战略性新兴产业发展的协同，努力实现产业结构与就业结构的总体匹配，是经济增长模式转型进程中保持社会平稳有序的重要保证。正如图8-2中所描述的转型逻辑，如果能以新兴产业融合带动传统产业转型，并依托传统产业升级赋能劳动者转型，这将是最理想的经济转型路径。与此同时，在投资主导型的增长模式下，大量投资已形成的巨大资产存量，可以在传统产业升级和新兴产业发展过程中，通过多种途径加以提升盘活和有效利用，提高要素生产率，并由此为新兴产业提供发展契机。

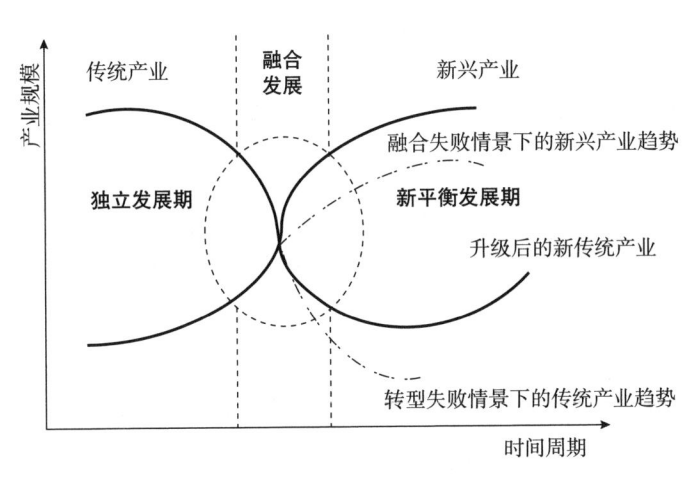

图 8-2　传统产业与新兴产业融合发展过程

资源来源：作者整理。

中国作为制造业大国，智能化制造业是传统产业与新兴产业融合的重要方向，可以把打造高科技制造部门作为目标，在领先的数字平台和电子商务部门的参与下，将传统制造体系改造为工业 4.0 标准，即智能制造、工业物联网、熄灯工厂、零碳工厂和制造即服务。在智能制造范式下整合客户界面、生产和供应链，制造业可以成为由数字平台、互联网服务、金融、贸易、物流、配送、购物和最终消费等组成的数字经济的支撑。企业既可以由此提高在国内市场的竞争力，也可以促进自身的全球化发展，从而为长期经济增长提供支撑。"两类产业"的融合不是简单的技术进步，而是技术技能组合的复杂性创造，并由此打造新的产业竞争能力。

例如，通过现代数字技术与实体经济的深度融合，既赋能传统产业转型升级，提升传统产业的数字化水平，催生新工艺、新流程和新模式，形成新产业、新业态，又能利用盘活传统产业的机遇，将数字经济做精做优，获得更大的成长空间。百度智能云在2021年推出的工业互联网品牌"百度智能云开物"，以"人工智能+工业互联网"模式，为电子、汽车、装备制造、钢铁、化工和税务等超过22个行业的300多家企业提供云智一体的数字化整体解决方案。

根据工信部统计，截至2022年6月底，中国规模以上工业企业关键工序数控化率、数字化研发设计工具普及率分别达到55.7%和75.1%，较2012年分别提高31.1个和26.3个百分点。同时，数字产业化和数字基础设施产业也取得跨越式发展。统计数据显示，截至2022年3月末，在15家跨行业、跨领域工业互联网平台中，可监测的工业设备连接数量达3 072万台（套）、工业App（移动应用程序）数量突破22.5万个。因此，新兴产业对传统产业的赋能为二者都带来发展机遇。

（三）新型工业化与新型城镇化的协调

在过去40多年的经济增长中，工业化和城镇化被视为承载中国经济现代化的两大车轮，由投资驱动的工业化成为城镇化的牵引，城镇化则成了工业化的载体。中国在有为政府体系和市场化力量的双引擎驱动下，实现了经济快速增长，创造了经济奇迹。随着经济增长步入转折期，承载经济继续增长的车轮也面临着优化调整和协调配合的新问题。在新时期实现新型工业化与新型城镇化的有效协同，是保持经济列车平稳运行的关键。

新型工业化要牵引新型城镇化集约式发展。传统城镇化以规模扩张和资源粗放式利用为特点，在带动经济增长的同时也带来了诸多城镇化问题。新型工业化更注重科技创新、产业升级和效益可持续性，以信息化、智能化带动工业化发展，依靠大范围的科技进步和广泛的劳动者素质提升，提高经济增长的产出质量和综合效益，促进产业结构转型升级,并由此全面降低对城市空间、土地、能源、水源等各类资源的消耗,扭转城市粗放外延式扩张,促进城镇化集约式发展,不断提升城市发展质量,增强城市发展的可持续性,为城市经济增长注入持久性动力。

新型工业化要促进以人为本的新型城镇化。新型城镇化是从注重物理空间扩张的城镇化转向以人为本的城镇化,发展以人为中心的和谐城市。新型城镇化就是要满足人民安居乐业的需求,其中"安居"就是让市民居有定所、环境友好,"乐业"就是能够实现最大限度的居民就业保障,有稳定的生活收入来源。新型工业化在发展知识密集型、技术密集型和智力密集型产业的过程中,要努力实现与传统产业的融合发展,带动城市传统产业转型升级,支持城市劳动者素质提升,为城市居民就业转型创造条件,同时还要以新兴产业吸引和聚集知识型人才,不断提升城市居民的整体素质。此外,新型工业化更注重可持续发展,通过减少各类资源消耗,优化生态建设与城市产业发展的关系,发展和谐美丽的新城市。

新型工业化要增强新型城镇化综合统筹经济社会发展的能力。一是新型工业化提升城镇化的集聚效应,在新兴产业发展与传统产业融合带动下,能够支撑城市吸纳更多发展资源,并在更广范围内优化配置技术、土地、能源、水源、劳动力、资本等生产要素,从而发挥集聚的规模效应,提升要素生产率。二是新型工业化增强城镇化的辐射效应,新型工业化通过集聚效应增强城市在产业、科研、财力等方面的综合实力,形成对区域内的全面辐射能力,可以统筹规划基础设施建设,实现区域内信息、交通的快速互联互通,在区域内进行更合理的产业空间布局,并将公共服务向郊区和农村地区延伸,形成城乡统筹、协调发展的良性局面。如此,既促进了新型城镇化发展,又有效带动了乡村全面振兴(见图8-3)。

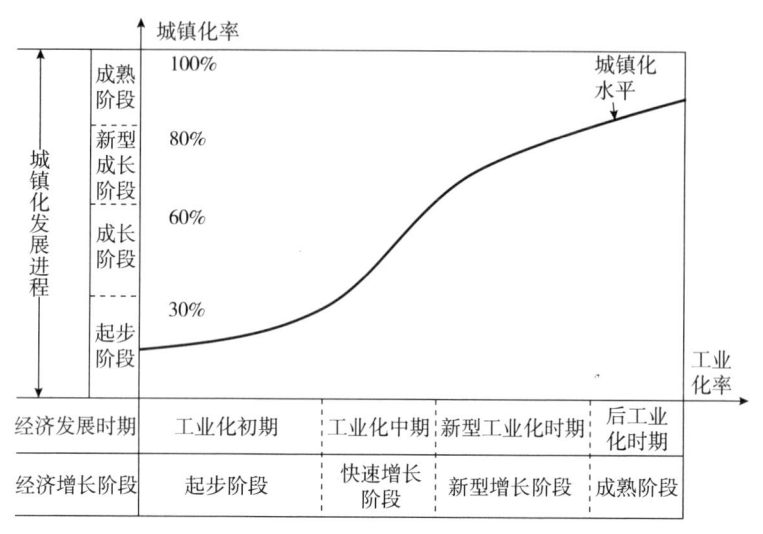

图 8-3　新型工业化与新型城市协调发展

资源来源：作者整理。

  与此同时，新型城镇化不断增强对新型工业化的承载力，夯实新型工业化的基础。新型城镇化对科技、人才的集聚力，对资金、资本的蓄积力，对信息、资讯的汇集力，对先进基础设施的投入力度，都会增强对新型工业化的承载力，为新型工业化奠定坚实基础。现代高科技产业对高端人才、创新性科研设施和信息通信技术，以及生产环境条件都提出了更高的要求，这是传统城镇化难以满足的。新型城镇化进程决定了地区经济发展的竞争条件，从目前全国中心城市的竞争格局看，以合肥市、成都市等为代表的省会城市表现突出，城市集聚力和辐射力较过去显著增强，既提升了对高科技产业发展的支撑力，也为经济增长注入了新动力。

  以人为本的新型城镇化，一方面扩大了对新型工业化产品的需求市场；另一方面促进了工业增长方式的转变。新型城镇化将城市发展与乡村振兴相结合，随着城市基础设施、公共服务和现代文明向乡村地区扩展，城市和乡村实现更多互动，释放了潜在的消费需求，促进了内需有效扩大。以人为本的新型城镇化注重集约高效发展，不断优化对基础设施的规划和投资，在产业空间布局上的更高标准，促使在工业化进程中对生产要素资源的节约利用，注重科技进步和人力资本提升，发展技术先进、环境友好、长期可持续的新兴产业，也促进了地区产业结构转型升级。

六、科技创新：微观增长动力的再激活

传统依赖投资驱动的经济增长，面临资本报酬递减规律的约束。打破这一规律并实现新增长的最佳方式就是以持续创新代替重复投资，将增长模式重点从资本积累转向技术创新。如前文所述，在柯布－道格拉斯生产函数 $Y=F(K, AL)$ 中，技术进步是提升资本产出效率的有效方法，推动经济增长的重点要从生产函数中的 K 转向 A，中国经济增长单纯依赖 K 的增长，也就是资本积累的时代已临近尾声，而将重点转向 A 的提升，也就是转向依靠技术进步推动经济增长则正当其时。

20 世纪 50 年代，美国经济学家罗伯特·索洛的研究发现，在美国 20 世纪前半期的经济增长中，大约只有 20% 来自资本和劳动等传统要素的贡献，而 80% 来自技术进步所带来的全要素生产率提高。正是基于索洛的研究，新生产函数不仅将产出与资本、劳动力联系起来，还引入了科技知识的增长因素。新的增长实践及理论研究表明，一个经济体要保持持续增长，不断提高经济增长的质量，根本上取决于其研发投入和创新能力，以及由此带来的劳动生产率变化。

根据格瑞林奇提出的模型[①]，劳动生产率增量 = 技术变化 + 资本弹性 × 劳动者占有资本增量 + 研发投资回报率 × 研发投资增量占

---

① 格瑞林奇的模型实际上是柯布－道格拉斯生产函数的扩展形式。

GDP 的比重 + 扰动项增量。由此模型可以发现，劳动生产率的提高与四项影响因素有关，即技术变化、资本弹性及资本密集度增量、研发投资回报率及研发投资增量占比、扰动项。在这四项影响因素中，与科技相关的因素占绝对重要的权重，其中研发投资回报率及研发投资增量占比最具有可控性，研发投资的增加和积累与科技知识的增加和积累成正比，加大研发投资力度，加快推进科技进步，加强科技成果产业化应用，提高研发投资回报率，正是提高劳动生产率的基本途径。

（一）激发微观主体的创新活力

以科技投资和研发活动为基础提高劳动生产率，是提升经济增长质量和保持可持续增长的关键，实现经济增长模式转型的重要方式就是激发微观主体的创新活力。除了国家重大科技项目及解决"卡脖子"问题的关键科技领域需要采取举国体制，全社会性的科技创新则更多体现为个体行为，无论是企业、大学还是研究机构，或者三者的各种结合。因此，全面激发微观主体的创新活力是加速推动科技进步，支撑产业转型升级，实现经济高质量增长的源泉。

在激发微观主体创新活力方面，有为政府的作用不可或缺，这体现在两个方面。一方面，政府是社会创新体系及平台的创建者和维护者。基于创新复杂性、投资风险性、效果滞后性以及收益不确定性，社会创新体系是一个庞大、复杂和持续迭代更新的系统，只有依靠政府力量进行规划、支撑和投入才能实现。另一方面，政府要成为社会系统性微观创新活动的推动者、支持者和服务者。政府要对公共研发基础设施进行战略性投入；要为研发投入的回报模式提供政策支持；要积极培育高端技术市场，促进技术成果的产业化应用和再创新；要吸引和聚集研究机构、研发人才、资金来源，支持创建各类创新中心等。为此，可以把有为政府在激发微观主体创新活力中的作用及效果纳入地方政府的政绩考核体系，置于与经济增长同等重要的评价地位。

实际上，激发和提升企业的创新活力，不断提高产业的科技水平，也是推进供给侧结构性改革的重要内容。国家推进"大众创业、万众创新"，就是将有为政府体系从投资扩张促增长，逐步转向支持企业、产业的科技投入和技术研发，以市场化机制促进科技进步，引领新型经济增长，这能够为增长模式转型奠定微观基础。当今时代，科技创新与进步日新月异，世界正处于新一轮科技创新浪潮中，科技已经成为国家和企业的第一竞争力。在中国经济增长转折期，投入端如果继续依赖投资扩张，而不将重心转向支持科技创新，提升技术进步对经济增长的贡献度，国家发展就会落入"中等收入陷阱"，而处于经济增长转折期的企业，如果不能及时适应这种变化，把企业发展的重心转向依靠技术创新，也很可能因产业转型升级压力而被市场淘汰。

当前，在有为政府体系推进地方经济发展的实践中，要把科技创新作为推动高质量发展的重要抓手，积极加强地方科技创新体系建设，把投资扩张转向加大研发创新投入力度，促进科技创新能力和水平提升。在区域产业发展上，要围绕新兴高端制造业谋划布局科技创新规划，积极聚集区域创新要素，构建全域创新体系，促进科技与产业深度融合，加快科技成果产业转化，引进优质科研机构的人才优势、技术优势，紧盯战略性新兴产业，大力引育产业链龙头企业，走具有区域特色的科技创新和产业发展之路。

在地方科技创新规划中，政府要以前瞻性思维布局科创中心、工程技术中心、公共实验室平台等，让科技人才、科研机构和科创企业留得住、发展得好；还可以地方科技园区为中心，创新园区内的生态、形态、业态，集聚高端创新要素，打造创新型科技产业园区，使之成为地方产业升级的桥头堡，形成对区域内产业、企业的辐射和带动功能，激发区域内企业的创新热情，为其提供创新支撑，从而引领地方经济更高质量增长。

（二）协同推进科技创新与产业融合

协同推进科技创新与产业融合，是重塑微观经济增长动力，推动高质量发展的重要路径。产业融合是不同产业之间或相同产业的不同行业之间，通过相互渗透、交叉重组融为一体，并逐步形成新产业的动态过程。通过产业融合能够实现产业链价值链的分解、重构和功能升级，引导产业功能、形态、组织方式以及商业模式变革，促进产业发展提质增效，提升产业生产率、附加值和竞争力，提高供给体系对需求变化的动态适配性，增强供给适应、引领、创造新需求的能力。因此，深化产业融合能够为推动产业转型升级，不断拓展培育新产业、新业态、新模式，以及提升产业竞争优势提供新的路径。

同时，新一轮技术革命使多学科专业交叉群集，多领域技术融合集成趋势加强，这使科技创新与产业融合的关系更加密切，同时使协同推进科技创新与产业融合更加迫切。因此，在经济增长模式转型的进程中，有为政府应在完善创新体制、机制和资源投入上做出战略安排，全面激发微观主体的创新活力，特别是增强企业技术创新能力，促进科技创新成果与产业要素的有效融合，加快科技创新成果落地，更高效地转化为现实生产力和产业、企业竞争力。通过形成推进科技创新与产业融合协同的合力，提升科技创新与产业融合协同发展的综合效能，打造依靠科技创新促进高质量发展的新引擎，这也是中国经济实现高质量可持续发展的有效路径。

在当前传统产业转型升级进程中，在政府推动的基础上，发挥市场在资源配置中的决定性作用，增强数字经济的引领和协调作用，实现科技创新和产业融合的协调推进，为企业创新、产业转型提供有力支撑。中国数字经济的迅猛发展使数字化、网络化、智能化不断深化，正深刻改变人们的思维习惯、生产生活方式和产业组织模式，成为中国经济体系中最活跃的新动能，也是引领经济增长的重要动力源。

作为数字经济大国，中国数字产业化正加速推进，产业数字化持续深化，数字化治理能力不断提升，数据价值化也在加速形成。在经济发展与转型进程中，数字经济既能够为科技创新及国民经济各行业的融合发展赋能，也可以通过与产业的融合发展，更好地引领和带动经济增长质量提升、效率变革和动力再造。同时，数字经济还可以扩展科技创新的可能性边界，拓展经济高质量增长的新空间，为新技术、新业态、新模式成为新增长动力提供有效支撑。

七、增长模式转型中的宏观再平衡

中国宏观经济结构失衡是由过去40多年经济增长模式的特点决定的，无论是改革初期要素驱动的投资增长，还是在2006年后主要由负债驱动的投资增长，投资扩张都是经济增长的主要动力，由此形成了结构失衡与高速增长并存的鲜明格局。随着增长转折期经济增速下降，结构失衡问题已成为制约经济增长的最大障碍，也进一步凸显了增长模式转型的紧迫性。一方面，增长模式转型是打开结构失衡之门的钥匙；另一方面，以宏观经济结构修正与再平衡为导向的改革，也为增长模式转型创造了条件。

修正长期投资驱动型经济增长造成的结构扭曲，以增长模式转型来重塑经济增长，需要在三个维度上实现新平衡，并由此形成经济增长模式与宏观结构的新有效匹配，奠定新时期创造新一轮宏观经济稳健增长的基础。

第一，要实现有为政府力量与有效市场功能的再平衡。如果将民间投资作为有效市场力量的代表，将国有投资作为有为政府力量的表征，那么投资数据发展趋势表明，从2011年开始就出现了明显的民间投资加速走弱趋势。图8-4显示了政府投资与民间投资增速的对比情况，2014年底民间固定资产投资增速开始出现落后于全国固定资产投资增速的局面，此后虽然有些时段的民间投资增速偶尔会高于全国固定资产投资增速，但再没有完全恢复到2014年前明显高于全国固定资产投资增速水平的状态。这表明民间投资已经陷入弱化趋势中，支撑整体投资增长的主力已经转移到国有部门，尽管民间投资在总量上仍处于优势地位，这也恰恰是投资增速不快的原因。

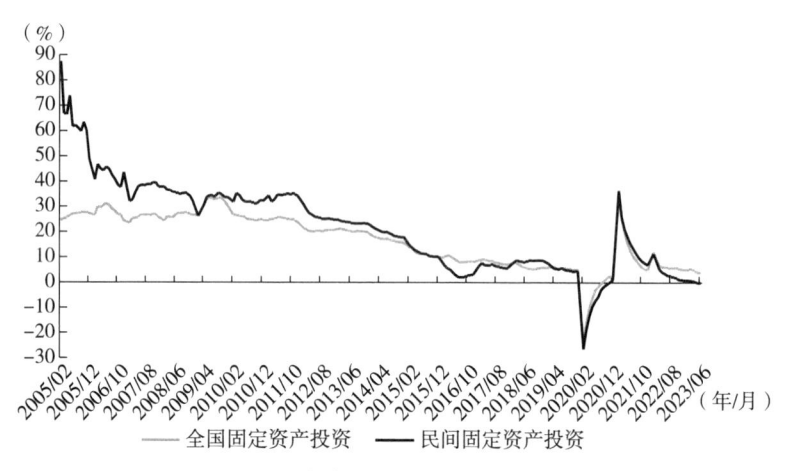

图8-4 民间与全国固定资产投资增长趋势对比

资料来源：国家统计局。

2022年全国固定资产投资增速为5.1%，而民间固定资产投资增速跌至0.9%，较2020年的1%增速还低，是过去10年中历史最低点，在全国固定资产投资完成额中，民间投资规模约为31万亿元，占比仅为54.2%，低于2020年的55.7%，也是历史性低值。2023年上半年，全国固定资产投资同比增长3.8%，而民间固定资产投资同比下降 0.2%。民间投资与政府投资的增长在继续分化。

在近年经济企稳回升的过程中，政府力量发挥了极大作用，而作为市场力量主体构成的民间投资却持续偏弱。要实现增长模式转型，就需要有为政府力量与有效市场功能的再平衡，尤其需要地方政府去企业化。改革之初，给地方放权是经济体制改革的重要内容，在地方之间引入竞争机制，也是推进改革和促进经济增长的重要手段。然而，这一机制使地方政府容易超出行为边界，导致行政力量在经济活动中过度参与，并引起一系列经济后果。

地方政府行为企业化，行政首长企业家化，也是有为政府体系的突出特征。在经营城市、扩张基建、发展产业的大潮中，地方政府出现了显著的投资饥渴症，在软预算约束下的大规模、无节制举债，冲击了金融生态体系的基本平衡，造成金融资源配置严重扭曲，不仅集聚了巨大的财政风险，还增加了发生系统性债券市场风险和银行信贷风险的可能。地方政府行为去企业化，逐步有序退出直接投资活动，回归提供公共服务角色，让市场的回归市场，将政府有所作为的重点转向促进和引导市场力量发展，是逐步实现宏观结构新平衡的基础。

第二，要实现总供给与总需求的再平衡。由要素驱动与负债驱动的投资主导型增长造成了宏观结构失衡，也是总供给和总需求不平衡的决定性因素。人为压低要素价格特别是劳动力价格，造成了事实上的向居民部门征税，而向企业部门提供补贴，损害了居民部门可支配收入的积累，制约了社会消费能力提高，居民消费意愿增长缓慢。此外，尽管外部需求弥补了内需的不足，但随着外部环境的变化，外需增长受限并面临回落压力，总需求不足问题凸显，加剧了供给与需求的失衡。

在需求端，将政府的经济功能由直接投资逐步转向引导和推动消费扩张，是实现供需平衡的重要途径。例如，通过财政和相关改革，充实养老金、改善医保及强化社会安全网等，政府支出由投资领域转向消费领域，虽然在短期内可能导致总投资减少，但从中长期看，最终会有利于总供需平衡。此外，通过降低关税、减税、退税等手段，稳定和升级消费需求，扩大公共基础设施薄弱环节和重大公共服务领域的投入，用需求侧改善引导供给侧质量提升，也有利于实现总供需的再平衡。

在供给端，在消化前期供给侧结构性改革成果的基础上，进一步推动增量供给侧结构性改革，压缩过剩产能，淘汰落后产能，出清市场冗余，将新增供给的发展方向定位于新兴领域、创新领域，特别是要以创新驱动增长方式，实现高质量供给的有效增长，并以高质量供给牵引总需求增长，使总供给和总需求趋于均衡。在微观层面，要通过实质性改革，提升要素市场开放性，畅通要素流通渠道，优化资源配置，全面提高要素生产率，为高质量供给增长奠定基础。

第三，金融资源配置与实体经济的再平衡。金融资源作为市场化生产要素，实现合理配置并满足实体经济需要，有赖于金融体系深化市场化改革。利率和汇率是资本性生产要素的价格，行政性调控导致的金融资源价格信号失真，必然会导致其配置失当。中国作为发展中经济体，资本稀缺是经济运行中的常态，特别是对于民营经济而言，融资难融资贵是挥之不去的阴影，资本错配是社会生产成本扭曲的重要原因。深化要素市场改革，让市场信号主导金融资源配置是最有效率的方式，也有利于促进经济增长。

实证研究表明，在改革前期，政府以金融控制政策造成金融抑制，对企业部门形成利率补贴，有利于促进投资和推动经济增长。但是随着进入经济增长转折期，金融抑制的综合效应已经由正转负，成为阻碍经济增长的因素。人为压低储蓄利息和降低融资利率，导致居民部门的储蓄收益受损，制约了消费能力成长；向地方政府、国有企业和平台公司大规模提供低利率融资，导致债务膨胀和投资效率低，损害了金融资源的高效利用，拖累了资本生产率的提升，非常不利于实现经济高质量增长。

提升金融市场有效性需要不断优化市场机制，运行良好的现代金融体系是成熟市场经济体制的重要部分，是基于效率最大化原则支持实体经济发展的有效保障。构建完善金融市场体系和基础设施，培育尊重市场化规律的金融机构，建设严格遵循制度规则的监管机构，是有效发挥市场机制作用的基石。随着金融市场逐渐发展成熟，不断完善利率和汇率形成机制，提升利率和汇率的市场化水平，将有利于发挥其引导金融资源配置的功能，并为其他要素的合理配置提供有效的信号指引。

始于2016年的金融强监管政策，以及金融业去杠杆进程，其主要目标是在防范风险的同时，理顺金融资源和实体经济的匹配关系。目前，实体经济融资成本已有明显下降，金融业占GDP的比重也不断下降，但民营经济融资难问题依然存在，且价格明显偏高。要实现金融与实体有机融合，金融能有效地支持实体经济发展，一方面，要保持货币信贷和社会融资规模合理增长，与实体经济增长需求相匹配；另一方面，也要防止金融监管和去杠杆误伤实体经济，持续叠加的金融监管政策容易导致抑制效应累积，削弱金融业支持实体经济增长的能力。

此外，在加强金融监管、促使金融业回归本源的同时，也应鼓励有利于服务实体经济的金融创新，以更加便利和有效的方式满足实体经济企业之所需。同时，还应加快资本市场体系和制度建设，完善市场规则和提升监管透明度，稳定投资者的资本市场预期，提升债券市场服务实体经济的能力，加快落实好注册制以支持符合条件的企业在股票市场融资，完善资本市场服务实体经济的机制。

如何实现金融资源与实体经济的再平衡，以支撑经济增长模式的转型，有赖于金融业的改革与创新，这是第九章将要讨论的主要内容。

第九章

增长重塑与金融业改革创新

金融是现代经济的血液，金融资源优化配置是实现经济增长的重要基础。作为市场化生产要素，金融资源与实体经济需求之间实现动态平衡，有赖于金融体系与运行机制的动态调整。中国在由计划经济体制转轨构建的市场经济体制下，实现增长模式转型有赖于持续推进金融市场化改革，促进服务经济发展的金融创新更加活跃，以更加完善的金融体制与机制支持长期经济增长。当前，中国经济增长面临着传统动力衰退和结构性矛盾加剧的挑战，这与金融资源配置及由此衍生的资源利用水平高度相关。因此，推进经济增长动力重塑，需要继续深化金融体制改革，鼓励风险可控的有效金融创新，提高金融系统运行效率和金融资源利用率，为经济增长模式转型提供积极配合与支撑。

一、金融业改革创新的双重目标

　　金融业40多年的改革与发展，始终立足于服务国家经济发展，围绕经济发展之需，不断探索建立现代金融体系和运行机制。金融业是随着经济增长而不断发展壮大的，并由此增强服务经济发展的能力。在经济增长转折期，金融业继续深化改革的方向就是围绕增长模式转型和促进经济增长，不断优化金融体制与机制，适应宏观经济发展与转型升级的要求，支持和促进经济高质量可持续增长，实现民富国强的目标，这与40多年来金融业改革始终紧紧围绕的基本点是一脉相承的。

（一）金融聚焦服务实体经济

中国金融业脱胎于传统计划经济体制，伴随经济体制改革和经济成长而发展壮大，持续的金融业改革创新推动了金融市场成长及金融制度体系发展。同时，为适应经济发展的需要，政府不断改革金融体制，完善金融市场，变革金融机构，创新金融业务，也有力地支撑了经济增长。中国作为一个大型发展中经济体，工业化进程尚未结束，城镇化也仍处于持续提升期，虽然人均GDP在2022年超过世界平均值，达1.27万美元，但距离发达经济体人均GDP水平（约2.4万美元）尚有较大差距，金融推动经济发展仍然任重道远。因此，以经济增长转型为中心，推进金融业改革创新的主要目标就是让金融业能够更加有效地支持实体经济，促进宏观经济稳定增长。

金融服务实体经济的首要任务是实现金融资源与实体经济的有效匹配，提供实体经济发展所需的有效金融服务。为此，金融业要把支持制造业发展，促进产业转型升级放在重要位置。当前，中国正面临发达国家新一轮"再工业化"，以及发展中国家要素成本优势的双重竞争，支持制造业利用科技创新成果，实现产业和行业升级迭代，是提升中国高端制造业整体实力、保持国际经济竞争力的关键；金融服务经济增长模式转型要把支持居民消费增长、扩大社会总需求放在突出位置，为投资主导型增长转向消费驱动型增长创造条件；此外，金融业也要把支持科技创新成果产业化作为金融服务创新的重要目标，通过提供不同于传统信贷的创新金融产品与服务，为全社会科技创新成果与产业的融合提供长期资金、资本支持，为经济高质量增长提供有效的资金来源保证。

坚持金融服务实体经济，要避免金融业以虚拟经济模式脱离实体经济发展，也就是通常所说的"脱实向虚"的"空转"，金融业要与实体经济深度融合，提供经济增长的融资需求，形成金融运行与实体经济发展的良性互动机制。通过不断优化金融资源配置方式，既要努力消除或减少融资难融资贵，又要抑制债务过度膨胀，特别是地方隐性债务的无限扩张，稳定并逐步降低宏观债务杠杆率。

支持和服务实体经济始终是中国金融业发展的目标与使命。过去几十年里，在发达国家现代经济金融体系演变中出现了金融业逐渐脱离实体经济、形成虚拟经济相对独立运行的局面。一方面，这造就了金融资产规模膨胀和金融业周期性繁荣，赋予了一些金融大国财富与金融话语权；另一方面，金融业脱离实体经济，非理性繁荣也集聚了巨大的风险，导致发生金融危机的频率加快，破坏性增强，对国民经济的创伤也日渐突出，并最终伤害实体经济增长，甚至演化为全球性金融危机，拖累世界经济发展，这是中国金融业发展中要防范并坚决避免的倾向。

（二）金融瞄准促进全民共同富裕

实体经济发展是国家综合经济实力增强的基础，但发展实体经济的最终目标是服务于全民富裕和增进国民福祉。因此，金融业在合理配置金融资源、服务实体经济发展的同时，还应重视促进居民金融资产性收益的增长，发展普惠性金融服务，增强金融服务的可获得性。此外，金融业应尽可能为国民致富创造均等性机会和条件，通过提供合理、合规、合法的金融支持，助力全社会缩小贫富差距，以实现共同富裕。金融服务实体经济和支持居民收入增长这两大目标具有同等重要地位，不应偏废，在投资主导型增长向消费驱动型增长转型过程中，处理好两大目标之间的关系，并形成良性互动循环，有利于双重目标的同时实现。

过去一段时间，国家将金融服务于实体经济的理念严格贯穿于金融业改革与发展实践，取得了不少成效。但是，在要素驱动型增长思维惯性下，以压低金融资产收益率支持经济增长的方式仍十分普遍，忽视了金融资产为居民创造合理回报的重要性。不少人把提高居民金融资产回报率等同于提高金融机构收益，要求金融机构向实体经济让利以降低融资成本，但很大一部分让利被转化为居民部门向实体经济让利，因为绝大部分金融机构的利润仍在正常增长或减收幅度很小，这与工业化进程中以工农业"剪刀差"，让农民向工业让利并无二致。但是，在经济增长转折期，若没有居民可支配收入的合理增长，则难以扩大社会消费规模，因而也难以实现长期经济增长动力的转型。

以金融发展促进居民收入增长，首先应立足于为居民部门提供财富增值途径。改革开放以来，经济增长促进了居民财富的积累和持续增长。据中国社会科学院发布的《中国国家资产负债表2021》，2020年底，中国居民财富总规模达549万亿元，居民财富复合增长率达12.38%。确保这部分存量金融资产的保值与增值，是实现国民财富增长和共同富裕目标的关键支撑。当前，财产性收入在居民可支配收入中的占比不到10%，与发达国家相比仍有巨大的增长空间。因此，金融机构可以通过向居民提供适当的金融产品和服务供给，有效促进居民财产性收入增长。

金融资产管理机构可以为居民财富增长提供有效帮助。例如，银行理财子公司可以通过增强理财投资能力，为居民提供管理规范、收益稳健的理财产品；通过资产配置组合，坚持在投资者适当性原则下，让普通居民参与到国家基础设施投资、科技行业创新成长等领域，拓宽多样化投资渠道，让居民分享国民经济高质量发展带来的红利。因此，以适当方式管理和运用好居民部门积累的金融资产，既是金融促进经济发展的基础，也是实现国民富裕的现实途径。同时，能否有效促进居民财富的保值与增值，也是衡量金融业发展是否健康的重要标尺。

在金融促进乡村地区居民收入增长方面，可以通过完善农村金融服务体系，推进数字普惠金融服务，减少信息不对称和金融知识缺乏导致的收入增长障碍。一方面，通过为农村居民提供经营性资金，为个体经营提供金融服务便利，提升居民经营性收入；另一方面，利用互联网金融等新型服务网络，提高金融服务的可触及性，为农民所持金融资产保值增值，获得财产性收入提供便利。

同时，为支持提高农村居民收入，国家还可以通过完善顶层制度设计，建立农村征信体系，解决农村地区信息不对称和抵押担保不便问题，增强农村农地、农业产权的金融属性，并构建风险补偿和分担机制，将农民不易流转的资产、产权融资增信提额，推动金融机构创新机制和改进服务，为农村地区居民多渠道创富致富，获得财产性收入开辟新路，缩小城乡贫富差距，促进乡村振兴。

此外，金融业还可以通过发挥保险、信托等金融机构的特色功能，构建和完善社会"托底"工程，促进橄榄型社会的形成。保险机构是在国家基本社会保障之外具有托底功能的金融服务机构，通过保险托底，可以防止因病、因灾致贫返贫，形成辅助性社会兜底。信托作为财产转移的一种形式，通过鼓励发展慈善信托等方式，可以起到调高补低的作用，持续推进第三次分配等功能，能够促进居民共同富裕的实现。这既有利于社会稳定谐和，也有利于促进经济增长。

二、金融重点支持国有资产负债表修复

鉴于国有部门面临的债务高杠杆和负债脆弱性问题，中国金融业

改革的核心任务，一是要支持国有部门稳定杠杆，防止杠杆的继续过快膨胀或收缩；二是支持化解债务风险，防范潜在系统性金融风险的发生；三是缓释国有部门被动缩表，减少资产负债表衰退的影响，为经济增长模式转型赢得时间，并创造转型条件。

从短期来看，修复国有部门资产负债表的关键在于，有效化解地方债务存量风险，并切实遏制地方隐性债务的继续增长，同时创新金融工具，妥善处理地方政府的隐性债务。尽管中央政府不为地方隐性债务兜底，但隐性债务将长期拖累地方政府财政收支平衡，影响地产财政稳定，对经济增长不利，对金融安全而言也是巨大隐患。从长期来看，修复国有部门资产负债表的关键则在于，加快转变经济发展方式，在依靠经济发展提升地方一般性财政收入、增强财政实力的同时，有序退出投资扩张主导型增长模式，形成更加可持续的经济增长动力机制。

（一）地方国有部门高负债是宏观风险焦点

如前文所述，国有部门债务膨胀是导致宏观杠杆率持续攀升的主要因素，国有部门高债务杠杆推升了国家宏观杠杆率。2023年6月末，中国宏观杠杆率达283.9%，即使在世界范围内，这一比率也处于高杠杆区域。过高的杠杆率对宏观经济稳定构成挑战，并潜藏系统性金融风险，债务"黑天鹅"事件可能危及经济增长和金融稳定。因此，国有部门杠杆率过高问题已经成为金融防范风险的重点，如何在不损害相对疲弱的经济增长条件下，平稳有序地降低国有部门杠杆率，是当前宏观调控要解决的重大问题。

在国有部门的总体债务构成中，地方债务因杠杆抬升速度快，绝对规模庞大，成为宏观债务负担中风险相对更大和脆弱性更强的部分，因而也是债务风险问题的焦点。随着经济增速下滑，地方政府一般性税收减少，叠加房地产市场遇冷，土地出让金收入和相关基金性收入也大幅减少，但财政支出的刚性很强，这使不少地方政府陷入财政收支困境。由于支出明显大于收入，财政收支难以实现平衡，地方债务问题日渐突出，成为宏观债务链条上的薄弱环节。

正如贵州省面临的债务压力一样，地方债务问题的严峻性正侵蚀地方经济增长潜力。贵州省除了地方负债率高达61.8%，如果与全省一般公共预算收入和政府性基金收入对比，则债务率更是高达532%，且贵州省高成本融资比重大，债务付息覆盖压力大，再融资困难。实际上，贵州省地方债务问题并非特例，全国范围内不少地方政府都遇到了相似的债务困难。

2022年底，包括一般债务和专项债务在内的全国地方政府债务规模达31.5万亿元，债务余额与GDP之比达50.9%，地方债务风险已经成为金融风险的焦点。地方政府及其所属国有企业在债券市场的债券发行存量规模巨大，违约风险让金融机构和投资者如履薄冰。2022年第四季度的债灾，对投资者信心造成极大打击，导致市场对债务负担过重地区债券投资的回避，对认购新发行债务工具的抵触，使这些地方债务可持续性面临巨大压力。因此，通过金融改革寻求以多种方式和途径缓释、化解地方债务风险，增强地方债务的可持续性，其紧迫性不言自明，也对国家经济金融安全影响重大。

（二）重组化解存量债务风险

要化解存量债务风险，降低债务脆弱性，就需要摸清全口径国有债务的真实规模和债务结构变化趋势。如图9-1所示，根据财政部和中国人民银行统计数据，2016年全口径的政府及国有部门债务规模达34.91万亿元；2022年债务总规模达130.97万亿元，约增长了2.75倍。其中，增幅最大的是地方隐性债务，在总债务中的占比从22%上升到53%，而同期显性地方政府债务和中央债务增幅都只有1倍左右。

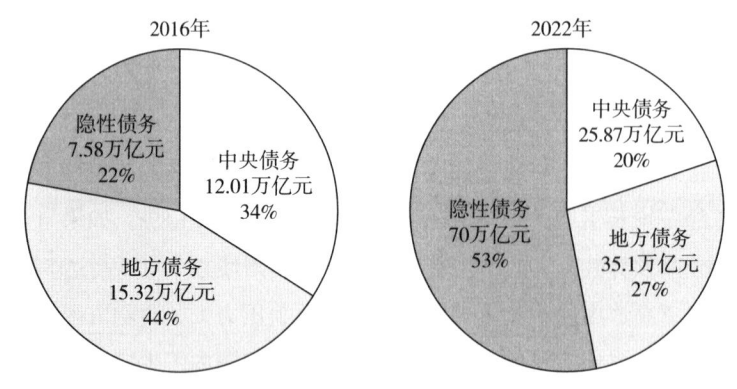

图 9-1 全口径的政府及国有部门债务结构变动

资料来源：财政部，中国人民银行。

2016年：中央债务 12.01万亿元 34%；地方债务 15.32万亿元 44%；隐性债务 7.58万亿元 22%。

2022年：中央债务 25.87万亿元 20%；地方债务 35.1万亿元 27%；隐性债务 70万亿元 53%。

地方政府债务膨胀是宏观整体债务规模飙升的主要原因，地方投融资平台公司债务快速增长，导致地方政府累积了巨额债务，这些债务大多以政府信用为担保，或者存在政府隐性背书[①]。债务负担沉重已成为制约有为政府行动能力的重要障碍，继续大规模举债推动经济增长已不可行，而存量债务可持续性问题也越发尖锐。因此，在经济增长模式转型进程中，金融体系支持地方优化债务结构，化解债务风险，缓解债务压力，合理分散金融风险，既是金融业改革的重点，也是巨大的难点。但只有通过平稳化解存量债务风险，增强地方债务可持续性和韧性，才能为地方政府以新思维和新方式推动经济增长创造条件。

地方政府和投融资平台的负债主体众多，债务构成及融资来源错综复杂。地方债务、城投债的发行主体通常是地方政府和几千家各类投融资平台，除了向政策性金融机构和商业银行等融资，地方政府通

---

① 2015年开始实施的《中华人民共和国预算法》规定，发行债券是地方政府筹措资金的唯一合法方式，并且除了外债，各种形式的担保都不再被允许。虽然此后贷款、非标、各类基金等举债形式不再合法，但地方政府变相举债的行为仍屡禁不止，导致隐性债务继续扩张，隐性债务余额逐年大幅度增长。

过地方财政、国务院国资委或投融资平台控股了大量金融机构，这些机构大多深度参与了地方政府融资，导致投融资平台债务抵押、担保等关系十分复杂，债务问题影响面甚广。

就大类而言，地方债务包含显性负债、隐性负债和地方或有负债三类，因此债务可以分成三个口径。一是地方政府负有直接偿付责任的债务；二是地方政府负有间接责任的债务；三是地方政府负有帮助责任的债务。除了纳入预算的地方债务，具有隐性背书特征的地方债务规模庞大，包括政府引导基金融资、明股实债的PPP融资、BT（建设－转让）融资、地方政府专项基金，以及平台公司的其他非标准化融资等。公开数据显示，截至2021年，全国符合《中华人民共和国预算法》规定的公开地方债务是30.47万亿元，经过批准的城投债余额为15.25万亿元，但最大变数是地方隐性债务规模。

2011年审计署发布的调查数据显示，截至2010年底，全国共有6 576家地方政府投融资平台公司，有息负债余额为4.97万亿元，城投债规模为5 915.8亿元。但到了2021年，各地投融资平台的有息负债余额就达到了56万亿元（见图9-2）。将地方政府显性债务与投融资平台债务比较来看，2010年的公开地方政府债务余额为10.7万亿元，2021年地方显性债务总计为30.47万亿元，11年间增长了1.85倍，而投融资平台的有息负债余额增长则超过了11倍，且隐性债务中债券只占不足30%，非债券融资占比高达70%以上。

站在金融服务视角，以创新方式支持地方债务化解与重组工作，前提是要对债务对应的资产进行全面梳理，让地方债务显性化、透明化和清晰化，在对债务分层、分类管理的基础上，形成债务化解方案和实施路径。地方债务化解重组可以从以下四个方向重点开展工作。

一是实现债务和资产明确对应，剔除无效资产，并为其对应债务补足相应资产，对于无明确对应资产的债务，要提出明确的解决办法，包括以其他有效的国有资产作为对应，缓解债权人对债务落空的

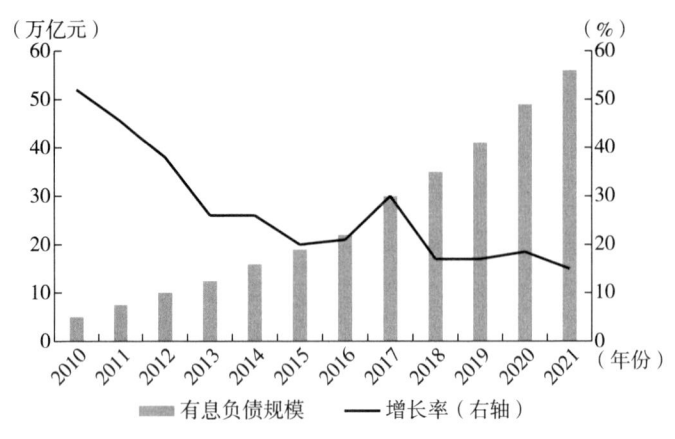

图 9-2 地方政府投融资平台有息负债规模的增长趋势

资料来源：Wind。

担忧，这有利于提高债务主体的信用评级，降低未来续作融资的成本和难度。二是通过调换负债品种，努力降低债务利息负担。例如，通过债务置换，将利息较高的非标准化负债转换成在公开市场发行的标准化债务，尽量降低付息水平。三是合理延长债务周期，以延后还本付息时间，以时间换空间，为逐步解决债务问题赢得时间，并通过未来经济增长和税收增加化解债务。四是可以发行永续债或超长周期债，用这些具有类权益性特征融资替换现有的较短期债务，提高负债主体融资的资本性资金占比，优化资产负债表结构，增强资产负债表韧性。

为实现前述债务化解方式落地，金融监管部门需要会同央行和财政部，在法律法规允许的情况下，积极探索可行的金融工具和模式创新，并与财政政策支持相结合，给予债务困难地区部分政策倾斜支持。鉴于在一些经济发展失衡或增长失速的地方，已经出现了既无力偿还本金，也无力付息的局面，在对债务主体进行有效债务重组或信用提升后，央行和金融监管部门也应在坚持利率市场化原则下，督促金融机构根据风险水平进行合理重定价，降低地方债务的利率负担。

在金融业通过改革创新支持化解地方债务风险的同时，地方政府应积极采取行动推进债务化解工作。具体行动主要包括四点：一是要全面统筹地方经济金融资源，摸清与核算地方国有资产家底，为配合债务化解提供资产支持；二是要加快盘活地方国有经济与国有资产，通过加速地方经济发展方式，为逐步有序偿还债务奠定可靠基础；三是要强化各级政府的债务负担统筹工作，既要形成界限清晰、标准明确的债务负担机制，又要在力所能及的范围内，由上级财政为下级财政提供必要支持和帮扶；四是要尽量避免笼统地否认对地方存量隐性债务的"兜底"承诺，这只会损害地方政府在金融机构和投资者中的信誉，增加未来在金融市场进行再融资的难度。

同时，中央政府也应在国家财力允许的情况下，通过转移支付等方式给予困难大的地区合理支持，确保不因一个地方的问题引发系统性金融风险。中国信达资产管理公司与贵州省政府签署战略合作协议，组建50人的金融专家团助力贵州省的债务化解，是专业化不良资产管理机构介入地方债务重组的第一例，也是正确的方向。通过多种方式重组和化解地方债务负担，对缓解当前地方面临的债务困局具有重要意义。但同时应该充分认识到，解决债务风险的关键还是要以促进经济增长、增强地方财力为基础。地方政府需要务实规划区域经济发展，设定合理有效的增长目标，管理好地方政府的资产负债表。

（三）优化配置增量融资

在有效化解问题债务、处理好存量债务可持续问题的同时，配置管理地方增量债务融资同样十分重要。在宏观层面，政府用好增量融资的前提是基于经济增长模式转型的总目标，根据地区经济发展实际，因地、因时制宜地设定切实可行的经济增长目标。在具体操作上，基于既有债务规模和财政资金能力综合平衡原则，严格控制新增债务的总量，严禁超出地方债务承受能力违规过度举债。这也是有效控制宏观债务风险的要求，否则很可能再次出现地方债务增长失控的局面，并带来难以估量的严重经济后果。

将地方增量融资与财政收入进行统筹运用，应坚持几个基本原则。一是基于地方经济发展特点和产业基础，着力改造提升区域营商环境，为经济转型和产业升级提供支撑，基础设施投入应立足于满足发展需要，而不必过度强调超前性。二是政府在为引入外来投资和地方产业发展提供资金支持时，要坚持市场化原则，以产业价值评估为中心，以实现有效产出为目标，并以政府承债能力为前提，做市场化判断和科学决策。三是提高政府资金投入的引导和带动作用，吸引金融投资机构和社会资金，为地方创新性产业发展提供支持，地方政府可以按照市场化原则，作为产业投资基金的基石投资人，引入社会投资者资金，为区域内重要科技创新和高端产业发展提供投资支持，并注重投资过程中的保值与增值。长三角地区的地方政府在这方面有很多成功的运作经验，不仅通过基金投资促进了本地产业集聚和支持企业发展，还获得了较好的投资收益，增强了地方政府的财政实力。

在国民经济转型升级的大背景下，地方政府要彻底改变过去"以土地运营为核心，以房地产业为支柱"的"经营城市"理念，走出依赖土地财政和土地金融的恶性循环，树立"产业立市，科技强市"的新发展理念。地方政府应根据国家区域发展战略规划，结合本地区要素禀赋特征和产业方向定位，在坚持地方财政平衡的前提下，以多种措施支持和引导地方产业发展。既要坚决避免水平低、效益差和重复性的旧基建，也要避免盲目求新求大，与区域资源禀赋、产业配套能力不匹配的所谓新型产业项目。地方政府的产业规划，应该经过专业论证，广泛征求专家意见，且能与大区域经济发展规划相协调和兼容，避免多个地方产业发展方向雷同，甚至进行以邻为壑的零和博弈，避免浪费地方宝贵的财政资源。

经济发展中的地区分化是客观现实，国家在优化金融资源配置上，既要承认地区分化，做到合理布局，又要努力以区域特色产业发展为依托，强调在效率优先的前提下，兼顾地区经济发展的平衡性，避免地区间经济发展差异极化。当前，中国宏观金融资源配置存在东西失衡和南北失衡两大特征，东部和南部地区是改革以来经济发展的主要增长极，并且产业转型升级相对较好，也吸纳了较多的金融资源。而在西部和北方地区，除了成渝、北京等部分地区，传统产业仍居于主导地位，部分行业还处于转型之中。在东北和西北地区，地方财政状况较为困难，一些地方政府在"吃饭财政"的边缘徘徊，甚至开始滑向财政危机，类似鹤岗市的财政重整，其实质就是地方债务危机。

在此种情况下，确立符合地方实际的经济增长目标与产业发展方向，并由此形成可持续的良性财政金融循环，是宏观经济增长可持续的基础。如果超越地方经济发展实际，制定不切实际的增长目标，不顾债务和财力实际而继续盲目增加负债，最后只能走上"财政悬崖"而被迫进行债务重整，或者不得不依靠上级和中央财政救助。同时，地方政府违背发展经济规律行事，必然会造成对经济和金融资源的极大浪费，并留下难以解决的债务包袱。

地方政府增量融资问题既事关国家经济发展大局，又关系到宏观金融体系稳定。2018年7月23日，国务院常务会议提出，"要有效保障在建项目资金需求。督促地方盘活财政存量资金，引导金融机构按照市场化原则保障融资平台公司合理融资需求，对必要的在建项目要避免资金断供、工程烂尾"。[①] 此后，中国银保监会、国务院也相继出台相关规定，推动城投融资回暖。

---

① 中国政府网. 李克强主持召开国务院常务会议 部署更好发挥财政金融政策作用等[EB/OL]. https://www.gov.cn/premier/2018-07/23/content_5308588.htm, 2018-07-23.

2022年4月18日，中国人民银行、国家外汇管理局印发《关于做好疫情防控和经济社会发展金融服务的通知》，提出"要在风险可控、依法合规的前提下，按市场化原则保障融资平台公司合理融资需求，不得盲目抽贷、压贷或停贷，保障在建项目顺利实施"。该政策精神为保障地方政府的适度增量融资明确了基本原则，也是为避免融资过快收缩带来的意外金融风险。

但就总体趋势而言，新政策虽然有利于减少银行等金融机构对城投平台"一刀切"式的投放关闸，对城投融资和城投债投资会出现一定的松动，但银行和债券投资者不太可能对城投融资需求大幅放松，地方融资环境依然偏紧。在总量出现一定增长的同时，城投融资和城投债将呈现持续分化格局，金融市场和投资者将基于市场化和债务可持续原则，客观理性地评估地方融资承载能力，并向优势地区倾斜，甚至是做适度信用下沉。

（四）遏制隐性债务增长

隐性债务是地方政府面临的最大风险隐患，由于隐性债务准确总额不清楚，对应实体资产不明晰，且缺少明确还款来源，很可能导致意外金融风险事件的发生，并使风险向正常显性债务领域扩散。以河南永煤公司债券违约事件为例，作为地方国有企业，永煤公司债务违约使河南省的整体外部融资环境收紧，债市投资者在一个时期内都尽量避开投资河南省内主体发行的债务融资工具，这造成很大的地方债务风险压力，也让地方经济发展承担了巨大隐性成本。

高风险的隐性债务受到财政部和金融监管层的高度重视，金融机构不得涉及新增隐性债务也是金融监管的红线。2022年4月，中央全面深化改革委员会第二十五次会议强调，在推进省以下财政体制改革工作时，"要压实地方各级政府风险防控责任，完善防范化解隐性债务风险长效机制，坚决遏制隐性债务增量，从严查处违法违规举债融资行为"[①]。然而，庞大的存量隐性债务是既存事实，仅靠地方政府难以独自解决，风险事件会造成巨大的发展代价，因此还需要国家有统一的解决思路和针对性的解决方案。

从地方经济长远健康发展角度出发，地方政府融资平台应严守不增加隐性债务底线，加速平台公司市场化、商业化转型，充实和培育实体产业与资产，确保业务发展稳定和债务可持续。目前，地方区（县）级城投平台是转型难点，特别是在西部地区，因政府掌握的实体产业偏少，合规的商业化经营项目不足，平台转型面临比较大的困难，还时刻面临着债务可持续和融资受限问题的挑战。由于这些层级相对较低的城投平台大多是区（县）级政府的"二级财政"，其融资和发债受限将显著影响地方整体债务的可持续，并危及地方财政收支预算平衡。

此外，大量城投平台公司市场化转型后成为普通企业，这将从本质上改变大多数城投平台公司原本承担的政府职能，从而打破金融市场业已习惯依赖的"城投信仰"或政府"隐性负债信仰"，促进投资者投资决策标准的根本性转变，这对提高金融市场化程度、提升市场利率有效性、优化金融领域的信用结构等，都具有重要意义。

尽管过去一个时期以来，全球很多国家都经历了货币放水，导致宏观杠杆率持续提高，但过度货币宽松最终都是要付出代价的。持续的通货膨胀在全球蔓延，美国通货膨胀率创下40多年来新高，2022年4月达到了8.5%，很多欧洲国家的通货膨胀率甚至超过了10%。在国内，国民经济的宏观杠杆率也经历了持续上升。2008年后，国家4万亿元投资计划开启杠杆率加速抬升进程，无论是政府部门、企业

[①] 新华网.习近平主持召开中央全面深化改革委员会第二十五次会议强调 加强数字政府建设 推进省以下财政体制改革［EB/OL］. http://jhsjk.people.cn/article/32403184, 2022–04–19.

部门还是居民部门，总负债水平都出现显著上升。

尽管杠杆是中性的，但在特定时期内受宏观经济发展状况的制约，一个国家的债务规模存在上限约束，中国宏观杠杆率水平日渐升高，叠加尚未厘清的隐性债务，在债务可持续约束下的金融增量资源日益有限和珍贵。因此，政府需要更加珍惜和有效配置债务资源，不断优化债务结构，用好增量金融资源，将资金投向适应增长模式转型之需，能更有效促进经济增长的领域，避免低效使用和无效浪费。

三、以改革创新纾解民营经济的债务紧缩

中国经济增长由高速转入中速，增长动力和增长模式转型意味着宏观经济政策的重大变革；与此同时，社会资源配置方式与结构也深刻变化，意味着企业外部经营环境的快速显著改变。这使企业原有的经营战略、财务战略、管理方式、融资途径及盈利模式面临巨大变化。因此，经济转型要求企业经营也要随之相应变革。这正是过去10年民营企业普遍面临的压力与挑战。

无论是固守既有思维模式、因循守旧不变革的企业，还是盲目进入新领域、转型过于激进的企业，都有不少遇到了重大经营困难或陷入财务困境。在金融防风险和金融强监管治理政策下，更加依赖创新融资工具的民营企业，由于外部融资环境不断收紧，其资产负债表脆弱性增强，被动陷入债务紧缩循环。一些民营企业对经营环境变化不敏感，或是因经营战略过于保守而错过转型时机，或是因转型过于激进，贸然进入陌生领域，叠加融资和财务战略缺乏审慎，而陷入债务危机，面临破产的风险。

当前，尤为重要的是金融业要通过改革创新，加大对民营企业的金融支持力度，有效扩大民营经济融资总量，以合理方式帮助企业走出债务困境，提升企业家对成功转型的预期，坚定继续发展壮大的信

心,这对保持转型期的经济增长、维护就业稳定具有决定性意义。因此,金融业改革创新的重点方向是在体制、机制和政策上帮助民营企业突破困局,扭转"债务—通货紧缩"螺旋,纾解融资压力和转向良性正向循环。

一是金融业要通过多种途径扩大对民营企业的融资规模,这是纾解企业债务困境的源头活水。目前,在银行业贷款余额中,民营企业贷款占比为25%左右,而民营经济在国民经济中的比重超过60%。民营企业从银行得到的贷款和其在国民经济中的占比不相匹配,与其发展需要也不相适应。从优化社会资源配置、促进长期经济发展角度看,银行业对民营企业的贷款支持力度,要与民营经济在国民经济中的贡献度和比重相匹配。

金融业通过改革创新提升对民营企业的金融服务,重要的是要形成稳定政策措施和有效执行机制,使民营企业真正从金融机构获得合理的融资支持。目前,监管部门对民营企业贷款提出了"125"的政策目标,即在新增的公司类贷款中,大型银行对民营企业的贷款不低于1/3,中小型银行不低于2/3,并争取银行业对民营企业的贷款占新增公司类贷款的比重不低于50%。但具体执行的实际效果仍待检验。

二是在压缩影子银行等创新融资规模的同时,要提升民营企业在标准化融资市场的份额,并允许和支持合规债券市场创新服务民营企业。民营企业在债券市场融资的主要瓶颈是信用等级偏低,审批和发行难度大,进入门槛偏高,市场认同度较低。为此,金融监管部门应该联合其他有关部门,提出解决民营企业债券融资的一揽子办法。金融监管通过改革创新让更多民营企业能够先小规模地、尝试性地进入债券市场,在不断积累自身信誉度和提高市场认同度后,再逐步扩大其债券融资规模。

例如,中国人民银行和中国证监会可以联合在债券市场设立专门服务于民营企业的债券板块,在债券发行、交易和风险处理上进行新制度规则的探索尝试，使之更加符合民营企业进行债券融资的特点。政府可以探索建立提升民营企业债券信用水平的国家债券保障基金，坚持"取之于市场，用之于市场"的原则逐步积累资金，也可以由国家提供部分原始资金支持与市场提取交易费用累积相结合，在民营企业债券出现风险时，由保障基金先提供流动性支持，随后再进行问题处理，以提高债券投资者信心和认同度。

三是金融监管创新立足于先解决融资难，再解决融资贵的逻辑，允许金融机构以创新方式，解决民营企业遇到的债务难题或关键性融资需求。尽管解决融资难融资贵问题是一种好的政策愿望，但在经济金融实践中更常见的是民营企业融资"贵也不可得"。即使企业有承债和付息能力，但因受监管政策限制或信息不对称，很多金融机构经常不愿意提供低成本融资；而即使企业有能力且愿意承担更高债务成本，但若金融机构提供高成本融资，以较高收益补偿风险时，又很容易被监管部门认定为高收费，因融资贵而遭受处罚，由此民营企业最终无法获得关键的融资支持。

以银行专司不良资产处置的资产保全部门为例，由于在常态业务中积累了丰富的不良资产处置经验，针对很多有一定复杂性和难度的企业融资需求，原本能够提出有针对性的解决方案，帮助企业解决关键性融资需求从而渡过难关，让企业"一招棋，满盘活"，但囿于统一监管政策，除了不良资产管理公司，包括银行在内的其他金融机构并不敢开展此类业务，错过了帮助企业跨越关键关口或脱离债务险境的机会。

四是监管部门应改革完善对金融机构的监管考核和激励约束机制，将业绩考核与支持民营经济挂钩，同时督促金融机构加强内部治理改革，优化业务流程和决策机制，并顺应金融市场环境变化，建立精准合理、轻重适度的风险问责制度，以及尽职免责与容错纠错机制，加快制定配套措施，修订原有不合理制度。此外，监管部门也要树立和强化预防重于治理、引导重于惩罚的监管理念，有效整改优于经济处罚的原则。过度罚款会形成寒蝉效应，使从业者在民营经济融资中不敢和不愿担当，因此并不是解决金融机构合规的首选方式。金融监管改革支持经济发展的首要目标是使金融机构及其员工敢于和愿意为民营企业提供融资服务，推动金融业形成对民营经济"敢贷、能贷、愿贷"的金融文化。

当前，经济增速下行导致银行等金融机构不良资产增长较快，金融机构内部问责强度大幅提高。客观而言，不良资产的形成虽有金融机构内部决策流程和员工尽责等原因，但在经济增长转折期，更常见的原因是经济环境快速变化，企业经营和项目进展不及预期。问责机制不科学，免责机制形同虚设，导致金融机构从业人员更愿意为国有部门提供融资，因为国有部门更易于在风险事件中得以免责。金融机构内部的这些隐性问题是在具体融资条件之外，对民营企业融资环境造成无形挤压的重要原因，也是国家支持民营经济的金融政策不易落地的重要影响因素。

五是在经济增长转折期金融风险隐患相对突出的大环境下，由于民营企业转型难度大、环境不适应问题比较明显，收缩性监管政策的出台既要减少"用猛药，急刹车"，更要防止政策叠加造成的累积效应。很多民营企业因为直接获得银行贷款相对困难，所以较多依赖各类创新融资工具，而这也是最容易受监管政策影响的金融服务。因此，金融监管部门在为民营企业"开正门，扩源头"的同时，在为防风险进行"关侧门，堵窗口"的监管治理中，应兼顾已经形成的融资存量情况，考虑民营企业融资转换的难度和周期，采取循序渐进、稳妥有序推进的方式，尽量减少政策的突然变化对民营企业融资造成的意外伤害。

此外，金融机构和监管部门还应该与地方政府配合，共同加大对民营企业的纾困力度。在总结前期纾困经验的基础上，优化纾困基金组建、决策和运营中的体制与机制，使其真正达到服务于企业纾困目的，起到四两拨千斤的作用，为关键行业与产业的民营企业及上市公司脱困提供有力支持。金融部门应以符合企业实际的融资纾解行动帮助民营企业解决在增长转折期遇到的难点、焦点问题，助力民营经济持续健康稳定发展。

四、鼓励金融创新以增加长期资本供给

长期资本是各种股权资本和长期借款、应付债券等债权资本的总称，依赖投入资本、发行股票、发行债券、银行长期借款和租赁筹资等方式积累形成。充足的长期资本是保证企业稳健发展的基石，也是增强资产负债结构韧性的关键，促进中国经济增长需要解决实体经济中长期资本来源不足的问题。

由计划经济体制改革衍生而来的中国金融体系中，以银行为代表的间接融资始终处于绝对主导地位，这使在整个社会融资体系中缺少稳定的长期资本来源，并成为制约企业发展的关键短板。在国内融资市场上，基于监管规则要求，银行信贷资金不能作为股本金投入，而在债券市场上，长期债券发行门槛偏高，能够发债融资的企业群体非常有限，企业债券融资占比很低。因此，金融市场的结构性缺陷使长期资本获取难度大，特别是对民营经济主体而言，更是处于不利地位。由于民营经济发展中资本积累少、积累速度慢，长期资本短缺成为影响企业稳健发展的瓶颈。

长期资本是稳定微观主体的财务结构，支持重点项目投资，促进实体经济可持续发展的根基。长期资本缺乏使很多企业资本结构不合理，企业资产负债结构稳定性差，造成企业资金、资本期限结构扭曲，带来资本债务结构风险。融资市场的缺陷导致企业短贷长投现象严重，在负债偏高、资本结构不稳定的情况下，当遇到重大宏观金融调控时，往往会出现大量企业因严重失血和资金运转不灵而频繁发生

资金链断裂现象，甚至不少产业基础较好的企业也不幸倒下。在经济下行周期中，资本结构缺陷造成企业倒闭尤其常见，这会造成巨大的社会经济成本，也非常不利于经济稳定增长和保护社会就业。

中国经济发展中长期资本短缺的痼疾，一直得不到有效缓解与治理，这与金融体系的特点和监管政策重视不够密切相关。以一级股权融资市场为例，最初，企业股本扩张完全依靠企业自身积累和股东新增投入，直到2005年后，在一级股权融资市场上才开始有真正的长期股权投资机构，为企业提供股权性资本投资。尽管十几年来，各类市场化的PE（私募股权）、VC（风险投资）、M&A（兼并与收购）基金等股权投资机构发展较快，但受资本市场注册制等市场化改革推出滞后影响，股权投资退出难度较大，私募资产管理机构虽然数量不少，但管理资本总量依然偏小，2021年中国创投行业资产管理规模为22 704亿元，占GDP的比重为1.99%（见图9-3）。从LP（出资人）看，创投基金募集资金来源以政府和企业为主，金融机构和社保基金等机构投资人出资占比较低，这反映了中国资产管理机构发展仍然滞后的现实。

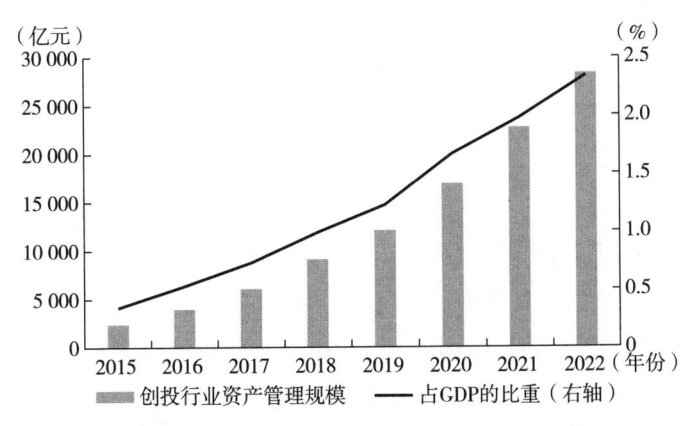

图9-3 中国创投行业资产管理规模及GDP占比

资料来源：中国证券投资基金业协会。

此外，就创投行业资产管理机构个体来看，平均每家机构的管理规模只有 1.6 亿元，且除了头部的少数投资机构，大多数投资机构的投资活动并不活跃（见图 9-4），这与企业股权融资的实际需求之间差距很大。

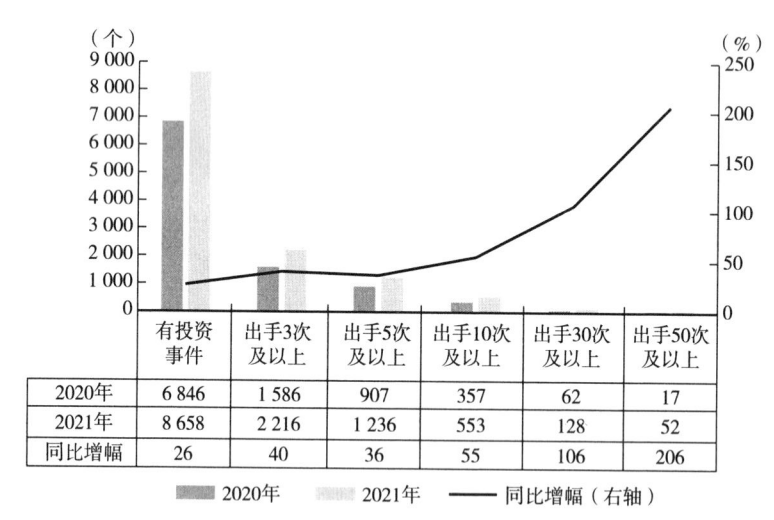

	有投资事件	出手3次及以上	出手5次及以上	出手10次及以上	出手30次及以上	出手50次及以上
2020年	6 846	1 586	907	357	62	17
2021年	8 658	2 216	1 236	553	128	52
同比增幅	26	40	36	55	106	206

图 9-4　2020 年与 2021 年国内创投市场活跃机构分层数量对比

资料来源：智研咨询，《2022—2028 年中国创投行业发展战略规划及投资方向研究报告》。

近年来，保险资产管理机构被允许介入股权投资领域，但由于成熟股权投资团队小、投资经验少，叠加风险厌恶倾向，在一级股权投资市场的投资规模十分有限。新兴的银行理财子公司虽然也有股权投资功能，但作为脱胎于商业银行的投资机构，长期受银行债权融资思维的制约，对长期股权投资非常谨慎，也缺少专业化能力的积淀。同时，银行理财净值化转型后，破除了刚兑的行业惯例，投资者的风险偏好转弱，风险承受能力也较低，更偏向于进行短期投资，导致长期资金募集难，因此，理财公司的股权性投资尚未迈出实质性步伐。第一家银行理财子公司成立距今超过 4 年，开业理财子公司数量已近 30 家，但均尚未较大规模地介入股权投资领域。以国家半导体产业投资基金、国有企业转型基金等为代表的股权投资国家队，主要定位于引领产业投资方向，特别是在国家战略性产业领域投资，覆盖面较窄，大多数普通企业并非其投资标的。

在资本市场融资方面，除了IPO（首次公开发行），新的股权再融资工具日渐增多，包括可转债、优先股等发行都为上市企业的股权融资提供了便利。2022年新股发行数量和融资规模都处于近年来的高水平，科创板IPO也十分活跃。但进入2023年，A股上市和融资规模都出现明显下滑趋势，尤其是相对中国庞大的企业群体，能够成功上市的企业毕竟是少数。截至2023年上半年末，A股上市公司数量为5 238家，这与中国超过千万量级的市场主体数量相比，长期资本供给依然是僧多粥少，杯水车薪。根据国家统计局数据，2023年最新民营企业数量超过5 000万家，国有控股企业超过24万家，上市公司数量在企业总群体中寥若晨星。

为适应企业发展和经济增长中对长期资本的需求，金融供给侧结构性改革应从以下几个方面着力推动。

一是加大注册制等资本市场改革政策的落地力度，以及并购融资等相关融资制度、流程的持续完善，不断壮大资本市场规模，在强化信息披露制度规则、保持上市公司质量的基础上，扩大证券市场融资的规模。2022年A股IPO募资规模超越美股和港股，成为全球新股募资规模最大的市场，但增速却进一步放缓，同比增长只有8.4%，且企业IPO数量同比减少18.16%。在中国产业转型升级过程中，大量创新型企业诞生并快速成长，符合上市标准的企业日渐增多，A股融资规模仍有长足的成长空间。

二是扩大保险公司和保险资产管理机构的股权投资规模，优化其股权投资的结构布局。从国际经验看，以保险公司特别是寿险公司，以及保险资产管理公司为代表的险资金融机构，是长期资本的重要提供者，保险监管部门应推动保险类机构扩大稳健型股权投资规模，为经济发展提供稳定的长期资本来源。同时，全国社会保障基金规模巨大，适合做长周期投资，可以在资产配置中扩大股权部分的规模。无论是通过委托专业股权投资机构，还是自身直接投资，都有很大的发展空间和潜力。

三是激活银行理财，特别是理财子公司的股权投资功能。银行理财是金融市场上管理规模最大的一类资产管理机构，2022年底，银行理财市场规模达27.65万亿元[①]，同比下降4.7%，减少约1.35万亿元。受2022年第四季度债市下跌影响，理财产品破净潮导致理财赎回了2.5万亿元。总体而言，银行理财投资者的风险偏好低，使银行理财的风险容忍度也较低，但在股权投资领域依然有很大的作为空间。一方面，银行理财子公司作为新成立的专业理财机构，起步只有4年多，但如果从银行推出理财产品算起，其在财富管理领域运行已超过10年；另一方面，通过投资者分类分层管理，基于投资者适当性原则，协助高净值人群进行多元资产配置，能够形成与其风险承受能力相匹配的股权投资。

但是，理财子公司的股权投资功能尚未有效释放。截至2022年底，国内共有13家理财子公司作为基金LP参与投资私募股权基金，包括国有大型理财子公司4家、股份制银行理财子公司6家、中小型银行理财子公司3家，总计投资了32只私募股权基金，涉及管理机构27家（含出资到银行相关体系内的机构/基金及未备案基金），累计投资金额170余亿元。从长期角度看，银行理财子公司作为同时拥有私募股权和二级证券投资资质的资产管理机构，在监管上应将"两类业务"分开，并为其私募股权投资业务设定更加专业和宽容的监管标准，理财公司在坚持投资者适当性原则基础上，积极壮大股权投资

---

① 参见银行业理财登记托管中心2023年发布的《中国银行业理财市场年度报告（2022年）》。

业务规模，将能为经济发展提供较大规模的长期资本供给。

四是支持市场化专业投资性机构的发展。中国专业资产管理机构的管理规模显著偏小，股权投资资金的总量不足，最大的难点在于资金募集困难，且资产管理机构获得管理资格程序复杂，基金备案流程和周期冗长，但监管政策过于宽松又会导致行业发展无序，这是制约私募股权基金业发展的瓶颈。国家可以从两个方面提供政策支持：一方面是放宽银行理财等持牌金融机构（作为LP）向专业机构提供资金的限制；另一方面是在加强对股权投资管理机构监管的基础上，必要时将私募股权管理机构纳入准金融持牌机构监管，同时对基金LP投资额均达到一定门槛金额的基金备案给予绿色通道，取消对私募股权基金管理公司控股股东变更与私募资格挂钩的制度等。此外，还可以向基金LP提供税收优惠政策，鼓励更多的社会资本向专业股权投资管理机构聚集，将居民的高储蓄逐步导向投资领域，提升高净值人群的投资倾向。

五是扩大金融对外开放，特别是鼓励外部资金进入中国股权投资领域，更大力度引进外部长期资本。一方面，可以扩大目前已经存在的QFII（合格境外机构投资者）规模；另一方面，可以在上海自贸区临港新片区，以及海南自由贸易港等金融创新示范区域提供合理的制度安排，让外部资本直接进入股权投资领域。

六是鼓励中国境内企业积极跨境上市筹资，包括在香港交易所和其他境外证券市场上市，筹集发展所需的长期资本。尽管中美证券监管机构在赴美上市的中概股监管方面存在一些分歧，但从长期来看，中国企业融入国际经济体系和金融市场是必然趋势，境外筹集长期资本仍将是重要选择。

五、金融助力居民增收和内需扩张

居民消费决策是基于家庭资产负债表状况权衡的决策，居民可支配收入是家庭现金流量表的收入项，金融业通过金融服务创新支持居民可支配收入水平提升，特别是增加居民财产性收入和经营性收入，能够塑造健康的、有韧性的家庭资产负债表。在助力家庭夯实资产负债表资产端的同时，以消费金融服务支持居民在负债端适度加杠杆，有利于提高家庭消费支出水平，进行个人消费的跨期配置。金融业由此能够助力社会消费总规模增长，促进国内需求扩张。

（一）金融支持居民财产性收入增长

收入增长是消费增长的基础和前提，改革以来居民收入增长使家庭部门积累了较多金融资产，金融资产增值及其衍生收益是促进居民收入增长的有潜力选项，以金融业改革创新推进金融市场繁荣发展，创造财产性收入是增加广大居民可支配收入的重要途径。消费信贷等金融服务也是金融业支持消费扩张、提振内需的有效方式。发达国家的经验研究表明，当人均 GDP 突破 2 000 美元后，财产性收入会逐渐成为居民的重要收入来源。[①]

2022 年，中国人均 GDP 已经达到 1.27 万美元，财产性收入在居民总收入中的地位呈总体上升趋势，但占比不足 10%，仍有巨大提升空间。在经济增长转折期，经济增速回落导致工资性收入增长放缓，财产性收入在居民收入中的地位将会进一步凸显。可以预见，未来以金融资产为代表的财产性收入在居民收入中的比重会持续提升，这对促进居民消费增长具有重要作用。

一般而言，城镇居民财产性收入主要来源于金融资产、实物资产和知识专利，且具有衍生性、私有性、非生产性，以及一定的风险性特征。在居民财产性收入构成中，作为实物资产的房产，由于价格难

---

① 郭威.扩内需亟待提高居民财产性收入［J］.中国金融，2021（3）.

以继续上涨的预期已经形成,且城市房屋租售比已经非常大,居民房屋租赁收入难以大幅提升。因此,提升金融资产收益成为增加居民收入的重要增长点和着力点,金融业通过改革创新增加居民金融资产收益,也符合国家"创造条件让更多群众拥有财产性收入"和"多渠道增加居民财产性收入"的要求。

金融业在居民财产性收入创造中具有关键作用,以金融资产形式存在的居民既有资产,其价值增值或收益创造深受金融体系影响,金融制度的规范性和完善程度,金融市场发展的广度和深度,金融交易的即时性和便利性,金融产品的丰富度和多样性,金融服务机构的稳健性,金融监管的适度性和开放性等,都对居民金融资产投资与交易的成本与效率具有显著影响。金融市场发展滞后与金融创新压抑,会抑制居民金融所积累的财富参与投资,以及获取较好收益的机会,导致城乡居民通过金融资产取得的财产性收入减少。这也是一国居民财产性收入能够随金融业的改革与发展而增加的内在机制。

此外,从金融支持城乡收入增长差异角度看,金融发展对城乡居民财产性收入的影响具有差异性。实证研究表明[①],金融发展与财产性收入之间的关系表现为U形曲线,存在鲜明的拐点。当处于U形曲线的左侧时,金融发展水平的提高会显著加剧城乡居民财产净收入的不平等性;当金融发展水平跨越了U形曲线拐点时,金融对城乡居民财产性收入将有显著促进作用。这一研究结论表明,不断推动金融体系深化改革,扩展金融市场覆盖面,降低市场进入门槛有利于增加居民收入,特别是增加适应农村居民投资能力和风险收益偏好的金融产品,提升农村投资便利性,能够为城乡居民开辟更多的投资渠道,为城乡居民平等获得更多收入增长机会创造条件。

---

① 张三峰,杨德才.金融发展促进城乡居民财产性收入增长吗?——基于1999—2010年省际面板数据的经验研究[J].当代经济管理,2015,37(8):86-92.

（二）金融助力居民经营性收入提升

在居民可支配收入的四大类构成中，目前居民经营性收入的重要性超过财产性收入。国家统计局发布的2023年第一季度统计数据显示，全国居民人均工资性收入为6 163元，增长5.0%，占可支配收入的比重为56.7%；人均经营性收入为1 834元，增长5.8%，占可支配收入的比重为16.9%；人均财产性收入为958元，增长4.1%，占可支配收入的比重为8.8%。居民人均经营性收入几乎是财产性收入的2倍。这表明，当前应把金融业改革创新推动居民经营性收入增长作为重要努力方向，为促进居民消费增长和内需释放奠定财力基础。

宏观经济增速放缓与新冠疫情冲击，对全国居民经营性收入增长产生较大影响，经营性收入对个人收入增长的贡献率有部分回落，这主要是受外部经营环境趋紧，叠加新冠疫情防控期间营业时间缩短、物流运输成本增加，以及居民消费理念趋于保守等因素影响。城镇是个体经营的主战场，受到的冲击明显大于农村，导致对整体居民经营性收入增长的影响突出。随着疫情基本过去，经济活动和社会生活已逐步恢复常态，居民可支配收入增长呈现恢复势头，在工资性收入保持基础性增长之外，经营性收入成为居民可支配收入中增长最快的部分。

居民个人财富积累除了靠工资性收入，经营劳动收入是重要的补充来源，尤其对中低收入群体而言，经营性收入的重要性更加突出。金融业通过大力发展普惠金融，为城镇居民个人和农户家庭经营提供线上化的优惠便捷金融服务，提升金融服务的可获得性，方便居民经营所需资金的融通，能够有效帮助居民家庭增加经营性收入，提升整体收入水平，特别是支持中低收入群体的收入增长。由于中低收入群体比高收入群体具有更高的边际消费倾向，其可支配收入增长对消费增长和社会需求扩张具有重要意义。

（三）消费金融促进消费扩张和升级

金融业除了通过支持增加居民收入的方式来提高居民消费能力，还可以在收入增长相对较慢时，依靠消费金融服务进行金融资源的跨期配置，从而实现有效需求和有效供给的跨期配置，促进当期消费需求增长，扩大消费总需求，支持经济增长。

通常而言，受居民个人收入轨道的制约，人们在年轻时收入较少但消费能力强，年老时收入相对较多而消费能力下降，收入和消费的年龄轨道正好出现了背离，消费金融服务可以帮助人们把一生的收入进行跨时空转移，解决这两条轨道相互错位的矛盾。如此一来，既增加当期社会总消费，又通过平衡消费能力的时间分布，提高人们年轻时期的福祉，这也是消费金融的基本命题。

在美国经济增长史上，曾经历主要由生产投资驱动到由消费驱动的增长模式转型。19世纪80年代至20世纪20年代，美国在经过几十年的工业革命后，工业生产能力已达到世界第一，社会商品极大丰富，尽管居民收入也相应地有了很大提高，但相对于其社会生产能力，社会总需求仍然明显不足，这也是当时资本主义经济危机频发的原因。为增加美国社会总需求，联邦政府推出了一系列促进消费的政策，其中包括推出消费贷款，支持居民消费扩张，到20世纪30年代，美国居民超过2/3的大件消费品都是通过分期付款购买的。

消费金融还对居民消费升级具有显著影响。从家庭的金融资产与负债角度分析，资产端的家庭储蓄、保险、投资，以及负债端的消费信贷都对消费支出总量和消费结构有影响。实证研究表明，不仅资产端的储蓄、保险和股票资产对消费升级有显著的促进作用，消费信贷对消费结构升级也有促进作用。随着消费信贷体系的成熟，居民消费信心提升和消费观念的转变，消费信贷对消费升级具有促进作用，并最终体现为消费结构的改善。在一定意义上可以认为，发展消费金融是消费升级的必要条件，也是促进消费升级、扩大社会消费需求总量的要求。

六、持续深化金融监管体制改革与创新

增长模式转型是中国经济增长的重要转折点，也是新的起点，这要求金融监管制度与体系要与时俱进、变革创新，既要能有效缓解40多年经济发展中所积累的突出金融矛盾，又要能为新时期经济增长模式转型和新发展提供有效支持。因此，金融监管既要重视化解重大金融风险和结构失衡，又要专注于服务实体经济增长，促进全体人民共同富裕，还要能够应对金融业进一步扩大高水平对外开放所带来的新挑战。为此，必须加快推进金融监管体制改革，将已推出的重大监管改革举措落地执行好，发挥金融监管支持金融市场持续深化、促进金融机构创新发展的作用，助力经济增长模式的战略转型，实现国民经济高质量可持续增长。

（一）继续深化金融监管体制改革

构建与时俱进的金融监管体制和监管能力，是确保金融稳定和维护良好金融秩序的护栏，并要与中国经济增长转折期复杂的金融局面相适应。金融监管体制是金融体系稳健运行的保证，深化监管体制改革主要是优化金融监管机构设置和职能分工，监管体制变化也会引起监管功能和监管效率变化。

金融监管体制改革的方向应与社会主义市场经济体制相适应，结合中国金融发展实际，适应金融市场和金融体系的最新发展变化，由分业监管向综合监管转变，构建金融业统一监管、分工协作、伞形管理的监管体系。从国际金融市场发展和监管趋势来看，世界主要发达

经济体实行的也都是混业经营和综合监管模式。因此，中国应构建全国统一的金融监管机构，实行综合金融管理，负责统一制定金融业发展规划，通盘考虑并制定金融监管法规和市场规则，执行监管政策和监管标准，监测和评估金融业的整体风险，收集和处理监管信息，协调配置监管资源等。

2023年5月18日，按照国家机构改革方案，国家金融监督管理总局正式挂牌，7月20日，总局的36家派出机构同时挂牌。国家金融监督管理总局作为国务院直属机构，统一负责除证券业之外的金融业监管，强化机构监管、行为监管、功能监管、穿透式监管、持续监管，统筹负责各类金融消费者权益保护，加强风险管理和防范处置，依法查处违法违规行为。

此外，此次机构改革还将中国人民银行对金融控股公司等金融集团的日常监管职责划入总局。同时，深化地方金融监管体制改革，建立以中央金融管理部门地方派出机构为主的地方金融监管体制，统筹优化中央金融管理部门地方派出机构设置和力量配备，地方政府设立的金融监管机构专司监管职责。

成立国家金融监督管理总局是对金融监管体制的系统性重大调整，顺应了自1999年美国《金融服务现代化法案》以来的国际金融监管发展趋势，是对金融业交叉融合日趋深化、金融风险日益紧密关联，以及混业经营潮流的反应，使金融监管更加集中统一，既有利于集中监管力量和整合监管资源，实现对金融业的系统性全面覆盖，也有利于加强和完善对金融业的审慎监管和行为监管机制，提升监管有效性，并加强对金融行业发展的引导。监管体制改革进一步厘清了国家金融监督管理总局与中国人民银行、中国证监会的职责分工，有助于减少监管空白和监管交叉，执行好行为监管和功能监管。

（二）增强监管能力和提升监管效能

经济增速回落使金融领域面临的问题进一步凸显，金融监管要及时适应经济环境变化，紧扣促进经济发展的目标，既要专业审慎地处理发展中已积累的诸多金融难题，及时采取措施处置化解风险，又要对金融领域出现的新情况、新问题保持敏锐性，鼓励和支持合规的金融创新。这都亟待提高综合金融监管能力，增强金融监管有效性，以监管防风险和促发展。

一是要树立正确的监管理念和监管思维，形成支持经济发展和增长模式转型的大局观，而非仅仅做一个防范金融风险的"守门员"。金融监管的根本目标是推动金融业服务实体经济发展，支持实现全体人民共同富裕，因此，监管要与时俱进地适应经济金融环境变化，不能固守"监管就是管住风险"的僵化思维，更不能认为"只要不发生重大风险就是监管成功"。金融监管要切实树立服务思维，服务于国家战略和经济社会发展，不能以监管姓"监"的理由，将监管者置于金融机构和金融创新的对立面，更不能以事后罚款代替事前指导和事中监督。从某种意义上讲，不能促进金融业发展的监管，不能推动金融业服务实体经济发展的监管，都不能被称为好的监管。

二是要在完善金融监管制度的基础上，强化监管专业队伍建设，提升监管人员综合业务素质，使监管能力与金融发展新格局，以及金融业对外开放新进程相匹配。金融市场的业务和产品创新日益复杂化、多样化，金融风险的发生、发展出现很多新特征，尤其是现代信息技术和人工智能等科技成果在金融领域的应用日渐增多，对新型金融风险的识别、处置都要求监管人员有扎实的理论功底、丰富的实践经验和良好的现代信息科技知识。监管人员要熟悉被监管对象的业务流程、风险管理模型、内控机制等，及时、准确地评判和检查风险管理系统，以及各项业务的合规性。只有不断加强监管人才和队伍建设，持续提升综合金融监管能力，才能实现对金融风险的有效监控和及时处置，同时不会对合规的金融创新采取抑制态度。

三是要在增强金融监管能力的基础上，不断提升金融监管效能，增强以市场化方式应对重大金融风险的能力，保障金融健康平稳运行，为宏观经济转型发展提供稳定金融环境。在经济增长转折期，各种金融债务矛盾在宏观和微观层面上都需要高度重视，为此要持续完善监管制度建设，强化对风险源头的预评估和及时监控，通过对金融机构的现场和非现场监管检查，提高信息透明度、准确性和系统性。当前，重点是对潜在金融风险的预判和预处置，而不是放任风险事件发生然后再匆忙应对，应努力采取顺应市场机制的方式，积极稳妥地处置风险事件，防范风险传染和负面效应扩散。针对金融监管机构体系自身及各类金融机构面临的关键问题、薄弱环节和突出风险，制定明确的监管标准和具体的执行要求，从而尽快补齐各种监管短板，切实提升监管效能，促进金融机构规范经营和金融业稳健运行。

（三）辩证处理审慎监管与支持金融创新

当前，国际金融市场宏观风险持续积累，银行危机等重大风险事件不断发生，已成为威胁全球经济发展的重大风险隐患。随着中国金融业新一轮对外开放程度提升，国际金融风险对中国金融体系安全的冲击也会进一步增强，同时，国内经济发展正处于转折期，金融风险积累也不容忽视。经过三年金融防风险攻坚战，及时处理了一批金融机构的风险事件，并排除了部分重大风险隐患。但是，由于金融领域中的问题机构和不良资产与实体经济中的债务积累密切交织，继续推进防范发生重大风险事件及局部或区域性系统风险工作，仍然任重道远。在这样的背景下，高度重视加强宏观审慎金融监管，对维护经济稳定发展大局，以及保证社会平稳有序运行尤为重要。

与此同时，为实现经济增长转型并进入新增长阶段，要求金融监管不能仅立足于"管"，还要在守住不发生系统性金融风险底线的前提下，积极从促进经济发展转型的高度，不断提升金融市场的有效性，鼓励支持各类合规金融创新，统筹协调好防金融风险与促金融创新的关系，积极鼓励合规金融创新，以支持实体经济发展，助力实现共同富裕。

目前，金融业存在谈创新色变的倾向，往往把金融创新视作业务不规范、监管套利等的代名词，抑制了市场正常的创新活力，这对提高金融运行效率，更好地服务实体经济十分不利。金融监管应该站在金融支持经济增长模式转型的高度，厘清合规的正常金融创新与监管套利的界限，采取动态监管和前瞻性监管相结合的方式，在有效监控风险的前提下，以审慎客观的标准衡量金融创新，对必要、可行且合规的金融创新持鼓励和支持的态度，激发金融业正常的创新动力，以更好地服务于经济发展和企业经营需要。

（四）平衡好防风险与促增长的关系

金融监管体制改革与创新要在管住金融风险的同时，实现促进经济发展和全体人民共同富裕的目标。金融业因为防风险而抑制了经济增长，这本身就是最大的风险，也违背了金融监管的本质目标。正所谓"水能载舟，亦能覆舟"，经济增长失速或限于停滞，必然会使金融风险显著升高，而且可能形成系统性乃至全局性金融危机。金融作为国民经济的血脉，其核心作用就是促进经济发展，提升国民福祉。因此，只有能够促进经济高质量健康发展的金融监管才是最有效的监管。

当前，金融领域面临的最大潜在风险是经济增长失速和经济结构扭曲加剧导致的系统性风险积累，尤以地方债务风险为甚。经济增速下降导致财政收支失衡压力增大，地方债务可持续性下降，脆弱性上升。由地方政府与国有企业及平台公司积累的巨大债务，如果处理不慎容易引发金融市场震荡，冲击宏观经济稳定，需要高度重视。因此，站在宏观审慎角度，防范系统性金融风险的最佳方式是以金融促进经济平稳可持续增长。

现代金融业不断拓展其中介功能，在渗透至经济肌体每一根毛细血管的同时，也在很大程度上衍生为可以不依赖于实体经济，而相对独立运行的虚拟经济体系。这造成了虚拟经济与实体经济脱离的风险，金融资源逐渐演变为与实体资源相对应的一种经济资源，并在现代经济发展中具有战略性作用。因此，金融监管在防范系统性金融风险的同时，应促进金融资源的动态有效配置，支持经济增长模式的转型。

由于当前国内居民消费增长疲弱，民营企业因债务紧缩而投资意愿下降，经济增长转型和可持续增长遇到显著障碍，并成为实现经济"双循环"战略的关键制约因素。而有为政府主导的投资驱动型增长模式，也越来越临近传统增长模式的极限，地方债务问题已经成为金融领域最大"灰犀牛"，房地产业的潜在系统性风险释放较为缓慢。在外部，伴随逆全球化泛起，地缘政治危机加剧，区域经济裂痕加深，国际上"脱钩断链"行为和"小院高墙"的遏制行动不断增多，这都使中国原有的出口导向模式遭遇重大挑战，经济发展的外部环境正变得日益复杂严峻。在此背景下，通过金融业改革创新，平衡好防风险和促增长的关系显得尤为重要。

金融业促增长可以在三个长期因素上重点着力。一是通过金融业改革，持续改善企业融资环境，依靠市场化投融资机制，引导金融资源进行有效配置，特别是将金融资源配置在市场化内生增长领域，以推动更高质量的经济增长。二是金融促进经济增长的重要着力点在于促进居民收入增长，通过赋能居民投资性和财产性收入，从而增加居民可支配收入,推动居民消费能力提升,助力良性经济循环。建设"双循环"经济体的重点就是提升国内消费能力,形成强大内循环,金融业在增加居民收入、扩大消费需求方面将起到重要作用。三是金融监管应树立服务思维,通过鼓励和支持金融创新,加大对科技创新和战略性新兴产业的支持力度,为参与国际科技竞争和传统产业转型升级提供坚实支撑,这是金融支持经济增长模式转型,以及促进长期可持续增长的重要体现。

第十章

增长模式转型期的宏观经济政策

改革开放以来，投资主导型增长模式在实现经济增长奇迹的同时，也使经济体系中累积形成了诸多矛盾和问题，在宏观与微观层面上出现了多重结构失衡，造成经济增长动能衰退和协同机制失调，导致当前经济增长日渐乏力，并将制约未来经济增长。同时，由于外部经济政治环境日趋复杂，出口增长的确定性显著降低，出口导向型模式也正遭遇挑战。

在宏观层面上，首先，宏观经济面临双重结构失衡。投资扩张与消费需求增长失衡，以及在长期出口导向型增长下形成内外部经济失衡。其次，在社会资源配置和产业转型升级上面临挑战。一是存在严重的资源错配和资产负债结构扭曲，地方政府债务累积的总规模已逼近承载临界点；二是紧迫的产业转型升级压力，其涉及的产业范围和体量庞大，转型升级较慢制约内生增长动力释放，尤其是传统产业衰退和新兴产业成长在节奏和体量上不匹配，使保持经济稳定增长的压力陡增。

在微观层面上，一方面，地方国有企业和投融资平台公司资产负债表衰退压力日渐凸显，债务增速和空间的收窄本身已经对增长形成冲击，叠加产出率衰退进一步压制了经济增长；另一方面，民营经济由于融资困境而一直处于"债务—通货紧缩"螺旋中,这削弱了民营企业继续进行扩张的能力和动力。与此同时,居民部门在遭受疫情冲击后,也正处于资产负债表衰退中,由于对未来收入增长预期转弱,促进社会消费需求大幅增长的努力,犹如逆水行舟。

在经济增长转折期,要实现合意经济增速和高质量增长,就必须进行增长动力重塑和动力体系再平衡。要解决宏观和微观层面上的经济矛盾与失衡,构建新稳态的系统性平衡机制,就需要对宏观经济政策做系统性优化与全面改革调整,形成适应新时期经济环境和增长约束条件的政策组合。为此,宏观经济政策的选择应建立在对结构失衡和动能失调的客观评估基础之上。

当前,各种复杂经济矛盾相互交织,宏观政策选择既不能因果倒置,使原有问题进一步加剧,也不能缺少系统性思维,只孤立地关注少数矛盾和问题,导致在解决现存问题时,又带来新问题,甚至相互掣肘。同时,还需要深刻认识不同政策工具间的对冲性和外溢性,高度重视对政策组合的及时评估,分析政策是否真正有效,并在必要时果断进行政策调整与优化,对那种认为只要促增长政策不断累积,就能够最终见效的简单思维保持警惕。

一、经济增长模式转型的重点着力方向

尽管经济增速回落期的多重结构性矛盾交织,使宏观经济运行面临的局面错综复杂,但基于问题导向和聚焦关键问题,主要有两大突出问题需要集中力量优先解决。一是投资与消费长期失衡导致增长动力衰退,也就是国民经济需求端的结构错位问题,导致社会总需求不足;二是社会资源配置结构显著失衡,尤其是资产负债结构严重扭曲,导致资本产出率衰退。只有重点解决上述制约增长模式转型的两大问题才能纲举目张,并由此系统性解决当前经济增长面临的复

杂困境。

前文已经详细探讨了这些问题形成的根源、逻辑及其影响，这里重点讨论为解决这些问题，应该考虑采取的宏观经济对策。如果不能及时解决这些关键问题，中国将可能面临较长时期的经济低速增长压力。当然，就中国经济发展所处阶段分析，无论是从人均GDP、居民收入水平看，还是从要素资源禀赋看，经济增长仍有较大的潜力，具备继续保持较长时期中速增长的客观条件。因此，可以从系统性解决经济结构失衡出发，谋划增长模式平稳有序转型，释放内生经济增长潜力，为可持续的中速增长奠定长期基础。由此，可以同时从以下几个方向重点着力。

一是在过去几年供给侧结构性改革成果的基础上，适时将国家宏观调控的重点从供给侧结构性改革转向总需求管理，全面促进总需求增长，并以宏观需求管理为牵引，深化供给侧结构性改革，以动态适应需求端变化。为此，要不断提升社会总需求，特别是消费需求对经济增长的贡献度，释放需求端特别是国内需求推动经济增长的主导作用，减少经济增长对负债扩张型投资的过度依赖，使总需求成长为未来一个时期推动经济增长的核心动力。

二是进行社会资源配置的重大结构性调整，在确保国有部门债务可持续的基础上，重点提升对市场化内生增长动力的生产要素投入，特别是优化金融资源在不同所有制部门间的合理配置，遏制资本产出率加速衰退趋势，提高全要素生产率，为经济增长转型提供支撑，实现宏观经济量的合理增长和质的有效提升。与此相配套，金融体制改革的重点方向是扭转民营经济的债务紧缩局面，对处于困境的企业实施市场化纾困，支持和引导民营企业重启良性投资扩张，促进民间投资需求有效增长，减少经济增长对国有部门投资扩张的过度依赖。

三是重视并采取多种方式和政策措施，支持居民家庭资产负债表加快修复，以加快国内消费需求释放，并增强未来增长潜力。为此，首先要积极促进居民收入增长，切实增加居民可支配收入，培育更具韧性的家庭现金流量表；其次要提升家庭所持资产价值增值能力，尤其是提升家庭所持金融资产的价值，塑造抗风险能力更强的家庭资产负债表；最后是要在稳就业的基础上，注重提升居民收入增长预期，增强居民消费信心，以释放和扩大最终消费需求，激活社会总体需求增长的微观动力，为经济增长模式转型和高质量增长提供持久动力。

二、实施积极财政政策：中央加力与地方提效

新冠疫情后，中国宏观经济呈现弱复苏格局，在复苏基础尚不稳固的背景下，仍须重点着眼于重塑长期增长动力、推进经济增长模式转型目标，以系统性思维加快解决经济体系中的结构性问题。同时，还要努力保持宏观经济增长的基本稳定，为未来一个时期的增长模式转型赢得时间。由于民营经济部门的持续债务紧缩，以及家庭仍处于资产负债表衰退期，政府实施积极财政政策作为基础性支撑力量仍然是不可或缺的，且要进一步加大力度和提升效果，对冲经济下行的巨大压力。

当前，在继续提高赤字率，实行积极财政政策上存在一些争议。一种观点认为，中国政府债务已经非常高，2023年第二季度末的宏观杠杆率已达283.9%的高位，在全球都处于高杠杆区间，若继续实施扩张性积极财政政策，可能导致债务积累到极高水平，轻则大幅加重长期债务负担，透支未来财政政策空间，重则可能迎来明斯基时刻，直接引发严重债务危机，给宏观经济稳定带来致命性伤害。所以，一些人把政府在高债务杠杆下继续进行财政扩张称为"致命的诱惑"。笔者以为，尽管这种担心在逻辑上并非没有道理，但从实践角度来看，仍有几个问题需要厘清，这有助于形成与此类顾虑不同的答案。

（一）积极财政政策支撑了困难期的经济增长

站在资源有效配置和防范债务风险角度，反思投资主导型增长模式带来的一系列深层次问题，而对政府部门继续加杠杆持怀疑态度，并非完全没有道理。但是，评判事物都有正反两个维度，正所谓两害相权取其轻。每当宏观经济遭遇重大外部冲击而面临下行压力时，面对民间投资大幅萎缩而消费增长乏力的局面，放任经济增长失速将带来就业不稳定等诸多问题，此时都是积极财政政策与有为政府体系的投资力量支撑了经济增长。

1997年亚洲金融危机席卷东南亚和东亚地区，中国出口也遭遇重大冲击。中央政府快速加杠杆，将中央政府杠杆率由不足7%快速提升到20%，通过扩大中央财政支出，有效对冲了外部经济危机带来的冲击。2008年全球金融危机发生后，地方政府则成为经济加杠杆的主力，其债务杠杆率迅速提升，并在2010年超过中央政府，成为支撑经济增长的主要力量，由此应对了几十年来最猛烈的外部经济冲击。

因此，观察地方债务增长和中央财政支出的增长曲线能够发现，无论是应对1997年的亚洲金融危机，还是2008年的全球金融危机，都是积极财政政策扩大中央政府和地方政府支出，作为宏观经济稳增长的主导性力量。特别是2008年，正是由于国家出台了规模庞大的投资计划，以财政强力扩张方式保证了当年8%的经济增速底线。

当然，在巨额投资计划的拉动下，中国经济也出现了大范围的、严重的产能过剩，这对市场化内生增长动力造成了巨大冲击。但积极财政政策对经济增长的拉动作用是十分显著的。实际上，除了在面临外部经济冲击时及经济发展进入新常态后，每逢经济周期性波动，积极财政政策也是稳增长和保增长的重要力量。

应该特别强调的是，积极财政政策与地方政府体系不规范举债，以及隐性债务膨胀等问题并不是一回事。客观而言，地方政府债务扩张，特别是各类融资性平台大规模举债，虽然对短期经济增长起到了支撑作用，但其长期副作用十分深远，已成为地方政府的沉重负担，并危及地方财政安全。

在地方政府通过融资平台进行不规范举债的过程中，财政部曾多次出台限制地方融资平台不规范融资的文件，高度重视防范地方债务风险，但又反复被突破，关键还是稳增长与保民生的压力所致，在形势倒逼之下出现的政策空隙，最终形成了巨额地方负债，以及至今未能准确统计的隐性债务。这是继续实施积极财政政策时，要通过有效管控机制严格加以避免的。

（二）高杠杆率不应成为质疑积极财政政策的理由

国有部门高负债和宏观高杠杆率的现状，往往成为质疑继续大规模实施积极财政政策的依据，尤其是如果将地方隐性负债纳入政府相关债务考虑，国有部门的负债率会更高。尽管如此，我们依然不能否定当前继续实施积极财政政策的必要性与重要价值。

客观而言，国有部门杠杆率过高问题并非简单由积极财政政策引起，而更多是由体制性原因造成的。一是受政绩考核体系导向的影响，追求GDP规模及增速的考核指挥棒，催生了地方政府及官员进行负债投资扩张拼经济的冲动。二是由于在改革过程中地方事权不断扩大，而在财税体制安排中缺少与之相匹配的财权和收入来源平衡机制，在地方政府事权与财权矛盾的挤压下，而选择不理性的负债扩张。三是对地方政府在预算之外加杠杆缺乏有效的制度性约束，形成了事实上的地方预算软约束，由此衍生出的融资工具和平台公司为负债扩张提供了路径和条件。

站在这个角度上，积极财政政策的确需要坚决避免再引发新一轮地方债务膨胀。根据以往经验，尽管国家严禁地方新增隐性债务，但是各种基于政府信用的直接与非直接信用关联仍时隐时现，建立在公共"信仰"基础上的融资最终都会牵扯到地方政府，从而把表面上的市场化负债变成具有政府信用背书的隐性负债。如此一来，将会进一步加剧地方政府的债务问题，增大经济中的系统性债务风险。因此，在继续实施积极财政政策的同时，更要重视配套资金来源的规范性，防止在积极财政政策下把一些投资项目变成"钓鱼工程"，成为地方政府继续扩大不合理负债的理由。

（三）积极财政政策应加力与提效并重

作为中国经济增长的两大核心引擎之一，有为地方政府体系在经济增长中的重要作用不应被低估，也不应因债务负担的形成被简单否定。尽管历史不能被假设，但我们还是应该反思，对地方政府财政扩张与负债管理有哪些可改进之处。在经济增长转折期，积极财政政策应以债务可持续为基本前提，同时要注重提高资金使用效率，坚持财政资金投资的效益性原则，重视对经济发展引导作用的最大化。

当前，在地方政府及其所属平台公司负债过高的条件下，实施积极财政政策应由中央政府加杠杆，适当提高财政赤字水平，将赤字率保持在GDP的3%以上，并通过转移支付等方式给予地方财政资金支持。同时，也可以将原来由地方财政承担的部分责任改由中央财政承担，以减轻地方财政支出负担，使地方政府能够集中更多力量化解债务风险，腾出发展经济和兜底民生的财力。

由中央财政发力提高预算赤字，除了增加国债发行，还要多方面筹集积极财政政策的可用资金，包括要求中央企业利润上缴、盘活国有经济沉淀资产，以及政府部门控制和节约开支等。同时，运用于经济发展的财政资金,要增强对社会资本投资的引导能力,以财政扩张积极引导民间投资增长,提升社会力量投资的信心和动力,扩大全社会有效投资规模,促进经济增长。

实施积极财政政策,要逐步调整政府财政支出结构,优化财政资金的使用方向,其中最重要的是不断扩大政府消费支出,将原来用于投资的部分资金转向使用在促进消费增长方面,或者将增量财政支出用于扩大全社会的消费规模。为此,需要有为政府体系形成新的以消费促增长思维和行为模式,而非固守在以投资促增长的惯性中,尽管与以投资扩张促增长相比,政府在以财政支出促进消费增长方面缺少经验。

实施积极财政政策中用于投资领域的资金,需要高度重视提升使用效率,优化财政投资方向和重点,提高财政支出的经济效益和社会效益。为此,一是要坚持财政资金投资应注重效益原则,完善重大项目事前评估和绩效评价机制,对执行效率低、社会效益和经济效益差的财政支出项目严格管控;二是要规范财政资金的管理和使用流程,严格贯彻《中华人民共和国预算法》和财政相关政策规定,防止资金的截留、挤占和挪用,确保有效用于经济发展和服务民生;三是要集中资源聚焦经济发展,降低行政运行成本,践行节约型财政,严控一般性支出,压减非刚性支出,聚焦经济高质量发展,不把财政资源浪费在低效和无效用途上。

面对经济增长转型挑战,中央政府提出积极财政政策要更加积极,这是建立在对经济增长困难充分认识,以及积极财政政策作用的客观评价基础上的。要实现财政政策加力提效的目标,实施策略就要统筹得当。基于地方债负担情况和可承载的债务空间,中央财政的重点在加力,在加大国债发行等资金筹措力度的同时,加大对地方的转移支付力度;而地方财政的重点在提效,坚持财政资金运用的效益性原则。对财政投入资金的民生项目,要注重社会效益的提升,努力引导社会消费增长；而对促进经济发展的投资项目要注重提高经济效益，保证地方债务的可持续性。

（四）积极财政政策与融资平台转型相协调

实施积极财政政策要努力兼顾存量问题的化解和接续，利用好上一轮促增长中形成的资源基础，而不要割裂开。为此，首先要严格遏制隐性负债继续增长，将政府债务与隐性债务合并监管，加强对全口径债务的分析监测，防止地方财政收支失衡和高额负债问题的继续恶化。其次要开展一揽子化债工作，利用好现有的债务限额空间，以债务化解为中心，调整地方债务结构，提高债务安排的可持续性，增强地方财政的韧性。最后要利用化债的契机，对地方融资平台进行全面的摸底排查和分类处理，清理隐性债务增长的源头。

政府应加快对地方融资平台公司进行分类处理，对于完全没有"造血"功能的"僵尸型"平台公司，一定要坚决关闭；对于债务负担仍在恶化中、处于"渐冻症"状态的平台，可以注入有效资产，待其形成正常"造血"功能后，对其向市场化公司转型过程中的阶段性财务困难，在化债方案中统筹解决；对于"造血"功能正常、具有直接市场化潜力的平台，应该剔除其承担的行政性负担，按照市场化方向加快转型。

在对融资平台公司进行分类处理的基础上，形成对平台公司的关停、整合与转型的总体方案与实施计划，报上级行政主管机构批准，并在获得批准后，由地方政府统筹本地区资产和资金资源，以效益最大化原则，既兼顾当前之需，又考虑未来整体化债与转型安排，统筹资金使用，充分利用好增量财政资金，盘活地方存量资源，实现平台公司逐步有序转型。在融资平台公司转型基础上，地方政府加强积极财政政策与平台公司转型的有效协调，既努力降低地方债务风险，又积极促进地方经济增长。

三、宏观负债扭曲下的货币政策区间

由于凯恩斯主义遭遇经济滞胀挑战，自20世纪70年代以来，发达国家在应对经济周期波动时，货币政策逐渐成为主要的宏观调控选择。为修正中国宏观经济结构扭曲，货币政策也被寄予厚望，但过去一个时期的经验表明，货币政策在解决经济结构性问题上的作用有限，且结构性问题日益严峻。为此，学者对中国货币政策的传导机制进行了多视角的深入研究，大多数学者认为，货币政策传导机制不畅是制约货币政策目标实现的主要障碍。然而，事实上货币政策传导机制并非问题产生的主要原因，根源还是在微观经济环节，理性、合格的微观经济主体是市场规律发挥作用的基础，这也是宏观货币政策在结构方面效果欠佳的原因。

（一）金融行政指导难解宏观负债扭曲之困

由于经济增速长期被作为政绩考核的第一要务，是地方政府行为的指挥棒，国有部门在预算软约束和投资扩张冲动的双重作用下，形成了强大的举债扩张动机。同时，国有部门有国家信用和地方政府信用支持，也很容易获得金融机构的信任和优先支持，并能获得价格优惠的资金。因此，在每年新增社会融资总量中，国有部门占有绝对优势，占比达70%。与此形成鲜明对比的是，民营经济虽然对经济增长的贡献达60%，但在新增长社会融资总量中的占比与此不相匹配，只有25%左右。在债券融资市场上，近几年债券新增发行量中，民营企业的占比只有6%~7%。因此，出现国有部门债务膨胀与民营部门债务紧缩并存局面是必然结果。

面对金融资源配置的结构失衡，依赖货币市场机制的货币政策对此调整作用有限。为此，央行不得不采取行政化方式，对金融机构实行具有行政指令特征的指导性计划,希望依靠刚性的考核指标体系,以及频密的适时窗口指导,实现货币政策意图和目标。然而,这种行政性思维和指导性措施的效果有限,且就长期影响而言,反而会使货币政策实施中的非市场化因素不断增多,弱化市场机制的作用,打乱金融市场的正常理性预期,金融机构在行动上容易采取观望态度,甚至还会引起不必要的混乱。因此,过于依赖具有行政性特征的货币政策,以及窗口指导型金融监管措施,并不能有效解决金融结构扭曲问题,还可能与市场化改革的方向背道而驰。

究其原因,主要在于三个方面。一是商业银行作为中国金融体系中的主导性融资机构,基本都已改制上市,成为公众公司,央行应尽可能少地直接干预其具体经营行为,而应更多地采取市场化政策机制加以引导。二是庞大的银行体系及其考核机制导向,使分支机构和人员风险厌恶特征突出,更愿意在风险增多的信贷市场上采取谨慎行为,即使有监管的窗口指导,也仍然倾向于将资金借贷给信用更高的国有部门,而非民营经济部门。三是由于国有经济的规模、信用水平和规范程度,整体上高于民营经济部门,特别是在发债融资市场,政府信用似乎无可置疑,市场的行政"信仰"使国有企业和平台公司拥有天然的信用优势,投资者更愿意投资政府和国有企业的债券。

(二)货币政策对资产负债表衰退无能为力

在国有部门债务膨胀的同时,民营企业部门则经历被动资产负债表衰退导致的债务紧缩。经济增长转折期的资产价格下跌,包括房地产、股票、矿产资源等资产价格的回落,或者价格回落预期形成,都会造成民营企业资产负债表衰退。在信贷市场上,以资产抵押进行增信是民企融资的普遍特征,而资产价格下跌使企业原有融资面临抵押物不足风险,金融机构会大幅削减在资产高价格时期为企业提供的融资，甚至完全收回融资而不愿再续贷。

金融机构收紧融资会恶化民营企业现金流量表中的筹资现金流，造成企业流动性发生危机，资金链断裂通常成为民营企业债务噩梦的开端。这与美国次贷危机发生的逻辑有相似之处，资产价格的上涨会促成抵押融资的扩张，但资产价格下跌或下跌预期形成，则导致相反的紧缩效应。那些没有备足资金头寸或没有可快速变现资产的企业，将会突然陷入财务危机中。

在市场化程度不断提升，但市场结构问题突出的金融市场上，央行宏观政策难以对企业个体的融资困境做出针对性反应，因为即使保持融资市场流动性相对宽松，却并不能确保资金流向需要纾困的企业，采取行政指导性措施也会因违背市场规律而效果难料。在宏观去杠杆、治理金融乱象和金融防风险的背景下，资产负债表缺少韧性的民营企业，其外部融资环境会更加恶化。

由于民营企业之间的债务关联性，脆弱民企的债务危机会附带伤害其他相关联的民营企业，触发更大范围内的债务紧缩。而广泛的民营企业债务紧缩和一些大型企业的财务困境，使宏观货币政策的实际效果遭到削弱。尽管近年来央行持续采取适度宽松的货币政策，但民营企业的融资难问题始终没有得到有效解决，也说明货币政策对调节债务结构失衡的效果不佳。

同时，央行货币政策也无力解决家庭资产负债表衰退问题。如图10-1所示，在中国居民家庭的资产负债表上，资产端的近70%是房产（包括住房和商铺），与之对应，居民消费信贷的70%是住房按揭。因此，在"两个70%"的结构下，房产价格是居民家庭资产负债表平衡的核心，一旦房价出现下跌或下跌预期形成，就会产生严重的家庭财务不安全感，担心债务风险危及家庭正常生活。于是，居民选择停止新增借款，并偿还贷款来降低家庭负债水平，以修复家庭资产负债表，将债务负担降到心理安全线以内。

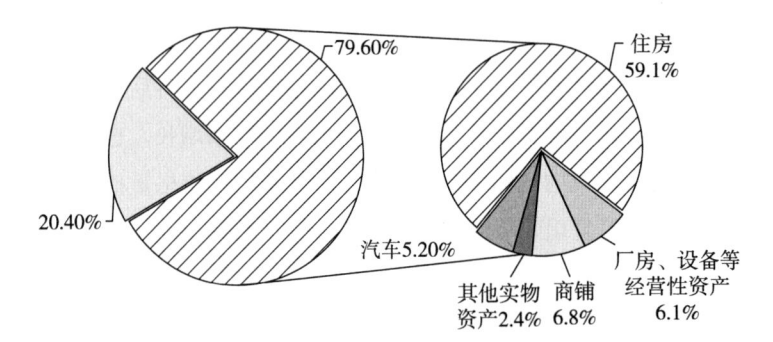

图 10-1 中国居民家庭资产的分布结构

资料来源：中国人民银行，天风证券研究所。

一旦家庭资产负债表衰退成为普遍行为，则单个家庭的理性行为将造成全社会层面的合成谬误，导致总需求收缩，并加剧资产价格下行。而在资产价格下跌的环境下，买涨不买跌的心理会导致借贷购房者进一步减少，加剧房地产市场的下跌趋势，并形成负向循环。除了减少购房置业，居民部门还会通过减少消费支出和增加储蓄形式，提升家庭资产负债表韧性，增强抵御债务风险能力，这是造成当前经济困难局面的重要原因。

在居民没有借贷需求、只有偿债意愿的市场环境中，央行货币政策将失去微观基础，因为货币政策的有效性是以微观主体金融需求为支撑的。在资产负债表衰退期间，无论央行向市场提供多少流动性支持，保持货币供应大幅宽松，都很难促使居民部门提升举债消费意愿，因为居民部门对借贷已经失去了兴趣。在家庭忙于资产负债表修复的时期，央行持续引导贷款利率走低，居民部门也会对此缺少反应。

同时，低利率环境还导致生息金融资产的投资收益走低，强化在高利率时期借债居民的还贷动机。自 2022 年底以来，商业银行门口排队提前还贷的人流不断增多，预约提前还款须排队几个月，这些都是家庭资产负债表衰退的典型表现。央行曾试图以降低利率的方式改变这种局面，但收效甚微。只有在居民部门完成资产负债表修复，确认家庭负债水平已经安全，且对未来收入增长预期提升后，居民才会选择重新开始借贷消费，从而带动消费信贷的重新增长。也只有在此时，央行货币政策的目标才能得以实现，并在资产价格重拾升势时得到加强，也就是货币政策的传导机制才会真正顺畅。

（三）央行利率和流动性调控服务于经济转型

近期，美国硅谷银行、签名银行和第一共和银行因美联储加息和流动性危机而相继倒闭，瑞士信贷也因流动性引发危机而被瑞士银行收购。在治理高通胀成为欧美央行近期主要目标、迅速加息导致银行危机频发的背景下，利率政策成为央行应对通胀的主要手段。与此相关联，利率快速变化对债券市场和信贷市场产生深刻影响，给金融机构的资产负债配置和流动性管理带来重大挑战。在以利率调控服务于宏观经济目标的背景下，市场流动性管理成为央行的主要职责，也为中央银行应对机构和市场的突发危机、稳定国内金融市场和提高货币政策有效性提供支撑。

在中国经济增长转折期，实现短期经济增长目标与促进长期增长模式转型，都需要央行货币政策的密切配合，强化对市场利率和流动性管理也成为央行的主要职责。但在宏观经济结构失衡和资源配置扭曲的环境下，央行货币政策空间和有效性受到明显制约。一方面，宏观货币政策难以有效修正金融资源在国有部门与民间部门之间的配置扭曲；另一方面，央行货币政策在促进社会消费需求增长上也难有作为。

因此，在通货膨胀压力尚远的条件下，央行职责将主要集中于两大目标。一是在地方政府及平台公司负债过高、且债务压力持续增大的情况下，为降低负债成本和维护债务可持续性，央行需要努力保持较低的利率水平，既降低其付息成本，也为再融资提供便利；二是加强金融市场的流动性管理，保持市场流动性合理、适度充裕，通过丰富流动性管理手段，有效平滑流动性供给，保持资金供求相对稳定的宏观金融环境，减少因流动性剧烈变化给债务市场稳定带来的冲击。

在过去10年中，中国金融市场发生的震荡主要来自流动性问题。无论是2013年的严重钱荒，还是2015年的股市动荡，抑或是2022年第四季度的债市踩踏都充分表明，金融市场流动性管理的政策与机制是保持金融市场稳定的核心。流动性危机一方面会带来突发性重大金融风险，另一方面会直接冲击经济稳定增长。因此，在经济增长转折期，央行的主要政策区间或者说主要责任就是有效引导利率走势服务于宏观经济增长与转型，使利率处于既能保证债务可持续以支持经济增长，又不会发生明显通货膨胀的利率走廊中，并基于此目标管理金融市场的流动供求，维护市场稳定，避免金融震荡。

从这个意义上讲，央行货币政策呈现出一定程度的被动性特征，或者说在被宏观负债结构扭曲的捆绑下，只能在受限的政策区间内努力服务于经济增长目标，并维护金融市场稳定。货币政策行动的自由度，只能随着经济增长模式转型，以及宏观错配的修正而得以提升。因此，相较于货币政策，积极财政政策在促增长和调结构上则有着更多的行动空间，货币政策与财政政策协调与配合将形成更好的宏观调控效果。

四、财政政策与货币政策的协调

（一）货币供应量增长的机理

货币供应量的增长是从中央银行向商业银行提供流动性开始的。一般而言，中央银行主要通过向商业银行购买债券、外汇等资产，或者通过抵押资产提供借款等方式，向商业银行注入流动性。随后，商业银行再把所获得的资金作为贷款投入经济运行中，并获取利差收益。微观企业或个人将获得的借贷资金用于支出，并成为第三方的收入，再由第三方再次存入其他银行。其他银行在获得这些存款后，按照中央银行要求留足准备金，再将剩余资金再次放贷出去。由此，开始新的一轮"借款—支出—存款—再借款"的资金循环，如此循环往复，这是货币投放与循环的基本逻辑过程。

在此循环过程中，与中央银行最初提供的基础货币相比，存款（借款）的总规模在金融系统内会不断被放大，这就是货币创造的过程。商业银行根据两个因素来决定准备金的水平，即中央银行的法定准备金率和商业银行的超额准备金。如果商业银行只按照中央银行的法定准备金率要求缴纳准备金，则存款规模就会以固定的倍数（法定准备金率的倒数）膨胀。例如，当法定准备金率为10%时，在理论上，由央行提供的流动性最终会派生出10倍于最初注入金额的存款规模。

根据货币银行学的基本原理，这些银行存款与流通中现金的总和被称为货币供应量。实际上，存款是货币创造的最大影响因素，央行最初注入的流动性被称为高能货币或者基础货币，它与最终形成的货币供应量之比被称为货币创造乘数，这个乘数越大，货币创造能力越强，反之则越弱。因为货币供应量增长能为金融市场提供充足流动性，有利于企业和个人获得更好的融资环境，易于获得借款用于企业经营和家庭消费，所以能够促进经济增长。

基础货币投放是现代中央银行制度运行的起点，经济增长需要货币供给的相应合理增长，而基础货币是整个信用体系的基石。建设现代中央银行制度的主要任务就是要完善基础货币投放，畅通货币政策传导机制，完善宏观审慎金融监管框架。各国央行基础货币供给的主要方式存在显著差异，有些国家以提供再贷款为主，有些国家则以买卖政府债券为主，但其目标都是构筑与经济发展相适应的稳定货币供给渠道及长效机制。

现代经济体的货币投放主要有三种形式。一是央行或其指定发钞行收购储备物资投放货币，包括收购贵金属、战略物资和外汇等；二是央行直接对外提供融资，包括直接为政府提供透支或购买政府债券，以及直接购买企业股票、债券、票据等；三是央行通过为金融机构提供流动性，由金融机构对政府、企业和家庭提供贷款等间接融资。央行货币投放渠道与社会融资渠道具有不同的内涵，货币投放渠道只是社会融资渠道的一部分，在国家经济发展的不同阶段和时期，货币投放的主要渠道是变化的。

中国货币供应的主要方式经历了几个阶段的变化。在1995年《中华人民共和国中国人民银行法》出台前，由央行通过直接向财政提供透支或购买国债方式很普遍，此后受到严格控制。随着2001年中国加入WTO，对外贸易规模迅速增长，因此到2014年前，外汇占款是央行投放基础货币的主要渠道。而后，随着贸易顺差减少，外汇流入规模稳步下降，以外汇占款投放基础货币方式也呈下降趋势。

因此，央行开始转向通过定向降准、常备借贷便利和中期借贷便利等新的货币政策工具，以向商业银行提供融资方式投放基础货币。应该说明的是，以外汇占款作为基础货币投放的主要渠道，使央行货币政策很容易受贸易形势和外部冲击的影响，在出口导向型增长重要性逐渐下降、外贸顺差大幅降低的趋势下，外汇占款也无法继续承担基础货币投放主要渠道的功能。

（二）有效货币政策传导机制的基础和前提

基础货币供给主要渠道与货币政策传导机制密切相关，也是央行职能实现的基础，现代中央银行的调控体系有赖于货币政策传导机制的不断完善。畅通货币政策传导机制涉及利率市场化，以及微观经济主体市场化两大关键因素，利率市场化是价格型货币政策工具发挥作用的前提，而微观经济主体市场化，特别是预算硬约束、竞争中性，以及对利率保持敏感性等，都是货币政策有效传导的基础。只有如此，央行推出的新型流动性管理工具，以及精准结构性调控政策才能有效实现其意图。

中国金融体制改革中关于中央银行及货币政策改革的目标，是要健全货币政策与宏观审慎政策双支柱调控框架，逐步建立一套新的宏观审慎评估和管理框架，以及与此相适应和协调的政策体系。与传统货币政策注重宏观经济运行调节相比，新政策体系更侧重在防风险的同时，支持实体经济增长之需。因此从长期来看，二者是统一的，但在短期货币政策工具的使用上，则存在着明显差异。这既是央行及其政策体系改革选择的结果，也是对经济增长模式和环境变化的反应。在提高宏观调控效率和实施效果、促进经济增长模式转型发展的同时，有效防范化解金融风险，守住不发生系统性风险的底线，是中国建立现代中央银行制度的根本目标。

在过去一个时期的中国经济增长中，提升货币政策效率和防范系统性金融风险成为重点，也是焦点。在利率市场化稳步推进的进程中，货币政策传导机制不畅成为抑制央行政策效果的重要原因。在有为政府体系以负债扩张方式驱动的经济增长中，地方政府及其所属平台公司成为负债增长的主导力量，大量金融资源流入国有部门，并由此投入基础设施建设等领域，而这些国有部门的负债软约束和较低的利率敏感性，导致微观负债主体的行为异化与扭曲，直接造成了央行货币政策效果大幅衰减，以及社会整体金融资源配置的结构扭曲。尽管这在一定程度上促进了短期经济增长，有利于实现保增长和稳增长目标，但对长期可持续的经济发展而言则埋下了很大隐患。同时，央行货币政策的主动性空间受到了压缩，被动性特征不断上升。

（三）财政政策制约货币政策的效果

在国有部门以负债驱动的投资主导型增长模式下，受金融资源配置结构和循环路径的影响，大量金融资源以贷款和债券融资形式被配置于国有部门。这导致国有债务膨胀和民营经济债务紧缩并存，大量金融资源主要在国有经济体系中循环，货币政策传导机制和效率则严重受制于国有投融资体系的效率，使财政政策成为影响货币政策效果的关键。尽管地方政府的隐性债务并不是规范的财政政策行为，但在实践上，隐性债务的作用方向与积极财政政策的方向是一致的。

在民营经济受到被动性资产负债表紧缩约束、难以走出债务负向循环的同时，家庭也处于资产负债表衰退期，因此不得不依靠国有部门进行债务扩张，增加投资和拉动经济增长，进而以稳增长、保增长和防风险为己任的央行货币政策，也必然受到这一逻辑的深刻影响。这就意味着，在民营经济和居民家庭借贷需求不足或受到抑制的情况下，国有部门及其融资需求成为货币政策的主要传导载体。因此，央行稳健货币政策只有与积极财政政策相配合，才能对经济增长发挥有效作用，相对宽松货币政策与积极财政政策的组合，既是主动性政策选择的结果，也是对经济增长机制现实的遵从。

在宏观杠杆率高企、国有部门高负债环境下，继续实施积极财政政策也受到政策担忧者的质疑。这种质疑有其合理的基本逻辑，在高负债率下继续进行负债扩张，除了偿债能力薄弱地区容易出现债务违约，还很容易导致重大系统性金融风险发生。一旦通胀率上升，利率上行压力既可能击垮部分金融机构，也可能撼动庞大债务体系的稳定性。在实施长期宽松货币政策后，美联储为抑制通胀进行快速加息，导致硅谷银行等中小型银行破产倒闭就是现实中的反面教材。2023年4月，贵州省公开承认债务不可持续，且无法独自解决问题，凸显了中国地方债务体系的脆弱性和严峻性。

但是，与继续进行债务扩张相比，收缩国有部门融资则可能导致债务循环的停滞，风险将来得更快、更猛烈，并因此带来无法承受的损失。一是债务违约会导致金融系统混乱，资产大幅贬值将消灭已经形成的国民财富，并造成社会总需求的大幅收缩；二是经济增长发动机熄火，会导致经济增长严重失速，乃至出现停滞甚至收缩，GDP将出现明显下降。这两种情形在1929—1933年经济危机期间都出现过，也是中国经济无法承受的。

因此，以积极财政政策与稳健货币政策相配合，货币政策在坚持适度宽松的前提下，保持政策措施的敏捷性，及时进行预调微调，不搞大水漫灌的强刺激；积极财政政策则靠前发力，加大中央财政赤字力度，缓解地方债务压力和分担事权责任，是相对较优的选择。尽管质疑者的担忧并非没有道理，但应对债务膨胀风险的关键在于经济增长模式尽快转型，而不是以经济增速大幅下降为代价，以从紧的财政政策进行被动式债务控制与削减。

从这个意义上讲，当前宏观经济政策取向要更多地为经济增长模式转型赢得时间。在增长转型之路基本完成或新增长模式初步形成后，应及时启动财政重整，借助经济增长形势向好，改善财政收支状况，积极削减赤字和实现财政平衡。实际上，只有采取以时间换转型的方式，才能在推进经济发展转型的同时，保持相对合意的当期经济增速，并致力于实现长期经济高质量增长目标。如果因担心债务负担超出财政承载力，而不实行更大力度的扩张政策或积极财政政策，而过早进行财政重整，很可能两个目标都无法实现，并带来难以估量的宏观经济风险。

当然，这里应该特别强调的是，在以积极财政政策推动当期经济增长的过程中，改变国有微观经济主体的行为模式和预算约束机制、提升资本产出率也尤为重要。如果资本产出率继续以较快的速度衰退，则扩张性财政政策的效果将大打折扣，既会浪费宝贵的资金资源，拉长转型周期甚至转型失败，还会大大加重政府债务负担，扩大债务总规模，这是需要高度警惕的问题。

（四）协调的财政政策与货币政策能够增强经济韧性

协调配合的财政政策与货币政策能够增强经济韧性，这对正面临多重挑战的经济增长具有重要意义。在地方政府高债务背景下，货币政策被维持债务可持续的责任束缚，引导利率下行成为主要职责，在没有发生通货膨胀时，这会使货币政策的独立性下降，但能够为财政政策提供很好的支撑。此时，财政政策坐在驾驶席上，主导宏观经济政策的方向，而货币政策则处在副驾驶席上，提供积极配合。在这样的政策组合下，增强宏观经济韧性有两个方向。一方面，要加快债务结构优化，化解债务风险，增强债务韧性；另一方面，要通过扩大政府消费支出，包括有针对性的减税、提供消费补贴等方式，促进增长模式转型，提振经济增长。

而在通货膨胀抬头、威胁经济稳定时，财政政策和货币政策将交换席位，央行处于驾驶席上，主导宏观经济政策的方向，采取加息政策抑制通货膨胀，央行的独立性显著增强。此时，受高债务负担制约的政府部门，则只能选择扩大债券发行，以弥补因加息而增长的利息支出，财政政策将失去进行债务结构调整、增强债务韧性的机会窗口。在通货膨胀率下降前，财政政策的作为空间都会受极大限制，央行加息政策和积极财政政策受限叠加，将导致更大幅度的增长放缓或者经济衰退。只有在通货膨胀得到有效控制后，才能重新迎来积极财政政策的主导期。

马库斯·布伦纳梅尔等学者[①]将央行与财政的政策博弈描述为

---

① 布伦纳梅尔，詹姆斯，兰多.欧元的思想之争［M］.北京：中信出版社，2017.

"懦夫博弈"，若将央行货币政策行动与政府财政政策选择放在冲突位置，就会产生类似相对行驶赛车的飙车游戏。如果央行因通货膨胀压力选择加息，而政府并不削减开支或加税，继续扩大政府债券发行，结果将导致通货膨胀无法控制和经济增长受损的双输局面，相当于两辆赛车迎头相撞，击穿保持宏观经济韧性的底线。如果在央行选择加息时，政府合理缩减开支或增加税收，则有利于稳定通货膨胀，并为此后致力于经济增长铺平道路，这种宏观政策的配合行动将增强宏观韧性，也有利于长期经济增长。

当前，中国宏观经济处于低通货膨胀、经济增速恢复偏慢的时期。财政政策更适合坐在驾驶席，以积极财政政策扩大中央政府支出，缓解因民营企业债务紧缩和家庭资产负债表衰退带来的投资和消费不振，同时，积极化解地方债务困境，支持经济增长度过困难期。为此，货币政策应积极引导利率下行，保持金融市场流动性合理充裕，为政府增量债券顺利发行，以及地方政府存量债务可持续与债务结构调整创造适宜条件。这种货币政策和财政政策组合，有利于增强债务韧性并提升增长韧性，修复受疫情冲击后的经济增长。事实上，这也是当前央行正在实施的货币政策的主要着力方向。

五、经济增长转折期的税收政策改革

税收政策是实施宏观调控的重要手段，与财政政策紧密相关。一般而言，实行减税是扩张性政策，而增税是紧缩性政策，同时，税收政策在经济结构调整中具有重要作用。在经济增长转折期，为应对经济增速回落压力，具有扩张功能的减税政策应是主要选择。但受地方财政收支显著失衡所导致的财力不足制约，以及宏观经济中结构性矛盾的影响，实施简单减税政策不一定是促进经济增长的最佳选择。政府只有根据经济增长转折期的宏观经济趋势、产业转型的进程和规律,以及微观经济主体的状况及行为特征,制定更有针对性的系统性税收政策框架,并适时根据经济形势加以调整,才能使税收政策真正起到保增长和促转型的双重作用。

税收政策一端连着政府财政,另一端连着社会需求,以提高税收作为紧缩性财政,有利于提高政府收入,助力财政收支平衡,但增税的紧缩性政策也会抑制投资和消费需求增长,对经济增长起到负向拉动的作用。在增长模式转型进程中,努力保持合意经济增速是政府首要目标,也是宏观经济政策取舍的基本依据。但同时,长期由负债支撑的投资扩张严重透支了政府财力,而经济增速回落也使正常税收增速下降,叠加新冠疫情冲击,政府为疫情防控投入了大量财力,也消耗了积累的财政盈余或新增了债务负担。在这样的背景下,追求预算平衡的税收增长与较为合意经济增速之间的关系,更像鱼和熊掌的关系,很难兼得。因此,制定合理可行的税收政策框架,实施有针对性的税收调整措施,就显得尤为重要。

(一)普惠性"退、减、免"企业税政策的局限性与改进措施

世界银行的研究表明,税收与经济增长之间存在负相关关系,原因在于企业所得税的增加会降低企业盈利水平,削弱企业的国际市场竞争力;个人所得税的增加,会降低劳动收益率,抑制劳动供给;而增值税和营业税的增加,会抑制民间消费。税制竞争力是一个国家或地区税收制度的吸引力和竞争力的体现,适当的税率有利于平衡经济增长、创新、就业与税收之间的关系,也会影响一个国家在国际市场上的竞争力。亚当·斯密认为,实行较低税负的国家具有更高的竞争力。

就经济实践来看,政府对企业减税的作用,因其主要目标差异而存在两面性。在新冠疫情防控期间,政府实施了力度空前的退税减税

政策，有利于促进企业对抗疫情冲击，挺过临时性难关，以及保住市场主体及社会就业。但在疫情基本过去、经济活动逐渐恢复常态后，这种普遍性减税政策的效果则需要进行更多维度的深入考察。如果企业将通过退税减税所获得的现金流主要用于投资和经营活动，则对疫后经济恢复和增长是有益的；但如果企业用于偿还金融债务，则不仅对经济恢复和增长毫无益处，还会因减少了社会有效需求，反而不利于经济增长。

中国民营企业普遍遭遇的债务紧缩是被动式资产负债表衰退，在本质上是民营企业不得不持续偿债，特别是对那些出现债务偿付问题的企业。因此，退税减税资金被企业用于偿还债务，这相当于总需求的收缩，在政府增量支出不能有效弥补这类收缩时，就会形成需求缺口而拖累经济增长，最终对政府财政收入的增长也是不利的。

因此，在资产负债表衰退情况下，退税减税容易开启一个新的负向循环——政府为企业减税免税，企业将减税免税资金用于偿债，减少社会总需求，拖累经济增长，这种负向循环既不利于经济增长，也不利于财政收支平衡。所以，着眼于促进经济增长的"退、减、免"税收政策，应提高政策针对性，实施结构性减税政策，主要为企业的增量投资需求提供税收支持，增加社会有效总需求，从而促进经济增长，并为未来税收增长打下基础。

2022年，国家决定实施新的组合式税费支持政策，以及稳经济的一揽子政策和接续措施，减税降费与退税、缓税、缓费并举，以减轻市场主体负担，增强企业活力。作为政府的大力度政策举措，财政部、国家税务总局联合发布了《财政部 税务总局关于进一步加大增值税期末留抵退税政策实施力度的公告》《财政部 税务总局关于进一步加快增值税期末留抵退税政策实施进度的公告》等4个文件，加大对小微企业以及制造业、批发零售业等行业企业的留抵退税力度，将先进制造业按月全额退还增值税增量留抵税额的政策范围，扩大至小微企业和制造业、批发零售业等行业企业,并一次性退还其存量留抵税额,以缓解企业现金流压力,提振市场主体信心,增强发展内生动力,支持经济增长。

在疫情防控期间,政府实施这类退税政策的目标是在宏观经济面临大范围需求收缩、供给冲击、预期转弱三重压力导致增长放缓的情况下,实现稳定宏观经济大盘,保证经济平稳运行。实行大规模留抵退税支持发展,鼓励企业扩大投资,特别是通过向小微企业和制造业等行业、批发零售业等行业倾斜,加大对小微企业、实体经济、困难服务业等支持力度,以实现扩投资、调结构、稳就业的宏观经济目标。

在客观上,这一政策对缓解受益范围内企业资金紧张、支持企业维持正常经营活动是有意义的。但其最终效果如何,则取决于企业对这些留抵退税收入的运用方式,如果在经济困难期的企业,主要将退税用于偿还银行债务,退税对促进经济增长和保持宏观经济平稳运行的作用将遭到显著削弱。实际上,尽管企业可能并非出于自愿,但这种退税用于还贷的情况仍是相当普遍的。因此,在不考虑加速退税时效性压力的情况下,从更长期经济发展考虑,应加大对增量投资和经营活动的税收"退、减、免"政策力度,相较于实行普遍的一般性税收优惠,这对扩大投资需求、促进经济增长更加直接有效。

(二)构建支持就业的税收政策框架和统一制度规范

目前,立足于科技创新和产业转型升级,国家为高科技行业、高端制造业和绿色转型企业提供税收减免支持,也为加速经济增长模式转型提供助力,取得了明显效果,前述产业在工业增加值中的占比不断提升,增速相对于其他产业也明显偏快。针对目前就业压力大,特别是16~24岁年龄段失业率高的现状,国家应该出台促进就业的正式税收政策，形成系统性制度规范，而不仅依靠临时性减税或补贴措施，对于那些能够显著增加就业机会的企业，以及进行增量投资且新增就业数量达到政策规定标准的项目，给予大力度的持续性税收优惠待遇。政府可以通过对企业或项目进行逐年审验合格的方式，长期延续该项政策措施，让企业形成稳定预期和持续激励，这对建立稳定就业的长效机制具有重要意义。

2023年第二季度，根据国家统计局公布的数据，16~24岁劳动力的失业率达21.3%[①]，创历史新高，就业将是未来较长时期内都要面对的难题，并与居民消费能力增长息息相关。因此，建立支持就业增长的税收政策框架，对持续增加就业机会的企业给予针对性更强的税收支持，对扩大就业、促进消费都具有重要支撑。在具体政策措施上，可以根据企业新增就业数量，以及持续保有就业人员规模等，确定不同层级的企业税收支持力度。过去，这类税收激励政策曾被地方政府广泛使用，但因地域差异和政策尺度不一而存在混乱，中央财政可以统筹考虑不同地区的实际情况，设立更清晰明确的标准，形成规范流程和有效审批机制，构建全国性就业税收优惠政策与制度体系。

（三）以结构性税收优惠政策提振居民消费需求

居民消费作为社会最终需求，对经济增长的影响重大而深刻。针对当前家庭正处于资产负债表衰退期、社会消费总需求不足的重大挑战，政府应有效利用税收政策调节和扩大消费者需求，促进社会消费规模扩张，为促进经济增长提供直接支持。

为此，要合理调整消费税征收范围，对此类临时性减税政策做出

---

① 国家统计局自2023年8月起暂停发布全国青年人口（16~24岁）失业率，将对统计调查工作和该指标进行健全优化。

常态化安排，促进居民更多消费。消费税是在对货品广泛征缴企业增值税的前提下，挑选部分日用品征收的税收，是一种间接税。目前，中国消费税征收主要涉及15种商品，其中汽车消费的体量较大，影响广泛，通过汽车消费税调整促进总需求增长。过去居民购买汽车是一种奢侈品消费行为，因此被征收消费税，但当前汽车已经走进千家万户，包括农村的寻常百姓家，汽车产业已经从依赖进口逐步成为国民经济的重要支柱产业之一，尤其是近几年，随着国内新能源汽车产业的崛起，汽车消费呈加速增长趋势。

由于汽车产业覆盖领域广泛，关联行业众多，新兴的新能源汽车产业对经济增长贡献日渐突出。当前国家对新能源汽车的补贴期延长，但随着补贴期届满，对汽车消费的促进作用将会下降。为此，可以通过调整汽车消费税，促进汽车消费需求特别是新能源汽车需求增长，持续支持该行业发展。如此一来，一方面，可以促进居民需求释放，推动经济增长；另一方面，也可以为新能源汽车产业企业积累资本和产业实力，进一步提升目前已初步形成的全球产业核心竞争优势，为出口持续增长和成为稳定的汽车生产与出口大国奠定基础，这对促进经济增长也是十分有利的。

以居民消费释放为中心，政府可以通过多种形式的税收政策调整，形成一揽子鼓励和刺激居民家庭消费增长的措施，促使居民愿意更多消费，提高边际消费倾向，降低边际储蓄倾向，特别是减少过度储蓄行为，为增长乏力的社会总需求注入新的扩张动力。此外，中国幅员辽阔，城乡之间和区域之间差异仍然很大，可以在兼顾公平性的前提下，制定差别化税收激励政策，因地制宜地推动居民消费增长。就像前些年实施的"家电下乡"政策，在短期内取得了较好的效果，既惠及了农村居民，提高了生活品质，又为家电产业发展提供了机遇，促进了社会需求的阶段性有效增长。

（四）以差别化个税政策支持居民可支配收入增长

中国居民个人收入来源主要由四个部分组成：工资性收入、经营性收入、财产性收入和转移性收入。对于城乡居民而言，因地域和就业差异，收入来源结构占比并不相同。个人所得税与居民的"钱袋子"密切相关，直接影响居民可支配收入水平，进而影响社会消费总需求。政府通过居民个人税收政策支持和调节居民可支配收入增长，为消费增长提供基础性支撑。

自2010年以来，除了2012年和2019年个人所得税改革采取减税举措，导致个税收入出现下滑，其他年份个税收入基本保持增长态势。但2023年5月财政部公布的数据显示，2023年1—4月的个人所得税为5 384亿元，同比下降2.4%，这意味着剔除个人所得税改革造成的政策性减收年份，同期个税收入增速创10年来新低。政府个税收入负增长表明居民收入增长相对缓慢，不利于居民消费需求的释放。

如图10-2所示，2013—2022年，居民工资性收入个人绝对值随经济增长而持续提高，从2013年的人均10 410.76元提高到2022年的人均20 590元，提高近1倍。但就个人工资性收入的增速看，总体呈下滑趋势，2016—2019年保持相对稳定，2020—2022年出现显著波动，增速出现明显放缓趋势。居民工资性收入变动与经济增长趋势具有较强一致性，反映了经济增长与居民收入的高度相关性。工资性收入作为绝大多数居民的基本收入来源，其增长放缓趋势既不利于夯实长期经济增长的基础，也不利于当期居民家庭资产负债表修复。

在工资性收入之外，财产性收入在城镇居民收入中占有重要地位。目前，在中国居民所持资产结构中，房产相关资产约占70%，金融资产约占20%。但在过去10年中，居民资产收益中枢逐步下行。如图10-3所示，居民资产收益率呈现三级下台阶趋势。2015年后，受资本市场持续低迷，以及地产调控导致房产价格下行影响，过去5年中居民金融资产几乎没有增长，房产价值也因价格降低而缩水，都导致居民的实际财产性收入增长放缓，更缺少资产升值带来的财富效应。

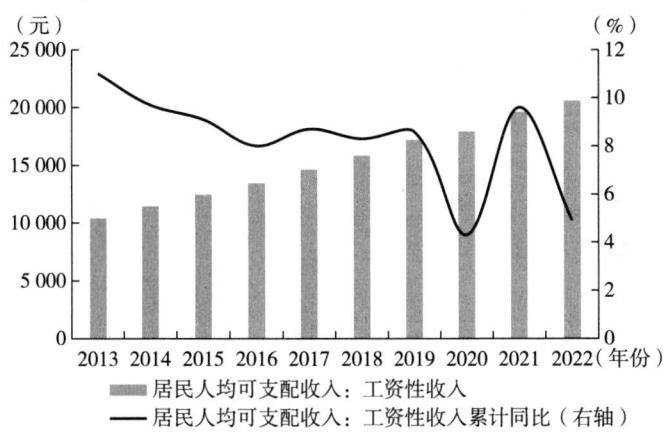

图 10-2　居民工资性收入变动趋势

资料来源：国家统计局。

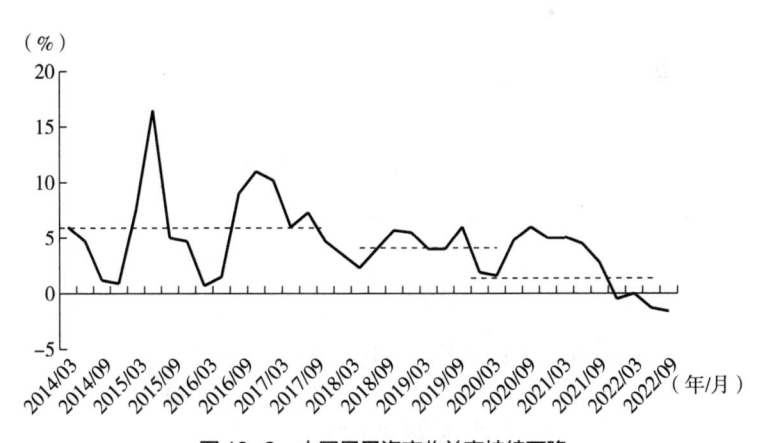

图 10-3　中国居民资产收益率持续下降

资料来源：CF40 观察。

与资产收益率不断走低相关，个人财产性收入变动也呈现总体下滑趋势（见图10-4），尤其是在2018年后，居民财产性收入增速从12.9%下降到2022年的4.9%，降幅非常显著。增长缓慢直接影响居民消费和持续投资信心，既不利于消费规模增长，也不利于社会投资增长。对风险的关注和担忧，使居民资金集中于银行储蓄，导致市场化投资方式的资金筹集愈加困难。以私募股权投资基金为例，过去几年资金募集难度显著增大，基金实际募集规模也明显下降，这减少了社会长期股权投资。因此，税收政策可以根据资产类别不同，对居民的投资性收入实行差别税率，提供合理的税收激励。例如，鼓励有助于扩大社会投资规模、促进资本市场成长的居民金融投资，这既有利于为实体经济发展提供长期资金来源，又有利于增强居民财富增值效应，支持消费增长。同时，国家也应该采取有效政策促进资本市场稳定和合理增长，与居民金融资产投资形成合力，给消费增长带来倍增效应。

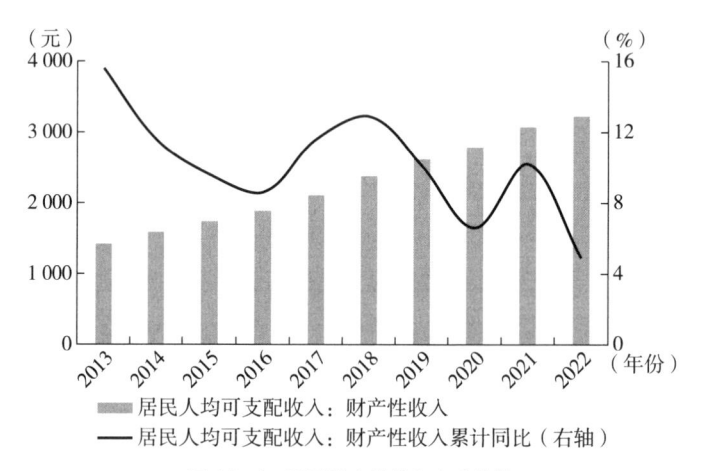

图10-4 居民财产性收入变动趋势

资料来源：国家统计局。

个人经营性收入是居民可支配收入的重要组成部分，是促进个人收入增长的重要来源。《中华人民共和国个人所得税法》规定的个人经营所得包括四项：一是个体工商户从事生产、经营活动取得的所得，个人独资企业投资人、合伙企业的个人合伙人来源于境内注册的个人独资企业、合伙企业生产、经营的所得；二是个人依法从事办学、医疗、咨询以及其他有偿服务活动取得的所得；三是个人对企业、事业单位承包经营、承租经营以及转包、转租取得的所得；四是个人从事其他生产、经营活动取得的所得。

如图10-5所示，自2015年以来，居民个人经营性收入增速总体保持了增长态势，但在新冠疫情防控期间受到重创，疫情使个人经营的外部条件受到极大的限制，影响了经营性收入的增长，2020年增速只有1.1%。在疫情之后，居民经营性收入虽然出现恢复态势，但依然波动较大。近年来，除了传统个人经营模式，网络型平台经济崛起，使个人经营的空间大为扩展，弱化了时空限制而使更多居民参与到各类个人经营中。

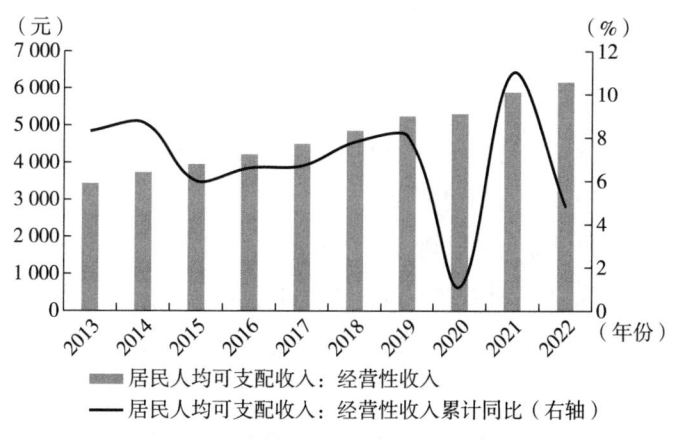

图10-5 居民个人经营性收入变动趋势

资料来源：国家统计局。

平台经济的崛起带动了个人经营条件的改善，既能够增加居民收入，又能够解决部分居民就业问题。一些新兴行业如网络直播带货、网约车服务、平台支撑的居民服务等，从业人员数量众多，居民收入规模不断扩大，并成为新型个人服务业，对整体居民收入的影响也越来越大。对个人经营性收入的征税政策，可以在已有各种解释性税收规定基础上，制定更清晰的税收标准和优惠性税收政策，鼓励和支持普通居民的一般性经营性活动，这对于活跃经济、改善社会服务和增加居民可支配收入十分重要。

当前的宏观经济环境对居民就业率，以及部分行业居民收入产生了显著影响。2023年第二季度，居民就业情况仍不容乐观，全国城镇调查失业率达5.2%，青年就业形势尤其严峻，房地产等行业的恢复十分缓慢，房地产投资继续处于下跌趋势，全行业出现从业者收入下滑，金融等行业的降薪行动持续进行，部分地区事业单位等受制于财力因素津贴等也在下降，甚至部分地区存在欠薪问题，这些都对个人收入增长造成影响。因此，在居民个税收入占国家税收收入比重总体不高的情况下，通过优化税制结构，推动个人税收从综合与分类相结合的征收模式走向彻底综合征收，实现劳动与资本所得同等征收是基本的改革方向。

推动进行新一轮个人所得税改革，从中央与地方预算视角，探索优化个人所得税综合所得征税范围，完善专项附加扣除项目及标准，更好体现税收量能负担原则。个税问题应在共同富裕目标下，立足于促进内需释放和可持续增长逻辑，既发挥其收入分配调节作用，又要与居民增收、促消费紧密结合，在厘清综合所得征税范围的同时，对有利于促进居民增收和消费增长的类别，给予可预期的持续性税收优惠，并在操作中与居民消费需求增长有效衔接，以服务于扩内需、促增长目标。

（五）土地财政的长坡衰退与房产税改革

在城镇化进程中，房地产业的持续繁荣使之成长为国民经济的支柱产业，对经济增长的贡献举足轻重。房地产市场发展历程，以及政府对地产进行政策调控的周期性特征及其影响表明，房地产业健康与否直接关乎中国经济增长的稳定性。在投资主导型发展模式下，房地产投资在固定资产投资中占有重要比重，是投资增长的主要引擎之一。

作为支柱产业，房地产一端连着地方财政的钱袋子，另一端连着居民财富的核心资产。因此，一方面，土地财政和土地金融与房地产密切相关，是地方政府一般性财政收入之外最重要的收入来源；另一方面，与房价密切相关的居民财富占据家庭资产的70%，牵涉面甚广。房产税政策如何能够既维护房地产市场健康发展，又能够保持房价基本稳定，让居民财富不缩水，还能够对地方财政收支平衡起到一定的支撑作用，是一项影响重大的政策安排。

在发达国家，房产税是重要的征税税种，占国家财政收入的10%~12%，是财政收入的重要来源。美国房产税占其税收收入的比重约为12%，采取差别化比例税率政策，各州间税率存在较大差异。英国房产税占其税收收入的比重也约为12%，并分为居住房屋税和营业房产税，居住房屋税的征税对象是居住房屋，偏重追求稳定和公平，按照从价方式计征，依据房屋评估价值征收。在日本，房产税占国家税收收入的比重为8%~10%。

到目前为止，中国尚未正式在全国范围内开征房产税。2011年上半年，上海市开始试点房产税，当时被认定应征房产税的居住房屋数量很少，上海市政府也一直没有公布居民个人房产税的收入情况，仅公布了房产税总额，包括企业、机关、事业单位（部分）房产、个人自有自用营业房产和个人出租非居住用房等。上海市涉及居民家庭住房的房产税政策是，沪籍居民家庭在沪新购且属于该居民家庭第二套及以上的住房（包括新购二手存量住房和新建商品住房）；非沪籍居民家庭在本市新购的住房。上海房产税根据不同情况，分别适用0.6%和0.4%两个不同税率。

重庆市是第二个开征房产税的直辖市，且征收房产税的对象与上海市不同，在标准上也存在差异。重庆市房产税征收实行属地化，即纳税人在哪个县（区）就在当地范围缴纳，市政府规定主城九区和三个开发区，由当地的纳税机关征收。一是按照从价计征原则，即依照房产原值一次减除10%~30%后的余值计算缴纳，税率为1.2%；二是从租计征原则，即按房产出租的租金收入计征，税率为12%，但对个人按市场价格出租的居民住房，用于居住的可暂减按4%的税率征收房产税。

房产税作为一种重要的税收来源，对财税体制改革、收入分配调节和房地产业的健康发展意义重大。早在20世纪90年代中期，国家就实施了《中华人民共和国房产税暂行条例》，但随着时代的变化，原有制度越来越不能适应经济社会形势的发展。国家在上海市和重庆市两地进行的房产税改革试点，目的在于探索相对成熟的房产税收政策方向，在促进经济发展稳定的同时，保障居民正常生活不受显著影响。个人住房房产税改革试点，虽然为将来征收房产税提供了税收征管方面的经验，但迄今为止并未取得太理想的效果。其中，在税种性质、征收范围、税率设置及免征额度等方面仍存在不少疑难问题。只有合理设置税收要素，才能凸显房产税作为财产税的性质，更好地实现优化房地产市场，以及增加地方财政收入的目标。

国家加快探索征收全国统一的房产税，适时推出适合当前国情的个人房产税税收政策，是解决地方财政对土地收益的过度依赖，支持地方财政长期可持续的必然选择。但当前房地产市场低迷，房价下行压力大，房产税推出的时机和税赋水平都需要慎重考虑。总体而言，房产税作为悬在房地产市场头上的一把剑,适时平稳实施有利于减少房地产业发展所面临的不确定性,保持房地产市场的平稳健康运行。从某种意义上讲,维护房地产业健康和保持房价基本稳定,也是维护企业和居民家庭资产负债表稳定,有利于增强地方政府资产负债表的可持续性,这是支持经济平稳转型的重要基石。

六、增长模式转型期的资本流动与汇率政策

(一)人民币国际化支持跨境资本与产业输出

当前,产能过剩和国内需求不足是经济面临的突出矛盾,并由此导致宏观经济内外结构失衡而制约经济增长。逆全球化使传统出口导向型模式正遭遇巨大阻力,以出口扩张替代内需缺口的发展方式已经越来越难以持续。在此背景下,探索以产业输出代替部分商品输出,以资本输出辅助和支撑产能输出,以此化解国内的过剩产能和支持优势产业国际化扩张,是支持国内经济增长与转型的有效途径,也是中国由贸易大国转变为产业大国和资本强国的必由之路。鉴于此,在加快实现人民币国际化基础上的资本项目可自由兑换,正变得日益重要。

在过去几十年中,美元作为主要国际储备货币,在全球支付领域处于无可争议的垄断地位。在全球外汇储备中,尽管美元占比从高峰时期的71%降至目前的58.36%,但仍处于绝对主导地位,美元在国际贸易结算中的占比也依然高达41.7%。当然,形势也正悄然发生变化,贸易战、地缘政治角力和俄乌冲突,正促使很多国家在外汇储备和贸易币种选择上"去美元化""去风险化",很多新兴经济体在积极地寻求让国际货币选择话语权符合自身国家利益,这使全球货币的多极化趋势加速,特别是在储备货币和贸易结算领域。

就人民币国际化进程来看,以巴西为主的拉美国家和以埃及等为

代表的非洲国家，正与中国在贸易中尝试按比例用双边货币进行计价和支付；沙特阿拉伯、俄罗斯等主要石油出口国开始接受以人民币进行双边石油贸易结算。这预示着在双边贸易中货币选择的变革，以及石油美元开始褪色的渐进趋势。俄乌冲突及其引发的西方国际制裁，也正在国际经济金融中掀起波澜和暗流，成为国际货币体系演变的催化剂。

正如 IMF 所指出的："尽管在全球范围内，使用美元和欧元以外的货币进行跨境支付的情况仍然有限，但快速的技术变革（如数字货币）或地缘政治变化，可能会加速向多极或更分散的国际货币体系的制度性转变。"外媒评价称，人民币正向美元发起"颇有耐心的挑战"，[1]作为全球最大的贸易国，中国正稳步推进人民币的国际化。推进人民币国际化进程，要求加速实现人民币资本项下的可自由兑换，从而成为与中国经济实力和国际经济地位相匹配的全球储备货币，也成为与第一贸易大国地位相适应的支付货币，为中国的产业输出、资本输出和商品输出创造基本条件。

随着越来越多的国家与中国用人民币进行贸易结算，人民币也流向更多国家，在这些人民币没有被用来购买商品，或者投资以人民币计价的相关资产之前，都是作为外汇储备留在各国央行账面上的。而随着人民币在世界各国的逐渐沉淀和积累，将有利于形成人民币在国际上的流动循环——这些国家在取得人民币之后，再用来购买中国出口商品，或者投资以人民币计价的资产，比如债券、股票、房产、科技产业等，由此形成海外人民币的闭环流转。

扩大人民币的境内外良性循环，是人民币走向国际化的基本路径，尽管实现全面国际化还需要一段较长时间。为此，中国需要让人民币成为更多国际商品和服务贸易的计价货币，如正在与世界主要能

---

[1] 科伦巴.争夺世界经济主导权的决定性较量［N］.西班牙阿贝赛报，2023-05-16.

源输出国开始采取的人民币结算，让人民币拥有更广阔的使用范围和流动空间，从而为最终实现人民币的完全国际化创造条件。

（二）基于"资本入世"的市场化汇率形成机制

以人民币国际化为基础的资本项目可自由兑换进程，笔者将其称之为"资本入世"，这是中国在贸易入世——加入WTO后的国家重大战略选择。资本入世的核心是允许资本可跨境自由流动，在中国对外经济活动中，在商品输出基础上，基于产业链和供应链的紧密关联性，积极推进产业输出和资本输出，加快构建"以国内大循环为主体、国内国际双循环相互促进"的战略，将中国变为完全意义的世界经济金融大国。

在新时期的中国经济增长中，国内产业和资本"走出去"与外资及产业"走进来"，都需要以长期相对稳定的币值预期为基础，这也是大型成熟经济体的基本要求。因此，根据"双循环"战略和经济发展需要，深化开放体制要从政策性开放转向制度性开放，将发展所依赖的自主创新与全球合作并重，要加入CPTPP和扩大RCEP的高水平贸易合作，这都需要实现人民币汇率形成机制的真正市场化，并在保持汇率基本稳定的基础上，增强货币灵活性和适应性，这是实现国家经济战略的关键。无论是国际自由贸易，还是跨国资本流动和产业链布局，都将以此为基础，这会为企业、个人等微观主体的理性经济决策提供判断依据和稳定预期，增强国际市场对人民币的信任和信心。这也是人民币真正成为全球货币，中国经济真正实现全球化的必然路径。

（三）经济增长转折期的汇率政策选择

作为一个国际收支经常项目的长期顺差国，且在国内长期拥有过剩储蓄，中国经济增长首先应该立足于扩大国内最终需求，特别是提升居民消费支出水平。尽管中国出口导向型经济特征仍然十分显著，但正处于弱化趋势中，出口对经济增长的拉动作用和贡献度在逐渐降低，特别是在当前逆全球化环境下。这就要求在汇率政策上采取以"稳"为核心的政策，由此稳定与贸易伙伴的关系，稳定资本和产业的跨境配置，稳定企业经营的汇率预期，而减少居民部门的资本外流冲动。这有利于在保持外汇储备基本稳定的基础上，实现资本的合理、自由流动，不因汇率预期的大幅变动形成显著的资本流动冲击，对国内经济增长造成重大影响。

追求刺激出口增长的汇率贬值政策，或者受外部主要贸易伙伴压力而被迫升值，都不利于转型期的内外经济平衡与宏观经济稳定。人为干预的主动汇率贬值尽管有利于短期出口增长，但很可能导致严重的贸易摩擦，损害国际经贸合作，以邻为壑政策最终将得不偿失，在"去风险化"掩盖下的贸易"脱钩断链"对汇率变化保持着极高的敏感度，很可能导致贸易战，进一步加剧世界贸易不平衡性，最终不利于经济增长。同时，汇率贬值预期将会刺激外资的撤离，既不利于实体经济和产业发展，也会对资本项目造成冲击，资本外流将会对冲掉因货币贬值获得的贸易盈余，不会给经济增长带来有价值的支撑力量。

当然，除了不主动选择货币贬值，在经济增长转折期，市场力量推动的货币贬值压力也是存在的。由于经济增速下行和国内总需求不足，货币本身也会面临贬值压力。在此情形下，需要央行对汇率变化及时进行合理引导，在保证汇率客观反映经济增长现实的基础上，保持外资对人民币币值稳定的信心。

此外，在人民币国际化加速过程中，无论是贸易结算还是资本流动，都会在境外积累大量人民币，需要构建人民币境内外流动的良性循环机制，推动国内金融市场与国际金融市场的联通，实现人民币通过资本项目与经常项目的有效贯通,有利于形成更加稳固的汇率形成机制,防止境外人民币被囤积,并用于对人民币的外汇投机,也有利于遏制国际资本对人民币汇率突袭的动机和能力。这对保持稳定的外部经济环境,促进双循环的良性健康发展尤为重要。

七、改革财税体制与政府经济功能重塑

(一)增长模式转型有赖于有为政府转型

在推进中国式现代化进程中,要实现经济增长模式转型,有赖于有为政府体系作为增长引擎的转型,特别是地方政府经济功能的优化与调整尤为重要。地方政府及其所属国有企业及平台公司不断累积的高负债,以及日渐突出的债务可持续性压力,正使政府以投资扩张模式促进经济增长的能力快速衰减。因此,以财税体制改革为核心,帮助地方政府实现良性的财政平衡,增强财政的可持续性,重塑其牵引经济增长的功能,既是经济增长转折期的重大任务,也是当前制定宏观经济政策需要聚焦的重点内容。

长期以来,支撑地方政府经济功能有两大资金来源。一是随着经济增长而持续提高的财政收入;二是以土地财政和土地金融为主的"第二财政"。1994年实施分税制改革后,1996—2016年,政府一般性财政收入增速超过了GDP增速,特别是在2008年全球金融危机前,一般性财政收入增速显著高于GDP增速,2001年全国一般性财政收入增速为22.33%,是10.55%的GDP增速的2倍以上,2007年全国一般性财政收入增速达到创纪录的32.41%。如果把政府"第二财政"收入以及其他预算外收入也纳入计算,则政府的收入规模会更大。

就世界主要国家宏观税负水平比较看,发达国家税收占GDP的比重为34%~35%,北欧的瑞典、比利时等高福利国家税负偏高。当

前，按照宽口径计算，中国宏观税负水平已经和发达国家基本持平，经济体量大和较快的增速支撑了大政府、高税负模式。但即使如此，税收收入也无法覆盖政府支出扩张的速度，在地方债务膨胀而一般性税收增长受到经济增速下滑制约的情况下，地方财政入不敷出，债务可持续性仍相当脆弱。因此，只有实现经济增长模式转型，重塑地方政府经济功能，改变其推动经济增长的行为方式，才能在经济增长的基础上，保持税收的合理增长，并逐步化解存量债务风险，实现地方财政收支基本平衡，增强财政的长期可持续性。

（二）完善分税制改革与优化央地事权

中国1994年里程碑式的分税制改革，建立了中央与地方之间的分税制体制，这有利于规范财政体制，奠定了市场经济发展的财税制度基础，也推动了有为地方政府经济功能的形成，给此后的宏观经济增长带来深远影响。但是，分税制改革也遗留了不少问题，并在此后的经济发展实践中逐渐暴露出来，因而需要继续加以完善。中国现有经济增长模式之所以不易改变，显示出很强的制度黏性，与其建立在现有财税体制基础上分不开，而高负债驱动的投资主导型模式与中央和地方在财权与事权划分上失衡，导致地方财力与事权不匹配密切相关。要实现经济增长模式转型，就必须对现有的财税体制进行改革，建立起与新经济增长模式相适应的新型财税体制。

当前，立足于经济增长模式转型推进财税体制改革与完善，就是要进一步规范中央政府与地方政府的财政关系，并理顺各级地方政府之间的财政关系，从而形成财权与事权相匹配的可持续性财政体系。1994年分税制改革的重要目标是将财政重心上移到中央政府，增强中央政府财力，这一目标已经实现。但与此同时也带来了新的矛盾，此后地方政府事权范围不断扩大，特别是部分应由中央政府承担的职责也下移至地方，而又未给予匹配相应的财权，导致地方政府的事权扩张与财权失衡。

因此，地方政府为承担起不断扩大的事权，只有努力扩充财政收入来源，财政收入能够持续以快于经济增速两倍的速度增长，也与此原因高度相关。与此同时，一度广泛盛行的地方乱收费现象，实际上是地方政府力图扩大收入来源冲动的表现。有不少地方政府甚至在财政困难时向企业"借"钱，以支撑政府的临时支出困难，有些地方要求企业提前一年预缴纳税款等。这些地方财政乱象一方面表明地方财政的收支明显失衡；另一方面也显示地方政府在财政收支规划上与经济社会发展需求不匹配，财政管理不审慎和不规范。

"穷"则思变，正是由于地方政府出现严重的财政收支矛盾，而传统扩充税源的措施又无法满足地方政府事权增长的支出之需，于是催生了地方政府的重大创收之举——土地财政和土地金融。因此，变现土地价值一度成为地方政府财政收入稳定而可靠的财源补充，在地产繁荣的驱动下，土地使用权出让获得的大量预算外收入，大大缓解了地方财政预算内的支出压力。

但随着时间的推移，地方政府的财力增长与事权扩大及投资扩张冲动之间仍不匹配，于是土地金融模式进入地方政府的视野，尽管这是债务性资金，而非土地使用权交易所得。基于土地抵押价值和未来变现现金流预期，地方政府获得了空前的现金流支撑。这为地方政府进一步投资扩张提供了财力基础，为了推动地方经济快速增长，政府热衷于上马投资多、产值大的大型项目，带动 GDP 的有效增长。但与此同时，这也给经济发展带来诸多矛盾和隐患，使经济增长质量提升较慢，增长模式转型困难重重。

因此，要实现经济增长模式转型、重塑地方政府的经济功能，就必须加快推进财税体制改革，改革的方向就是要基于"事权与财权相统一"原则，进一步优化中央与地方之间的事权分配与财权匹配。一方面，要把那些应归地方政府的税种留给地方，并合理优化税目和税率，使地方政府拥有与其所承担职责相匹配的财力；另一方面，也需要把那些本应归中央政府的事权划归中央政府，如上移司法、义务教育、基本社会保障等，这些具有全社会公共物品性质的支出，责任主要应由中央政府承担。如此将有利于缓解地方政府的财政支出压力，使地方政府逐步摆脱对土地财政和土地金融的依赖，也有利于严格控制隐性负债增长，为经济增长模式的根本转型奠定基础。

此外，由于1994年实施的分税制改革只规范了中央与省级的财政关系，在省级以下还没有建立起规范的分税制，省级以下的财政关系仍处于相对无序状态。因此，财税体制改革的另一项重要任务是要在省级以下也建立起规范的分税制，理顺各级政府之间的财政关系。应当结合行政体制改革以及简政放权，精简财政体系的实体层次，降低行政管理难度，提高行效率和节约行政成本，并使省级以下的分税制改革在技术上变得可行，由此理顺省级以下行政体制的财政关系和功能，为有为政府体系的经济功能重塑奠定基础，引导各级地方政府转变推动经济发展的方式，从而对经济增长模式转型和经济结构调整产生积极影响。

八、产业政策转型促进高质量可持续增长

（一）产业政策助推经济增长模式转型

政府借助产业政策，有针对性地通过扶持和引导一些新兴产业的发展，限制或控制落后产业扩张，来修正市场机制缺陷和弥补市场失灵。政府无论是实施选择性产业政策还是功能性产业政策，都是为了促使产业发展更加符合政府追求经济增长速度、质量与可持续性相均衡的目标。

新兴经济体在经历高速增长阶段后,往往都会面临实现增长质量升级和可持续增长的挑战,这必然要求推进经济增长模式转型,突破既有经济增长模式的瓶颈,实现更长时期的合意经济增速。为此,在产业层面上,就要求对高速增长时期的产业政策在新时期的有效性进行重新检视,并及时修正和推出新的产业政策,包括实施支持战略性产业和新兴产业发展的选择性产业政策等,追求经济高质量可持续增长。

同时,随着新兴经济体迈入中速增长时期,在生产力发展水平、经济增长质量和发展经验等方面的差异将逐步显现,如果继续由政府代替市场确定重点发展和支持的产业,也将变得日益困难。过去以模仿、借鉴为特征的社会学习效应下降,以发达经济体为榜样的产业发展政策,不一定能够持续适应经济发展的现实,难以继续为经济增长带来有益作用。

在这样的背景下,政府需要重视由选择性产业政策向功能性产业政策转型。一方面可以继续推进选择性产业政策,支持战略性新兴产业的发展,支持本国产业和企业获得市场竞争力;另一方面,还要在一般性竞争领域实施功能性产业政策,通过持续优化营商环境,系统性助力产业创新力量的成长,让市场在产业选择机制中发挥决定性作用。

一般而言,虽然政府制定和实施产业政策的目的是弥补市场机制缺陷和市场失灵,如公共产品、外部性、自然垄断等。但是,由于信息不对称的普遍存在,政府经常难以准确选定扶持的产业对象,因而可以面向全部市场主体制定和实施功能性产业政策。例如,更加注重教育投入、国家创新体系建设、知识产权保护、企业与个人创业及营商环境改善等,以弥补市场失灵、提高产业政策的有效性,这也是系统性推动经济增长模式转型的必然要求。

在实施功能性产业政策方面,政府可以通过发展公共教育、职业教育，在提升社会平均人力资本水平的基础上，提高社会的整体收益，因为全社会具备更强学习能力有助于学习效应得到更好的发挥，并让所有产业受益。此外，针对社会创新领域的信息不对称问题，政府可以构建系统性创新补贴机制，提供税收返还，强化对知识产权保护等，由此减少市场失灵对创新体系的影响，以及对创新能力释放的制约，促进经济更高质量增长。

自改革开放以来，经济体制改革的方向就是以促进经济增长为中心，以产业政策的支持和引导替代传统的指令性和指导性计划，围绕经济发展战略目标逐步建立起系统的产业政策体系。这一体系的突出特征是选择性政策居于主导地位，同时辅之以面向全市场及所有微观经济主体的功能性产业政策。应该说，改革以来的中国产业政策总体效果是成功的，有力地推动了产业成长和经济增长，依靠几十年的积累发展，部分产业已经形成了全球性竞争力。

在经济增长步入转折期后，一方面，传统经济增长模式的矛盾不断积累和增多，政府可以使用的资源在减少，政策选择的自由空间也在逐步收窄；另一方面，随着要素资源市场化配置的体制机制不断完善，如果继续由政府选择特定产业部门作为支持对象，必然存在难度加大和效率下降的问题，而且很容易导致行政决策干扰市场机制的发挥，并引起微观市场主体间的不公平争议，也会在国际贸易中引起政府间的产业政策争端。

客观而言，政府并不是万能的，在经济发展中既存在市场失灵，也可能出现政府失灵，即使由政府制定和实施产业政策，也同样可能引发政府决策失误，使资源配置的市场均衡偏离帕累托最优，甚至次优也难以达到，这会使政策选择走到支持经济增长模式转型的反面。因此，根据经济增长环境和发展形势的变化，及时调整产业政策组合，形成适应经济发展实际，有效促进增长模式转型的产业政策尤为重要。

（二）以产业政策转型推动经济高质量增长

中国经济在从高速增长转向中速增长的过渡期内，要跨越"中等收入陷阱"就必须进行产业转型升级，转变经济增长模式，实现更高质量的可持续增长。就国际经验看，跌入"中等收入陷阱"的国家大多经历了经济转型失败，导致增长陷于停滞。按照美国经济学家保罗·克鲁格曼的观点，在国际经济竞争中，享有市场控制力的商品，不会因利润紧张而引发激烈竞争，由此成为一个国家国际竞争力的基础。中国如果没有产业政策的支持，则很难形成具备国际竞争力的企业和产业力量，具有市场影响力和控制力的产业和企业是支撑经济高质量增长的基石，若没有这样的支撑力量，新兴经济体将很难进入发达国家已控制的市场，这也是国家大力支持战略性新兴产业的原因。

而按照国际分工理论，新兴经济体因要素成本提高，无法与低要素成本国家在传统产业展开竞争，又受技术水平的限制，无法在高端制造业方面与发达国家竞争，导致跌入"中等收入陷阱"。因此，新兴经济体只有制定有针对性的产业政策，培育新的产业增长动力，推进产业结构转型升级，提升产业效率和增强竞争力，才能实现高质量可持续增长，从而跨越"中等收入陷阱"。

尽管合理的产业政策对于促进经济增长有益，但二者之间呈现的并非线性关系。中国随着经济增长而逐步迈向高收入发展阶段，产业政策对于经济增长的贡献度也呈现动态变化趋势，因此，产业政策需随之转变，以产业政策转型促进经济转型，实现持续地高质量增长。

一是以产业政策转型推进更加市场化的要素配置，提升资源配置效率，有利于实现更高的经济增长质量。要素优势曾是推动中国经济增长的主要驱动力，政府通过对要素资源的不对称配置，以土地、资本、资金价格和自然资源领域的非均衡，实现了对国有部门的倾斜和补贴，取得了非对称经济增长。但在经济增长步入转折期后，继续依赖要素倾斜配置来促进增长越发困难，产业政策在合理选择特定扶持对象上也面临难题。

对跨国数据的实证研究表明，产业政策对经济增长的影响是随经济发展阶段改变而变化的。在特定经济发展阶段对增长具有积极作用的产业政策，在新的增长环境下可能会弱化和失效，导致产业政策与经济增长的线性正相关关系弱化、消失，乃至最终呈现负相关性，由此可能会造成经济增长效率和质量下降。因此，政府因时制宜地修订产业政策，不断深化要素配置的市场化水平，减少政府对资源配置的垄断性介入，降低产业政策对产业运行的直接影响，为包括民营企业在内的所有企业提供公平公正竞争的市场环境，将更加有利于实现高质量增长。政府实施功能性产业政策，促进资本、劳动力、信息等各类生产要素的自由流动和高效配置，畅通国内经济内循环，并促进与国际循环的良性互动，也有利于提升社会资源配置效率，促进可持续经济增长。

二是在继续保留部分有效的选择性产业政策的同时，更广泛地实施功能性产业政策，持续优化企业和个人的外部营商环境，追求经济增长的长期可持续性。由选择性产业政策向功能性产业政策转型，就是在产业和企业经济转型升级进程中，不断提升和优化政府的引导和支撑作用，为企业的科技创新、人才聚集和培养提供支撑，促进外部融资环境改善，并提供更加公平的便利条件，减少差别性政策，取消歧视性待遇等。从一定意义上讲，不断缩减负面清单正是政府产业政策持续优化的反应，无论是促进企业贸易便利化，确保商品跨行政区域顺畅流通，构建全国统一大市场，还是破除地区间要素流通壁垒，促进投资便利化，都是优化企业营商环境，促进经济增长的有力措施。因此，重塑有为政府体系能力，立足于产业政策视角，让政府作用与市场化机制作用相协调具有重要意义，也是既要发挥市场的决定性作用，又要重视政府重要作用的体现。

国际经济实践表明，由选择性产业政策向功能性产业政策转型，是随经济发展进程而发生的渐进式过程。中国要成功跨越"中速增长陷阱"，迈向成熟型发达经济体，其必由之路就是继续全面深化经济金融体制改革，根本性改变传统资源配置惯性，减少政府对经济运行的不当干预，调整和优化经济增长动力体系，实现增长模式的全面转型。在产业政策方面，就是在处理政府与市场关系中更加注重效率和实绩，只有实现政府与市场之间的有效协同，保持二者作用的动态协调与平衡，产业政策才能为经济高质量可持续增长提供不竭动力。

第十一章

超越极限的增长：共同繁荣的韧性社会

经济增长会推动社会财富总量的增长，而追求经济增长的本质是实现社会富裕，提升国民福祉，增强国家实力。要实现民富而国强的目标，有两个基本前提：一是社会财富总规模的有效增长，二是财富增长的公平合理分配。现代经济增长史表明，持续的经济增长与公平的收入分配之间存在着正反馈效应，也就是在社会财富增长的情况下，如果能够实现基于公平与正义的分配，则能够促进新的经济持续增长。

尽管社会成员的个体禀赋存在差异，导致在市场机制下存在收入分配差距扩大的潜在趋势，但依靠社会契约、政府强制和市场力量的共同作用，可以在市场机制的效率原则和社会契约的公平原则之间，实现动态的平衡，由此构筑起具有抗风险和冲击能力的韧性社会，从而实现可持续的长期共同繁荣。这不仅是政府在追求经济增长进程中避免"富裕中的贫穷"的有效途径，也是防止因贫富过度分化而最终反噬经济增长的可行道路。

中国40多年持续的高速经济增长，促进了社会财富总规模的大幅增长，国民生活质量有了显著跃升，居民家庭实现了有效的财富积累。但是，随着经济增长转折期的到来，经济增速面临持续下行的压力，传统增长动力呈现明显的衰退趋势。如何在"中国经济见顶论"的鼓噪声中，实现对传统增长模式的超越，实现新的可持续增长，并促进全体人民共同富裕与社会共同繁荣，正成为当下中国经济改革与宏观政策的核心命题。

一、超越极限的持续增长

在人类几千年的历史中，持续的经济增长是现代才有的现象，并被经济史学家称为现代经济增长时期。现代实现经济增长的关键动力是工业革命以后出现的劳动生产率提高和资本产出率跃升。工业革命以来的二百多年间，世界在实现经济不断增长的同时，也出现了一系列的社会经济与资源环境问题。因此，麻省理工学院的德内拉·梅多斯等学者提出了"增长的极限"论；而与此观点相反，马里兰大学的经济学家朱利安·西蒙则基于资源无限增长学说，提出了"没有极限的增长"论[1]。关于增长的命题，不同的学者看法相去甚远，有时甚至截然相反。实际上，关于人类社会增长与发展的思考与争论从来就没有停止过，悲观主义者经常愁容满面、忧心忡忡，警惕经济发展与资源环境的崩溃；而乐观主义者则选择仰望星空、踌躇满志，相信增长远没有临近极限。

增长是现代宏观经济理论的中心命题，经济增长、充分就业和抑制通货膨胀被作为政府宏观政策的三大核心目标，其中经济增长是政府长期追求的主要目标，其重要性甚至常常超越充分就业和控制通货膨胀，因而在政府宏观政策实践中被给予更高度的重视。毕竟，如果没有稳定的经济增长，增加就业和稳定物价的目标最终也难以实现。

对经济增长的追求承载着实现国民富裕的理想，人类社会并非为

---

[1] 西蒙. 没有极限的增长 [M]. 重庆：重庆出版社，2021 年.

了生产而生产，其最终目标还是消费，而持续扩大生产的目标则是实现更多和更好的消费。但是，在不同社会经济制度下，经济增长成果的分配规则和结果存在明显差异。总体而言，现代经济增长的显著后果是，一方面，经济增长带来社会富裕程度的显著提升；另一方面，收入分配差距随之不断拉大。这两大特征在当代主要经济体的发展实践中表现得尤为明显。

正是由于生产的最终目标是消费，经济增长所创造的财富及其分配应有利于促进消费的增长，不断增长的有效购买力所支撑的消费增长，是推动经济持续增长的基石。只有保持生产与消费增长的动态平衡，才能形成长期的经济增长动力。在社会财富增长和富裕程度不断提升的过程中，如果社会成员间的收入分配差距被不断拉大，甚至呈现两极分化趋势，就会抑制消费需求增长，导致消费需求增速落后于生产能力扩张的速度，这个缺口的逐渐增大最终将导致经济危机的发生。在资本主义经济发展史上，无论是在自由竞争资本主义时期，还是在垄断资本主义阶段，分配两极化而导致的生产与消费失衡，是频繁发生经济危机、损害经济增长的主要根源。因此，正是社会群体之间收入分配差距的持续扩大，导致供需严重失衡而成为制约经济增长的瓶颈，并由此埋下经济危机的种子。

实际上，社会在追求财富增长的同时，如果能够更加公平合理地分配财富，控制贫富差距的扩大，让社会成员共享增长成果，将不需要过高的增长，就可以实现合意的生活水平。因此，从社会经济层面上而言，基于公平正义的收入分配本身就能够促进可持续增长，人类自身在资源分配、生产组织和财富分配方面的选择，对经济增长具有决定性影响。在这个意义上，经济可以实现无极限的平衡性增长。

为达成消费与生产的平衡而促进长期稳态增长，在生产端，要基于效率优先原则进行市场化资源配置，并以有针对性的政策弥补市场机制失灵的缺陷；在消费端，要基于公平正义的原则进行合理的财富分配，并以收入分配政策和社会福利制度防止贫富差距被过度拉大。因此，基于效率原则的生产配置是达成丰裕社会的物质基础，而基于公平与正义的共同富裕则是确保共同繁荣的可靠基石，效率优先的生产原则与公平正义的分配原则，是促进长期繁荣的一对孪生兄弟，缺少任何一方都不可能保障这一社会目标的实现。

二、经济增长与国民富裕的正反馈

正反馈是控制论中的概念，就是将系统末端的某个或某些量用某种方法或途径送回始端，从而使系统末端再次输出的变化趋势增强，与正反馈相对应的是负反馈。在经济学领域，正反馈的本质就是边际收益递增，即在一个经济体系中，在投入要素不断增长时，边际收益也呈现不断增加的特征。正反馈与边际收益递增规律相一致，经济发展中的正反馈机制能够带来规模经济优势[1]。在现代经济增长时期，正是随着资本积累和技术进步，正反馈机制使社会财富的创造呈现加速化趋势，在短短二百多年里，人类创造了之前几千年间都未取得的经济跃升。

在现代社会经济体系中，经济增长与国民富裕间的正反馈机制是长期经济增长动力能够被不断强化的内在力量。经济增长创造的物质财富促进了国民富裕，并随之加速了社会文明的跃升，而国民富裕和文明跃升，又通过资本积累和技术进步为经济增长提供了新的动力。这个正反馈机制也是人类历史发展进程能够出现蛙跳的根本原因。

在经济发展实践层面上，经济增长作为居民收入增长的基石，是实现国民富裕的源头，居民收入增长与经济增长具有显著的正相关

---

[1] 在新古典经济学的一般均衡分析中，所采用的是规模收益递减规律，这与正反馈机制相矛盾，而与负反馈机制相一致。

关系。中国居民收入与经济增长关系的实证研究表明[1]，居民收入增长与经济增长之间的弹性系数约为1，也就是说，居民收入增速与经济增速基本是一致的，没有一定的经济增速就很难实现国民富裕的目标。因此，经济增速的快慢将直接影响居民收入增速和国民富裕程度。在经济快速增长时期，居民收入增长也明显偏快，而随着经济增速的下降，居民收入也随之滑落。这正是中国经济发展进程中所观察到的现象，也是政府宏观政策如此高度重视经济增速的原因，合意的经济增速是提高居民收入与生活水平的坚实保障。

与此同时，合意的居民收入增长则是居民消费增长的关键支撑，只有以收入不断增长为前提的国民富裕水平提升，才能有效推动居民消费增长。中国居民收入增长与居民消费增长关系的实证研究表明[2]，居民收入增长与消费增长之间的弹性系数也约为1，换言之，居民消费增长与居民收入增长的速度大体保持一致。因此，居民收入增速的快与慢将直接影响居民消费的增速，在居民收入增长较快时期，消费增长也会明显加快，而居民收入增速下降，居民消费也很难实现快速增长。同时，居民消费结构也会随着消费增长而得以优化和提升，缓慢的收入增长将导致消费增长缓慢，并制约消费结构的提升速度。

从经济增长、居民收入增长和消费增长之间的关系来看，这是一个典型的正反馈机制。经济增长能够实现居民收入的更快提升，而基于收入提升形成的富裕社会则是促进消费可持续增长的根基，最终消费的增长又会推动可持续的经济增长，形成消费增长与经济增长之间的正反馈机制，这是良性经济增长的牢固基础。更进一步地讲，长期经济增长推动的居民收入增长和消费结构提升，也有助于促进经济增长质量的提高。当前，努力实现增长模式转型和增长动力重塑，以更

---

[1] 朱云来.增长挑战下的政策应对与共同富裕路径[EB/OL].http://www.caijing.com.cn/caijingnianhui2022/，2021-11-27.
[2] 同上。

高质量的可持续经济增长促进国民富裕,并为长期良性经济增长奠定基础,是中国经济发展的核心目标。

三、经济增长与"富裕中的贫穷"

尽管持续的经济增长会带来收入增长和国民富裕,但经济增长本身并不会自动形成增长成果的平等共享。实际上,现代经济发展实践表明,经济增长在实现国民收入增长的同时,很可能导致分配差距被过度拉大,导致显著的社会贫富分化问题,形成"富裕中的贫穷"。

所谓"富裕中的贫穷",是新剑桥学派经济增长理论的观点之一,作为后凯恩斯主义经济学的一个重要分支,新剑桥学派关注凯恩斯对收入分配理论的论述,认为从凯恩斯对资本主义经济的分析中,可以得出资本主义社会必然造成财富与收入分配不均,使在社会进步和社会财富增加的同时,也会出现贫富差距扩大而造成的相对贫困问题(当然也存在绝对贫困问题),并将其称之为"富裕中的贫穷"。

客观上,在经济增长的同时出现收入分配差距拉大趋势,这是市场经济体制的伴生物,也是市场机制在分配领域失灵的表现。在不同的社会体制下,由于政府所采取的收入分配调节政策有明显差异,收入分配差距被控制在何种程度存在差别,关键在于要使收入差距处于社会可承受的范围内,避免贫富分化过于悬殊。

新剑桥学派认为,经济增长是以加剧收入不平等为前提的,同时,经济增长的结果又会加剧不平等,这导致企业利润(股东收入来源)在国民收入中所占份额越来越大,而工资(劳动者收入)所占份额越来越小,形成在社会财富不断增长的同时,劳动者却日益相对贫穷的局面。为此,新剑桥学派把经济增长理论与国民收入分配理论融为一体,构建了新剑桥增长模型:

$$G = \frac{S}{C} = \frac{\left(\dfrac{p}{y} \cdot S_p + \dfrac{w}{y} \cdot S_w\right)}{C}$$

在该公式中，G 为经济增长率，S 为储蓄率，C 为资本产出率。p/y 是利润在国民收入中所占的比重，w/y 是工资在股民收入中所占的比重，全部国民收入分为利润与工资，所以 $p/y+w/y=1$。S_p 是利润收入者的储蓄倾向，S_w 是工资收入者的储蓄倾向，在二者既定时，经济增长取决于 p/y 和 w/y。当 $S_p>S_w$ 时，利润在国民收入中所占的比重越大，储蓄率越高，就越有利于经济增长。因此，新剑桥学派政策主张的核心是实现收入分配平等化，并提出，资本主义社会的关键问题不是新古典综合派所说的有效需求不足，而是收入分配不平等。

在经济发展与收入分配实践中，确实有不少国家在实现经济快速增长过程中，国民收入的分配结构并没有呈现出库兹涅茨倒 U 形假说所描述的图景。收入分配差距两极化不断加剧表明，经济增长与收入增长强相关，而与收入分配均等化无关，甚至负相关。因此，"富裕中的贫穷"不仅在 18 世纪工业革命的发源地英国客观存在，在当代世界的经济发展中也同样存在。

中国经过 40 多年高速经济增长，实现了社会总体富裕程度的大幅提升。在社会主义市场经济体制下，以公有制为主体对抑制收入分配差距扩大形成了很强的护栏与修正作用，但居民收入差距仍然在逐步拉大，社会总体富裕中的相对贫穷依然存在，这也正是国家在实施精准扶贫政策消除绝对贫困后，将共同富裕置于经济发展和社会治理突出位置的原因。在新时期追求经济增长的同时，努力实现国民共同富裕，建设共享繁荣的丰裕社会，仍然需要致力于防止收入差距被继续过度拉大，将居民收入差距控制在合理范围内，防止社会富裕中相对贫穷的过度化。

在"两个剑桥之争"中，新剑桥学派反对新古典综合派的有效需求不足理论，而把收入分配不平等置于更加重要的地位。就经济发展实践来看，收入分配与有效需求密切相关，并对需求增长具有重要影响，而有效需求是实现平衡性可持续经济增长的基础。基于公平正义原则的收入分配即使不能实现收入均等化，也应能合理控制收入差距的两极化，为社会总需求稳定增长提供有效支撑，这也是避免社会有效需求不足的基本途径。因此，坚持公平正义的分配原则，既能够促进居民富裕程度的提升，抑制"富裕中的贫穷"，又能够促进社会消费总需求的稳定增长，扩大有效社会总需求，促进长期经济增长。

中国经济增长与居民收入增长的弹性系数，以及居民收入与消费需求的弹性系数均接近1，这表明经济增长促进了收入增长，而收入增长又促进了消费需求增长，这为经济增长奠定基础。但从另一个角度来看，当前随着传统经济增长动力不断衰退，而社会有效总需求不足问题日渐突出，并成为制约经济增长的重大瓶颈，特别是在出口增长放缓甚至回落的大背景下，积极采取针对性政策促进国内有效消费需求增长，是重塑经济增长动力结构、实现增长模式转型的关键。

因此，政府宏观政策选择要防止收入差距过度扩大而导致"富裕中的贫穷"，特别是国家精准扶贫政策在消除绝对贫困后，重点防范收入差距扩大导致的相对贫困，避免由此引致的社会有效需求抑制对经济增长形成阻碍。美国经济学家约瑟夫·斯蒂格利茨认为，不平等问题的持续和加剧，会带来深刻的社会和经济影响，并最终破坏国家经济的长期增长[1]。因此，在努力通过经济增长增加居民收入的同时，还应该在共同富裕的旗帜下，基于公平正义原则，控制合理的收入分配差距，防止两极化，既注重效率，又促进公平，这是政府政策选择的理性区间。坚守共同富裕理念，促进全社会共同繁荣，通过有效的政策引导，弥补市场机制在分配中的失灵，促进经济增长与国民富裕

---

[1] 斯蒂格利茨. 不平等的代价[M]. 北京：机械工业出版社，2013.

之间的良性正反馈。

由此，在生产端，坚持实行效率优先的市场化原则，推动有效率的经济增长，追求社会财富的持续增长；在分配端，坚持公平正义的共同性原则，实现国民共同繁荣。由此使二者相互促进，形成增长与富裕之间的良性正反馈，避免社会出现"富裕中的贫困"，最终构建可持续性社会，实现物质丰裕和精神富足的社会目标。

四、韧性社会与持久繁荣

在物理学中，韧性是指在塑性变形和断裂过程中吸收能量的能力，也是物体在承受应力时对折断的抵抗能力，韧性强能够降低发生脆性断裂的可能性，同时，韧性强也表明有更好的反弹恢复能力。在现实世界中，人们将必然发生的情形称为确定性，而将按照一定概率发生的情形称为风险，把没有发生概率的情形称为不确定性。无论是在社会生活还是经济活动中，风险和不确定性无处不在，无论是个人还是机构都不可避免地要面对风险和不确定性，因此，保持韧性的最重要意义在于，当风险发生后能够及时从风险冲击中恢复过来。当风险冲击的影响越来越严重，甚至呈现螺旋式演变乃至失控时，则意味着失去了保持韧性的能力，因而难以从冲击中恢复。

社会具有韧性意味着所有人或者是绝大多数成员能够应对风险冲击，并尽快恢复正常，而缺乏韧性的社会则可能意味着在遭遇风险冲击后，长期无法从危机中恢复，甚至一部分人永远也无法恢复如常。当代人类社会面临的最大挑战就是在经济、科技快速发展的同时，脆弱性却不断上升，从社会治理、经济增长到气候变化，多样性风险正考验着社会韧性的底线。因此，持续提升社会应对风险冲击的韧性始终是政府的长期关键目标，而在经济增长中培育韧性社会也是发展中经济体追求持久繁荣的根本途径。

正如德国经济学者马库斯·布伦纳梅尔在《韧性社会》中所提出的，韧性社会能够对冲击做出反应并采取对策，韧性甚至为促进增长、提升可持续性打开新的大门。[①]一个社会在经历重大风险冲击后，能够很快恢复正常，并在未来成功应对类似冲击是社会健康的关键标尺，也是持久繁荣的可靠基础。因此，布伦纳梅尔主张把"韧性"概念置于社会思维模式的核心位置。

社会韧性与经济增长之间能够建立起相互强化的良性关系。如果客观环境的变化没有超过主观变革的能力，社会将更加有韧性；而当客观环境发生显著变化、主观变革仍没有为此做好准备时，社会的脆弱性将会上升。如果经济增长乏力，而外生变化将部分群体置于压力之下时，则问题将变得难以应对。因此，一个促进包容性增长的社会能够强化韧性，形成增长与韧性之间的正反馈机制，这会为社会持续繁荣奠定坚实基础。

韧性社会能够为创新提供有力支撑和保障，从而促进增长和繁荣。创新是促进增长的重要动力，而进行创新是需要承担风险的，无论是投资、创业、研发，还是经济改革、制度变革，都无法回避风险，特别是熊彼特式创造性破坏，很容易给经济和社会发展带来扰动，甚至是显著冲击。风险和不确定性可能转变为现实，社会韧性不应该使相关负面冲击摧毁个人或社会的努力，而是为个人、企业和社会提供风险承担支持，并能在风险承担失败时帮助其恢复常态。

因此，社会韧性能够为个人和机构提供一种有效的风险庇护，使社会能够承担创新与变革带来的风险冲击，并通过支持创新而实现更快速度的经济增长，促进社会发展。与此同时，快速经济增长和社会发展也能够为提升社会韧性提供更强有力的支持，持续增强社会从冲击中恢复常态的能力。因此，增强韧性与经济增长之间形成良性互促

---

① 布伦纳梅尔. 韧性社会［M］. 北京：中信出版社，2022.

机制，使二者能够相互强化，将带来有韧性的经济增长，促进社会的持续繁荣。

总之，人们应对风险主要有两种选择：一是不断加固加高堤防，以坚固的刚性应对潜在的冲击；二是不断提升适应性，以强劲韧性应对潜在的冲击。不同的选择会承担不同的代价，并获得不同的结果。由于整体社会的韧性取决于每一个个体的韧性，以及个体韧性特征的一致性，个体韧性的增强和一致性的提高，能够锻造社会的整体风险承受力，体现为整个社会的韧性。现代经济发展与社会治理实践使人们逐渐认识到，在加固堤防以增强刚性的基础上，提升社会韧性显得更加重要，而且可能是更加经济的方式。同时，为增强韧性而提升社会个体韧性的过程也更加符合建设公平与正义社会的趋势。

因此，构建韧性社会的重要方向是努力使社会成员的韧性平等化，也就是确保绝大多数人具备抵御风险冲击和在冲击后恢复常态的能力。增强社会成员韧性最重要的途径，就是在坚持收入分配平等原则的基础上，努力推动社会成员的财富平等化，由此使每一个社会成员都具有抗击风险冲击并尽快恢复的能力。收入分配平等和促进财富平等化趋势，并不是主张实行平均化或平均主义，而是基于公平正义的分配原则，努力促进国民的共同富裕，特别是依靠政府政策支持，弥补社会链条上的薄弱环节，增强每一个社会成员的韧性，由此降低社会整体的脆弱性，从而增强韧性。国家可以通过特殊的倾斜政策支持，帮助弱势群体提升抗风险能力。例如，国家推进的精准扶贫政策，消除了绝对贫困人口，就是消除了社会人群中的脆弱部分，从而提升社会整体的韧性。

无论是从经济发展还是社会治理角度来看，韧性社会建设都是促进社会持久繁荣的正确道路，也是公共政策选择的基本指南。通过减少收入与财产的不平等，减少国民之间韧性的不平等，使共同富裕的社会契约被全社会准确和完整理解，并更好地得到执行，而不是被削弱乃至被忽视，将使整个社会的韧性得到极大增强。因此，在促进经济增长基础上，建设繁荣的韧性社会，应是政府孜孜以求的中心目标。

经济增长能够促进社会整体的持久繁荣，而收入分配差距的合理控制，是提升社会成员个体韧性的基础，并由此成为打造韧性社会的基石。贫富两极分化和社会弱势群体脆弱性的上升，必然会催生社会矛盾，并削弱甚至摧毁社会韧性，进而破坏社会繁荣。现代社会发展的目标是要构建以中产阶级为主体的橄榄型社会，并由政府兜住低收入人群的风险底线，因此建设韧性社会也是共同富裕的题中应有之义。

在经济增长的基础上，通过控制和缩小贫富差距，提高低收入者的收入和生活质量，保障社会弱势群体的基本之需，确保每一个社会成员都具有抗风险能力，能够增强整个社会的韧性，从而提高抵御风险冲击和保持繁荣增长的能力。因此，在共同富裕的旗帜下，以经济增长实现全民共同富裕，这是中国改革的社会契约，也有助于极大地增强中国社会的韧性，为实现持久繁荣奠定基础。构建共享繁荣的韧性社会，实现民富而国强的国家治理目标，是推进民族复兴的时代责任，也是实现几千年来传统文化所崇尚的大同社会愿景的正确道路。

后　记

21世纪20年代的开端注定是一段不平凡的历史。如果说新冠疫情是人类与病毒的一场大规模战争，俄乌冲突是地缘政治纷争诉诸枪炮的高烈度热战，那么经济与科技竞争则早已超越钢铁时代，成为大国间没有硝烟的新战场。因此，与贾雷德·戴蒙德的《枪炮、病菌与钢铁》对13 000年人类社会演变的论述不同，当代世界作为一个整体，正处于结构重塑的大变革时代，世界的变化深刻影响着中国，而中国的变革也深远影响着世界。作为世界经济增长的主要贡献者之一，大变革时代的中国经济增长，于世界和中国而言都具有重要而深远的影响。

新冠疫情打乱了世界原本的节奏，也影响了几乎所有人的生活，而随着疫情逐渐远去，面对错综复杂的经济变局与增长挑战，中国如何通过增长模式转型，以延续过去40多年的较快经济增长，既是一个重大的宏观政策命题，也是关乎每一个普通人生活的现实问题。作为一个宏观经济的冷静观察者与思考者，呈现在读者面前的这本书，正是笔者在新冠疫情后期对此问题进行的思考与总结，现付梓以供分享和就教。

我要特别感谢著名经济学家、中国人民大学原校长刘伟教授在百忙之中欣然为本书作序，并给予指导。本书中的部分观点在一些会议上进行过分享与交流，在此向曾提出宝贵意见的同仁致以感谢！

  本书在数据收集和处理上得到了同事们的热情帮助，张心蔚帮助复核和修订了书中重要的数据及图表，沈真、宋可欣、刘欢、王孟嫫和孔帅也帮助收集了部分数据资料，在此对同事们的无私帮助致以谢意！

  我还要感谢家人对我的理解和支持，新冠疫情给工作和生活都带来了不便，我的爱人承担了孩子教育和家庭生活的主要责任，让我得以利用工作之余思考和写作，我的孩子能够克服疫情带来的诸多困难专注于学业，并不断成熟和进步，让我感到欣慰。正是家人给予的支持和力量，让我能够顺利完成本书的写作！

  由于时间较为仓促和水平所限，本书谬误之处在所难免，敬请读者不吝指正。

张立洲

2024 年 3 月 24 日于北京

参考文献

1. 拉弗，摩尔.重返繁荣：美国如何收复经济霸权［M］.马林梅，译.北京：东方出版社，2014.

2. 拉弗，摩尔，塔诺斯.繁荣的终结［M］.王志毅，译.南京：凤凰出版社，2010.

3. 刘易斯.经济增长理论［M］.郭金兴等，译.北京：机械工业出版社，2015.

4. 特纳.债务和魔鬼：货币、信贷和全球金融体系重建［M］.王胜邦，徐惊蛰，朱元倩，译.北京：中信出版社，2016.

5. 格林斯潘，伍尔德里奇.繁荣与衰退：一部美国经济发展史［M］.束宇，译.北京：中信出版社，2019.

6. 肖.经济发展中的金融深化［M］.邵伏军，许晓明，宋先平，译.上海：格致出版社，2015.

7. 伯恩斯坦.繁荣的代价：不确定性时代政府行为及其影响［M］.王正林，译.北京：中信出版社，2020.

8. 弗里德曼.经济增长的道德意义［M］.李天有，译.北京：中国人民大学出版社，2008.

9. 布赫霍尔茨.繁荣的代价：富有帝国的衰落与复兴［M］.杨清波，译.北京：中信出版社，2017.

10. 凯罗米里斯，哈伯.人为制造的脆弱性：银行业危机和信贷稀缺的政治根源[M].廖岷，杨东宁，周叶菁，译.北京：中信出版社，2021.

11. 金德尔伯格，阿利伯.疯狂、惊恐和崩溃：金融危机史[M].朱隽，叶翔，李伟杰，译.北京：中国金融出版社，2017.

12. 韦尔.经济增长[M].金志农，古和今，译.北京：中国人民大学出版社，2007.

13. 勒佩尼斯.GDP简史：论GDP对世界政治经济格局的影响[M].曲奕，王建斌，译.北京：中国人民大学出版社，2018.

14. 辜朝明.大衰退：宏观经济学的圣杯[M].喻海翔，译.北京：东方出版社，2016.

15. 辜朝明.复盘：一个经济学家对宏观经济的另类解读[M].艾尼瓦尔·吐尔逊，朱玲，译.北京：中信出版社，2020.

16. 钱纳里，鲁宾逊，赛尔奎因.工业化和经济增长的比较研究[M].吴奇，王松宝，译.上海：格致出版社，2015.

17. 希林.去杠杆化时代：缓慢增长与通货紧缩时代的投资策略[M].乔江涛，译.北京：中信出版社，2019.

18. 里德.帝国的兴衰：谁是下一轮经济版图的赢家[M].何华，译.北京：东方出版社，2012.

19. 里德.金融危机经济学：如何避免下一次经济危机[M].曹占涛，柏艺益，王大中，译.北京：东方出版社，2009.

20. 戴维斯.极端经济：韧性、复苏与未来[M].冯毅，齐晓飞，译.北京：中信出版社，2020.

21. 雷.明斯基时刻：如何应对下一场金融危机[M].张田，张晓东，等，译.北京：中信出版社，2019.

22. 罗森，盖亚.财政学[M].郭庆旺，赵志耘，译.北京：中国人民大学出版社，2009.

23. 巴罗,马丁.经济增长[M].夏俊,译.上海:格致出版社,2010.

24. 布伦纳梅尔.韧性社会[M].余江,译.北京:中信出版社,2020.

25. 斯皮茨纳格尔.资本的秩序[M].郑磊,刘子未,郑扬洋,译.北京:机械工业出版社,2020.

26. 马格尔.伟大的转型:美国市场一体化和金融的力量[M].刘润基,译.北京:中信出版社,2019.

27. 希克洛斯,波尔,瓦厄.中央银行的挑战——当下的制度环境及影响货币政策的力量[M].宋泓明,译.北京:中国金融出版社,2013.

28. 丹尼尔森.控制的幻觉:金融危机的根源探究与管理之道[M].廖岷,周叶菁,等,译.北京:中信出版社,2023.

29. 吉尔德.货币之惑:华尔街复苏与美国经济萧条的逻辑[M].姜井勇,译.北京:中信出版社,2019.

30. 达利欧.债务危机:我的应对原则[M].赵灿,熊建伟,刘波,译.北京:中信出版社,2019.

31. 索洛.经济增长论文集[C].平新乔,译.北京:北京经济学院出版社,1989.

32. 罗斯托.经济增长理论史:从大卫·休谟至今[M].陈春良,茹玉骢,王长刚,等,译.杭州:浙江大学出版社,2016.

33. 罗斯托.经济增长的阶段:非共产党宣言[M].郭熙保,王松茂,译.北京:中国社会科学出版社,2001.

34. 伊斯特利.经济增长的迷雾:经济学家的发展政策为何失败[M].姜世明,译.北京:中信出版社,2016.

35. 熊彼特.经济发展理论[M].郭武军,吕阳,译.北京:华夏出版社,2015.

36. 斯蒂格利茨.不平等的代价[M].张子源,译.北京:机械工业出版社,2013.

37. 麦克唐纳.债务与国家的崛起:西方民主制度的金融起源[M].杨宇光,

译.北京：社会科学文献出版社，2021.

38. 白恩重，蔡昉，樊纲，等.中国经济的定力［M］.北京：中信出版社，2019.

39. 蔡昉.避免"中等收入陷阱"：探寻中国未来的增长源泉［M］.北京：社会科学文献出版社，2012.

40. 财政部机关党委.财税改革纵论：财税改革论文及调研报告文集［C］.北京：经济科学出版社，2021.

41. 陈加元.迈向新型城市化［M］.杭州：浙江人民出版社，2013.

42. 贺雪峰.大均衡：进城与返乡的历史判断与制度思考［M］.桂林：广西师范大学出版社，2022.

43. 胡长顺.中国工业化战略与国家安全［M］.北京：电子工业出版社，2015.

44. 贾康，等.中国住房制度与房地产税改革［M］.北京：企业管理出版社，2017.

45. 李黎力.明斯基经济思想研究［M］.北京：商务印书馆，2018.

46. 栗亮，刘元春.经济波动的变异与中国宏观经济政策框架的重构［J］.管理世界，2014，（12）：38-50.

47. 卢锋.未来的增长：中国经济的前景与挑战［M］.北京：中信出版社，2020.

48. 吕炜.中国：新一轮财税体制改革［M］.大连：东北财经大学出版社，2013.

49. 沈佳斌.经济增长理论导论［M］.北京：北京大学出版社，2015.

50. 盛松成，翟春.中央银行与货币供给［M］.北京：中国金融出版社，2016.

51. 吴敬琏.中国增长模式抉择［M］.上海：上海远东出版社，2006.

52. 王义.经济转型中的投资行为与投资总量［J］.经济学（季刊），2005(1)：129-146.

53. 徐远.从工业化到城市化：未来30年经济增长的可行路径［M］.北京：中信出版社，2019.

54. 尹中立.资产负债表型衰退理论假说及其对中国的启示[J].西南金融, 2012（1）：4-6.

55. 周小川.系统性的体制转变——改革开放进程中的研究与探索[M].北京：中国金融出版社，2008.

56. 张旭，刘宁.新型工业化的路径选择——沈阳经济区生态经济发展研究[M].北京：中国水利水电出版社，2014.

57. 甄炳禧.从大衰退到新增长：金融危机后美国经济发展轨迹[M].北京：首都经济贸易大学出版社，2015.

58. 郑永年.中国的当下与未来：读懂我们的现实处境与30年大趋势[M].北京：中信出版社，2019.

59. 左大培，杨春学.经济增长理论模型的内生化历程[M].北京：中国经济出版社，2007.

60. ARONOFF D. The Dilemma of Policy in a Balance Sheet Recession[M]. New York：Palgrave Macmillan，2016：267-270.

61. BERNANKE B S, GERTLER M. Inside the Black Box：The Credit Channel of Monetary Policy Transmission[J]. Journal of Economic Perspectives, 1995，9（4）：27-48.

62. DEWATRIPONT M, MASKIN E. Credit and Efficiency in Centralized and Decentralized Economies[J]. Review of Economic studies，1995（62）：541-555.

63. LEE E, WALKER M, ZENG C. Do Chinese government subsidies affect firm value?[J]. Accounting, Organizations and Society，2014：149-169.

64. MENDOZA E G. Sudden Stops, Financial Crises, and Leverage[J]. The American Economic Review，2010，100（5）：1941-1966.

65. PINTUS P A, SUDA J. Learning Financial Shocks and the Great Recession[J]. Review of Economic Dynamics，2019，31（5）：123-146.